风险社会及其映像

张康之 著

中国社会科学出版社

图书在版编目（CIP）数据

风险社会及其映像 / 张康之著. —北京：中国社会科学出版社，2023.9
ISBN 978-7-5227-2383-9

Ⅰ.①风⋯　Ⅱ.①张⋯　Ⅲ.①社会学—研究　Ⅳ.①C91

中国国家版本馆 CIP 数据核字（2023）第 143861 号

出 版 人	赵剑英
责任编辑	马　明
责任校对	何欣欣
责任印制	王　超

出　　版	中国社会科学出版社
社　　址	北京鼓楼西大街甲 158 号
邮　　编	100720
网　　址	http://www.csspw.cn
发 行 部	010-84083685
门 市 部	010-84029450
经　　销	新华书店及其他书店
印　　刷	北京君升印刷有限公司
装　　订	廊坊市广阳区广增装订厂
版　　次	2023 年 9 月第 1 版
印　　次	2023 年 9 月第 1 次印刷
开　　本	710×1000　1/16
印　　张	31
插　　页	2
字　　数	432 千字
定　　价	148.00 元

凡购买中国社会科学出版社图书，如有质量问题请与本社营销中心联系调换
电话：010-84083683
版权所有　侵权必究

目　录

导论　风险、风险社会以及行动 ………………………… 001
　　第一节　堕入风险社会 ………………………… 002
　　第二节　风险社会中人的存在 ………………………… 012
　　第三节　风险社会中的行动 ………………………… 019

第一章　人、自然与社会 ………………………… 026
　　第一节　人类中心主义的观念 ………………………… 028
　　第二节　自然社会化的行程 ………………………… 050
　　第三节　社会运行和社会变化加速化 ………………………… 068

第二章　社会主题与人的异化 ………………………… 090
　　第一节　作为社会主题的解放 ………………………… 091
　　第二节　社会主题的历史选择 ………………………… 111
　　第三节　异化带来了社会风险 ………………………… 130

第三章　竞争的后果与风险社会 ………………………… 153
　　第一节　竞争的社会后果 ………………………… 155

第二节　用合作置换竞争 ································· 176
　　第三节　建构合作文化的任务 ····························· 194

第四章　政治转型及其伦理基础 ····························· 215
　　第一节　风险社会生成中的政治 ··························· 216
　　第二节　民主政治遇到了困难 ····························· 237
　　第三节　政治与伦理：从分化到融合 ······················· 259

第五章　社会控制、强权与规则 ····························· 283
　　第一节　社会控制的可能性与不可能性 ····················· 284
　　第二节　强权终结后的承认与包容 ························· 308
　　第三节　规则与规范的辩证法 ····························· 330

第六章　"消极平等"与"积极自由" ························· 350
　　第一节　平等了，却是"消极平等" ······················· 351
　　第二节　自由追求的现实困境 ····························· 371
　　第三节　追求自由，却无法实现 ··························· 393

第七章　命运共同体与人的共生共在 ························· 417
　　第一节　共同体的历史形态及其嬗递 ······················· 418
　　第二节　合作共同体建构之路 ····························· 443
　　第三节　人的共生共在与命运共同体 ······················· 465

主要参考文献 ··· 488

导　论

风险、风险社会以及行动

　　风险的问题进入人们的视野是很早以前的事了。可以说，在人们开始认识社会以及人的生活状态时，就已经注意到了风险的问题。不过，从文献来看，关于生产以及经济活动中风险问题的研究，大致是在20世纪出现的。特别是第二次世界大战后，规模化的生产活动、金融技术的多样化、国际政治中竞争的加剧等，都使风险的问题表面化，引起了人们的关注并加以研究，使得风险的问题从20世纪前期的经济学课题扩展到了社会科学的各领域，不仅生产和资本运营领域中的风险，而且广泛的社会意义上的风险问题，都引起了人们的注意。

　　人的风险意识的生成也许有着久远的历史，但风险意识的自觉，引发系统性的科学认识，并形成关于风险的理论，则是20世纪后期的事情，特别是生成了"风险社会"的概念，标志着人们是在社会而不是事件的意义上去研究风险问题。"风险社会"与"社会风险"是两个不同的概念，风险社会的概念所指的是一种社会形态，而"社会风险"一词则是指包含着风险和产生风险的社会性事件。可以认为，是因为风险的积聚以及风险对国家、国际政治以及人们的社会生活的影响越来越大，呼唤出了"风险社会"的概念。就"风险社会"这个概念的提出而言，还意味着人们拥有了一个认识社会的新视角。正是因为有了"风险社会"这个概念，促使人们更加关注风险的问题，探讨风险与危机事件的关系，或者说，探讨风险向危机事件转化的机制。

从科学研究的角度看，关于风险的研究现今已经在社会生活的各个领域和各个层面展开，因而我们也有了"自然风险""社会风险""工程风险""金融风险"等许许多多的概念或提法。关于"风险"的概念和提法的不断增多，一方面，意味着人们对风险进行了自觉的分类；另一方面，也证明了风险社会的现实性。事实上，风险的多样性以及风险的交叠，使得我们的社会处处布满风险。从现实来看，进入21世纪后，推动社会运行和社会变化加速化的几乎所有因素都包含着风险和孕育着风险，使得整个社会呈现出高度复杂性和高度不确定性的性状。这就是人类堕入风险社会的标志。应当承认，一切风险都是相对于人的风险，没有人也就无所谓风险。事实上，风险本就是与人类社会相伴随的，是自古就有的一种现象。只不过在人类社会的早期，人们更多面对的是自然风险，那些在人际关系、社会运行中产生的风险还未出现。风险的社会化或被作为社会风险看待，是一个历史过程。特别是在人类进入工业社会后，风险的种类呈现出无限衍生的态势。同样，如果说在人类社会早期风险是个别的、孤立的现象，而且是间断性地出现的，那么到了今天，风险已经成了一种非常普遍的社会现象，成了我们所在的这个社会的基本特征。这就是"风险社会"这个概念的基本内涵。

第一节 堕入风险社会

在全球化、后工业化进程中，在人类前行的脚步迈入21世纪的时候，堕入了风险社会。其实，在人类历史上的任何一个时期，都存在着风险，甚至在某些时期也出现过危机事件集中爆发的状况。然而，被命名为"风险社会"的这种社会形态则是我们当下置身其中的社会。在风险社会中，其一，人们所遭遇的所有风险都是社会风险，尽管有些风险被认为是来自自然界的；其二，风险社会中的人的存在的现实性不是个人，而是人的共生共在；其三，唯有合作行动才能为人的生存创造机遇。我们在风险社会中所面对的首先是社会重建的任务，许多在既往的历史中生成的观念以及信条，只要是与风险社会的现实相冲突的，都应当抛弃；许多生活、生产和开展社会活动的依据和技术等，只要不再适应风险社会中的生活、生产和社会活动的要求，都应加以改进甚至扬弃。风险社会中突出了人的生存问题，而个人的生存的可能性又必然是包含在人的共生共在之中的。人的共生共在不是理想，而是人们必须加以实现的现实性要求。只有合作行动，才是人的共生共在的保障。基于风险社会的现实而开展积极的合作行动，是实现人的共生共在的必由之路，而在人的共生共在的前提下，作为个体的人的生存也得以实现。

哈贝马斯说，"生活世界的某些要素成为问题是一个客观过程，它依赖于以客观方式从外界施压于我们的问题。所以，在我们的身后，有些事情就变成问题了"。[①] 其实，不仅是生活世界，整个社会都是这样的。我们并不知道哪些因素从外界施压于我们的社会并成为问题，但我们却在不知不觉中堕入了风险社会。当我们意识到置身于风险社会的时候，却在跳出风险社会的想法中发现了一种无力感。在反思的意义上，当我们对那些成为问题的东西进行审视时，却发现，几乎所有已经成为问题的东西都是因为人的活动带来的。正是人从自然界中的无尽索取，人对自然过程的干预，迎来了自然界"回报"我们的风险。

在现代社会的早期，征服自然、驾驭自然的追求也许意味着将人的意志凌驾于自然界之上。然而，自20世纪中期开始，人们已经诚惶

---

① ［德］尤尔根·哈贝马斯：《现代性的地平线——哈贝马斯访谈录》，李安东等译，上海人民出版社1997年版，第58—59页。

诚恐地和尽可能地照顾到自然，并有了环境保护的意识，也极力推行环境保护的行动，但对自然界的破坏却仍然呈现了加速的态势。最为重要的是，我们并不知道我们保护环境和维系生态的行动对自然界构成了什么样的破坏，更无法预测哪些因素会对社会构成压力并转化为社会问题。总之，我们不知道我们的行为会导致什么样的我们没有意识到的和无法觉察的后果。正是因为我们不知道我们会遭遇什么样的问题，也不知道我们的行为、行动会制造出什么样的问题，才是一个我们必须面对的根本性问题。这就是我们在风险社会中所遇到的最大困扰。

就风险而言，也许我们无法确认它是由什么原因引起的，但我们大致可以指出风险产生于何处。我们可以说，有些风险是来自自然界的，也有一些风险是来自社会的，特别是人际关系的复杂性造成的风险，在我们所遭遇的风险中占有很大的比重。在历史的维度中看，如果说在人类社会的早期，人们需要更多地承受来自自然界的风险，那么在今天，也就是在已经充分地实现了"自然社会化"的情况下，几乎所有的风险都可以认为是社会风险。这是因为，自然已经实现了社会化，那些表现为自然的以及其他形式的风险，在实质上却恰恰是社会风险。诚如吉登斯所说的那样，一切风险都是"建构性"的，那些被人们认为是来自自然界的风险正是人的活动造成的。不仅如此，在我们今天所遭遇的几乎所有风险中，都包含着人的社会关系的内容，而且这些风险往往是以"危险"的形式出现的，甚至以危机事件的形式作用于我们。总之，"我们生活在这样的一个社会里，危险更多地来自于我们自己而不是来源于外界"。[①] 这个"我们自己"就是我们的社会。

在农业社会，人的生存和生活压力主要来自自然界，社会性的压

---

① [英]安东尼·吉登斯：《失控的世界——全球化如何重塑我们的生活》，周红云译，江西人民出版社2001年版，第31页。

迫和统治只不过是对来自自然界的这种压力的转移和分配过程。在工业社会，随着科学技术的进步以及生产力水平的总体提升，来自自然界的生存和生活压力逐渐被降低到了极小的程度，至少在社会运行的正常状态下是这样的。可以说，我们今天所遭遇的纯粹自然压力是很小的，只有那些未能得到预测的自然事件，才会造成突发性的自然性压力，甚至产生了某些破坏性的影响。比较而言，工业社会中的人们对自由、平等的追求以及因为这种追求而延伸出来的诸如不公平、非正义等问题，却在社会的镜面上反射回来一种压力。这是一种纯粹的社会性压力，而且社会的分层化以及雇佣劳动等，使这种压力不断地增强。特别是人的利益观念，造就出一种固定的思维模式，以人的财产占有状况而将人分成了不同的阶级。进而，为了自我利益的实现而开展的竞争和斗争，形成了一整套社会风险生产机制，源源不断地生产出了风险。就像工厂生产出产品堆积到了库房中一样，人们生产出来的社会风险也被积累了起来，并最终以风险社会的形式加予人类。

在工业社会中，来自自然界的压力可以转化成一个如何在社会中进行分配的问题。如果说农业社会中的大多数风险是来自自然界的，只有其中很少量的风险可以在社会中进行分配，那么在工业社会中，同样是来自自然界的风险，其中的大部分是可以在社会中进行分配的。工业社会不仅形成了一整套对来自自然界的风险进行分配的机制，而且在征服自然、驾驭自然的追求中不断地促使自然社会化，从而用"社会风险"取代了"自然风险"。到了自然社会化已经非常充分的今天，我们所遭遇的风险大都是由人的活动生产出来的。

自然社会化本身就是人的活动的结果。在很大程度上，人类征服自然的目的是获得安全甚至舒适、安逸的生活，但这种征服使得自然社会化了，也同时将来自自然界的风险转化成了社会风险。从逻辑上看，人们也许会将自然社会化理解成风险的减少，因为自然社会化意味着人能够自觉地对自然加以征服、驾驭和改造了，即能够实现对自然的控制。然而，几乎所有风险又都是在已经实现了自然社会化的条件下源源不断地生产出来的。因而，在自然社会化的过程中，风险不仅没有减少，反而增多了。如果说风险有什么变化的话，只是改变了属性，即自然风险转化成了社会风险。事实上，我们今天所遭遇的几乎所有风险都是社会风险。

　　从时间节点看，大致是在20世纪80年代，人类进入了全球化、后工业化进程。在人类踏入21世纪门槛时，则显现出了风险社会。人们也许会因为这种时间节点上的相继出现并重合到了一起而将风险社会看作全球化、后工业化进程中的一种过渡性的、阶段性的社会特征，但这种看法是错误的。因为，如果人们持有这种观点，就会认为风险社会只是人类社会发展中的一种暂时现象。实际上，就全球化、后工业化是一场社会转型运动而言，意味着人类从工业社会向后工业社会的转变。工业社会的发展史所显现的是一种社会日益复杂化和不确定化的状况。回顾前工业社会，还会发现，从农业社会向工业社会的转变，也显现出了社会的复杂化和不确定化。既然人类社会的发展一直走在复杂化和不确定化的行程中，而工业社会所表现出来的是低度复杂性和低度不确定性，那么后工业社会也就必然会表现出高度复杂性和高度不确定性的特征。高度复杂性和高度不确定性本身就是风险社会的基本特征，是可以用以描述和定义风险社会的。所以，风险社会将与后工业社会相伴随，它要求我们必须做好未来长期生存和生活在风险社会中的准备。

　　在今天，我们只是初入风险社会。正是在这样一个风险社会的起始时期所表现出来的高度复杂性和高度不确定性，已经让我们感受到，对于人的生存和生活所受到的压力，已经无法将其定义为自然性的或社会性的了，我们所遭遇的是自然因素与社会因素纠合到了一起而汇成的压力，也可以说是一种综合性的、系统性的压力。在风险社会生成的意义上，工业社会一直走在自然社会化的道路上，致使风险社会中的自然转变成了社会化的自然。这种自然的社会化意味着风险社会中的人们所遭遇的压力在根本上是社会性的。

是因为风险的社会性以及风险的积聚而使人类社会表现为风险社会，在人类陷入风险社会时，对我们提出的要求就是：首先，人们必须确立起风险意识，应当关注自己的活动会不会生产出风险，应当在自己的活动中尽力避免生产风险；其次，人们需要思考如何应对风险，即根据风险社会中的风险特征寻求应对风险的方式、方法。在我们考虑风险社会中的行动时，无须关注风险对人的生存所构成的压力属于什么性质，我们并不需要确认它们是自然风险还是社会风险，而是应当更多地关注如何在这种压力下开展行动，以及以什么样的方式开展行动。事实上，风险社会中的风险是应当被理解成社会风险的，人类在漫长的历史行程中发展出来的应对自然风险的方式、方法并不适宜在风险社会中得到应用，或者说，我们并不对这些遗产抱有过高的期望。

环境污染是自然社会化的标志性事件之一，所以贝克认为环境问题是一个社会问题。不过，人们往往在这个问题上产生了错觉，以为环境污染是人的活动在自然界中的反映。基于这种认识而把自然与社会区分开来，从而形成了一种行动方案：让人保护自然，或者说出于保护自然的要求而约束人的行为，却不会提出社会变革的要求。我们说自然社会化使得自然风险转化成了社会风险，这意味着如果人们仅仅看到了人的行为引发了自然风险，那是不够的。因为，自然风险向社会风险的转化有着制度性的原因。或者说，是人的生活方式、社会生产方式以及人的社会关系模式生产出了风险。在自然社会化的条件下，已经没有纯粹的自然风险了，那些表现为自然风险的东西实际上恰恰是社会风险。既然自然不再独立于社会之外，那么保护自然的行为也就不可能避免这些风险，甚至不能达到减少风险的目的。即使保护自然的做法在直接的意义上显现出了某些预期效果，也无法避免在人们没有关注到的地方产生了更大的风险。也就是说，对自然界的保护不能停留在行为方面，而是需要通过社会变革去实现对社会的改造。也只有通过社会改造的方式，才能从根本上解决环境污染的问题。

贝克说，"环境问题一般被看成自然和技术的问题，或者是经济学和医学的问题。令人惊异的是，对于环境的工业污染和对自然的破坏，以及它们只在高度发展的社会中才有的对健康和社会生活的多种多样的影响，居然缺少社会的思考"。① 如果关注环境污染对个体的人的危害，那么个体的人的生活水平的提高，因为得到了技术支持而使得个体的人的生活、生存等不受环境污染的威胁，或者，通过技术手段能够化解、抵消环境污染所造成的损害，也许人们就不会太过计较环境污染的危害问题了。比如，在个体的人的社会地位以及财富占有存在着差异的情况下，富人可以通过购买某种技术服务而改善自己免受环境污染危害。但是，环境污染是一个系统性的问题，同时，它不只是针对个体的人而造成危害，因而不能从个体的人出发去认识环境问题。在某种意义上，甚至不应去评定环境污染对个体的人造成了什么样的危害。就环境问题是一个系统性问题而言，只能在社会系统的意义上去认识它，才有可能形成正确的认识。在扩大的意义上，只有在社会系统的层面上去认识环境问题，才有可能针对环境污染开展系统性的行动，而不是进行就事论事的治理，即不是把气体、水体、大气、土壤遭受污染看作单独的事件而开展治理。系统性问题的解决，所指向的是社会变革，即改变人的生活方式、社会生产方式以及人的社会关系模式。

从这里所举的环境污染例子中可以看到，在我们今天所生活的世界中，一切与人相关联的因素都是人的活动的产物，我们所面对的就是一个我们所创造的世界。其实，我们今天所拥有的几乎所有社会性存在都是由人创造出来的，而人们在创造世界的时候是有着自觉与不自觉之分的。比如，人们可以说农业社会中的"臣民"是建构出来的，但对臣民的建构肯定不是自觉的，而是这个社会的人们在不知不觉中建构起了臣民。在自觉地造出了君主的同时，却不自觉地造出了

---

① [德] 乌尔里希·贝克：《风险社会》，何博闻译，译林出版社2004年版，第24页。

臣民。公民的建构是自觉的,是在现代民族国家的设立过程中自觉地建构起了公民。因为公民的建构是自觉的,人们才将从臣民向公民的转变看作历史的进步。在工业社会,社会风险的生产是不自觉的,我们为了经济目标、政治目标以及生活目标而开展活动,也许我们的目标得到了实现,并一次又一次地对我们自己的行动表示满意,但在此过程中却生产出了各种各样的社会风险。所以,在我们已经陷入风险社会的时候,是不能够再将来自自然界的风险和突发事件作为与人无关的纯自然现象,而是应当将其理解成人的活动的后果,是人未能自觉的行动之结果。

虽然来自自然界的风险是人的活动的结果,但我们不能仅仅将其看作反射回来的一种报复性力量,而是需要认识到自然界已经是社会的一个构成部分了,是在自然界参与到社会过程中来的时候产生的风险。当然,从自然风险到社会风险的转化,从人们对风险的不自觉到自觉,不应遵循从臣民到公民转化的逻辑,而是应当尽可能地避免我们的行为、行动再生产出风险。要做到这一点,首先应当提出的主张就是,每一个人都应当拥有风险意识,认识到风险以及灾害是人的行为、行动的后果,而且是在社会系统中生产出了风险。

这样一来,我们就会将注意力放在纠正前人所犯过的错误上来,并自觉地让自己的行为、行动不再生产风险,进而找到一种正确的生活和活动方式。所以,置身于风险社会,每一个人都应时时反省自己的每一项行为选择的价值,以求不利于人的生存和发展的错误行为得到认识而不再转化为行动。在社会安排的意义上,自然界不应再被作为社会之外的因素对待,而是应当被作为社会因素加以考虑。在扩大的意义上,也就是将自然界纳入社会运行中。或者说,认识到自然界已经被拉入了社会运行中,并基于这种认识去规划行动,保证行动中的那些不自觉的部分得到自觉,从而避免生产出风险。

在风险社会及其高度复杂性和高度不确定性条件下,存在着大量结构不明的问题。可以认为,结构不明的问题是存在于人类历史的每一个阶段中的，即使在有着简单和确定性特征的农业社会中，也存在着一些结构不明的问题，更不用说在工业社会中存在着更多的结构不明的问题了。不过，与农业社会相比，工业社会所表现出的低度复杂性和低度不确定性正是由结构不明的问题带来的，是由于结构不明的问题在量上的增长达到了某个程度而使社会呈现出了复杂性和不确定性的特征。

在整个工业社会的历史阶段，虽然结构不明的问题在量上一直处于持续增长的过程中，而结构明确的问题仍然是人们所面对的主要问题，在量上远高于结构不明确的问题。所以，人们通过发展出科学预测等手段就能够有效地应对结构明确的问题。随着结构不明确的问题的不断增长，直至结构不明确的问题在数量上超过结构明确的问题时，才使我们的社会呈现出了高度复杂性和高度不确定性特征，即陷入风险社会。也就是说，工业社会的低度复杂性和低度不确定性意味着结构不明确的问题所占比重较小，而在风险社会中则处处遍布结构不明确的问题，甚至我们已经难于发现结构明确的问题了。

也许我们无法准确地判断，是什么因素导致了结构不明确的问题的日益增长，并把人类带入风险社会，但有两个既相互联系又有所区别的方面可以看作风险社会降临的基本原因。这两个方面就是：其一，虽然我们说结构不明确的问题使社会表现出了复杂性和不确定性，但反过来，当社会复杂性和不确定性的增长走到了高度复杂性和高度不确定性的地步，结构不明确的问题也呈现出了涌现之势，它们之间是一种辩证的关系；其二，社会运行和社会变化的加速化使人类以往进行社会控制的所有手段都陷入了失灵的地步。控制失灵既是结构不明确的问题造成的，反过来又为结构不明确的问题的涌现提供了空间。重要的是，这两个方面是以风险社会的形式出现的。尽管它们并不是风险社会的全部，却在交互作用以及叠加中显现为风险社会。

风险社会中风险既是现实的又是未来的，但我们又不能将未来全部归入风险的范畴中。因为，未来包含着确定性的和不确定性的两种存在，只有不确定性的存在才能被定义为风险。显然，时间意义上的未来并不是认识意义上的未来。因为，时间意义上的未来如果是可以认识的，就具有了确定性，也就能够转化为可欲的现实。只有那些具有不确定性的、不可由认识提供明确答案的未来，才既是时间的未来也是认识的未来。所以，具有实践意义的主张应当是通过现在赢得未来。在风险社会中，只有当下的为了人的共生共在的行动，才能开拓出人类命运共同体的未来。

在风险社会中，人们承受着不确定性的压力。这似乎意味着人们无法瞻望前景。的确，一切超出了人的预期的或不能加以控制的事项，无论是来自自然还是社会，都属于不确定性，而任何一种不确定性又都有可能成为相对于人的风险。其实，不确定性的程度往往意味着它能否构成风险。也就是说，不确定性程度较高也就意味着那已经是风险了。在风险社会中，虽然未来具有不确定性，这绝不意味着人们失去了未来，但人们必须接受的是一个具有极大不确定性的未来。从另一个角度看，就人的未来的不确定性而言，恰恰可以理解成一种未来的可塑性，意味着人们可以通过当下的行动形塑未来。如果对不确定性给予正面的理解，那就是机会的无限多样性，意味着人们只有通过当下的行动才能把握通向未来的机会。

我们在风险社会中所遭遇的是社会因素引发的不确定性，而且是一种系统意义上的不确定性。我们也把这种状态表述为高度复杂性和高度不确定性，是无法把握和无法驾驭的不确定性。面对这种不确定性，我们所应有的态度是，承认它的存在并适应之。也就是说，我们不应谋求对不确定性的征服和控制，而是要在不确定性的条件下基于不确定性去开展行动。如果说征服、驾驭和控制不确定性是出于寻求安全的考虑，那么在高度复杂性和高度不确定性条件下，适应不确定性和学会在不确定性条件下开展行动，也同样是出于安全的考虑。而且，这种安全已经是广义上的安全，是在人的生存能够得到保证的意义上的安全。在实质上，个人的生存是由人的共生共在决定的，人的安全也就是人类在整体意义上的共生共在状态。

第二节 风险社会中人的存在

也许海德格尔没有预料到，人类社会自20世纪后期开始呈现出高度复杂性和高度不确定性的特征。他更不可能想到，人类在进入21世纪的时候堕入风险社会。但是，就他将古希腊以来哲学家们关于存在问题的思考改写为他的"生存论的存在论"来看，无疑是开启了思想史的一个新阶段。如果我们剔除海德格尔论述中的那些因为受到旧哲学的影响而作出的似乎是无病呻吟的因素，也不将他与稍后出现的"存在主义"捆绑在一起，即不把他归入存在主义之列，就会发现，他的许多思想是适应于对风险社会中的生存问题的理解的。

虽然海德格尔一再地要求不应在"一般存在论"的意义上理解生存问题，但他对生存问题的描述和阐释，在很大程度上却是属于一般性的。可以说，海德格尔所建构的是一种"一般生存论"的学说。尽管旧哲学的痕迹在海德格尔那里还是非常明显，即有着明显的从胡塞尔出发回归到旧哲学的痕迹，但随着风险社会将人的生存问题推展到了前台，我们却看到了他的思想显现出某种非凡的价值。

就人的生存而言，在高度复杂性和高度不确定性条件下，诚如海德格尔所说，"我们所能确定和所要确定的，不是那在生存上在各个此在中向这个此在所呼唤的东西，而是那使各种实际生存上的能在成为可能的生存论条件所包含的内容"。[①] 在危机事件出现的情况下，我们尊重每一个生命，认为每一个生命都有着同等的存在价值。既然每一个生命都具有同等的存在价值，在如何付诸行动的问题上，显然受

---

① ［德］马丁·海德格尔：《存在与时间》，陈嘉映等译，生活·读书·新知三联书店2014年版，第321页。

到许多条件的制约。比如,在呼救声四处响起时,就肯定会将行动者置于如何选择的问题面前。其实,行动者这个时候需要优先考虑的显然是海德格尔所说的"那使各种实际生存上的能在成为可能的生存论条件所包含的内容"。这其实是一个什么因素在行动事项中具有优先性的问题。对于个体的生命而言,这也许是残酷的,但这样做确实是为了将更多的"能在"转化成"此在"。因而,必然会表现出选择上的优先性。当然,这种选择也是困难的,甚至是痛苦的,需要建立在"良知"和"良能"的前提下。

海德格尔对基于"领会"的行为表达了高度重视,或者说,他倡导在"领会"的前提下开展行动。如果基于良知的"领会"而做出了行为选择的话,并能够保证所做出的选择在道德上是无憾的,那么也就是无可指责的。这就是海德格尔所指出的,"愿有良知毋宁是实际上之所以可能变成有罪责这件事的最源始的生存上的前提。此在领会着呼声而让最本己的自身从所选择的能在方面自在行为。只有这样,它才能是负责的"。[1] 对于这种选择,良知是最为重要的保证。因为,"良知公开自身为一种此在存在的见证,在这一见证中把此在本身唤到它最本己的能在面前来"。[2]

海德格尔在定义作为存在的"此在"时说,"此在总是以它的生存来领会自己本身:总是从它本身的可能性——是它自身或不是它自身——来领会自己本身。此在或者自己挑选了这些可能性,或者陷入了这些可能性,或者本身就已经在这些可能性中成长起来了。只有此在以抓紧或者耽误的方式自己决定着生存。生存问题总是只有通过生存活动本身才能清楚。以这种方式进行的对生存活动本身的领会,我们称之为生存上的领会。生存问题是此在的一种存在者层次上的'事

---

[1] [德] 马丁·海德格尔:《存在与时间》,陈嘉映等译,生活·读书·新知三联书店2014年版,第330页。

[2] [德] 马丁·海德格尔:《存在与时间》,陈嘉映等译,生活·读书·新知三联书店2014年版,第330页。

务'。为此并不需要对生存的存在论结构作理论的透视"。① 生存在价值上是具有绝对性的，没有生存也就不再有此在。不过，我们需要指出的是，无论生存的可能性在历史上曾经怎样由作为此在的个人所争取到，都不意味着风险社会中的此在仍然可以如此。

在风险社会中，生存的可能性以及此在的现实性都源于人的共生共在。或者说，人的共生共在才是真正具有现实意义的此在，能够使一切与人相关的存在成为此在。所以，我们认为海德格尔的"此在"概念在风险社会中应当被理解成人的共生共在，而不应放在工业社会的个人主义语境中去理解，即不是根据对工业社会的观察而作出的认定。风险社会改变了生存和此在的属性，使得生存不再是此在的前提，而是将生存放置在了此在之中，即生存与此在的关系颠倒了过来。事实上，当我们把人的共生共在作为此在对待的时候，也就把科学、知识、社会活动等都安置在了"此在"的概念之中了，避免了"主观性""客观性"等标签带给我们的各种幻觉。也就是说，无论是生存还是此在，都不应对它们进行主观与客观的分析。即使我们将它们纳入认识论思维中去，也应当说那是主观与客观相统一的状态。如果我们是在海德格尔的思路上去把握生存与此在的关系，将它们看作人的共生共在的显现和证明自己的方式，那么主观与客观的区分都不再有意义了。

在人类涉入风险社会之前，主体与客体的静态图式、自我与他人的利益关系及其调整方式、共同体中的普遍共识与行动等，都是认识和把握社会以及人在社会中的状况时必须使用的坐标。因而，关于这些问题的争论都是具有现实性的。那是因为，社会风险、危机事件并未作为一种常量代入其中，并未普遍地存在于社会生活的所有方面，也不是平等地作用于每一个人的。随着人类堕入风险社会，人的共生

---

① ［德］马丁·海德格尔：《存在与时间》，陈嘉映等译，生活·读书·新知三联书店2014年版，第15页。

共在而不是个体的人的存在的现实性凸显了出来。正是人的共生共在问题的现实性,使得此前那些非常现实也非常重要的问题虚幻化了。此时,如果人们仍然紧紧抓住那些日益虚幻化的问题不撒手的话,就会使生存的问题恶化。其实,从人类进入 21 世纪后所遭遇的诸多危机事件中就可以看到,个人主义的原则、主体性的观念、对共识的追求等,在应对危机事件中留下的都是一些令人痛心疾首的经验。

在海德格尔眼中,此在就是一种共在,而不单纯是过往的存在。海德格尔说,"我们用共同此在标识这样一种存在:他人作为在世界之内的存在者就是向这种存在开放的。他人的这种共同此在在世界之内为一个此在从而也为诸共同此在的存在者开展出来,只因为本质上此在自己本来就是共同存在。此在本质上是共在——这一现象学命题有一种生存论存在论的意义"。[①] 首先,此在是现实性的存在;其次,此在的现实性正是根源于共在的。所以,共在不仅是此在的表现形式,而且是此在的本质。当然,此在的过往历史将这一本质遮蔽了起来。其实,不只是海德格尔看到了共在是此在的本质,而且有许多思想家指出了此在的这一本质,只是人们并未对此给予足够的重视,没有在社会建构和集体行动中依此本质去进行安排和加以组织。这也可以被认为是人类陷入风险社会的原因之一。当人类陷入风险社会时,认识到此在的共在本质也就变得十分必要了。通俗地说,此在的共在本质也就是人的共生共在,也可以就其形式上的某种特征而将其表述为"人类命运共同体"。

对于共在的问题如何理解?海德格尔指出,作为此在之本质的共在并不是"共同在此"的状态。人们也许会认为"独在"汇聚到了一起就是共在,事实并非如此。因为,并不存在着完整的独在,一切独在都是残缺的。或者说,根本就不存在不与外在性因素不相关的独在。在生存

[①] [德]马丁·海德格尔:《存在与时间》,陈嘉映等译,生活·读书·新知三联书店 2014 年版,第 139—140 页。

论的意义上,"我实际上不是独自现成地存在,而是还有我这样的他人摆在那里"。① 不仅他人"摆在那里",而且他人构成了我的规定性,他人以他的存在规定了我。进而言之,"即使他人实际上不现成地摆在那里,不被感知,共在也在生存论上规定着此在。此在之独在也是在世界中共在。他人只能在一种共在中而且只能为一种共在而存在。独在是共在的一种残缺样式,独在的可能性恰是共在的证明"。②

独在是残缺的,是差异性的存在,不可能有两个完全相同的独在,事实上只能是碎片化的存在。当这些残缺的"独在"汇聚到了一起,至多构成了形式上的聚集,而不是共在。这种聚集因为独在的残缺而显现为"杂",是"'杂'在许多人之中的独在"。对此,海德格尔揭示到,"就这许多人的存在而言,也并不等于说这许多人只是现成存在在那里而已。即使在'杂在他们之中'的存在中,他们也共同在此;他们的共同在此在淡漠和陌生的样式中照面"。③ 不仅是淡漠和陌生的,还有可能为了某些表面上的暂时利益而开展竞争和斗争,用冲突去破坏"共同在此",致使此在随时都成为各自在此。事实上,个人在竞争文化背景下都是为了自我的利益而与他人开展竞争、斗争,他们共同在此却相互将他人作为工具。所以,"共同在此"的聚集状态因为保留了残缺的独在而使他们虽然"照面"却淡漠和陌生。正是这个原因,他们不但在命运上不是密切地关联在一起的,反而会陷入冲突之中。

海德格尔的这些思想与存在主义者萨特的思想不同,甚至可以认为他们之间有着本质上的不同。在萨特那里,此在是本体性的,而在海德格尔这里,此在则是历史性的和社会性的,是一种相互内化的关

---

① [德]马丁·海德格尔:《存在与时间》,陈嘉映等译,生活·读书·新知三联书店2014年版,第140页。
② [德]马丁·海德格尔:《存在与时间》,陈嘉映等译,生活·读书·新知三联书店2014年版,第140页。
③ [德]马丁·海德格尔:《存在与时间》,陈嘉映等译,生活·读书·新知三联书店2014年版,第140页。

系。所以，萨特不可能接受海德格尔的"独在"概念，更不可能同意海德格尔关于独在的非此在性的看法。

"共同在此"并不构成一种社会群集状态。人在社会中，是以社会存在于人之中为前提的。所以，人的此在是一种"共同此在"而不是"共同在此"。根据海德格尔的看法，独在作为此在的现实性是在相互规定中获得的。一方面，独在的残缺性决定了独在必须在共在中使独在的可能性转化为现实性；另一方面，共在是在独在的相互规定中产生的。或者说，共在就是独在的规定性，而且是独在的本质规定性。所以，"共同在此"并不是现实性的此在，只有当"共同在此"因为独在的相互规定而转化成"共同此在"时，才是真实的共在。

作为"共同此在"的共在，在生存论上就是我们所说的"共生共在"。只不过工业社会是用人与人的竞争、斗争、冲突乃至剥削、压迫等去诠释共在，即舍弃了共生。风险社会则要求将共在的另一面发掘出来，并用之置换工业社会的那种共在状况。海德格尔对"共在"的定义是："共在是每一个自己的此在的一种规定性；只要他人的此在通过其世界而为一种共在开放，共同此在就标识着他人此在的特点。只有当自己的此在具有共在的本质结构，自己的此在才能作为为他人照面的共同此在而存在。"[①] 所谓"共同此在"，也就是现实性的此在，而且是具有自身时间维度和属性的现实性此在，也是生存意义上的共生共在。

至此，作为一个哲学问题，共在的问题在海德格尔这里得到了创造性的解决。这是过往的哲学家都没有解决的问题。但是，在社会学的视野和社会治理实践中，共在的现实性还是需要落实到社会建构以及行动中。我们的意见是，应当促进整个社会向合作的方向转型，开展合作行动和自觉地建构合作的社会。显然，对于风险社

---

① [德] 马丁·海德格尔：《存在与时间》，陈嘉映等译，生活·读书·新知三联书店 2014 年版，第 140 页。

会中的人的共生共在而言，海德格尔在存在论意义上所作的思考，以及在生存论意义上所提出的共在原理，都还只是初步的原则性建构。只有当我们作出合作行动的具体规划时，才能真正地将这些原则性建构的思路转化为人类通向未来的出路。构建人类命运共同体就是基于风险社会的现实而构想出来的，它是唯一可行的通向未来的道路，而工业社会的共在模式不仅不是命运共同体，而且有可能意味着人类不再有未来。

可以认为，风险社会意味着一个重建社会的窗口打开了，只要我们承担起社会重建的任务，就能够为人的生活和生存找到全新的方式。哈贝马斯认为，在20世纪80年代中期，"历史重新动了起来，以加速形式动了起来，甚至风急火燎地动了起来。新问题改变着旧视角；更重要的是，这些问题开启了一些我们能对各种可能的行动路向作重新审视的未来视角"。[①] 就哈贝马斯说出这段话的前后文来看，也许他是为了证明这一社会状况而将其作为例子举出来的事件，这在将来不一定会引起历史学家们的重视。但是，社会自这个时期起所表现出来的状况，确如哈贝马斯的描述一样，是历史行进中的标志性事件。也就是说，人类是在20世纪80年代显现出了走进风险社会的预兆。随着人们进入21世纪，则堕入了风险社会。既然人类是在踏进21世纪的门槛时堕入了风险社会，那么我们讨论风险社会的首要目的也就应当是，要让更多的人认识到我们不能陶醉于18世纪启蒙思想家通过社会建构设计而给予我们的那个社会。我们已经离开了那个社会，因而不得不去重新建构社会。

置身于风险社会，对社会的重建并不是一个我们是否愿意的问题，而是一项我们不得不去做的事情。正如曼海姆所说，"社会的重建是关系到每个公民的生死存亡的大事，我们的多数灾难只有当我们懂得

[①] ［德］尤尔根·哈贝马斯：《在事实与规范之间——关于法律和民主法治国的商谈伦理》，童世骏译，生活·读书·新知三联书店2003年版，第654页。

了政治所形成的一套问题永远不能以偏见而只有通过逐步的社会研究来解决时，才能得以消除"。[①] 面对风险社会，人们所看到的和感受到的已经不是既往灾难的经验，而是非常现实的危机事件频发，它们驱使着我们从事社会研究。当然，琐屑的社会问题也是需要加以研究并需要寻求解决之道的，甚至依然存在着大量允许实证研究者去发挥才能的问题，而且那也是他们争取高额收益的机会。但是，最为迫切的社会研究应当针对社会重建的问题展开。一旦我们在社会重建方面取得了积极进展，许多次要的问题都会迎刃而解，或从我们的视野中退隐，尽管那些次要的问题在今天也仍然对我们造成某种困扰。

第三节 风险社会中的行动

在风险社会中，无视风险是最大的风险。虽然风险社会中的人并不必然每日愁眉不展、忧心忡忡，但怀有风险意识则是必要的。当然，也要防止风险意识转化为自我放纵、及时行乐等颓废情绪。个人如此，社会也应这样，即避免任何"末日心态"对人的行为选择产生影响。在风险社会中，积极合理的建议应当是，人们需要充分地意识到自己已经置身于风险满布的状态中了，需要在这种状态下珍惜生命。珍惜生命并不意味着处处谨小慎微，而是需要抱持积极乐观的心态。特别是在危机面前，应当拥有一种无畏的精神。

风险社会中的真正勇士就是勇敢地活着的人，为了人的共生共在而活着，即使他的肉身枯朽了，也仍然会作为此在之在而活着。他能活着，本身就是他的勇气、毅力、德性等的综合性体现。如果一个人不是为了人的共生共在而活着，那么他的所谓"活着"就是打了折扣的，是此在中最为稀薄的那部分，而且随时有可能从此在中退隐。这

[①] ［德］卡尔·曼海姆：《重建时代的人与社会：现代社会结构的研究》，张旅平译，生活·读书·新知三联书店2002年版，第336页。

与农业社会中的那种"一将功成万骨枯"的青史留名不同，也与工业社会中的那种通过竞争而取得成功从而受人敬仰不同，而是把自我的存在与人的共生共在统一到了一起的活着。我们也需要指出，在风险社会中，特别是在危机面前，拥有勇气、临阵不乱是必要的，但勇敢不应表现为鲁莽，更不应故作勇敢而暴露出无知。

在对资本主义社会的批判中，列斐伏尔认为，人的许多需要是由资本家呼唤出来的虚假的需要。列斐伏尔在转述马克思《1844年经济学—哲学手稿》中的观点时说，"资本家尽其所能地创造虚构的、想象的需要。资本家不是表达和满足实际的愿望，不是把粗野的需要变为人的需要，而是把这个过程倒转了过来。资本家从生产出来最简单还最能赚钱的产品开始，努力——主要通过广告——创造出对这种产品的需要"。[①] 到了晚期资本主义社会，也就是到了"消费社会"，这种情况陷入了疯狂的境地。随着大量本不存在的需要被开发出来，满足这些需要的过程的确通向了经济繁荣，但所消耗的资源也迅速增长，以至于不断地拷问自然界的承载能力。

结果，自然界交给人类的答卷却是风险以及频发的危机事件，尽管它已经是社会化的自然界。我们往往把那些归入自然风险、自然灾害的范畴，试图通过这种归因而为人自身开脱罪责。实际上，与农业时代的自然风险、自然灾害相比，虽然它们在形式上也是来自自然界的，而在实质上，则是因为不堪人类加予自然的负荷而引发的，是人制造了这些风险和灾害。正是资本家所呼唤出来的无尽需要，把人类领进了风险社会。我们已经指出，根据贝克的关于"自然社会化"的见解，即便在表现上被观察到的属于自然灾害的危机事件也是社会性的，是已经具有了社会属性的"自然灾害"。

风险社会的最为突出的表现就是危机事件频发。当然，我们也需

[①] [法] 亨利·列斐伏尔：《日常生活批判》，叶齐茂等译，社会科学文献出版社2018年版，第148页。

要认识到,"风险"与"危机事件"不是等同的。风险意味着不确定性,而危机事件则是一种确定的状态,因为危机事件已经显现了出来而成为一种确定无疑的危机状态。在危机事件中,还包含着不确定性,即包含着风险。如果说危机事件中包含着更多的风险,那只意味着危机事件的走向是不确定的,可能是危机的消除,也可能是危机的进一步恶化。在危机事件尚未出现的时候,它只是以风险的形式出现的。

理论上说,危机事件是可以预测的,因为危机事件是从风险转化而来的,只要认识了风险,也就能够预测到危机事件的到来,但这完全是一种简单化的思维,或者说是一种幼稚的想法。事实上,希望对危机事件做出预测是不可能的。尽管大数据等技术使得对危机事件的概率性预测有了某种希望,但真正去做的时候就会发现,所有得到预测的事件都具有确定性。或者说,如果我们预测到了某个事件必然发生,那么它也就不应再被归入危机事件的范畴,至少,不能视为突发事件。正是因为存在着危机事件预测上的困难,我们才主张一种不以预测为行动前提的"即时行动"模式。

在对"风险"和"危机事件"两个概念作出区分时,我们还会发现,风险包含着某种语义学上的悖论。因为,当人们意识到风险、指出风险、认识了风险时,那就是一种确定性的状态。就风险意味着不确定性而言,一旦说那里存在着风险时,或者认识到存在着什么样的风险时,也就是不能再将其视为风险了。当然,在工业社会的语境下,意识到甚至认识到了风险的存在却不知道风险的性质,也是常见的现象。不过,就没有认识到风险的性质而言,那依然是一种不确定性。所以,我们认为应当把风险理解成人的无知无识的状态,即使人们有了风险意识,也不知道风险在什么地方、具有什么性质和以什么形式存在。既然人们对风险是无知无识的,我们又为什么能够议论和探讨风险呢?这就是悖论所在。应当说,这种语义分析是没有意义的,风险的客观性在今天已经成为人们公认的事实,而且所有想到、谈到风险问题的人,都要求针对风险而开展行动。但是,这种语义上的悖论,也许更有利于我们认识风险的不确定性。

甫入风险社会之时,人们对风险所做出的回应基本上都是进行控制。其实,控制并不能降低社会风险,而许多社会风险却恰恰是在控制中产生的。在工业社会低度复杂性和低度不确定性条件下,避免社会风险产生的最为有效的方式就应是社会整合而不是控制。因为,在诸多具体的领域中,积极的系统整合可以起到有效防范风险的效果,而不是通过强化控制的方式能够达到防范风险的目的。当然,在控制思维主导的工业社会中,人们很少意识到这一点,只是在一些显现出控制失灵的地方,即面对着重大的社会危机时,才会使用系统整合的手段。现在,人类社会呈现出来的是高度复杂性和高度不确定性,而且我们所面对的也不仅是狭义的社会风险,而是全面地陷入了风险社会。在这种情况下,不要说希望通过控制去防范和降低社会风险,而且控制本身就是一个需要得到可能性审查的问题,甚至通过社会整合的途径去防范和降低社会风险的追求也存在着效用不足的问题。这样一来,我们的判断就是:风险社会中风险应对的可行路径只能是行动模式的变革,即建构起适应于风险社会及其高度复杂性和高度不确定性的合作行动。

从合作行动的表现形式看,也可以将其称为"即时行动"。即时行动具有回应性,是建立在风险不可认识的前提下的。也许人们会说,如果我们能够认识到风险源的话,能够预先判断出风险有可能产生的地方,也就能够大大地防范和降低风险,但那只是一种谵妄,而且极易导致"技术乌托邦"。这是因为,在高度复杂性和高度不确定性条件下,认识风险源以及风险可能产生的地方,只能成为一种美好的愿望而不具有可行性。既然高度复杂性和高度不确定性条件下的风险是不可认识的,我们也就只能要求将视线放在即时反应式的合作行动上来了。

在近代早期自由主义理论出现的时候,国家及其政府是被作为社会的"监护人"而建立起来的。虽然关于国家及其政府角色的定义在其后的岁月中有了巨大变化，而且也一直存在着争议，但它们的监护职能却一直存在着。可是，如果在风险社会中依然希望为社会寻求"监护人"的话，那是不切实际的。在风险社会中，没有任何一种力量可以为社会提供担保，更不能时时提供所谓监护。即使强行地构造出这种力量，其职能也因为社会的高度复杂性和高度不确定性而无法实现。如果坚持工业社会关于国家及其政府的监护职能定位的话，那么所消耗的社会资源以及对社会的滥施权力，也会对社会构成极大的破坏，有可能达到社会无法承受的地步。不仅如此，这种由国家及其政府为社会提供的监护本身，也会不断地生产出社会风险。所以，我们认为风险社会中的每一个人都是行动者。如果设立了"巡逻放哨"的机构，那么它在规模上应当是很小的，而且因具体情况而有所不同，即不会有着固定的模式。虽然这类机构在规模上是微型的，但在合作网络中所发挥的作用却是巨大的。其实，它就是我们所说的"合作制组织"。

风险社会中的合作行动根源于人的生存的需要，而且是全体社会成员所意识到了的生存需要。这种从人的生存需要中产生的合作行动不包含人际关系意义上的策略性考虑，即不是将他人当作工具而加以策略性地利用。不仅不应把他人当作工具，而且不应把共同行动当作自我利益实现的手段。历史经验证明，任何一种共同行动，只要包含着人际关系意义上的策略性考虑，都必然是出于自我利益实现的需要。或者说，只要参与到共同行动中来的人都认为或都期望通过共同行动去实现自我的利益，就必然会将共同行动当作利益实现的策略性手段。

在策略性考虑中，可以通过理性安排去获得共同行动的协调，也能够建立起明确而稳定的共同行动的机制，从而表现出一种自策略性考虑始到告别策略性考虑终的演变过程。在这个过程中，也许所有精明的策略都会犯下愚蠢的错误，那就是不断地生产出风险。风险社会中的合作行动自始至终都不是策略性的，它因为出于实现人的共生共在这一社会目的的要求而告别了任何为了自我利益的谋划，因而不再是行动者的策略性行动。就合作行动而言，虽然行动中的技术考量是必要的，而且也会有着技术选择方面的问题，但那只是一种技术应用上的策略。所以，风险社会中的合作行动要求行动者绝不将他人作为工具而加以策略性地利用，也不会把共同行动当作自我利益实现的策略性手段。

在风险社会及其高度复杂性和高度不确定性条件下，行动者在合作行动中也会时时设问，但他不会在自己所提出的问题有了答案的时候才去行动，而是在提出问题时就已经行动了。当然，这绝不意味着行动是盲目的，因为问题本身已经指示了行动的方向。正是这一点，与低度复杂性和低度不确定性条件下的行动不同。在低度复杂性和低度不确定性条件下，在找不到问题的答案前是不能行动的，而且行动者必然是根据问题的答案行动的。提出问题的人、寻找问题答案的人与行动者之间是一种分工关系。从提出问题到寻找问题的答案再到行动，有一个规范化的流程，这个流程本身也要按照合理性的原则加以设计和构造。其实，那就是一个从决策到执行的过程。在高度复杂性和高度不确定性条件下，提出问题、寻找问题的答案和行动的过程融合为一了，都是由行动者来加以承担的。所以，行动者也就可以直接地根据问题的状况而行动，而不是等待问题的答案，更不会期待着他人给出行动的指示。

风险社会中的行动者没有身份、没有头衔甚至没有姓名。或者说，在他投入合作行动中的时候，他的姓名并不与他的身份相联系，不反映他的家族归属或出身，也不代表他的地位，如果人们注意到了那些，也仅仅是一个符号，对于他在行动中所扮演的角色来说，没有任何意义。也就是说，风险社会中的行动者在行动过程中所担负的是特殊的、具体的任务，他所扮演的角色都是临时性的，不仅会随着此次行动的结束而发生改变，而且在行动过程中也会随时发生变化。虽然行动者会把知识和经验等带入行动中来，但身份、地位以及过往的荣誉等，都不会带入行动中来。只有这样，才能在风险社会中为构建人类命运共同体而开展具有积极意义的行动。虽然我们在今天还看不到这种行动得以出现的迹象，但构建人类命运共同体的理念的提出，则预示着人类必然会建构起这种行动模式。

第一章

人、自然与社会

进入21世纪后，风险社会降临到这个世界，它意味着人类已经被迫成为一个命运共同体。就风险社会的生成来看，在很大程度上是可以认为它是由近代以来的人类中心主义意识形态所形塑出来的。作为人类中心主义的社会表现形式的自我中心主义、个人主义助推了风险社会的生成。在个人主义的逻辑延伸中，20世纪的社会科学从原子化个人中分离出了人的欲望，认为人的欲望是社会发展的原动力，从而实现了对人的欲望的正名，并使人彻底地从农业社会的宗教、伦理、习俗中解放了出来。但是，在欲望实现的正当性得到承认的情况下，自然、社会以及人际关系等都遭受了巨大冲击。这也可以作为风险社会得以生成的原因。现在，当我们置身风险社会之中时，需要对工业社会的人类中心主义意识形态进行反思，进而寻找和重新制定风险社会中的生活和活动的原则。其中，最为重要的就是确立起人类命运共同体的意识，为了人的共生共在而开展行动。

风险社会意味着人类历史的一个新的阶段。人类历史上的对自然的征服以及不健康的生活方式，也在造就风险社会的过程中发挥了巨大作用。在直接的意义上，可以认为是工业社会及其资本主义的发展把人类领进了风险社会。在风险社会中，自然与社会分立的界限消失了，人类已经用征服自然的活动而把自然拉入社会之中，使自然成为社会的一个构成部分。虽然自然的物理特征依然被保留了下来，但其性质已经发生了变化，具有了社会性。这也意味着，人类所面对的一切风险都是社会风险，是人的活动的后果。自然与社会的统一化，要求政治以及社会治理方式都必须发生相应的变革。也就是说，需要根据自然与社会相统一的现实去重构政治以及社会治理模式。与此同时，自然科学与社会科学的统一化也是科学发展的一个需要开拓的前景。至少，一切专业性的研究活动，都需要注入人文精神。只有这样，对风险社会中的行动，科学才能提供应有的支持。

从工业社会发展的历史看，一方面，呈现出来的是社会的复杂化和不确定化；另一方面，则表现出了社会运行和社会变化的加速化。其中，在社会运行和社会变化的加速化的过程中产生了诸多社会风险，并在社会风险的积累中形成了我们今天置身其中的风险社会。农业社会的发展是平缓的，而工业化、城市化所开启的则是一个社会运行和社会变化加速化的进程。社会运行和社会变化的加速化用了几个世纪的光阴就把人类社会变成了风险社会。所以说，风险社会是社会运行和社会变化加速化的系统性后果。不过，科学技术的发展、对经济增长的片面追求以及"消费社会"的出现等，都可以被看作社会加速化的主要动因。在人类已经置身于风险社会的情况下，工业社会传统的政治以及整个社会治理模式，都不再适用了。不仅如此，反而源源不断地生产出更多、更大的社会风险，使人类在风险社会中陷得越来越深。所以，我们需要寻求风险社会中的生存之道，即变革包括政治在内的整个社会治理模式。在这方面，霍耐特的承认理论也许能够给予我们一定的启发。

第一节 人类中心主义的观念

利科认为,人类作为共同体是自然而然的。但是,"唯我论"则使这种自然而然变得不可理解了。正是因为"唯我论","无论是从一直以来被我们理解为所有人所共有的属性的角度来看,还是就一直以来被我们理解为人类共同体的东西来说,确实缺少一直相互联系的意识。也就是说,其他主体就在我们面前,他们有能力进入主体与客体之间不对称的关系,也即在唯有我才是主体和作为所有剩余事务的客体之间的不对称关系。因此,唯我论使得那种呈现为自然而然的东西变得迷惑不解了。这种自然而然的东西也就是,存在其他人,存在一种共同的属性和一个人类共同体。它把那种首先是事实的东西转变为任务"。[①]

其实,主体、客体的概念本身就把人与对象世界分割开了。即使要强辩说主体与客体是相互依存的,那么这种所谓相互依存也是建立在以自我为中心的前提之下的。作为主体的自我,必然会把客体作为工具对待。在扩大的意义上,自我也是共同体的中心,共同体也无非是自我的工具。这种情况可以表述为"自我中心主义"。自我中心主义只不过是"人类中心主义"的一种历史的和逻辑的呈现。因为,人们在与自然界并立的情况下,首先产生了人类中心主义,然后才在人的共处中生成了自我中心主义。当然,相反的逻辑也是成立的。在人类中心主义与自我中心主义之间,有着一条将它们贯通起来的逻辑。所以,自我中心主义与人类中心主义是同一个理论范式中的不同部分。或者说,自我中心主义只不过是人类中心主义范畴中的一项内容。当人们把整个人类当作自我的时候,人类中心主义也就是自我中心主义。

[①] [法]保罗·利科:《从文本到行动》,夏小燕译,华东师范大学出版社2015年版,第319页。

反过来表述也是一样的。今天，当我们立足于风险社会去反思人类历史，所看到的正是人类中心主义把人类自身领进了风险社会。如果说自我中心主义是各种各样的社会风险的根源，那么人类中心主义则在历史的行进中创造出了风险社会，风险社会成了人类中心主义的必然归宿。

一 人类中心主义的历史与逻辑

贝克在对工业社会反思后得出的结论是，工业社会的综合性原因导致了风险社会的产生。"与高度分化的劳动分工相一致，存在一种总体的共谋，而且这种共谋与责任的缺乏相伴。任何人都是原因也是结果，因而是无原因的。原因逐渐变成一种总体的行动者和境况、反应和逆反应的混合物，它把社会的确定性和普及性带进了系统的概念之中。"[①] 所谓"确定性"，就是每一个人都参与到了制造风险的行列之中，在人人都参与到了风险生产的问题上，表现为确定性。可以认为，在工业文明的体系之中，每一个人的行为都可以确定无疑地被列入制造风险的因素之中。同时，所谓"普及性"，就是风险普及至每一个人那里，每一个人都必须承担风险的后果。就这种情况已经超出了因果范畴而言，意味着你在承受风险的时候，并不考虑你对制造风险的"贡献"有多大。

贝克说，"这以一种典型的方式揭示了系统这个概念的伦理意义：你可以做某些事情并且一直做下去，不必考虑对之应负的个人责任。这就像一个人在活动，却没有亲自在场。一个人进行物理的活动，却没有进行道德或政治的活动……在其中人们进行个人的和社会的行动，似乎从属于自然的命运，即系统的'万有引力定律'"。[②] 不过，当我们反思风险社会生成的意识形态根源时，立马就看到了人类中心主义

[①] ［德］乌尔里希·贝克：《风险社会》，何博闻译，译林出版社2004年版，第33页。
[②] ［德］乌尔里希·贝克：《风险社会》，何博闻译，译林出版社2004年版，第34页。

在其中所扮演的角色。本来，人类社会的发展、历史进步是在防范风险、克服风险和与风险的斗争中前进的，为什么在20世纪后期和进入21世纪的时刻走进了风险社会呢？确如贝克所说，原因是非常复杂的，以致我们不能够准确地指出是什么因素以及人的什么行为导致了风险社会这一后果。不过可以认为，人类中心主义的观念是风险社会生成的总根源。是因为人们带着人类中心主义的观念去开展各种各样的活动，才使得那些表面上看来是防范、应对和处置风险的活动造就出了今天我们不得不接受的风险社会。

工业社会中的自我中心主义的逻辑延伸表现为人类中心主义，或者说，自我中心主义在以人类为自我的情况下，是以人类中心主义的形式出现的。如果反过来说，人类中心主义在生成和行进中是以自我中心主义的形式去在人的行动中发挥作用的，也诉诸思想和理论，那也同样是一种具有合理性的阐述。实际上，在历史的维度上，有一条从人类中心主义到自我中心主义再到个人主义的演进线索。这条线索始于人类出现的时候，延续到了今天。然而，在逻辑的维度上，这个演进路线则颠倒了过来，表现为一条从个人主义、自我中心主义到人类中心主义的行进路线。这条线索是在工业社会中形成的。也就是说，贯穿于人类历史的线索以逻辑上的反向形式在工业社会中出现了。

所谓人类中心主义，不仅指人在由社会与自然界所构成的这个世界中处于中心，而是更多地反映了把人作为所谓"人的世界"的中心之要求。阿伦特在批评人类中心主义时指出，"人类事务虽然是在世界以及其世界的种种事物当中发生，但世界及其事物并非人性的体现，并不是人性向外呈现的印迹，相反，世界以及世界之中的事物源于人类能够创造出自己所不是的东西——各种事物，甚至所谓的心理的或心智的领域，也改变成了永恒的现实，人们可以生活和活动其间，只要这些领域作为事物、事物的世界呈现出来。人在这个事物的世界中行动并接受其影响；也正因为此，发生其间的每一场灾难都会反过来影响到人。我们可以想象一场灾难，它如此巨大，带来世界性的破坏，以至于影响到人们创造世界及其事物的能力,并将人置身于动物般的无世界状态"。①

人是什么样子的?是由世界决定的。就人是被决定的而言,根本就不能被作为世界的中心。事实上,在危机事件频发和风险社会的条件下,那种由人类中心主义带来的自信已经被彻底冲垮了。如果说自我中心主义还能够让人自觉地去经营和利用"工具"的话,即把他人当作自我一切欲求实现的工具,那么人类中心主义除了予人以傲慢之外,别无用场。但是,人类中心主义却是一种近代以来长期处于主流地位的哲学观念,哲学家由此出发发展出了主体、客体等一系列哲学范畴,形成了无比繁复的现代哲学体系。可是,如果究其实质的话,就会看到,所有这些都还只是从属于理解的需要。特别是在社会呈现出高度复杂性和高度不确定性的特征后,近代以来从人类中心主义出发而建立起来的全部哲学,都失去了引领思维、思想的价值。恰恰是因为人类中心主义所形塑出来的世界观,总是让人对自然界做出错误的事。我们可以设想,如果人类没有形成人类中心主义的观念,也就不会在处理与自然界之间的关系时无所不用其极地破坏自然,也就不会在防范、应对、处置风险的过程中使风险扩大化和普遍化,也就不会把人类领进风险社会。

从哲学上看,虽然阿伦特对人类中心主义作出了反思性批判,但她习得的另一种哲学主张也是有问题的。也就是说,并不能仅仅因为指出了世界决定人就可以实现对人与世界关系的准确把握。虽然阿伦特没有公开地提出"自然中心主义"的主张,但在表达人的受决定的意义上,似乎很难与传统的机械论主张划清界限。当然,这是一个复杂的问题,如果陷入了线性思维之中的话,就会要么主张人类中心主义,要么主张自然中心主义,或者,折中为相互决定论。根据相互决定论的观点,就会认为人创造了世界,又同时存在于世界之中,认为

---

① [美]汉娜·阿伦特:《政治的应许》,张琳译,上海人民出版社2016年版,第102页。

人与世界是互动的、相互作用的。

其实，一旦我们摆脱了线性思维的纠缠，就会看到，并不存在着人与世界分立为两极的情况。无论是基于人类中心主义的主体决定论还是根源于自然中心主义的客体决定论，抑或折中主义的主客体互动论，实际上都是建立在人与世界的"两极并在"这样一个假设的前提下的。与之相反，我们恰恰应当看到，这个与人相关联的世界，是应当被看作存在于人的行动之中的。在人转化为行动者后和以行动者的形式出现时，人与世界都被融入行动之中。在风险社会及其高度复杂性和高度不确定性条件下，唯有提出这样一种把人与世界都包容在行动之中的观点，才能为行动提供科学的理论支持，从而让人认识到人性的改变与世界的改变都是发生在行动中的事情。

人的一切行动都应当是从属于和指向人的共生共在的，无论是人性还是人的世界，都因行动而处于变动之中。如果说人的以往的行动造成了我们今天必须接受的风险社会，那么人在风险社会中又必然要通过行动而存在和改变。或者说，在风险社会中，人需要通过行动去证明自己的存在和一切价值。同时，人的存在又是在行动中发生改变的。之所以人的以往的行动造成了风险社会这样一个后果，是因为人们在开展行动的时候持有人类中心主义的观念。在堕入了风险社会后，显然需要抛弃人类中心主义的观念。但是，如果转而接受了自然中心主义的观念，也是荒唐可笑的。人以什么样的方式存在，人希望在自然和社会中如何存在，都取决于人的行动。

虽然我们前述认为人类中心主义的观念与人类历史一样久远，但在科学的意义上去发现人类思想史上的什么时候形成了人类中心主义的观念，并为人们所普遍持有，也许是一个很难回答的问题。从我们所熟知的古希腊思想来看，没有证据能够证明那个时代的人们拥有人类中心主义的观念。在中国古代哲学中，"天人交感"或"天、地、人"的一体性观念中也没有人类中心主义的痕迹。在近代以来的人们所重构的希腊思想体系中，人们所熟知的主要是其逻辑、哲学、数学以及修辞学方面的成就，基本上是不再去寻求对这些成就背后的思想作出进一步了解的。

不过，如果我们提出这样一个问题：希腊的逻辑、哲学、数学以及修辞学等思想成就是不是在纯粹科学动机的驱使下取得的？可能会发现，那个时代的人其实并没有什么纯粹的科学动机。尽管人们编写出了关于泰勒斯、德谟克利特等许多哲学家的许多求真如痴的故事，但从总体上看，希腊时期的思想家们是出于如何开展社会生活的要求而去认识和理解世界的。关于古希腊思想中的所谓"自然哲学"，实际上只是一种现代性的定义，它在实质上恰恰是社会哲学。在古希腊人的思想中，自然与社会是被作为同质性的存在物看待的。思想家们正是基于自然与社会的同质性判断这样一个前提去努力寻找和发现可以对自然和社会作出统合性理解的要素。在早期希腊的思想家那里，寻找某种终极性的要素（诸如水、气、火、土等）是被作为完整地把握世界的必要步骤看待的。而且，也只有对世界获得了这种完整性的理解，才能开展社会活动。在古希腊的中后期，全部社会活动更是被定格为城邦生活了。总体看来，为了理解社会生活而去认识自然世界，肯定是不包含人类中心主义观念的，因为那属于一种要到自然中去寻找理解社会的钥锁的追求，即到自然中去寻找社会的本源和寻求解释社会的原则。

我们认为，人类社会的早期属于一个"觉识的时代"，它是人类从蒙昧状态中走出来而对世界进行认识和把握的过程。正如人睡醒之后揉一揉眼睛而把一切映入眼帘中的东西都作为认识对象一样，它表现出对世界上的一切都有着浓厚的兴趣。不仅古希腊哲学，中国先秦时期的思想，也都可以看作这个"觉识的时代"的思想形态，同样表现出一种无所不及的广博。到了近代社会，人们认识世界就不同于"觉识时代"的情况了。因为，从这个时候开始，人们的认识表现出了对认识对象的选择，选择那些可以认识的，而且只限于去认识那些对人来说有用的对象。近代以来的人的认识活动天然地具有功用主义的取向，即因为对象有用或可能有用才去加以认识。一旦认识对象是被选择的，也就有了以什么为依据而选择的问题，所有可以被认定为依据的因素汇集到了一点，就是人以及人类，所以，有了人类中心主义。

　　认识的选择性就是人类中心主义开始出现的迹象，它是与社会生活中的个人主义、自我中心主义同构的。首先是因为认识，然后是因为实践，分出了主体、客体。由于主体是能动的，所以处于世界的中心。就自然是认识和实践的对象而言，只是一种客观存在，是有待认识和征服的，是环绕着人的，因而人就是世界的中心。所以，在观念上，一个有着中心—边缘结构的世界生成了。也就是说，在人实现了自觉的时候，也就开始把人类自身作为世界的中心看待了。因而，有了社会与自然的区分，并把自然界作为人类可以认识和征服的对象对待。结果，在人类社会与自然界的关系中，人类成了中心。一旦视线被从自然界收回，注视到了社会以及人的关系的时候，就有了"你""我"之别，也就有了"以我为中心"的问题，这就是一种"自我中心主义"状态。

　　对于农业社会的"家园共同体"而言，社会分化尚未明显地显现出来，因而社会与自然的分化也未完成。这个时期的人们更多地表现出了对自然的友好。虽然也有人（如中国的荀子）表达了"人定胜天"的思想，但并未成为人们普遍享有的观念。而且，"人定胜天"还可以解释成"人定，胜天"，那样的话，就有了另一重意思。总的说来，从生产、生活和交往方式看，这个时期的人们表现出了对自然的敬畏和尊重。在所谓"天人合一"的思想中，所倡导的也是让人合于天，而不是让天合于人。可见，在农业社会的历史时期中，人类中心主义的观念尚未确立起来。如果说在西方因为存在着"地球中心"还是"太阳中心"的争论，而且这种争论促使人们去思考以谁为中心的问题，那么在中国，人们则不去考虑何为中心的问题。或者说，中国古代的人们对一种无中心的混沌状态表达了更多的敬畏，因而不会产生人类中心主义的观念。至于宋代狂徒提出的"为天地立心",所表达的其实也只是一种去明悟至理的主张,并无人类中心主义的内涵。

人类中心主义的社会表现是自我中心主义,而自我中心主义的形而上学表述则是个人主义。正是近代形而上学的兴起,发现了作为社会存在本原形态的个人、个体。所以,作为现代社会理论和历史哲学叙事起点的社会存在物,就是个体的人,也被称作"原子化"个人。在个人主义的视角中,所看到的是萨特所言的情景:"他人是地狱。"当人类社会走到了这样一个地步的时候,即把所有的人都置于"地狱"(风险社会)之中时,就无法再将他人视为或理解为地狱了。相应的,也就需要对个人主义的原则作出否定。风险社会在某种意义上已经将人类置于"地狱"之中了,已经不是萨特所说的那种个体的人的意义上的"他人是地狱"。在这种情况下,如果人们依然囿于近代的哲学原则去规划行动和定义人与人之间的关系,就不可避免地使人的生存环境和生存前景变得更加具有不确定性。

如果对上述这个逻辑进行思维上的回溯式描述,而且不采用悲观主义或乐观主义的任何一种极端意见,则会看到:在个人的视野中,一方面,他人是我的存在的条件和可资利用的工具,我需要通过他人而使我的存在和利益实现成为现实;另一方面,他人也意味着我的风险。在个人扩大化的意义上,就会一层一层地扩展出作为认识和实践主体与环境间的关系,也同样在扩大的范围上出现了利益与风险并存的境况。进而,在社会系统与自然系统并立的意义上,也同样存在着利益与风险的双重性。一方面,自然是人类赖以生存和活动的物质资料的供给者;另一方面,自然也把各种各样的风险加予人类。或者说,自然本身并不存在着风险的问题,只是在人类的视角中,才看到了风险,是在自然作用于人类的时候,才表现出风险。这说明,人类中心主义、自我中心主义、个人主义等的逻辑展开,必然会走到否定自我的地步,反映在行动、实践中,就是以风险社会的形式对人类、自我等构成了否定。

如果说风险是存在于人的认识和理解中的,是与人类的出现相伴随的,那么风险社会其实就是社会的高度复杂性和高度不确定性的一种表现形式,是人在这一条件下所拥有的感知、认识和理解。自 20 世纪后期开始,特别是在人类进入了 21 世纪的时候,走进了高度复杂性和高度不确定性状态之中。站在人的角度看,这种状态就是风险社会。或者说,社会的高度复杂性和高度不确定性是以风险社会的形式表现出来的和作用于人的。离开了人的价值判断,地震、火山、病毒等都只是事实,或者说是以灾害形式出现的事实,而不是风险。所以,不无讽刺意味的是,人类中心主义在风险社会中得到证明。正是风险社会中的风险,把人放置在了中心,让人体味着风险环绕的感受。

二 从个人主义到"物理主义"

就社会来看,在农业社会的历史时期,个人以及个人主义意识尚未生成,人们还未像在工业社会中那样时时处处从个人及其自我利益的角度去看待人的关系和作出是否开展合作的权衡。总体看来,农业社会中的人就像黑格尔所描述的那样,尚未生成自我意识,没有明确地和清醒地认识到自己是不同于社会的原子化个人。因而,也就未生成根据个人的利益要求去处理与他人的关系以及如何开展行动的谋划能力。在农业社会的家园共同体中,我们很难识别哪一类规范属于调节利益关系的规范,因为它显现出来的是一种非常杂乱的情况。或者说,农业社会中的规范是从血缘关系中生成的,然后扩大到了社会范围,在发挥着维护社会整体的功能时消融了个人。所以,人们一般不会把农业社会那个历史阶段定义为个人主义时代。

就工业社会的分工—协作得以展开和维系来看,是需要以契约的形式去加以规范的,而且在契约的基础上形成了契约文化。在工业社会的发展过程中,虽然契约文化也表现出了自然而然地生成的状况,但与农业社会的习俗相比,则是包含着个人主义精神的,需要落脚于个人的响应上。因为有了个人,因为有了契约,致使个人并不像受到习俗规范那样而在内心中不存在理性与感性的冲突,而是需要去明察个人内心中的感性与理性。笛卡尔的思想就是适应这种需要而产生的。或者说,笛卡尔的"我思"指示了一条理性的途径,即通过"我思"消除感性。所以,从笛卡尔这里出发,不仅个人,而且社会也走上了理性建构的道路,而契约则构成了理性的第一标志。

对于农业社会的习俗,虽然可以作出以个人为载体的解释,但习俗更多的是以共同体的本性的形式而存在和发挥作用的。工业社会的契约虽然也可以解释为共同体的标识,却不意味着所有共同体都必然拥有契约文化,而且个人也必须用遵从契约的理性去压制任何破坏契约的冲动,而不像农业社会的人们遵从习俗那样似乎是无条件的。所以,农业社会的习俗具有共同体属性。或者说,这个社会因习俗而成为共同体。与之不同,工业社会的契约文化则具有个人主义属性,就这个社会也是共同体而言,也是以契约为纽带而结成的共同体。

习俗文化与契约文化在现象意义上的这种特征,决定了它们在全球化、后工业化进程中的命运。可以想象,在全球化、后工业化运动即将把我们领进合作的社会中时,农业社会的习俗将升华出更多的适应合作共同体要求的文化因子,相比之下,契约文化的意义则要弱得多。也许这将是一个契约文化走向衰落的过程。由于农业社会的习俗已经受到了工业社会的极大破坏,而工业社会赖以实现社会整合的契约又开始衰落,个人主义的利益追求,自我中心主义的利己行为,人类中心主义的征服冲动,都会因为规范力量的削弱而产生极大的破坏性作用,致使风险社会的特征凸显了出来。而且,风险社会的迅速恶化,又似乎要把整个人类置于危机的边缘。

在人的自我利益至上这一终极性的前提之下,或者说,在自我中心主义的社会结构图式中,每个人的行动都自然而然地被假定从属于自我利益的要求。这样一来,又会要求人以及人的所有行为都被置于监控之下,从而保证人的行为、行动遵从规则、合乎规范、具有合理性等。也就是说,要求"人类行动者不仅能在日常行为的常规状态下监控自己及他人的活动，还有能力在话语意识层面上'对这种监控过程本身进行监控'"。① 与之不同，如果行动的出发点不是出于人的自我利益要求，而是出于人的共生共在，那么由监控以及对监控的再监控等所形成的监督体系也许就没有必要了。也就是说，如果行动的前提转化为"人的共生共在"，那么出于维护社会的需要而实施监控也就丧失了必要性。即便在行动的手段、方法和路径选择等方面需要监控，也可以归于吉登斯所说的那种属于行动者自身的"反思性监控"的范畴，或者，表现为以"反思性监控"为主的状况。

　　意识形态反映了也定义了社会的性质。以人类中心主义、自我中心主义和个人主义为基本内容的意识形态反映了、定义了工业社会的资本主义性质。在风险社会中，我们需要重建的是以人的共生共在为基本内容的意识形态。一旦我们建构起了人的共生共在的意识形态，也就会作用于我们的行动，让我们的行动围绕着人的共生共在展开。关于人的共生共在，在今天还只是一种愿望和追求，是作为风险社会中的行动方案而被提出来的。就我们当下的任务而言，为了获得和认同人的共生共在的理念，为了赋予风险社会中的行动以更多的理性，首先需要反思的就是个人主义、自我中心主义和人类中心主义，需要厘清这种意识形态是如何把人类领进了风险社会的。

　　从工业社会的思想形成和发展来看，有着这样一条线索，那就是，在形而上学的"探本求源"的做法中，并不满足于为社会及其历史找到了"原子化"个人这个原点，而是进一步地对人进行分解。这个传统也许是由弗洛伊德开拓出来的，至少，弗洛伊德可以被作为这一传统中的标志性人物看待。在20世纪的行为主义理论以及组织管理实践中，这一传统是有着非常巨大的影响力的。在思想的核心处可以发现这样一种联系：由于20世纪物理学的发展证明了原子并不是不可分

---

① ［英］安东尼·吉登斯：《社会的构成：结构化理论纲要》，李康等译，中国人民大学出版社2016年版，第27页。

的，以至于原子化的个人也是可以分解的，从而在原子化个人的分解中去发现社会发展的终极性动力。在时间序列中，社会科学的这一思想比物理学中分解原子还要早一些，也许可以认为这一思想影响了物理学。不过，这在科学史的研究中可能是无法找到证据的。总之，原子可以分解意味着也可以对原子化的个人进行分析，从中找到对推动历史进步、社会发展具有终极性意义的因素，其思维上的合理性似乎不证自明。应当承认，这种探寻取得了成果，那就是发现了人的欲望。所以，学术界一般也认为，那种把欲望作为社会发展动力的主张属于一种"物理主义"的观点。

如果在社会的发展中也包含着人的欲望进化的轨迹，那么也就不难理解我们的社会正是因为人的欲望的进化而有了走向复杂性和不确定性的历程。根据奈特的看法，"人们欲望的层次越低，越属于本能需要，这些欲望就越稳定，也越容易预测。欲望的层次越高，审美因素或社会因素在其中所占的比例越大，预测及满足欲望的不确定性就越大"。[①] 人的欲望的进化不仅是社会因素在欲望中所占的比例增大了，而且欲望的多样化也在以几何级数的方式增长，甚至会出现越来越多的人有着令人不可思议的癖好这种社会性病态。比如，对于生活较为富裕的群体来说，竟然产生了养宠物等癖好。虽然我们不能将这种癖好归为某种心理疾病，但它作为一种不健康的消费欲望则是确定无疑的。至少，那是一种因为陌生人社会存在着的一种爱的匮乏而引发的心理补偿欲望。

欲望的进化是走向欲望复杂化、多样化的过程，而且会有着越来越多的虽然被社会承认为合理的却确定无疑属于病态的欲望。这样一来，也导致了欲望满足方式和路径的复杂化和多样化。所以，在整体上推动了整个社会进入高度复杂性和高度不确定性状态，而这种状态

---

① [美] 弗兰克·奈特：《风险、不确定性与利润》，郭武军、刘亮译，华夏出版社2011年版，第199页。

也就是风险社会的特征。在工业社会，随着个人主义、利己主义为人的欲望"正名"后，欲望也就被作为社会发展和历史进步的原动力看待了。可是，人们往往忽视了，欲望也是推动社会复杂化和不确定化的最大推手。虽然一切欲望都可以归于个人，是以个人为载体的和生发于个人那里的，但个人的绝大多数欲望的满足都需要在社会中进行，需要通过他人达成欲望的满足。所以，欲望的满足直接地推动了社会的复杂化和不确定化。

奈特认为，在人的所有欲望中，不是人的那些根源于自然的欲望，而是那些再生产出来的社会欲望——诸如财富增长的要求——是社会复杂化和不确定化的根源。奈特说，"人们一般认为，经济过程就是生产产品，满足欲望。这种观点在两方面存在着重大不足。第一个方面是，经济过程不仅制造产品以满足现存的欲望，也制造欲望。用于制造欲望的社会资源数量巨大，而且在不断地增长，人们却对制造欲望的行为视而不见。第二个方面是，那些永不满足欲望的间接工具一旦生产出来后，并不一定全部直接用于满足欲望。在很大程度上，财富的增长既是收入增长的手段，也是财富自身的目的。随着生活标准的提升，这种程度愈见其甚。在大多数情况下，人们之所以辛勤地工作，消费越来越成为附庸的目标，'发财致富'已成为终极目标。有人认为，现代工业的生产仅仅是为了消费，这个观点谬之极矣。消费变本加厉地日渐沦为生产增长的牺牲品，这一点已毋庸置疑。不管我们关于人类动机的哲学为何，我们必须面对以下事实：为了更多的生产者，人们种植了更多的谷物；为了种植更多的谷物，又要购买更多的土地；为了购买更多的土地，又需要更多的生猪去消耗那些谷物，如此循环。从一般商业角度说，生产财富是为了生产更多的财富，一切都是为了生产更多的财富，一切都是为了财富的增长"。[①] 其实，财

---

① [美]弗兰克·奈特：《风险、不确定性与利润》，郭武军、刘亮译，华夏出版社2011年版，第238页。

富无非意味着人的占有欲望,人的占有欲望以财富的形式出现本身,就生产了复杂性和不确定性这一"产品"。也就是说,人的欲望也包含着一种生产机制,在物质产品面前,是以消费的形式出现的;在消费的过程中,是生产出了复杂性和不确定性这一"社会产品"。

从理论上说,在简单的和确定的条件下,在人的一切欲望都能随时得到满足的情况下,是不可能产生社会性的占有欲的。然而,与人相伴的现实却是,欲望的满足总有不确定性,因而产生了占有欲,即对那些能够帮助其他欲望得到满足的保障因素实施占有,并因此而生成了占有欲望。那些可以满足人的占有欲望的因素也就被称为财富。一旦财富被占有,也就转化为财产。当人的占有欲成为人的所有欲望中的一种主导性欲望时,也就会让人的主要的行为指向财富。同时,对财富的占有并不仅仅体现在个人这里,而是成为一种社会意向,反映了一种社会性的欲望。如果我们的星球上只有一个人的话,根本就不会有财富这个东西;如果你完全地拥有了整个世界的话,你的脑中也不会有财富的观念。也就是说,财富虽然由个人占有,却是社会的,社会状况决定了财富以及财富的价值。

在社会较为简单和确定的条件下,乃至在低度复杂性和低度不确定性条件下,财富的占有能够在社会的某种具有稳定性的机制以及秩序中获得支持,财富的形成在数量的意义上也是可数的,甚至可以在量的意义上证明人的身价,帮助人的诸多欲望顺利地得到满足。然而,在高度复杂性和高度不确定性条件下,假如我们设想还存在着财富这种东西的话,那么社会的复杂性决定了我们不知道应当把什么当作财富对待。即便我们将那些社会稀缺的要素指认为财富,也无法对其进行数量上的定义,更不用说社会的高度复杂性和高度不确定性决定了财富的占有也完全是不确定的,即不与具体的人相对稳定地联系在一起。也就是说,不再成为财产。

这样一来,在财富的问题上,人们会不会产生占有欲望,人们会不会时时关注财富如何或怎样成为自己的财产,显然是需要认真思考的问题。我们认为，在高度复杂性和高度不确定性条件下，人的占有欲望将会因受到客观条件的否定而得到消解。但是，这对于降低复杂性和不确定性来说，并不产生影响，即不会因为占有欲望的消解而使社会的高度复杂性和高度不确定性得到缓解。不过，人的占有欲望的消解对于行动而言却有着重要意义。可以想象，一旦人的占有欲望得到了实质性的消解，是能够助益于人们接受人的共生共在的理念的，并能够促使人们愿意为了人的共生共在而行动。这可以作为我们所预测的一个趋势看待，但就当前而言，我们所在的风险社会却是由财富占有欲望带来的。正是因为人的财富占有欲望，驱使着人们去开展与人、与社会、与自然的斗争。虽然人们可以把这种斗争表述得更为温和一些，比如说"竞争"等，也可以认为能够实现竞争双赢，但就其制造风险而言，则是确定无疑的。无论是人与人之间的竞争、斗争，还是人与自然的斗争以及对自然的征服、掠夺等，都制造出了社会风险，并在社会风险的累积中把人类带入了风险社会。

根据人类中心主义的观念，征服自然、驾驭自然和改造自然，无非是要把人从自然的压迫中解放出来。当人类中心主义的观念转化成个人主义和自我中心主义的时候，则要求把人从各种各样的社会束缚和压迫中解放出来。18世纪的启蒙思想所要解决的就是如何解放人和使人获得自由的问题。当然，如马克思指出的，18世纪的启蒙运动及其社会行动方案都没有能够完成这个任务。也就是说，仅仅在对旧制度的否定中实现了"政治解放"，却没有实现"人的解放"。

根据马克思的看法，18世纪的启蒙运动成功地把人们的视线引向对个人的关注，把个人的解放看作社会解放的前提，即认为社会从某种状态下解放出来需要建立在每一个人都获得自由的前提下。马克思认为，之所以启蒙运动没有能够达成自己的目标，是因为出发点错了。所以，马克思要求把这个问题的逻辑顺序颠倒过来，希望确立起一种完全不同的认识和行动路线，那就是，"每一个单独的个人的解放的程度是与历史完全转变为世界历史的程度一致的"。① 总之，必须在社会与个人、整体与个体之间去把握解放的进程，而且那是一个"世界历史"进程。不过，从工业社会这个历史阶段中的基本情况看，人并未获得自由。也正是这个原因，马克思主义才显现出了它的经久不衰的理论魅力。

其实，从20世纪后期的理论叙事看，有许多学者都一直致力于探讨人获得自由的路径，而且对自由的价值和功能都进行了较为深入的研究。比如，阿马蒂亚·森就指出，"自由既是发展的首要目的，又是发展的主要手段"。② 但是，当人们进入了风险社会后，自由却成了臆语和谵妄，人们以往希望从社会的压迫中解脱出来的所有设想，在风险社会中都遇到了无处着力的问题。风险社会已经把人对人的压迫、制度对人的束缚等所有这些都冲淡了，以致人们面对社会风险的时候，不知道这是不是自由的状态，甚至忘记了对自由的追求。

就此而言，人们关于在社会发展中去寻求自由的设想，虽然从未得到实现，却让位于另一个主题了：如何在风险社会中生存下去。如果说人们关注了自己的生存的话，又必须认识到自己的生存是建立在他人的生存的前提下的。这个"他人"不是某个具体的人，而是具有总体性的人。这样一来，为了人的共生共在才是真正的社会主题。或者说，整个人类已经被迫结成了命运共同体，而自由追求则因为它在历史上与个人的相关性而不再让人想起。可以相信，在经历了多次全球性危机之后，人们将会大大地淡化对"自由"主题的申述。

三 风险社会中的行动原则

贝克说，"风险社会是一个灾难社会。在其中，异常的情况有成为屡见不鲜的情况的危险"。③ 事实上，危机事件频发就是这种"灾难

---

① 《马克思恩格斯选集》第3卷，人民出版社1972年版，第42页。
② [印度] 阿马蒂亚·森：《以自由看待发展》，中国人民大学出版社2002年版，第7页。
③ [德] 乌尔里希·贝克：《风险社会》，何博闻译，译林出版社2004年版，第22页。

社会"的典型表现。对于危机事件，不应理解为没有预测到的事件。没有预测到的事件至多只能说是"突发事件"，而不一定是危机事件。因为，没有预测到的事件也许是源于人的失误，如果它是一种灾难的话，那么它的出现也应视为对人的失误的一种惩罚。严格意义上的危机事件不是没有预测到的事件，而是那些"不可预测"的事件，是人们无论做出了什么样的努力都无法预测到的、突然发生了的事件。正是这些不可预测的事件，现在频繁地发生，似乎表现出了一种蜂拥而至的状况。对此，贝克说，"在风险社会中，不明的和无法预料的后果成为历史和社会的主宰力量"。[①] 至少，在风险社会中，人是不自由的，因为风险本身就是一种相对于人的自由的必然。

从历史上看，在人类对自由的追求中，是应当把"生活自由"作为一个目标提出来的，而不应像工业社会中的人们那样，提出无比抽象和非常空洞的政治幻想。当我们提出生活自由时，就不会仅仅通过人类对一切自然的和社会的客观世界的征服而去获得自由，而是会在人的自我建构的行动中去获得自由。那样的话，就不会因为社会的高度复杂性和高度不确定性使认识必然去获得自由的设想落空而沮丧。更为重要的是，一旦我们转向了通过人的自我建构的行动去获得自由，也就意味着社会建构的起点和依据都发生了转移。如果说工业社会需要求助于规则的规范而获得自由和保障自由的话，那么在人的自我建构中去获得自由则意味着社会建构的起点和依据都将是道德。对于这种情况，可以说是"制度自由"转化成了"道德自由"。当然，如果我们建构起了道德制度的话，也仍然可以将道德自由视为制度自由，只不过它不再是法制意义上的制度自由。

近代以来，从自然和社会的压迫中解放出来是获得自由的基本途径，但在这种解放中所获得的自由还会得而复失。所以，需要建立起系统性的规则体系去保障自由。这样一来，规则既是自由的保障，也

---

① ［德］乌尔里希·贝克：《风险社会》，何博闻译，译林出版社2004年版，第20页。

是获得自由的途径。同时，规则还是以限制自由而成为自由的保障和获得途径的。不过，历史经验也证明，通过解放的路径的确把人类从自然中解放了出来，也已经把个人从社会中解放了出来，但在予人以自由的问题上，却让人陷入了茫然不知所从的地步。从近代以来历史行进的轨迹看，在持续的解放行动中陷入了风险社会。

风险社会无论在何种意义上都不能视为人类的自由境界。就个人来看，在为了自由的斗争中不断地打碎枷锁而又套上枷锁。在置身于风险社会时，追求自由的信念也有可能被无处不在的社会风险所击碎。这可以说是人类中心主义、自我中心主义和个人主义的彻底失败。所以，用人的自我建构的路径去置换解放的路径，将成为风险社会中的一项需要认真考虑的行动方案。人的自我建构路径是否可能，是首先需要通过一场新的启蒙予以回答的问题。如果说启蒙工业社会的运动被称为"解放的启蒙"，那么这场新的启蒙应当被界定为"建构的启蒙"。建构的启蒙不需要在个人与社会、整体与个体之间去确认逻辑顺序，因为建构的过程是不分个人建构与社会建构的。所有对个人有价值的建构也同时对社会有价值，反之亦然。这一立场显然是在对人类中心主义、自我中心主义和个人主义的反思中形成的。实际上，关于自我与他人的区分是在个人主义的前提下做出的。而且，由于做出了这种区分，个人主义也就分出了两个枝杈：一个是利己主义；另一个是利他主义。

利己主义其实延续了个人主义的主干，而利他主义只是一个极其细微的枝杈，甚至细弱得让人感到其存在有些不真实，人们确实也经常将其归入空想之列。也许有人以为利他主义可以成为道德的基础和理论前提，但它所能予人的，至多只是一种幻象。利他主义在现实中和在逻辑上都是不能成立的，至多只能作为一种理念而发挥劝勉或规训的作用。也就是说，如果对利他行为进行追问的话，所得到的答案肯定是利他可以使自我受益。或者说，如果每个人都做了利他的事，那么每个人都会从他人的利他行为中受益。这个由康德所表述出来的立场即便在现实中果真发生了，也只能说明利他主义在本质上仍然是利己主义的，是目的导向的利己主义。所以，是不可能在所谓利他主义的空想中去发现道德实践的可能性的，除非我们去用一些偶然事件去证明利他主义，以求为之进行强行辩护。

在个人主义的前提下进行推绎，也许能够建立起利他主义的伦理学理论体系，但不具有实践品质，即无法落到实践之中。所以，当我们指出合作的社会是建构在伦理精神的基础上时，也就意味着我们在思想以及理论上抛弃了个人主义，对源于个人主义的利己主义和利他主义都一起抛弃了。其实，在个人主义的视角中，往往关注的是个人行为的目的性，附带地把人的行为区分为"有目的"的行为和"无目的"的行为。对于有目的的行为，一切解释都最终指向了人的利益追求。因而，也就会基于利益实现的可能性来衡量人的行为的合目的性状况。在这里，社会目标只是被作为一种客观的结果来看待的。虽然在政府和国家干预的意义上也可以作出是否合目的性的判断，但在个人主义的视野中，则不存在此类问题。这是因为，即使通过国家、组织等去开展行动，也只不过是被作为个人利益实现的途径来看待的。

显而易见的是，如果个体集结起来开展共同行动是以自我利益为中心的，那么共同行动的收益就必须是可分割的，并让每一个参与行动的个体都能够收获被认为属于"我"的那一份。如果共同行动的收益不可分割，以致无法在参与共同行动的个体之间进行分配，在个体是理性"经济人"的情况下，共同行动就不可能发生。在风险社会中，我们是无法对风险进行分割而将其分配到每一个人、组织或群体的。风险的不可分割性，决定了任何为了个人利益谋划的人去开展共同行动，都变得不可能了，至少缺乏逻辑上的理据。利益的整体性是与共同行动参与者的个体性相冲突的。事实上，当社会呈现出高度复杂性和高度不确定性的时候，在风险社会中，利益上整体不可分割的事项将会迅速增多，以致共同行动的性质也将因此而发生改变。

在高度复杂性和高度不确定性条件下，必然会要求参与到共同行动中来的人告别自我中心主义的观念和追求，不能把参与共同行动作为自我利益实现的途径。即使在人类作为一个整体上的自我去面对自然界的时候，也不能持有自我中心主义的观念，即不能把人类中心主义转化为自我中心主义而一致对外。事实上，自然已经不再是外在于社会的独立性存在，而是构成了社会的一部分，是作为社会的物理存在而作用于人的。当把人类作为一个整体上的自我去对付自然的时候，那也无非自己对付自己。这种情况无疑对个人主义提出了挑战。

在全球风险社会的状态中，在危机事件频发的条件下，人的共生共在的主题被突出了出来。这就要求人的一切行为在经受合目的性审查的时候，那种合目的性将不再是个人利益实现的合目的性，而是能否有利于人的共生共在的"合目的性"。也就是说，社会目标正在从一种由个人目标汇聚起来的类似于"自然性"的客观结果转化为具有自觉性的目的。我们并不否认个人的利益追求，而且个人的利益追求也会成为个人参与到行动中来的目标，但个人利益追求是否从属于人的共生共在这个目的的优先性，却是必须提起的。个人的行为选择只有首先满足人的共生共在的要求，至少是不与人的共生共在目的相冲突的时候，才能被视作具有合理性的正当行为。

在个人主义的前提下，作为利己主义和利他主义折中方案的人的相互依存理论是最为雄辩的，它好似有着坚实的道德依据，因而有着很强的解释力。但是，关于人的相互依存如果希望取得每个人的认同的话，其一，需要依靠教育灌输的途径；其二，需要求助于每个人都能感受到的外在威胁。

从工业社会的实践看，教育的途径是不成功的，没有任何一种教育方案能够说服所有人都接受人的相互依存的观点。而且，对于需要借助于竞争而获得发展动力的工业社会来说，让每个人都接受人的相互依存的观点，并从竞争文化中脱身而出，不仅是不可能的，而且也不利于工业社会的存在与发展。至于外在威胁，在工业社会的低度复杂性和低度不确定性条件下只是偶尔出现的现象，并不构成一种持久性的和普遍性的压力，因而无法迫使每个人都必须接受人的相互依存的观点。即使人们在危机来临的时候接受了人的相互依存的观点，但在危机过去之后，要不了多久，也就忘却了。由此看来，把人的道德化寄托于人的相互依存的观念，即把人的相互依存作为人及其行动的道德化的基础，也是非常不可靠的。比如，以雇佣劳动中，让资本家和雇佣工人都认同他们之间的相互依存，即便能够得到成功的案例证明，也无法在普遍性的意义上成为社会观察结论。

同样，在向竞争作了妥协后而提出的所谓互惠互利的主张，也更多地从属于利己的理性权衡而不是道德需求，更不用说能够构成道德的基础了。即便在交往互动中通过信守承诺、履行义务、承担责任等达成互惠互利，也只是守法的表现，即很难根据其主动程度而作出道德判断。正是因为对基于利己需要的行动进行道德判断的不可能性，往往使人与人之间陷入了矛盾之中。这种矛盾的实际表现也就是，他人就是我的风险。在此，我们是使用"社会风险"一词来界定这种风险的。为了控制和减少这种社会风险，社会治理力量介入了，通过制度、规则、治理行动的整合，把社会风险转移了出去。但是，这种表面上看是转移了出去的风险，实际上则转化为人类与自然界之间的对立和冲突，因而是在人们之间的互惠互利中共赴风险了。就工业社会已经重塑了自然而把自然拉入社会之中而言，它仍然是在社会自身中制造风险和积累风险的。

表面看来，通过组织起来的力量，也通过科学技术的发展，人类征服自然、改造自然的行动突飞猛进，而实际上却是一步步地把自然拉入了社会之中，成为社会的一个构成部分。这样一来，一切产生于自然之中的风险也在实质性的意义上成了社会风险。人们在一时一事上的互惠互利，恰恰是以风险的增长为代价的。而且，这种社会风险不同于以往的特征就在于它无差等地覆盖到每一个人的头上，成为每一个人都必须面对的风险，只不过在以危机事件的形式出现时才表现出作用于人的差别。这就是我们上述所说的，在从人类中心主义到自我中心主义再到个人主义的进路中,人类进入了风险社会。现在,我们已经不是要去追究谁应对风险社会的降临负责的问题,而是要寻求风险社会中的行动方案。然而,在我们提出这个问题的时候,一切反思性的梳理,都将我们领进了否定人类中心主义以及源于人类中心主义的自我中心主义和个人主义上。所以,我们必须首先摆脱这些观念和意识形态,才能迈开在风险社会中开展行动的步伐。

人本身其实就是存在于生活和活动之中的。马克思说,"人们的存在就是他们的现实生活过程"。[①] 人除了自己的现实生活和活动之外,再无其他,生活和活动就是人的存在的全部内容。不同的生活样式和行动模式就是人的不同的存在方式。风险社会意味着人有了完全不同于以往的生活和活动方式。因而,风险社会中的社会建构也应当以人的这种条件下的生活和活动为前提。只有充分考虑了人的现实性的生活和活动,才能建立起一个健全的社会。在风险社会及其高度复杂性和高度不确定性条件下,人的行动就是人的生命的证明,也是通过生活和活动去加以表现的。所以,风险社会中的风险就是人的存在的客观前提。人们生活在风险之中,而且是在接受风险挑战和应对风险的行动中去体现生命价值的。人的生活和活动不是远离社会的,而是具有社会性的,它也是人的社会性的证明。

在工业社会的学术作品中,人的社会性的积极方面较为集中地反映在了人的自尊、信仰等之上。人的这些方面表面上是包含在人的环境感知之中的,甚至会看到人的这些方面的环境感知较为敏感。但是,在这种环境感知中却包含着自我中心的取向,这说明它并不是基于共同体需要的感知。总之,在工业社会的低度复杂性和低度不确定性条件下,个人与共同体的关系是从个人出发和以自我为中心的,因而作为一种思维定式作用于人的环境感知也是非常正常的。但是,在高度复杂性和高度不确定性条件下,人的环境感知不仅要从共同体的存在

[①] 《马克思恩格斯选集》第1卷,人民出版社1995年版,第72页。

与发展出发，而且要超越先验性的共同体意识，应当围绕着和承载着人的共生共在的主题去重塑人的环境感知。这样一来，人的自尊、信仰等必须从属于人的共生共在的要求，即让人的环境感知成为关于人的共生共在的感知。有了这种环境感知，就会把人类的共同命运作为行动的出发点，而不是计较于自我的个人利益。

第二节 自然社会化的行程

贝克认为，到了20世纪后期，社会发展行程中的现代化之缺陷更为清晰地暴露了出来，在"发达的西方世界中，现代化业已耗尽了和丧失了它的他者，如今正在破坏它自身作为工业社会连同其功能原理的前提。处于前现代经验视域之中的现代化，正在为反思性现代化所取代"。[1] 显然，贝克不愿意使用"后现代性""后工业社会"等概念，而是把当下发生的过程定义为"反思性现代化"，认为它是一种不同于古典设计的现代化，是对工业设计的超越。这代表了德国社会的一种基本看法。我们看到，在德国社会中，正是因为不愿意把当下的社会看作一个不同于现代社会的人类历史新阶段，才会出现所谓"3.0""4.0"等指示工业社会"新版本"的诸多表述。这说明德国学术界已经不再有往日的辉煌，而是显现出了极为保守的迹象，往往把社会发展的新阶段看作一种经过了修订的"新版本"。

正是德国学界的这种语境，决定了贝克不能够突破工业社会的框架，不愿意在超出工业社会的意义上去谈论20世纪后期以来的社会变动。贝克说，"工业社会是一个持续革命的社会。在每一场工业革命之后，留下来的却仍是一个工业社会，或许更工业化一点"。[2] 这显然背弃了黑格尔以及马克思的历史观，否认了工业社会的历史性，即没

---

[1] [德] 乌尔里希·贝克：《风险社会》，何博闻译，译林出版社2004年版，第3页。
[2] [德] 乌尔里希·贝克：《风险社会》，何博闻译，译林出版社2004年版，第5页。

有将工业社会作为人类历史上的一个阶段对待。事实情况并不是贝克所认为的那样。风险社会的出现本身，就意味着人类已经进入了一个新的历史阶段。尽管在人类历史上的任何时期都存在着相对于人的风险，但那些风险都是具体的风险，是相对于特定的人、群体、阶层和地域的风险。风险社会中的风险是一种普遍性的风险，是平等地施予所有人的风险。

正是风险的普遍性，标志着人类历史进入了一个新的阶段，呈现出了风险社会这一社会形态。可以认为，从20世纪后期开始出现的全球化、后工业化运动是人类社会的一次根本性社会转型运动，它意味着人类历史正在走进一个新的阶段，而不是现代化在延续中所呈现出来的"新版本"。正是在这个转型过程中，风险社会出现在了我们面前，成为我们不得不生活于其中的一种社会状态。可见，虽然贝克提出了"风险社会"这个概念，但他没有正确地表明，这是一个不同于包括工业社会在内的以往任何一种社会形态的新形态。

大致是从20世纪70年代（习惯上以20世纪80年代为标志）开始，随着环境和生态问题被人们认识到了之后，使得我们的关注重心逐渐地发生了变化。"我们不再仅仅关心利用自然或者将人类从传统的束缚中解放出来这样的问题，而是也要并主要地关注技术—经济发展本身产生的问题……科技发展和使用的问题，被对实际或可能使用的科技的风险进行政治和经济'管理'——依据特别界定的有关它们之重要性的观点去发掘、治理、认识、避免或掩盖这些危险——这样的问题所遮盖。"[①] 在此过程中，人们还以为通过政治和管理的强化就可以将风险拒之门外，实际情况却显示出，这样做的效果并不明显。风险既没有得到避免也没有减弱，反而处在不断增强的过程中。当然，从20世纪后期以来的实际社会过程看，政治上的、管理上的改革和"调适"也一直是人们热衷于尝试的。即便如此，也仍然受到了风险

---

① ［德］乌尔里希·贝克：《风险社会》，何博闻译，译林出版社2004年版，第16页。

日益增强的困扰，以致人类在进入21世纪后不得不面对一个时时对人的生活甚至生存构成挑战的风险社会。

一 从风险到"风险社会"

如上所述，风险是一种古老的现象，可以说有了人类也就有了相对于人的风险问题。人类社会的前行脚步就是在与风险的斗争中前行的。当风险被战胜并找到了控制风险、驾驭风险的方式、方法时，就意味着人类社会向前迈进了一步。但是，过往时代的风险更多地属于一个地区、群体甚或个人的风险，风险社会所表现出来的是风险的普遍化。社会风险主要是在工业社会的发展中产生的。在工业社会的行进中，所生产出来的社会风险被积累了起来，最终以风险社会的形式出现了。

"风险社会"这个概念的提出应归功于贝克，虽然他是在吉登斯的启发下提出了这个概念。就这个概念一经提出就迅速地流行开来而言，反映了人们普遍性感知的状况。它说明，社会风险的广泛性和普遍性已经被人们充分地感知到了，绝大多数人都认同我们这个社会是一个"风险社会"。所以，"风险社会"这个概念的真实含义就是，这个社会中的几乎所有人都共同遭遇和面对着风险，甚至会表现出无差别地平等承受着风险的压力。如果在"风险社会"一词前面再加上一个"全球"字样的话，也就意味着整个人类都处在了风险状态之中。尽管风险有可能并不构成对每个人的致命威胁，但每个人都处在了真切的风险之中，却是一个不容怀疑的事实。

风险社会是一种特定的社会状态，它是在全球化、后工业化进程中显现出来并呈现在了我们面前的，它让我们看到了风险无处不在。而且，风险的形式多到我们无法计数也无法预知的程度。我们不知道何种风险会突然演化成某种威胁到每一个人生存的危机事件，也不能准确地知道在哪里存在着风险。更有甚者，即使人们已经置身于一场重大的危机事件面前，也因为旧的观念的影响而不愿意迅速行动起来。

在风险社会中,假如说我们知道了哪里存在着风险的话,那里的那个风险就已经不再是风险了,而是得到了认识和能够得到有效应对的事件,其实也就意味着风险得到了消除。这就是科学发展和人的实践能力提升后所表现出来的一种状况。在今天,我们在使用"风险"一词的时候,其实就是不知道那是什么风险以及将在什么时候和什么地方出现。风险的不可预知也意味着,它是不承认人的等级差别和身份地位高低的,而是无差等地作用于人,至少是在可能性的意义上无差等地作用于人。比如,一些科学家认为,"禽流感""新型冠状病毒"等的流行与人类侵占了野生动物生存空间有关(这个解释代表的是一种很幼稚的想法),但这些病毒并不是针对那些侵害了它们的人而进行回击或者说表示"友好",而是表现出了某种并不因人的身份地位而有所照拂的状况,不因人们的行为是否直接地破坏了野生动物的生存环境而有所选择,而是无差别地、平等地对待了人们。

贝克说,"生态灾难和核泄漏是不在乎国家边界的,即便是富人、有权势的人也在所难免,它们不仅是对健康的威胁,而且是对合法性、财产和利益的威胁"。[①] 风险往往会突破国家的边界,无视一国的政治制度。"今天的风险和危险,在一个关键的方面,即它们的威胁的全球性(人类、动物和植物)以及它们的现代起因,与中世纪表面上类似的东西有本质的区别。它们是现代化的风险,它们是工业化的一种大规模产品,而且系统地随着它的全球化而加剧。"[②] 在此意义上,贝克对我们所在的这个社会的风险作出定义,"风险可以被界定为系统地处理现代化自身引致的危险和不安全感的一种方式。风险,与早期的危险相对,是与现代化的威胁力量以及现代化引致的怀疑的全球化相关的一些后果,它们在政治上是反思性的"。[③] 所以,贝克所说的风险社会也是"全球风险社会",而不是地区性的风险社会。

---

① [德] 乌尔里希·贝克:《风险社会》,何博闻译,译林出版社2004年版,第21页。
② [德] 乌尔里希·贝克:《风险社会》,何博闻译,译林出版社2004年版,第18—19页。
③ [德] 乌尔里希·贝克:《风险社会》,何博闻译,译林出版社2004年版,第19页。

严格说来，我们并不完全赞同"风险社会"这样一个概念，而是在客观性的意义上描述社会的复杂性和不确定性。我们认为，所谓风险社会，其实只是全球化、后工业化所指向的那个历史阶段的一种社会特征，更准确地说，那是一种高度复杂性和高度不确定性状态。我们之所以在使用"风险社会"这个概念时表现了一种非常勉强的状况，是因为这个概念明显地包含着"人类中心主义"的隐喻。显而易见的是，如果离开了人的话，也就无所谓风险。只有当人被作为世界的中心的时候，才会作出风险的判断。同样，也只有将人作为社会的中心时，才会形成风险社会的概念。所以，"风险"这个概念，特别是"风险社会"的概念，反映了人的一种价值判断，是建立在人的视角中所看到的事实而作出的价值判断。如果按照客观性的原则而对社会进行定义的话，那么这种状态的社会其实是需要用"高度复杂性和高度不确定性"来定义的。当然，如果在目的性以及人与人的关系状况的角度来看这个社会，则应称其为"人类命运共同体"。进而，从人的生活和行动方式来看，这个社会则表现为"合作的社会"。

如上所述，在人与自然的关系上，人类中心主义是一种有着悠久历史传统的思想、理论和世界观。当人类中心主义反映在社会关系上，合乎逻辑地导出了自我中心主义，即每一个人都以自我为中心和把他人看作围绕着自我的存在，而且是可以作为自我利益实现的工具看待的。在形而上学的追寻中，因为自我的存在形态具有多样性，比如，可以是一个单个的自我，也可以是以家庭、族群等形式出现的自我，因而不能构成满足理论阐释的原点性原则。为了理论叙事的需要，也就需要在"自我"这个含混的概念中梳理出中性的原点——个人、个体。个人、个体也是被作为社会"原子"看待的，它就是近代以来的理论家们常说的"原子化个人"。

在由工业社会所形塑出来的传统中，总是从个人、自我的视角去看风险和理解风险。这样做，其实无法理解风险社会中的风险，因而不能接受风险社会中的人类命运共同体这一现实。由于因袭工业社会传统观念和竞争文化，人们往往庆幸于他人遭遇了风险，或者不失时机地利用他人所遭遇的风险而去实现自我的利益或其他目的。然而，一旦发现自己也陷入了同样的风险之中的时候，或者，在发现了风险已经威胁和动摇了人类共同体的基础的时候，又会首先想到让他人承担责任，即"甩锅"于他人，而且要尽可能地腾出手来采取一些破坏行动，而不是把注意力转向抗击风险上来。所有这些，都似乎成了不可思议的事情。然而，那却是传统的竞争政治的典型表现，而不是风险社会中应有的政治策略。从政治家们以往的做法看，在他们认为需要的时候，往往是不惜通过发动战争的方式去转移视线的。在风险社会中，这无疑是极其危险的。

从20世纪70年代算起，有关风险社会的判断经历了从"预测性陈述"向"事实陈述"的转变。这个转变过程又是与全球化、后工业化进程同时发生的。这个过程在时间长度上仅仅几十年，而风险社会的问题却已经不再是一个我们是否应当予以重视的问题，而是一个必须开展行动去加以应对的问题了。尽管人类由于传统的意识形态惯性而没有做好回应风险社会的准备，却又不得不经常性地面对那些频繁发生的且规模浩大的危机事件，而且这些危机事件往往是毫无征兆地突然出现在人们面前。

在贝克写作《风险社会》一书的时候，"风险界定是一种未被认可的、还没有发展起来的自然科学和人文科学、日常理性和专家理性、兴趣和事实共生的现象。它们不会仅仅是其中的一种情况或另一种情况。它们不再因为专业化而相互分离，并依据各自的理性标准去发展和确定。它们需要一种跨学科、国界、行业、管理部门和政治的协作，或者，它们更可能分裂成为对抗的定义和界定斗争"。[①] 现在看来，人们已经不再去讨论风险社会的定义问题了，而是将其看作一种处处弥漫着风险的状态，是对人的生活、生存构成了威胁的现实状况。理论

---

① ［德］乌尔里希·贝克：《风险社会》，何博闻译，译林出版社2004年版，第28页。

上的思考和界定已经让位于行动了,而且是不得不去做的行动。不过,在行动的优先性问题上,人们依然是把风险应对看作特殊情况下的特殊行动,即放在了非常不显著的位置上,只是在危机事件到来的时候,才通过动员而仓促上阵。之所以这样,是因为,在近代以来所形成的社会大分工体系中,无法安置应对风险的行动。即便应对风险的行动需要求助于分工—协作,也无法按照既有的分工—协作体系运行的方式去开展行动,即无法像过往那样取得预期的效果。

近代以来形成的社会大分工的体系是基于科学理性设计出来的,适宜于合乎逻辑的、线性的、平稳运行的社会活动。可是,与分工相适应的协作达成了无缝隙洽接,没有留下应对风险行动的空间。在人类陷入风险社会的时候,却发现,"关于风险,不存在什么专家。很多科学家确实在以他们客观理性的全部行动和悲情去工作,而他们的定义中的政治成分和他们追求客观性的努力程度成比例增长。但在他们工作的核心深处,他们继续在依赖社会性的东西,进而提出期望的价值"。[1] 这也说明,风险的概念所代表的并不是一个严格意义上的科学问题,而是一个内涵更为广泛的综合了科学与社会的系统性问题。所以,学理上的争论可能是没有什么意义的,关键在于行动。至于如何行动,却是一个让人担忧的问题。因为,人们并未改变已经拥有的观念,人们并未走出近代以来所发展出来的那种行动模式,更没有去探讨适合于在风险社会中开展行动的模式。正是这个原因,让我们看到,现代性的社会分工—协作模式在根本上妨碍了风险应对行动的设计和安排。

二 自然成为社会的构成部分

贝克认为,由于人类进入了风险社会,社会与自然的界限已经不再存在了。"自然不再能被放在社会之外理解,社会也不再能被放在

---

[1] [德]乌尔里希·贝克:《风险社会》,何博闻译,译林出版社2004年版,第28—29页。

自然之外理解。19世纪的社会理论（以及其20世纪的修订版）把自然作为某种给定的、可归因的、要去征服的东西加以理解，并因此总是将自然作为与我们对立的、陌生的、非社会的东西加以理解。可以说，这些东西已经被工业化过程自身历史地证伪了。在20世纪结束的时候，自然既不是给定的也不是可以归因的，而是变成了历史的产物，文明世界的内部陈设，在其再生产的自然状况下被破坏和威胁着。但这意味着对成为工业生产循环一部分的自然的破坏，不再是对'纯粹'自然的破坏，而是变成社会的、政治的、经济的一个动的组成部分。不可见的自然的社会化，以及它们向经济的、社会的和政治的对立和冲突的转化。对生活的自然状况的侵犯成为对人的全球性的社会、经济和健康的威胁——这伴随着完全新型的对高度工业化的全球化社会的社会和政治制度的挑战。"[①]

在这里，贝克所揭示的是社会发展中的一项重大变动，它是人类历史上第一次出现的一种全新的状况。也就是说，在社会所在的地方，自然已经不再是独立于社会之外的存在，而是被包含在了社会之中。吉登斯也许是看到了这一点，才会说"一切风险都是建构性的"。当然，在我们的观念中，仍然有着"天灾""人祸"的区分。不过，在今天这样一个风险社会中，这种区分实际上已经没有意义了，我们不应再把某些灾难说成发生在或来源于自然的，并以此为借口去推卸人在这些灾难产生中的责任。其实，在自然已经成为社会的一部分的情况下，那些表面看来是自然施加于人的灾难，恰恰应当被理解成发生在社会之中的。

即便是在社会系统内部去看这个问题，那些表面看来遭受了自然报复的地区和族群，可能恰恰是由"消费社会"中的富裕生活引发的。比如，在南北方、东西方的生活富裕程度存在着较大差异的情况下，南方和东方地区的国家和族群所遭遇的自然灾害，恰恰是在为了

---

① ［德］乌尔里希·贝克：《风险社会》，何博闻译，译林出版社2004年版，第97—98页。

满足北方、西方国家和族群的生活需要中产生的。由此看来，所谓自然风险，实际上却是社会问题。也正是在此意义上，贝克、吉登斯等许多学者要求把自然看作社会的一部分，认为自然已经不再是原来的自然，而是被拉入了社会之中的自然。或者说，我们今天生活的时代所遭遇的是一个自然与社会相统一的社会形态。

就此来看，之所以各国的社会治理体系在应对风险的问题上都有着诸多不尽如人意的表现，那是因为当今世界上的所有担负社会治理职能的行动体系都不是在自然与社会相统一的基础上建构起来的。如果说工业社会的政治制度以及社会治理都是社会性的，是在自然之外展开的，那么随着自然与社会的统一，这种不包括自然的制度和社会治理方式显然无法适应这种新的条件的要求。正是这一原因，越是代表了工业文明的政治和社会治理方式，在风险社会中的表现就越糟糕。

在人们既有的观念中，自然是与社会分立的，而人是处于社会之中的，所面对的是一个需要加以征服的自然。贝克说，"古典工业社会的概念（19世纪意义上的）自然和社会的对立，（工业）风险社会的概念则从被文化整合了的'自然'的观点出发，面对自然的伤害的变形，要通过社会子系统来予以描述。如已经表明的那样，在工业化的次组织自然的状况下，'伤害'的意义依据的是科学的、反科学的和社会的界定"。[1]当然，单单从对自然带来的伤害方面去作出社会界定，还是不能截然判断说自然就是社会的一部分。但是，在所有源自自然的灾害之中，我们都能看到人以及人的活动所发挥的作用。

如果说在人类社会早期，在人尚未生成征服自然的能力的情况下，自然灾害确实是自然的，那么在人对自然征服的能力已经达到了今天这个程度的时候，那些表现出了对人的自然征服能力构成挑战的所谓自然灾害，恰恰是人的活动的结果，是因为人在活动中不自觉地制造出了那些灾害，只不过是通过自然去加以表现而已。或者说，自然只

---

[1] ［德］乌尔里希·贝克：《风险社会》，何博闻译，译林出版社2004年版，第98页。

不过是人所制造出来的那些灾害的传导媒体。因此,我们关于自然的观念到了需要调整的时候了。这是因为,我们现在所面对的甚至不再是卢卡奇所说的"物化自然"了,而是作为社会有机体的物理部分的自然。这就要求我们的政治以及社会治理也应把自然作为社会因素考虑进来。

虽然人们在工业社会中也把自然资源的分配和配置纳入政治事务之中,但那仅仅意味着一种对自然的占有方式所做的干预和调整,本质上还是属于征服自然的范畴。现在的情况是,自然不再是独立地存在于社会之外和从社会之外为社会输送能量,而是进入了社会之中,作为社会的一部分而在社会系统的循环中运行。所以,在今天这样一个风险社会中,不仅自然中心主义和人类中心主义的立场会对政治和社会治理形成误导,而且任何把自然当作社会之外的存在的做法,都会让人的活动在不知不觉中造成对自然的伤害。这种伤害也就是对社会自身做出的,会导致社会有机体血流不止。

贝克认为,"在发达的现代性中,社会及其所有的经济、政治、文化和家庭子系统不再被理解为与自然相分离的部分。环境问题不再是我们周围的问题,而是——在它们的起源和它们的所有影响上——彻底的社会问题、人的问题:他们的历史,他们的生活条件,他们与世界和现实的关系,他们的社会文化和政治状况……在20世纪结束的时候,自然就是社会,而社会也是'自然'。任何继续将自然说成非社会的人,就是在说一些不再能够把握我们的现实的另一个世纪的术语"。[1] 总之,时代已经从历史轴心的一地迁移到了另一地,如果脱离了移居地的现实而恪守原先的理念、法则和行动方式,生活以及生存就会陷入困境,甚至不得不接受可能遭遇灭失的危机。

贝克所说的这种自然的社会化,或者说,自然构成了社会的一部分,是人的活动的结果。吉登斯在历史的维度上将此描述为"自然的

---

[1] [德] 乌尔里希·贝克:《风险社会》,何博闻译,译林出版社2004年版,第98—99页。

结束"。他说,"我们的社会存在于自然结束之后。很明显,自然的结束并不是指物质世界或物理过程不再存在,它是指我们周围的物质环境没有什么方面不受人类干扰的某种方式的影响。过去曾经是自然的许多东西现在都不再是完全自然的了,尽管我们并不总是能够确定某种过程何时开始何时结束"。① 是人的活动把自然拉进了社会,使之以社会的构成因素而参与到社会的运行中来。不过,在自然被拉入社会之中而成为社会的一部分的时候,显然也要求我们关于自然的观念发生改变,人们对待自然的态度以及人的道德规范等,也需要反映在自然的运行之中。

谈到这个问题,也许人们会想起中国先民们的"天人"关系的观念。不过,我们希望指出的是,新的条件下所应拥有的自然观念是不同于它的。这是因为,中国古代先民的自然观念是建立在对自然的敬畏和崇拜的前提下的,而在自然已经成为社会的一部分的情况下,这种对自然的敬畏和崇拜不可能再发生了。所以,哪怕可以提出"天人合一"的主张,也只能营造出某种形式上的相似性。在实质上,则是不同的,即不是要求把人融入自然。因为自然成了社会的一部分已成事实,从而使得人融入自然也失去了逻辑上的可能性。

自然的社会化是在有了人类的时候就已经开启的行程。也许是根源于原始社会的自然压力,人类出于生存的需要而形成了某种征服欲而去征服自然。在随后的社会发展中,人在每一次对自然的征服和对同类的征服中都尝到了成功的甜头,从而使征服欲不断强化。在此过程中,通过组织的方式而开展的征服行动显现出了优于个人行动的一种集合性力量,以致人们迷恋集体行动。这就是近代以来的社会组织化程度迅速提升的奥秘所在。的确,组织赋予人类以巨大的征服力量,但它在助长人的征服欲的同时,在实现了对自然的全面征服后,也把

---

① [英]安东尼·吉登斯:《失控的世界——全球化如何重塑我们的生活》,周红云译,江西人民出版社2001年版,第23页。

人类导入了风险社会。这个时候，自然已经失去了独立存在的资格，而是成了社会的一个构成部分。

在自然成为社会构成部分的情况下，一切似乎来自自然界的风险其实都是人的活动的结果，是人类自己创造的风险，只不过是以自然为媒介而再度传导到了人这里。所以，面对风险社会，贝克希望我们去考虑的一个问题就是，"我们是否可以继续进行对自然（包括我们自己）的开发，以及随之而来的问题：'进步''繁荣''经济增长'或者'科学理性'这样的概念是否仍旧是正确的"。[1] 可见，到了此时，即陷入了风险社会时，需要人类在整体上对人的征服欲望以及行动进行全面反思。因为人类在历史行进中陷入了风险社会这一点已经证明，无尽的征服并不能为人类描绘出一个美好的未来，反而会使人类陷入某种难以预测的困境。正是基于这一点，我们要求人类确立起人的共生共在的理念，而不是为了作为个人的或作为集体的自我征服欲的实现而行动。

我们已经看到，人类社会已有的历史是可以把终极性的发展动力归于人的征服欲的，组织以及以组织的方式所集结起的集体行动，无非人类在征服欲实现的过程中所发现的一种非常有用的工具。但是，一旦人类对其历史作出全面反思后，就必然会谋求组织用途的改变，即让组织从征服工具转变为支持人的共生共在的集体行动方式。所以，基于人类是一个命运共同体的理念，是需要对人的行动方式、社会制度和生活模式等进行全面改革的。也就是说，既不是将自然作为征服对象，也不是将自然作为独立于社会之外的存在而付出对自然的敬畏和尊重，而是需要尊重自然已经成为社会的一部分这一现实，并在此前提下去重构我们的社会及其治理。

总的来说，自然的社会化主要是工业社会发展的结果，正是"工业系统的乘胜前进逐渐抹杀了自然和社会的界限。相应地，自然的毁

---

[1] ［德］乌尔里希·贝克：《风险社会》，何博闻译，译林出版社2004年版，第43页。

灭不再归于'环境',因为工业将其普遍化,它们就变成系统固有的社会的、政治的、经济的和文化的矛盾。失去了潜在性并作为系统的后果而全球化的现代风险,不再能够在符合基于工业社会模式的不平等结构的假设下被含蓄地加以处置。它们发展出一种冲突的动力学,它脱离了生产和再生产、阶级、党派和子系统的工业社会模式"。[1] 这可以理解成工业社会的自我否定。正是在工业社会的这种自我否定中,人类进入了全球化、后工业化进程。显然,自然与社会的统一,或者说,自然被融入了社会之中,构成了工业社会与后工业社会之间的界碑之一。但是,在工业社会的这种自我否定中,却把风险社会加予我们,使得那些原先从自然输入社会即自然施加于人的风险转变成了社会风险,并使我们的社会有了风险社会的特征。

三 自然科学与社会科学的统一

既然自然融入了社会,那么也就意味着社会风险不再是由外因引起的,而是发生在社会自身之中的。在贝克看来,"如果我们原来关心的是外因导致的危险(源自神和自然),那么今天风险的新的历史本性则来自内在的决策。它们同时依赖于科学和社会建构"。[2] 也许风险社会会使自然科学与社会科学走向统一,那是因为,就自然科学的主题来看,已经越来越多地显示出明显的政治特征。根据贝克的看法,"自然科学滑入到一种一直为社会科学所熟知的工作和经验的历史境遇中。似乎一种统一的科学趋同发生了,但这种趋同具有讽刺意味地来自于主题的政治化,而不是首先受到怀疑的东西,即社会科学的半科学特征对自然科学所假定的超我所采取的态度。在未来,这将成为对所有科学的角色的洞见,即需要一种受到制度上加强和保护的道德和政治的支柱来指导完全恰当的研究。然而,这种研究将拥有有意识

---

[1] [德] 乌尔里希·贝克:《风险社会》,何博闻译,译林出版社 2004 年版,第 188 页。
[2] [德] 乌尔里希·贝克:《风险社会》,何博闻译,译林出版社 2004 年版,第 190 页。

地去假定和设定它的政治含义的责任。以某种方式,科学工作的实质性特征和政治意义可能在某一天和谐一致"。①

也许这是马克思所预言的那种自然科学与人的科学将成为一门科学的状况。但是,就这种科学的统一化发生在风险社会而言,也许是马克思所没有想到的。因为,马克思对人类社会的发展一直持有一种乐观主义的态度,总是以为阶级矛盾的解决就能够缔造出一个理想的社会。然而,工业社会的发展结果却是如此之残酷,特别是资本主义对自然以及人的关系所造成的破坏,完全超出了马克思的预料。也就是说,工业社会在其终点上是以造就出一个风险社会的方式去解决阶级问题的,即把整个人类无差别地投进了风险状态之中。即便启蒙思想家们的平等之理想,也是以消极的形式而在风险中实现了。所以,在自然科学与社会科学走向统一的前景中,我们所看到的却是人类的一种无奈,是被迫走上了统一化的道路。

自然科学与社会科学的统一化本身又包含着另一种风险,那就是科学将会怎样为政治所利用的问题。如果政治带着工业社会的传统观念去利用科学的话,就会将风险无限地放大,甚至把整个人类置于灾难的边缘。反之,人类也许能够从自然科学与社会科学的统一化中找到一条风险社会中的生存之道。这在目前,只能说是我们的愿望。

就科学分化为自然科学与社会科学两个不同的科学部门而言,是与近代以来的社会分化一致的。或者说,迄今为止的整个人类历史都是在社会分化中去寻求发展动力和前进路径的,科学自身的分化无非这一历史行进方式的具体表现。在近代史上,"解放"一词所表达的是一种普遍性的社会追求,也是最为重要的政治主题。然而,就解放而言,在思维路线上所反映出来的是一种空间分离的感知状态。当人从自然中解放出来后,意味着人与自然的分离;当个体从同质性的家园共同体中解放出来后,意味着个体的人获得了独立性和自由;当妇

---

① [德]乌尔里希·贝克:《风险社会》,何博闻译,译林出版社2004年版,第100页。

女从家庭中解放出来的时候,意味着享有与男性的平等……总之,在解放的追求中,社会的每一处都进入了分化的进程中。解放引领着社会的分化,在一切社会分化中释放出的能量都可以促使解放追求再度向前推进。

与社会分化相反的思路以及历史进程则是融合。一旦自然不再存在于社会之外和社会不再独立于自然而存在,一旦人的共同命运纽带把人们牢牢地捆绑在一起,分离的历史也就出现了逆转,即朝着融合的方向行进。这个时候,即使在社会的某些具体领域或方面还存在着解放的任务,但基本的社会主题则发生了变化。我们认为,这就是用人的共生共在的主题替代解放的主题的过程。必须指出的是,这样一个逆转过程是不能被理解成向同质性共同体回归的,因为历史的脚步依然是朝着前方行进的。

在新开启的这个历史阶段中,虽然个体化的进程停止了下来,但社会的差异化、多元化的进程实际上才真正开始。一旦人们关注到了这个新的历史阶段所展现出来的新特征,立马就会发现,我们所见到的是一个全新的世界,几乎是一切都不同于以往了。比如,与工业社会、资本主义社会比较起来,就会看到,在整个社会结构上,"'无产阶级环境的消解'表现在根据分化和多元化的趋势,以一种经验上有意义的方式,用阶级和阶层研究来解释各种模式的特有困难上。一方面,这些困难导致了一种在决定分层界限方面方法论上的隐蔽的保守主义;另一方面,则导致向阶级对立的非历史的先验性的倒退"。[1]

早在科学刚刚兴起的19世纪,马克思就指出,"我们仅仅知道一门唯一的科学,即历史科学。历史可以从两方面来考察,可以把它划分为自然史和人类史。但这两方面是不可分割的;只要有人存在,自然史和人类史就彼此相互制约"。[2] 所以,我们的观念需要改变,而且

---

[1] [德]乌尔里希·贝克:《风险社会》,何博闻译,译林出版社2004年版,第158页。
[2] 《马克思恩格斯选集》第1卷,人民出版社1995年版,第66页。

还不应满足于观念的改变,还需要在这种改变中着力形塑新的思维方式,以反映和适应历史变动的新要求。总之,历史正走在整个世界发生改变的进程中,而我们的世界观如果停留在前一个历史阶段,并基于这种世界观去开展貌似严肃的科学研究,实际上只能得出极其荒唐的结论。在这种科学研究中所获得的任何见解,都是与这个新的世界格格不入的。可以肯定地说,自然科学与社会科学的统一化意味着一场革命性的变革,不仅是科学研究方式以及科学表现形态及其功能的变革,而且包含着社会变革的隐喻,或者说在社会变革中发挥着积极的推动作用。

自然科学与社会科学的统一化,"将首先意味着,当政治敏感性导致的禁忌地带增加的时候,将出现一种相应增长的、通过强调知识的首要位置来无情而高效地打破它们的制度化意愿。这将清楚地显示出为了我们文明的持续存在而隐瞒风险的那些过分陈旧的制度性的、经由科学传递的惯例和仪式"。[1] 在人类社会活动的各领域中,政治显然是敏感性程度最高的领域。无论是守旧还是激进的政治,在敏感性方面几乎是无差别的。如果政治站立在维护工业社会传统的立场上,就会在自然科学与社会科学的统一化进程中发现更加强有力的支持力量,借用人们对科学的信仰而让那些事实上已经成了政治家的自然科学家去扮演代言人的角色,以求掩盖风险,或转移人们的风险关注。其实,即便如此,也绝不可能在工业社会建立起来的那种制度框架下进行,也必将表现出突破原先的制度框架去行动的特征。

不过,这样一来,维护传统的行动本身就在事实上走上了破坏传统的道路,尽管这不是那些维护传统的人的主观愿望。如果这一点被自觉地意识到了,那么对来自传统的制度性的惯例和仪式的变革,就会成为共识。这就是包含在自然科学与社会科学统一化之中的一种必将转化为现实行动的隐喻。可是,在风险社会中,科学家的工作性质

---

[1] [德] 乌尔里希·贝克:《风险社会》,何博闻译,译林出版社2004年版,第100页。

已经发生了改变。"自然科学家就工作在一个强有力的政治、经济和文化魔法领域中。他们注意到这一点并在他们的工作——测量程序、容忍阈限的确定、因果假设的追寻——中作出反应。从这有魔力的领域而来的引力，有时候甚至能指导他们书写的笔。他们使问题进入这样一种轨道，它必须通过一种纯粹实质的基础来加以证实。并且当在论证中作出某些决定时，它们还可能构成使事业前景亮起红灯的能量源。这些都不过表明，自然科学和工程科学已经成为在数字掩饰下的政治学、伦理学、商业和司法实践的分支，尽管处在它们所有的表面客观性的保护下。"[1]

我们承认，就现代化过程中生成的科学而言，社会科学的确与自然科学不同。自然科学的成果是可以在技术发明的实践中去验证的，即使那些理论性较强的领域中的自然科学成果，也可以在逻辑上得到检验。所以，对于自然科学来说，科学家是以成果赢得了一切。社会科学则有着很大的不同，社会科学的成果需要得到他人的承认。在一个科学理性较为发达的社会中，人们往往表现出愿意承认他人的成果的状况，而在一个科学理性不甚发达的社会中，人们不仅不愿意承认他人的成果，还会不理性地去有意贬低甚至排斥他人的成果。在这种情况下，也造就出一种奇怪的现象，那就是，不写文章、没有成果的人总是显得比写文章、有成果的人更有学问，写得少的人总是显得比写得多的人更有水平。

在风险社会中，一切科学及其研究都需要得到客观验证。无论是权威肯定的还是公众认同的科学家及其成果，如果不能有益于风险条件下的行动的话，就不是真正的科学成果。自然科学与社会科学的统一化将使得社会科学发生实质性的变化，社会科学将遇到一个重新寻求研究方法的问题。同时，对研究活动的评价，也会面对是否具有科

---

[1] [德]乌尔里希·贝克：《风险社会》，何博闻译，译林出版社2004年版，第99—100页。

学性依据的问题。贝克描述了这种状况,"这在社会科学家听起来是矛盾的,不熟悉公式却求助于化学、生物学和医学的危险公式——无论它们是以科学的方法还是以什么其他方式得到证明——将很可能会给社会科学研究提供批判性和规范性的前提。相反,这些前提暗含的内容可能将首先在其向社会和政治领域中延伸变得明显"。[1]

就20世纪的科学发展史来看,在社会科学与自然科学间的鸿沟越来越大的情况下,自然科学及其研究者已经把科学活动与人的世界隔离开来,科学家根本不需要拥有人文精神,不愿意去关注人类命运。到了20世纪下半叶,随着社会研究的所谓"科学化",缺乏人文精神的问题就像传染病一样落到了社会科学家身上。为了替社会科学家们正名,人们区分出了所谓的社会科学与人文科学。其实,一切关于社会的研究都可以称作人文科学,或者,也可以统一地称为社会科学。目前看来,由于科学精神的异化,自然科学失去了社会观,失去了人文精神,以致变得非常狭隘,成了为科学而科学的研究活动。同样,所谓社会科学,也走上了这条道路。在某种意义上,也使这种不关心人类命运的科学及其研究成了风险社会生成的原因之一。

鉴于此,在自然科学与社会科学走向统一的这条道路上,需要科学研究者表现出极大的宽容,以便一切愿意思考的人都投入人文科学的怀抱。不过,我们也应当对一种非常奇怪的现象有所警觉,那就是,人文科学的宽容有可能让那些不愿思考的人冒充思想家而把自己装扮成人文科学的研究者。这些人实际上是一些并不热爱科学也根本不懂科学的投机分子,只是因为假扮科学家能为他带来丰厚收益。正是这些人,在人文科学领域投机成功之后还要假装自己对自然科学的事理也了然于胸,因而倡导运用自然科学的方法来研究人文科学。事实上,这一脉在今天变得非常兴旺,弟子、传人已广布全球。这些人不以自

---

[1] [德]乌尔里希·贝克:《风险社会》,何博闻译,译林出版社2004年版,第101—102页。

己是科学领域中的投机分子为耻,反而扯旗高喊,以科学霸主而自视。当人们不再拥有人文精神的时候,科学研究就成为生产谎言的活动。不仅对于回应风险的行动无益,反而会制造风险。

正是因为科学研究中存在着"为科学而科学"的问题,也是因为在自然科学与社会科学的分化中出现了人文精神的失落,致使科学研究活动及其成果在解决了某些问题的时候又同时生产出了更多的问题,甚至可以说源源不断地生产出了社会风险,将人类引进了风险社会。当人类置身于风险社会时,不仅要看到科学活动包含着风险生产机制,更要看到既有的科学不适应于风险社会。所以,在风险社会中,不同科学部门的分界将被抹平,人文精神将被贯注到所有的科学活动之中。只有这样,科学才能在人类的风险感知中发挥其作用,也才能增强每一项专业性的科学研究活动的尊严和社会价值,才能让一切假冒为科学家的人立马暴露出其原形。

第三节 社会运行和社会变化加速化

萨弗兰斯基认为,现在与将来的关系在加速的社会中混杂在了一起,人们把将来拉入了现在,同时又把现在的风险推给了将来。"在加速的社会里二者都有发生:人们带着影响力远远地涉入将来,同时又在将来之前退回进入当下。人们想华丽地装备它,以便针对一种有威胁的将来,把它密封。将来从未像今天这样离我们如此之近,而且是以自己生产的风险的形体。"[①] 这是一种时间压缩的状况,现在与将来都被压缩到了当下的空间中。然而,现在的人是掌握着时间支配的主动权的,总是攫取、利用将来而把当下的"剩渣"留给将来。随着当下向将来的推移,积累起来的风险也就变得越来越大。在某种意义

[①] [德]吕迪格尔·萨弗兰斯基:《时间——它对我们做什么和我们用它做什么》,卫茂平译,社会科学文献出版社2018年版,第121页。

上，这种时间压缩意味着当下的人对将来的掠夺，剥削了将来的人的存在机会。也就是说，人类社会是在进入21世纪的时候呈现出了风险社会的特征，而我们当下就处在风险社会中。这个风险社会正是过去的人们占有了属于当下的那些东西造成的。

当前的社会加速化以及时空在社会中所实现的压缩，又在迅速地生产风险和把风险留给未来。这意味着人类会在风险社会中陷得越来越深。一个浅显的道理是，我们所在的当下是从历史中走来的，之所以这个当下以风险社会的形式出现，是由历史造成的，即工业社会历史中的那些人的活动制造出了风险并加予我们。社会的发展到了今天，不仅混乱了过去、现在与未来的关系，而且在这方面呈现出了加速化的态势。其实，近代以来的社会发展在各个方面都明显地呈现出加速化的状况。一般意义上的社会加速化不仅表现在社会运行和社会变化两个方面，而是在属于社会的各个方面都呈现出加速化。在社会加速化的过程中，人们在时间之轴上所展开的各种各样的活动越来越多地把我们的当下侵占了，本来应当属于我们当下的资源被掠夺了，而留给了当下的，则是风险。如果既有的生活以及社会活动方式不加改变，那么我们当下所做之事，也是对未来的剥夺。

不难理解，在我们已经进入风险社会的情况下，如果既有的做法仍然持续地展开，也许未来的某个时刻就是人类历史的终结。为了解决这个问题，我们提出了人的共生共在，要求真正地确立起人类命运共同体的理念。这不仅是在横向意义上的当代人被作为一个命运共同体，而且在自然时间的维度上，也要求把我们与未来的人的共生共在包括进来。也许人们会说，时间上的当下与未来并不构成一个命运共同体，但在逻辑上，人的共生共在应当覆盖当下与未来。其实，如果我们不是把人类命运共同体理解成一个既定的实体，而是视作开放性的历史性存在物，是应当把当下与未来的人都纳入人类命运共同体之中的，当然，在我们将人类命运共同体诠释为人的共生共在时，会显得更为直观一些。就人的共生共在而言，未来的人们应当是在场的，而不应在我们当下的生活中缺席。

未来人在当下的在场,对于我们克服风险社会的当下的各种各样风险,是有益的。特别是对于行动来说,增加了一个必须考虑的维度。在个人主义的语境下,会断定一切共同体都是虚幻的,即便是在积极的意义上,也会像"新左派"那样,用一种乌托邦语气将共同体说成"想象共同体"。所以,人类命运共同体的主张才会在西方国家受到了极大的抵制。这说明,如果我们不是走出个人主义的思想桎梏,不是通过构建人类命运共同体而寻求人的共生共在,就会发现,我们并不知道在风险社会中如何开展行动,如何去赢得个体的人的生存机遇。在风险社会中,个体的人的生存是与人的共生共在相一致的,或者说,只有在人的共生共在中,才包含了个体的人的生存的可能性。

一 走在社会加速化的路上

如人行路一样,速度快了也就意味着风险大了,社会的运行和社会变化亦如此。因为社会运行和社会变化处在持续加速的状态中,而且达到了某个临界点,使得人类社会以风险社会的形式出现了。在如何认识社会运行加速化的问题上,罗萨认为,"用泰勒式的工作管理代替早期资本主义的工作组织方式,体现了社会变迁的一种形式,并且也同时展现了技术加速的一个现象,但是单独来看这绝对不是社会变化加速的例子。只有当工作流程在越来越短的时间内被不断地重组才可以看做是社会变迁加速的表现。当具有四年有效期的党纲被两年有效期的党纲所代替的时候,就可以看做是加快的社会变迁的例子"。[①] 或者说,政策生命周期的缩短,是由社会运行加速造成的。这也反过来证明了社会的加速化。一般说来,社会治理活动会活跃于社会的前沿地带。如果社会治理体系表现出了不断引进新技术,不断地

[①] [德] 哈尔特穆特·罗萨:《加速:现代社会中时间结构的改变》,董璐译,北京大学出版社2015年版,第90页。

改革其机构、流程和调整各个方面的关系，也就可以被作为判断社会运行和社会变化加速的硬指标来看待。

社会加速化是工业社会发展的特征之一。经历了18世纪的启蒙运动，关于工业社会的建构方案得到了施行，社会发展也就明显地进入了加速化的进程。

我们把18世纪启蒙运动看作一场启蒙工业社会的运动，与公元前那场启蒙农业社会的运动不同，它的主题不在于确立某种具有自然特征的秩序，而是要从一切压迫和束缚中解放出来。表面上看，工业社会发展过程中所表现出来的社会运行以及社会变化的加速化与解放的主题并无直接联系，但在实质上，正是在解放的追求中，派生出了对一切被纳入对象范畴中的因素的征服倾向，即通过征服去打破一切束缚。为了打破人所遭遇的束缚，也就开展了各种各样的谋划，通过认识论哲学及其科学的发展去不断地刷新征服策略、提升征服技巧和制定征服预案，以致在社会触角所及的一切地方，都把解放诠释成了征服和驾驭。然而，结果却是，在几乎所有打碎了枷锁的地方都又重新戴上了新的枷锁，并陷入循环往复的过程之中。

在这样一种周而复始的打碎枷锁和戴上新枷锁的过程中，形成了各种各样的社会共振。一方面，这种共振成了推动社会运行和社会变化的能量；另一方面，这种共振也派生出各种各样的社会风险。所以，正是在解放追求的驱动下，生产力水平得到迅速提升，整个社会都进入了加速化进程。如恩格斯所说的那样，资产阶级在它们不到一个世纪的阶级统治中，创造了比过去所有世代的总和还要更多、更大的生产力。生产力水平的提升，也意味着社会加速化的动力日益增强。

在社会存在的意义上，生产力属于经济范畴。根据马克思主义的基本原理，生产力的发展以及在这种发展中所产生出来的要求，都会通过生产关系而作用于上层建筑。政治属于上层建筑的范畴，是在生产力发展中获得发展动力的。但是，无论是文艺复兴的反神学斗争，还是18世纪启蒙运动中所提出的社会重构的设想，显然都是在政治的层面展开的。然而，它所确立的解放主题又不能够在政治变革中找到完美答案。马克思的工作正是希望对这个问题作出回答。首先，马克思认为解放的主题包含着两个层次，即"政治解放"和"人的解放"。在政治解放的问题上，马克思对18世纪启蒙运动的贡献给予肯定，认为它在政治解放的问题上写就了破题之作。但是，在人的解放的问题上，马克思认为取决于生产力的发展，而无产阶级革命对生产关系的变革，则是出于为生产力的发展提供更大空间的要求。

工业社会的发展史证明了马克思的看法，表明生产力的发展能够为解放的事业提供巨大的能量。事实上，这也已经成了人们的实践共识，可以说所有人都是自觉或不自觉地把生产力的发展作为打破一切束缚并实现解放的唯一出路看待的。结果，在生产力的迅速发展中，整个社会被推向了加速运行的轨道。到了20世纪后期，特别是进入21世纪后，社会运行的速度已经达到了如此之高的程度。不仅是社会运行呈现出很高的速度，而且社会变化也同样呈现出很高的频率。

当然，如果我们在时间的意义上再行前溯的话，还可以看到，社会运行和社会变化的加速化还不是源于18世纪启蒙运动的，而是一场在工业化、城市化运动中就已经启动的运动。在工业化、城市化的进程中，"以前的满足需要的经济，在工业时代被由资本利用推动的经济过程替代，而这种过程引发一种巨大的加速动力学，因为被投入的资本在竞争中必须尽快得到回报。只有这样人们才能面对竞争者保存自身"。[①] 资本对利润的追逐以及利润获得的过程，是不得不在竞争中展开的。正是竞争，为整个经济过程的加速化注入了源源不断的动力，然后传导到整个社会，促使整个社会进入了加速的进程。

"加速"这个概念在力学上原本就是与时间相关联的，对于社会加速而言，同样表现在对时间的利用上。萨弗兰斯基在分析资本主义

---

① ［德］吕迪格尔·萨弗兰斯基：《时间——它对我们做什么和我们用它做什么》，卫茂平译，社会科学文献出版社2018年版，第116页。

如何促进了社会加速的问题时指出,"重要的是时间的领先。再次,资本主义的经济在许多方面建立在对这些时间领先的利用上,而这种时间领先具有如此重要的意义,以至于卡尔·马克思能够指出直到今天还有效的断语,一切经济最终成为时间经济。受雇佣者将他们的工作时间和技能出卖给资本,在与机器的运转时间和效率的联系中促使生产力的提高。如此,时间进入经济的系统,转变成一种能被估算和买卖的价值。时间成为商品,时间是金钱。因为生产力的提高创造竞争优势,途径是人们更便宜和更快,可能的话携带革新产品来到市场,就会产生一种经济的、对于在生产方式和交换产品方面的加速的强制。人们会顾及时间,减少产品寿命。所以,属于加速经济的还有一次性经济"。[1] 时间上的争分夺秒、产品上的更新换代以及一次性消费品的出现等,都对经济运行的加速作出了"贡献"。

除了生产力的发展、时间支配方式等之外,政治行动也是社会加速的原因之一。萨弗兰斯基认为,在现代史上,法国大革命是社会发展加速化的一个标志性事件。"伴随着法国革命,古老的欧洲被一种历史的加速攫住,而这种加速又引起一种新的政治风格。政治,迄至那时仅是宫廷的一种特长,现在对市民和农民来说成为心愿。人们对此抱有个人解放和社会改善的希望,而且这要尽快地发生,最好在自己的有生之年。人们得弄清,这种历史的重大转折,其结果是怎样一种政治的强烈加速。以前由宗教负责的意义问题,现在转向政治。那些所谓的最终问题,转变成日常政治任务:自由、平等、博爱是一种几乎无法否认其宗教起源的政治口号。现在是政治,是它许诺某种拯救。"[2]

一部现代历史就是社会运行和社会变化加速化的历史,正是社会运

---

[1] [德]吕迪格尔·萨弗兰斯基:《时间——它对我们做什么和我们用它做什么》,卫茂平译,社会科学文献出版社2018年版,第116页。
[2] [德]吕迪格尔·萨弗兰斯基:《时间——它对我们做什么和我们用它做什么》,卫茂平译,社会科学文献出版社2018年版,第115页。

行和社会变化持续的加速,把人类带入了高度复杂性和高度不确定性的状态,并呈现出风险社会的特征。根据萨弗兰斯基的看法,"政治在一种环境中成为加速的马达,而在这种环境里,平时经济的、社会的和技术的发展,以一种迄至那时无法想象的规模和速度进行提速"。①

人们经常把资本主义经济看作"信用经济",正是这一经济运行模式,在社会加速化过程中发挥了促进作用。萨弗兰斯基认为,借贷也构成了经济运行加速的原因之一。"借贷……让经济活动和消费变得可能。信贷制度以其重要意义,是与将来的一种交易。循环的信贷资金至今建立在一种价值创造的基础上,而这种价值创造必须在某个时刻业已发生,所以能为负担以后的计划提供支配。也就是说,它建立在以往的一种价值创造上。"② 由于信贷制度的建立,人们把将来拉入当下,成为当下促进加速的力量。这也同时是把现在植入将来的做法,更多地植入将来的则是社会风险。"涉及价值创造,从以往调整到将来,大规模的贷款被注入系统,而它们在一次业已完成的价值创造中没有任何基础,相反建立在一种期待的价值创造上。将来于现在被消费和被投机。"③ 如果出现了信用破产的问题,比如导致了类似 2008 年的"金融危机",那么人们就会花费更大的力气医治创伤,以求从危机中走出来。为了医治创伤而作出的努力,再度增添了社会加速的力量。因而,加速不会停止,反而会再度加快。

从 20 世纪后期以来的情况看,技术革新已经成为经济发展的主要动力,但它是通过打破原有的经济结构而促进了经济的发展的。一般说来,技术革新首先反映在产品和服务上,即在这些方面打破了商品的分部结构,进而在吸引投资和劳动力时改变了经济结构,再度在消

---

① [德]吕迪格尔·萨弗兰斯基:《时间——它对我们做什么和我们用它做什么》,卫茂平译,社会科学文献出版社 2018 年版,第 115 页。
② [德]吕迪格尔·萨弗兰斯基:《时间——它对我们做什么和我们用它做什么》,卫茂平译,社会科学文献出版社 2018 年版,第 117 页。
③ [德]吕迪格尔·萨弗兰斯基:《时间——它对我们做什么和我们用它做什么》,卫茂平译,社会科学文献出版社 2018 年版,第 118 页。

费端形成某种偏好。这一整个过程，是经济结构的变化，通过对原先稳定的经济结构造成扰动而形成新的经济结构形态。在此过程中，包括资源配置等所有从属于产业结构的因素，都会出现分散和集中的重组状况，并在这种分散和重组中形成某种力量。当这种力量发挥着推动经济发展的作用时，对于整个社会而言，则表现为加速化的进程，也使社会呈现出复杂化和不确定化的性状。事实上，复杂性和不确定性的任何形式和程度上的增长，都包含着社会风险的内容。

对于亚当·斯密而言，显然没有考虑到技术创新对经济结构的影响，他更多关注的是"完全竞争"在市场中形成的某种平衡态。正如近代早期的一切科学思路一样，都追求或假设某种理想状态，斯密的"完全竞争"假设也是一种理想状态。但是，在现实中，是不可能存在着这种理想状态的。当然，竞争对于促进某种平衡态的形成是有意义的，但由于不存在完全竞争，才使平衡态的构想落空了，反而出现了垄断等，以致需要"有形之手"来加以干预。当技术革新成为经济发展的重要动力源时，竞争仍然走在追求永远无法达到平衡态的路上。所以，竞争在抑制技术革新所形成的扰动方面发挥着作用，同时也因此而从经典时代的经济发展动力转化成了阻力。不可否认，追求利润的竞争又为技术革新提供了某种动力。这一点也是亚当·斯密曾经看到了的，英国工人捣毁机器的运动也从反面证明了这一点。就技术革新与竞争在经济发展过程中的作用来看，竞争（即完全竞争）所要达到的是某种平衡态，而技术革新则是扰动因素，恰恰是要打破平衡态。所以，竞争与技术革新在经济发展的总的过程中，构成了对立统一的关系。

当把经济发展放在社会发展进程之中来加以认识时，则会看到一个具有趋势性的现象，那就是，技术革新所汇聚起来的力量越来越大于竞争的力量。这既有"有形之手"的作用，也有文化以及人们的观念方面变化的影响。当人们越来越认识到竞争在社会高度复杂性和高度不确定性条件下的消极作用后，就会产生要求限制竞争和拒绝竞争的愿望，从而更多地表现出对技术革新的青睐，即希望通过技术革新去抵消竞争的某些负作用。如果这将构成一种趋势的话，那么它将给我们展现的未来是，不仅经济的发展，而且社会的发展，都将更多地倚重于技术革新。可是，就技术革新所发挥的是打破平衡态的作用而言，当我们更多地倚重技术革新时，也就意味着整个社会处于一种非平衡态之中。我们所说的社会高度复杂性和高度不确定性，其实就是这种非平衡态的一种展现或性相。如果说一切运动都是某种平衡态的打破，当技术革新打破了社会的平衡态时，也就使社会发生了某种倾斜。社会治理体系恰恰是利用了这种倾斜，即把倾斜时时校准到向未来一方的倾斜。就像人的身体发生了倾斜后会自然地移动脚步一样，社会的这种倾斜也转化成了向前运动，并呈现出加速的态势。

在全球化、后工业化进程中，"系统自我生成的社会变化的速度和在所期望的社会变化的意义下的速度要快于共同生活在某一历史时点的社会中的三代人或者最多四代人之间的交换速度，因而经验空间与期望地平线相互交汇在了一起，人们对未来的期望与人们从过去中所认识到的完全不一样"。[1] 人们既往是根据自己所处的现在去想象未来的，而走向未来的变化及其速度却很少在这种想象中发挥作用。即使未来不是现在的复制，也是在想象中略作调整的一幅新的构图。现在，人们往往在20年时间内就经历了以往需要经历三代人或四代人才能体验到的社会变化，以致很难想象未来是个什么样子。如果去作出想象的话，那么现在的一切却又不再能够成为依据，致使变化本身被作为展开想象的参照系了。一旦变化本身成了参照系，就会有着无限的力量去移动这个参照系，社会也就在这种移动中获得了加速化的发展特征。

二　社会加速化与社会风险

技术对于社会运行和社会变化的加速化有着直接的推动作用。

---

[1] ［德］哈尔特穆特·罗萨：《加速：现代社会中时间结构的改变》，董璐译，北京大学出版社2015年版，第339页。

"由于技术革新的发展和广泛普及为相应的改变速度的提高做出了很大的贡献,因而社会变化的加速是技术加速的直接的(并且最终也是不可避免的)后果。"[1] 显而易见,科学技术的进步为人们节省了大量的时间,交通和通信技术所节约下来的时间是我们日常经验都可以明显感受到的。但是,人们为什么并未感受到自己在这种时间节约中所占有的时间更多了,反而觉得时间资源的稀缺日益加剧,原因就在于社会运行和社会变化的加速化。是因为社会运行和社会变化的加速化的压力被分配到了我们每一个人这里,即把更多的生活上的和社会活动上的任务施加于我们,使得我们需要利用更多的时间去承担这种压力和应付生活、社会活动事项。

当然,人口也在增长,因而劳动力的统计数据是持续上升的。这意味着,在承担某项任务时因为人口的增长和劳动力数量的增加而有了更多的助手和共事伙伴去分担自己的工作量,并使自己的时间显得更多了。但是,实际情况却不支持这种逻辑推论。不但时间紧张未能得到缓解,反而时间资源变得更加稀缺。这说明,人口的增长并不只是带来了生产力,而且在时间分配上扩大了分母。因为,人口的增长同时也带来了更多的需求、更复杂的人际关系处理工作,这些都必然要占用时间,使每个人的时间却显得更少了。在人们打开了更多的交往和沟通途径后,也就不得不在多个途径中去分配时间。也就是说,人不仅能够做事,也会制造出更多的事情,而每一件被制造出来的事情又都需要相应的时间去加以应对。所以,人们必须面向更多的方面去分配时间,从而感到时间资源的稀缺性。实际上,人口的增长本身就推动了社会加速化。

科学技术的发展以及劳动方式的改变,促使经济发展持续加速。与人口的增长相比,经济增长的速度要大得多,以至于不得不通过刺

---

[1] [德]哈尔特穆特·罗萨:《加速:现代社会中时间结构的改变》,董璐译,北京大学出版社2015年版,第183页。

激消费的方式而为更多的产品寻找出路。但是,如果从财富占有来看,虽然由于体现了促进公平、正义等价值的制度可以把绝对贫困人口控制在较小的比例下,但因为资本主义的分配方式没有发生根本性的改变而使财富占有间的差距变得越来越大,即财富越来越多地集中到了越来越少的人手中。因而,导致了社会结构的畸形化,并于此之中产生了越来越多的社会矛盾,带来的社会问题也越来越复杂。由于技术、知识和谋略的进化使得人们比历史上的任何时候都有着更强的控制矛盾和解决问题的能力,似乎人们能够在对各种各样矛盾的解决中避免社会风险和降低社会风险。然而,实际情况却恰恰相反,解决矛盾的能力的提升反而使那些无法或没有得到控制的矛盾和问题变得更加难以应付,从而增加了社会生活中的变数。所以,我们感受到社会变得空前复杂,一切方面都那样不确定。也就是说,我们进入了一个高度复杂性和高度不确定性的社会。这种高度复杂性和高度不确定性正是以风险社会的形式出现的。

科学分化造成了科学成果的碎片化,这也构成了社会风险的根源。在科学分化中,每一门具体的学科都沿着自己的道路向着不同的方向发展,每一门学科所获得的成果也许都是积极的和没有风险的,但当它们反映到了社会系统上的时候,就构成了风险源。今天,"科学文明进入了一个它不再只是去科学地认识自然、人和社会,而是去认识它自己、它的产物、影响和错误的阶段。科学不再与从预先存在的依赖中'解放'相联系,而是与它们自己产生的错误和风险的界定和分配相联系"。[①] 这意味着科学的转型,即从原先的从属于认识世界改造世界的角色,转变为时时反思自身和准备纠正自己错误的角色。如果说科学在出于认识世界和改造世界的目的去开展活动的时候把人类拖入了风险社会,那么在未来的发展过程中,将会把风险作为认识的对

---

① [德]乌尔里希·贝克:《风险社会》,何博闻译,译林出版社2004年版,第194—195页。

象，并指导人们去应对风险。

在科学的发展走向未来的行程中，科学的专业化这一形式也许不会发生改变，但每一门具体的学科都应当拥有一种社会整体观。这应成为对科学研究者的一项基本要求。特别是对一门学科的社会价值的评定，是需要在社会整体的意义上作出的。最为重要的一项工作应是，每一门学科都需要对自己的研究进行风险评估，同时也接受来自外部的评估。科学的每一项新进展以及所取得的每一项新成果，都只有在通过了风险评估的情况下才能成为积极的科研成果。当然，其中也许仍然包含着潜在的风险，但那是需要在对风险的不断认识过程中去加以解决的问题。

总之，科学是历史进步的主要杠杆，我们绝不能因为科学是风险社会生成的根源之一而否定科学。认识到科学的发展造成了风险社会，只是为了对科学进行改造，尽可能地将其负向功能减少到最低程度。其实，科学在20世纪后期所呈现出的加速发展的态势本身就意味着这一社会工具不断地得到刷新。不过，我们也必须承认，科学技术发展上的不断刷新也带来了更大的不确定性，至于它将生产出什么样的社会风险，也是无法预测的。不仅是科学及其发展，一切推动社会加速化的因素其实都包含着生产社会风险的可能性。只要社会处在持续的加速化过程之中，就会生产出更多风险，以致风险社会的特征不断地增强。

我们需要明确认识到的是，对于社会的发展而言，科学任何时候都是工具而不是目的。社会的发展可以呈现出后一个阶段对前一个阶段的否定，而对于作为工具的科学，则是一个如何改进和完善的问题。虽然库恩将其著作命名为"科学革命的结构"，意在考察一种科学理论范式对另一种科学理论范式的替代，但科学发展中的连续性却是主线条。所以，在工具的意义上看科学，往往更多地看到的是它所表现出来的改进和完善的一面。

社会加速化的原因是多方面的，也可以说是系统性的，除了科学技术的进步促进了社会的加速化,就经济意义上的"消费社会"的出现来看,也促进了社会的加速化,并引发了更多的社会风险。大致是在20世纪70年代,发达工业社会呈现出了"消费社会"的特征,也表现出了风险社会迅速降临的状况。也许是因为消费社会把人的需求充分地调动了起来,造成了自然的加速破坏和人际关系的愈益紧张。"在风险生产的过程中,'需要'被明确地去掉了它们最后的自然因素的支撑,并进而去掉了它们的有限性和可满足性。饥饿可以被缓解,需求可以被满足,风险则是'需求的无底洞',它是无法满足的、无限的。和需求不同,风险不仅仅能被(广告或类似的东西)唤起,而且能根据销售的需要被延长。简言之:被操纵。一种完全新型的需求,进而是市场,由变化的风险界定所创造,特别是那些规避风险的需求,它们可以随意解释,随意地设计,并且可以无限再生。因为风险社会的胜利,生产和消费上升到一个全新的层次。预定的和可操纵的需求作为商品生产的参照点的地位,被自我生产的风险所替代。"[①] 进入21世纪后,非自然性的需求仍然不断地膨胀,甚至已经掩盖了人的自然性的需求。为了经济的发展和有一个好看的GDP指标,各国政府以及权威机构不只是旁观和听任市场的疯狂,而是不断地为其添柴加薪,不断地增加刺激的强度。

  当我们的消费欲望随着社会运行和社会变化的速度不断增长时,就表现在"买买买"上。很快的,我们就发现我们的居屋太小,实在容不下我们所买的那些东西。为了那些新的似乎必须再买的东西,只好忍痛扔掉那些也曾经被认为是非常必要却一次没有使用过的东西。扔掉它们,是因为落满了灰尘或尘封已久。如此往复,并引来了另一个问题,那就是我的储蓄在"买买买"中几乎要耗尽,一种危机感油然而生,提醒我必须去挣更多的钱。然而,当我去挣钱时,需要花更多的时间,也就不再有时间去"宠幸"已经买来的那些东西。当我挣

[①] [德]乌尔里希·贝克:《风险社会》,何博闻译,译林出版社2004年版,第65页。

到了钱，发现可供支配的数额很乐观了，又开始了"买买买"。如果我没有挣到钱，那么就会产生怨气，会把所有的罪责归于政府，甚至会产生起义、暴动的念头。即便压制了自己的暴力冲动，但参与反政府的游行也许就是自己热切希望得到的一个发泄口。当我参与游行的队伍走在"白宫"前的时候，我拿起手机去看一下时间，而一则广告弹了出来，并勾起了我的强烈的购物冲动，于是手指一点，又下了单。

总的说来，加速是一种不可逆的过程，即使出现了一时放缓的迹象，让人感受到的也是经济危机、社会危机等的到来，是因为出现了这些危机才让社会加速暂时放缓了。只要人们不愿意接受危机和要求从危机中走出来，就会再行推动社会加速。其实，就社会是一个综合过程而言，我们很难说是哪一种因素构成了加速的动力，甚至不应完全将社会的加速化归于人的满足欲望的要求和行动。但是，当社会运行和社会变化的加速化将人类带入了高度复杂性和高度不确定性状态时，曾经助推社会加速的所有因素都不可能再原样运行了，而是需要实现自身的改变。其中，政治的变革应当排在首位，而且这种政治变革也应包含全部社会治理过程变革的内容。

对于社会加速的后果，罗萨所持的是悲观的看法。他认为，"在加速的社会情境中，一方面不能许诺行动者有自主性，但另一方面遵守和实践这个承诺的可能性却越来越渺茫，而这必然会造成异化状态"。[①] 如果人的自主性的承诺无法兑现，整个社会就有可能陷入令人悲观的境地。罗萨之所以会有这种悲观见解，是因为他在思考的时候依然立足于工业社会，是工业社会的思维框架束缚了他而让他生出了这种悲观意识。的确，社会运行和社会变化的加速化对工业社会所建构起来的一切都构成了挑战，但这也恰恰是人获得自主性的一次巨大机遇。就工业社会从来也未真正予人以自主性而言，意味着18世纪的

---

① ［德］哈特穆特·罗萨：《新异化的诞生：社会加速批判理论大纲》，郑作彧译，上海人民出版社2018年版，第114页。

启蒙思想给了人们一个无效的承诺。之所以未能兑现承诺,是因为所建构起来的一切都与启蒙时期的设想不尽相同,甚至走向了反面。也就是说,如果说基于启蒙思想的社会建构导致了人的异化,那么我们今天所遭遇的现实则是启蒙思想的一种异化状态。

当社会运行和社会变化加速化对工业社会的构造物造成了致命冲击后,也必然会把社会重建的任务提出来。在社会的重建中,再度作出关于人的自主性的承诺就不是一种理想,而是反映了现实要求,是基于实际情况作出的必然要付诸行动的承诺,而且会立即付诸实施。当然,社会运行和社会变化的加速化带来了风险社会和危机事件频发,使人类进入了高度复杂性和高度不确定性状态中。不过,基于风险社会及其高度复杂性和高度不确定性的现实条件所开展的社会建构,则会开拓出一个全新的世界,能够让人在以往世代中所拥有的理想在新的世界中实现。

客观上看,风险社会及其高度复杂性和高度不确定性条件下的人的一切行为、行动都必须建立在人的自主性的基础上。这是因为,没有自主性的行动,也就无法在高度复杂性和高度不确定性条件下开展生活和活动。正是这一客观要求,意味着人们必须采取合作行动的形式。我们关于合作行动的构想,正是一种描绘了人的自主性得以实现的空间图景,是人的自主性得以实现和得以发挥的根本途径。实际上,合作行动本身就是人的自主性得到阐释的过程。站在工业社会中,所看到的是社会加速带来的种种异化。但是,如果我们在社会以及社会治理重构的角度去看社会加速化的话,所看到的也就不再是异化了,反而是人类社会演进的新起点。在这个新起点处,所有与人相关的因素,都将展现出生成和成长的状况,会充满朝气,会散发着积极的能量。

三 风险社会中的生存之道

在工业社会领域分化的既有格局中,社会变化的加速并不是平衡推进的，有些领域的变化会加速快一些，有些领域则会显得迟缓一些。比如，尽管工业社会传统的政治惯性仍然在发挥作用，但"政治的变化和生活节奏是这里面最快的，而生产关系和社会结构中的变化却发生的最缓；这中间是诸如技术和经济的变化，以及还有观念和心态的变化"。① 当然，这是从某个角度看到的情况。从另一个角度看，政治的变化也许是较慢的。不管怎样，由于社会运行速度的加快，创新扩散也越来越迅速，从而使得不同领域在变化快慢的问题上可以得益于创新扩散。特别是加上各个领域所开展的自觉改革，使得社会变化在整体上能够维持平衡。

尽管如此，不同领域在变化上的不同步还是引发了各种各样的社会矛盾。有的时候，这些矛盾甚至会变得非常紧张，并以社会风险的形式出现。比如，社会运行和社会变化的加速化致使人在社会生活中总是遭遇更多的非预期的偶然事项，也使得人际交往中的协调成本不断增加，特别是时间上的协调困难总会因偶然事项而增加。虽然现代通信技术的应用使得这种协调变得方便了，但这种协调对计划所安排的事项却仍然提出了弹性最大化的要求，以便在出现偶然事项导致执行计划的参与者发生变动的时候，不至于带来严重影响。

社会运行和社会变化的加速化使人的财富占有也陷入不确定的状态。我们看到，在有着发达农业文明历史的中国，人们的观念和文化基因中似乎包含着财富累积的内容。这是因为，农业社会的确定性使人的财富可以长期持存，并在家族内实现代际传递，所以人们更愿意积累财富，即养成了财富累积的习惯。这种习惯在今天所表现出来的就是货币的高储蓄。可是，这种储蓄可能并不意味着财富的持存，因为央行的每一次释放流动性都会使储蓄中的货币大幅缩水。这就意味着，在迅速变动的社会中，那些在稳定的、确定的社会中养成的习惯

---

① ［德］哈尔特穆特·罗萨：《加速：现代社会中时间结构的改变》，董璐译，北京大学出版社2015年版，第91页。

遭遇了某种尴尬。

不仅是财富，而且自我本身，都出现了存在问题上的不确定性。由于社会运行和社会变化的加速化以及因此导致的偶然性和不确定性的增加，致使"自我似乎正收缩为没有称谓的'点状的自我'了，不再能将它与所扮演的角色和关系，或者说与潜在的自我确定中的称谓，（完全地）视为一致的了，而似乎是工具式的相互关系代替了后者"。① 其实，自我既在一个点上，又离开那个点，以致"自我确定"变成一个很困难的问题。但是，我们并不认为这是人与人的关系的工具化。相反，人与人的关系的工具化恰恰是存在于工业社会低速运行状态的一种现象。也就是说，是在自我能够得到确定的条件下，才能够把他人当作工具；同时也把自我变成了他人的工具，即建立起了互为工具的关系。在人们成为工具时，他们的名字都被隐去了。然而，在自我很难得到确定的情况下，恰恰会在人离开自我那个点时，趋近于他人。这样一来，就会在人与人之间生成合作关系，至少在逻辑空间中是包含着这样一种隐喻的。一旦人们之间的关系转变成了合作关系，那么他们出于合作的需要，也必须相互承认、相互尊重。

就社会治理体系的运行和表现来看，到了 20 世纪后期，人们已经明显地感受到，那种在工业社会前期为社会运行加速的政治显现出了一种在社会加速化中变得不再适应的状况。"面对工业的发展和市场上的运动，至少政治也吃亏受损，因为它不足够的快。为经济活动和社会进程建立一个稳定的框架，变得越来越困难，尽管有着大量法律规定，而人们半心半意地尝试调节这种发展。"② 这是因为，"相对于革命性的机器节奏，经济反应快捷，而政治的决定来的缓慢，尤其当它们该民主地完成时。比如以一种自由贸易协议的美名，独立于国家

---

① ［德］哈尔特穆特·罗萨：《加速：现代社会中时间结构的改变》，董璐译，北京大学出版社 2015 年版，第 175 页。
② ［德］吕迪格尔·萨弗兰斯基：《时间——它对我们做什么和我们用它做什么》，卫茂平译，社会科学文献出版社 2018 年版，第 120 页。

的法律体系在很大程度上被秘密引入，一个越过其时间需要、意欲取消民主的过程：时间紧迫，为了贯彻这更好的事，时间被勉强分配，需要一些勇气，为某些具有重大影响力的决定——把时间留给自己"。① 反映在国家体制上，就是出现了更多的行政授权，即让行政人员拥有更多的权力去决定如何行动。

罗萨认为，20世纪后期以来，"国家—政治的加速模式已经发生了根本性的变化：'进步的政治'意义上的通过管制化和民族国家的标准化而实现的社会发展的动态化，正走向通过去规制化和渐进地放弃特别的民族国家的标准（直至自己的货币）的动态化"。② 这可以说已经是一种较为乐观的看法了。应当将这种去规制化看作20世纪80年代以来的改革行动的重要成果，也是全球化、后工业化运动中出现的一种较为积极的表现。但是，如果看到人类在风险社会中越陷越深的话，又不能不说，政治上所取得的这些积极进展是远远不够的。

从实际情况看，在全球化、后工业化进程中，所进行的几乎所有改革都是把"去规制化"作为行动目标的，只有极少数国家在这一过程中做出了强化规制的行动。虽然这种强化规制的做法在短期内并未显现出其危害性，但长期看来，可能是非常危险的。因为，对规制的强化会更多地表现出某种束缚，会把社会运行和社会变化加速化所形成的冲击力禁锢住。一旦社会运行和社会变化加速化所产生出来的能量积累到一定程度时，就有可能爆发出一种破坏性的力量，使社会陷入危机状态。即便是从现实的危机事件应对来看，规制也显现出了僵化的一面。

我们也应承认，正是因为始于20世纪80年代的全球性改革运动

---

① ［德］吕迪格尔·萨弗兰斯基：《时间——它对我们做什么和我们用它做什么》，卫茂平译，社会科学文献出版社2018年版，第120页。
② ［德］哈尔特穆特·罗萨：《加速：现代社会中时间结构的改变》，董璐译，北京大学出版社2015年版，第243—244页。

把"改革"一词深深地烙印在了人们的心中,才使得人们能够在面对快速变化的社会做了许多工作。"由于社会变迁的加速而带来的物质的和社会的背景条件、行动条件和做决定的条件的根本上的不稳定性,强迫个体,也包括组织和制度不断地修正自己的期望,重新理解所经历的、重新确定什么是重要的,并且反复实现协调一致和同步化的努力。"① 但是,就人类进入 21 世纪之后面临着危机事件频发的事实而言,就风险社会的特征越来越明显而言,也说明囿于回应性模式的一些改革是有问题的。也就是说,在如何根据社会运行和社会变化加速化的事实而进行改革方面,做得还是远远不够的。特别需要指出的是,在风险社会中,人们在工业社会中引以为傲的基本政治制度却成了束缚人们手脚的东西,让人们在需要开展行动的时候,深深地感受到制度的束缚。我们看到,民主制度要求一切行动都建立在商议并形成共识的基础上,而且为了约束行政部门的行动,建立起了严格的程序,但在需要应急反应的时候,那些程序就成了障碍。

如果说工业社会的发展在形式上表现出社会的加速化,那么在内容上,则一直走在促进社会多元化、多样化的道路上。到了 20 世纪后期,特别是进入 21 世纪,社会的多元化、多样化意味着不同人群之间的共有价值变得越来越少,以致按照民主的方式达成社会性共识的做法,也变得越来越困难。如果希望达成共识,即便像协商民主所设想的那种在很小的范围内去对非常具体的事项进行商谈,也需要经历很久的协商过程,即耗费大量的时间。这就是罗萨所说的,"利益表达和利益聚合的以及(民主的)审议的真正的政治程序,也就是说决策的过程,由于晚期现代社会的文化上和社会结构上的发展,而变得越来越困难,并且因此也越来越耗费时间……因为一个社会的可以预见的价值观的共识越少并且政治解释中的合理性原则和合法性原则越不

---

① [德]哈尔特穆特·罗萨:《加速:现代社会中时间结构的改变》,董璐译,北京大学出版社 2015 年版,第 137 页。

符合传统或者惯例，那么达成一致或者说形成能够得到一致赞同的政治意愿就变得愈发困难"。①

在理论分析的视角中也许会看到，"在加速压力推动着的社会的各个领域和社会的各个群体的地方，加速压力最终可能会迫使不同的领域和不同群体打破他们的界限，因为这些界限构成了公开的速度障碍（而民族国家之间的边界变得越来越不重要只是这一方面的一个例子）"。② 但是，这绝不意味着它们能够融合为稳定的凝固体，反而是必然处在不停歇的融合、分化的过程中，仍然呈现出多元化、多样化的格局，从而宣布既有的这种政治模式失去了使用价值。现在的情况是，"社会的从属关系的不稳定性和政治偏好的易变性都使得表达和组织集体的利益变得更加困难，特别是由于越来越不清楚哪些群体、联合会和伙伴对于哪些协调过程从根本上来说是意义重大的"。③

一切都处在流动的、不确定的状态中，民主赖以发挥作用的那种相对稳定性的前提消失了。或者说，社会的高度复杂性和高度不确定性已经对民主政治构成了挑战，似乎随时都有可能突破民主政治的框架，导致一种民主控制机制的失灵。如果民主政治无法担负起在风险社会中处理、协调各种各样的关系的职责，反而与高度复杂性和高度不确定性的现实之间发生了冲突，并产生了各种各样的社会风险，那就意味着一场严重的政治危机降临了，也就需要通过政治模式的重建去解决所有问题。

在20世纪后期，许多学者已经意识到了这个问题，并提出许多替代性方案。其中，霍耐特的"承认理论"代表了一种思路。正如罗萨所看到的，在高度复杂性和高度不确定性条件下，霍耐特的"为承认而斗

---

① ［德］哈尔特穆特·罗萨：《加速：现代社会中时间结构的改变》，董璐译，北京大学出版社2015年版，第312—313页。
② ［德］哈尔特穆特·罗萨：《加速：现代社会中时间结构的改变》，董璐译，北京大学出版社2015年版，第313页。
③ ［德］哈尔特穆特·罗萨：《加速：现代社会中时间结构的改变》，董璐译，北京大学出版社2015年版，第313页。

争所要争取的,就从地位变成了表现。承认不再是人一辈子的成就,而是越来越变成每日的竞争。昨日的胜利和成功,在今天已经不太算数或几乎不算数了。承认已不再能够被积累起来,它随时可能会因为事态的流变与社会景观的改变而陷入完全贬值的危险。一个人拥有的地位对保持与获得社会评价的机会来说很重要。但一个人始终无法确切拥有这个地位,无法确信这个地位在明天还有同等的重要性"。①

扩大而言,一个组织、群体、国家亦如此,没有可以倚仗的恒定"资本"。这种情况持续展开的逻辑也把人们导向了对当下行动的关注,而不是计较已经拥有的和正在立足的地位。也就是说,人们必须时刻准备着扮演好每一个落到了自己身上的角色,通过角色扮演去赢得承认。如果一个国家仰仗自己在历史上所赢得的地位而去用霸权心态谋求对世界的支配,也许很快就会发现自己必须面对诸多无奈。

我们认为霍耐特的承认理论可以成为一种跨越工业社会和后工业社会的理论。就这一理论产生于"晚期资本主义"的时代来看,也就是说,就它是在作为工业社会晚期的20世纪后期出现的一种新见解而言,是在感知到了社会运行和社会变化加速化的情况下作出的思考,在某种程度上,描绘出了高度复杂性和高度不确定性条件下的社会关系图谱。所以,当人们之间的竞争关系转变为合作关系后,霍耐特所构想的承认模式仍然是适用的。或者说,霍耐特所构想的承认模式的重点在于回应社会的不确定性。因而,与青年黑格尔时期的那种对人的承认不同,也与泰勒的对人的社会地位(身份)的承认不同,霍耐特的承认理论给予我们的是,对人的即时业绩的承认。

这样一来,霍耐特实际上是把承认引向了人们正在开展的行动上来了。这种承认是肯定性的承认,所导向的是合作,而不是竞争行为赖以发生的那种"否定性"的承认。尽管霍耐特给了他探讨承认问题

---

① [德]哈特穆特·罗萨:《新异化的诞生:社会加速批判理论大纲》,郑作彧译,上海人民出版社2018年版,第81页。

的著作一个"为了承认而斗争"的名称,但其"斗争"一词更多地带有修饰的意义。我们在霍耐特的承认理论中,所看到的是,切合了高度复杂性和高度不确定性条件下合作行动的要求。所以,根据霍耐特的承认理论,无论是一个人还是一个组织、一个国家,都需要把关注的重心放在当下的行动上。只有行动,而且是合作行动,才能为风险社会中的生活、生存赢得机遇。

第二章

社会主题与人的异化

在思考风险社会生成的原因时，溯及近代以来"解放"的主题，可能是非常残酷的事情，因为那会对我们的政治情感造成极大伤害。不过，我们又必须看到，每一个时代都有着自己的主题。或者说，每一个时代的人都会遭遇前人所未曾遇到的问题，需要为自己所在的时代确立起独特的社会主题。在工业社会中，让人从自然和社会的各种各样的束缚和压迫中解放出来，是一个基本的社会主题。这个社会的几乎一切政治的、社会的活动，在终极的意义上，都从属于解放的追求。发展生产力、促进科学技术进步、调整社会结构和改善人际关系等，都无非在谋求解放。然而，在全球化、后工业化进程中，人类陷入了风险社会，面对的是社会的高度复杂性和高度不确定性，受到各种各样的突发性危机事件的威胁。在这种情况下，虽然需要通过解放来解决的问题依然很多，但就解放作为一个社会主题而言，已经不再像"人的共生共在"问题那样迫切。所以，全球化、后工业化所推展出来的是人的共生共在这一新的社会主题。或者说，构建人类命运共同体成了风险社会中必须确立起来的社会主题。

发生在18世纪的那场启蒙运动在实质上是一场"解放的启蒙"。

在启蒙精神的感召下，整个工业社会的发展是围绕着"解放的主题"去开展几乎一切社会活动的。不过又不难发现，到了20世纪后期，人类的解放事业似乎陷入了困境。这可以认为是一种"解放的自反"。所谓"解放"，就是要打碎一切套在人的头上的枷锁，就是要征服自然和解放生产力，就是要推翻一切压迫而使人摆脱不平等、不自由的各种关系。但是，在人类所走过的每一条解放道路上，都在看似实现了解放的时候又重新建构起了压迫和束缚，甚至带来了有可能导致人类毁灭的威胁。全球化、后工业化是人类历史的再一个转折点，意味着人类将走进后工业社会。"解放"的主题是在18世纪启蒙运动确立起来的，而在全球化、后工业化运动中，特别是业已陷入了风险社会时，所要再行确立的则是"人的共生共在"的主题。其中，合作行动就是破题的路径。

就工业社会发展历程中的各种情况看，在致力于解放时，却遭遇了异化的问题。所有异化其实都源于工作与生活的分离。工作与生活的分离导致了领域分化，进而带来了人的碎片化。随着社会治理从社会中分离出来而构成了专门的领域，对社会所实施的是无所不在的控制。这种控制进一步加速了人的异化和整个社会的异化。异化在形式上具有诸多表现，异化的具体原因也是多样的。其中，社会的形式化、结构化、技术的广泛介入以及人的行动的模式化等，既是异化的表现也是异化的原因。在风险社会的生成过程中，人以及整个社会的异化是主要原因之一。不过，在人类陷入风险社会的同时，也出现了领域融合的迹象，而且首先表现为工作与生活的融合。于此之中，可以看到人的完整性的回归。这对于风险社会中的合作行动而言，是具有积极意义的。

第一节　作为社会主题的解放

如果说工业化、城市化是一场确立工业社会的运动，那么这场运动的成果是由18世纪的启蒙运动去加以收获的，即以思想和理论的形式描绘了工业社会的蓝图。今天，我们正处在全球化、后工业化运动中，能否真正地建构起后工业社会，也需要一场启蒙运动。

在人类历史上，我们认为中国的春秋战国以及西方的古希腊分别发生了一场启蒙农业社会的运动。18世纪的启蒙工业社会的运动则是发生在西欧地区的，但就其影响来看，也改变了整个人类的历史进程，所以我们将其视为人类历史上的第二次启蒙运动。在全球化、后工业化进程中，将要发生的是人类历史上的第三次启蒙。第三次启蒙作为人类进步的一个新的起点，必然是对人类已有文明成就的继承，甚至在某些方面会表现出接过第二次启蒙的主题而进一步加以探讨的情况。比如，在人的生存问题上，农业社会是从自然界中寻求生存机遇的，而工业社会则把个体的人的生存置于社会的优先地位上。就全球化、后工业化这场走向后工业社会的运动中有着风险社会的特征而言，可以认为，人类历史上的后工业社会将会长期表现为风险社会。所以，在后工业社会中，为了人的共生共在而构建人类命运共同体，将会成为包含在一切行动中的根本目的。如果说我们需要一场启蒙运动去规划后工业社会的话，首先要为这个社会确立起来的主题就是人的共生共在问题。

当然，这并不意味着第三次启蒙没有解放的任务。事实情况是，由第二次启蒙运动确立的解放主题在工业社会发展中并未得到根本性的解决，这个社会还存在着解放不彻底的问题，因而要求第三次启蒙去完成工业社会尚未完成的使命。不过，后工业社会不会再像工业社会那样把解放作为最基本的社会主题对待，而是基于风险社会及其高度复杂性和高度不确定性的现实去建构属于这个社会的基本主题。也就是说，在全球化、后工业化进程中，如果我们打算启蒙后工业社会的话，就必须根据风险社会已经将人类变成了一个被动的命运共同体的情况而去思考如何使人的共生共在成为可能的问题。所以，对工业社会处理解放主题的历程进行分析，从中发现经验和教训，对于我们在第三次启蒙中去寻求对人的共生共在主题的破题来说，是有益的。

总体看来，在近代以来工业社会的发展行程中，几乎一切社会行动方案都包含着一个或明言或默认的终极性目标，那就是为了"我"这个作为个人的解放。为了作为个体的人的自我的解放，一切手段都可以尝试。我们合伙做一件事，我们组织起来开展革命活动，都无非是个体解放的手段。当我们在全球化、后工业化运动中确立起人的共生共在这一新的社会主题时，意味着一切行动都在目的上发生了根本性的变化，即实现了从个体的解放到人的共生共在的转变。

一　解放追求开辟的历史

罗素说，"希腊的哲学传统实质上是一种启蒙和解放的运动，其目标是使心灵摆脱愚昧无知的束缚。它将世界展现为可由理性来把握的东西，从而消除了对不可知的恐惧。它的工具是逻各斯，它的意愿是在'善'的形式下对知识的追求"。[①] 这就是人类历史上的第一次启蒙运动，是发生在西方历史上的。在时间上几乎与它并肩而行的，是发生在中国历史上的一场启蒙运动，以春秋战国时期的诸子百家思想为标志。虽然它们之间并无沟通，虽然它们开启的传统也不同，但都属于启蒙的范畴，是用相同的形式却又不同的思想而在人类历史上做出了启蒙的壮举。

虽然人们总会把人类文明史溯及很早的时期，特别是考古学出现后，往往会在发现了每一处上古遗迹时都用某某"文明"来加以标注，但我们认为，严格意义上的文明起点是人类历史上的第一次启蒙运动。在中国，是指春秋战国时期的"百家争鸣"；在西方，则主要以古希腊为代表。正是在这场启蒙运动中涌现出来的思想家，开始真正系统地思考人的存在方式、社会的运行状况以及如何获得有秩序的

---

① ［英］伯特兰·罗素：《西方的智慧》，马家驹等译，世界知识出版社1992年版，第155—156页。

生活等问题,思想家们基于自己的思考而提出了各自的社会治理方案。

对于人类历史而言,发生在中国春秋战国时期和西方古希腊时期的这场启蒙运动可以被视为"建制的启蒙"。它们对与人相关的几乎所有方面,都力求形成规范性的认识,或者说,发表规范性的看法,并提供规范。事实上,正是在社会生活的所有方面的规范所具有的效力及其所产生的综合效应,构成了整体性的社会基本制度。如果要问人类社会在何时产生了制度,是应归于第一次启蒙的,我们应当把确立制度看作第一次启蒙之功。也正是基于这样的认识,我们把人类历史上的第一场启蒙命名为"建制的启蒙",以区别于欧洲18世纪发生的那场"解放的启蒙"和全球化、后工业化进程中的一场新的"生活的启蒙",尽管18世纪的启蒙运动才真正地予人以建制性思维和行动。

包括今天正在发生的这场新的启蒙运动在内,人类历史有了三次伟大的启蒙运动,并把人类历史总进程区分为"农业社会""工业社会""后工业社会"三个历史阶段。对于这三场启蒙运动,我们分别命名为"建制的启蒙""解放的启蒙""生活的启蒙"。在我们这一命名中,也隐含了对人类历史这三个阶段社会行动主题的揭示。

虽然罗素从古希腊那里解读出了思想家们对解放的渴望,但就解放被确认为社会主题来说,是发生在18世纪的启蒙运动中的。或者说,18世纪的启蒙运动为工业社会确立了解放的主题。在某种意义上,工业社会之所以能够以不可思议的速度迅速发展,是因为从它的行程开始的那一天就伴随着各种各样的批判,通过批判而寻求解放。也就是说,工业社会在其开始的时候,就是以解放为主题的。不仅"文艺复兴"是一场致力于解放的运动,而且18世纪的启蒙也是一场解放的启蒙。就如将鸡蛋壳打破后才能将里面的生命解放出来一样,18世纪的启蒙也是一种"破壳"之举。在工业社会的发展行程中,无论是认识还是实践,可以说在一切方面,都是将遮盖物剥离,使被遮盖的东西解放出来。在解放的逻辑中,所有存在都不断地被从现实的定在中解放出来，但在可以追溯的源头那里，则是个体的人的解放。而且，这在历史行程中，是被作为一个不能中断的路径，最终通向了一切枷锁都被打碎、一切束缚都被彻底抛弃的境地。正是这一点，从逻辑上赋予工业社会以无穷的发展动力。当然，人类的解放永无穷期，问题是，沿着这一思路所展开的解放历程所带来的问题，却又是无法在解放的思路中找到解决方案的。

我们说发生在18世纪的启蒙是一场"解放的启蒙"，这种解放是首先反映在知识方面的。具体地说，就是将真理、真知等从各种遮蔽中解放出来，即实现知识的"去蔽"。所以，在这场启蒙开拓出来的现代性认识模式中，首先需要确认何为真知，然后挑起"真知识"与"伪知识"的斗争，并战胜一切伪知识。在真知识所构成的知识体系中，纯粹理性的知识是通向真理的路径，所以具有很高的地位。如果说知识体系也有着中心—边缘结构的话，那么纯粹理性的知识在工业社会的知识体系中是处于中心地位的，其他也同样属于真知识范畴的知识，则朝着边缘依次分布。在真知识与伪知识的斗争中，关于灵魂的知识、形而上学的知识依次受到毁灭性的打击。这些知识在战场上先后遭受失败的历史，甚至可以说构成了近代以来整个历史的不同时代。所以，近代以来的历史在某种程度上也可以看作解放真知识的历史。在舍勒看来，纯粹理性知识以真知识的名义排斥了其他类型的知识，其中也包含着对作为真知识的经验知识的排斥或贬抑。结果，人们在实践中往往不注重实践经验，而是表现出对纯粹理性知识的迷信。

如果说全球化、后工业化运动意味着一场新的启蒙的话，那么在这场启蒙运动中将要确立起的是"生活"的主题，即用"生活"的主题置换"解放"的主题。对于生活而言，任何一种类型的知识，只要具有生活价值，即有益于生活，都是必要的。也许用现代性的话语来说，生活的领域从属于功能主义的规划。在生活的熔炉中，可以实现对各种类型知识的兼容并蓄，不同类型的知识之间的相互排斥、斗争、冲突等，将会被认为是没有必要的。在社会的高度复杂性和高度不确定性条件下，在风险社会中，我们没有必要去计较知识的真伪，而是应当把视线放在知识的功能上。也就是说，我们更为关注的是知识的实际效用。这可以被认为是基于功能的知识体系重建。

也许人们会认为解放是一种社会实践，或者，以为解放是社会实践的基本内容，实际上，在解放的追求中却包含着认识论的逻辑。在认识论的意义上，所谓认识就是透过事物的表象去发现其背后的东西。一经发现了那个被表象所掩盖了的东西，也就意味着那是一种解放，即将那个东西从表象的掩盖或束缚中解放了出来，让它昭示于人。其实，整个工业社会中的每一个领域中的活动都是围绕着解放的主题展开的，即把表露在外壳上的那一层揭开。在此意义上，知识又是解放的武器。首先将知识解放出来，然后通过知识的解放而获得了最为有力的武器，使其他所有应当得到解放的因素都从原先的压迫、束缚和遮蔽中解放出来。

如昂格尔所说，"知识的衡量标准，与其说是某种对事物本质的直接理解，不如说是劝说他人接受某人的信念的真理性的能力。正是通过他人的赞同，这个人才能从世界的昏暗晦涩中被解放出来，正如他们的赞同是疗救一个人在社会中无足轻重的唯一药方一样"。[①] 一个新的理论就如自然界中刚刚破土的嫩芽，亦如一个新的生命体，自身的成长并不仅仅是自足的事情，而是需要将自己的气场扩大。一个准备作用于实践的理论，一个担负着人类存续与社会发展使命的理论，不仅需要争取承认，而且要成为千千万万人的思想武器。因而，通过知识扩散而把理论交由更多的人，也就是造福人类的事业，即让人类得到解放。

其实，解放的追求在彻底性的意义上必然会要求突破一切束缚和禁忌。比如，包裹身体的衣服变得透明，穿着越来越少，甚至完全褪

[①] [美]昂格尔：《知识与政治》，支振峰译，中国政法大学出版社2009年版，第34—35页。

去。对于传统的禁忌而言，这也许是不道德的、不成体统的；对于解放追求而言，则是"天体"的呈现，并要求人们学会欣赏那种被宣称为无缺的美。在自媒体兴起的当下，一些人在意识到自己的身体暴露还不能吸引眼球的时候，便夸张地将不管是真实的还是虚假的内心欲望宣示出来。也许这是一种彻底的解放，将个人解放得干干净净、不留余渣，而社会则不得不承受着这种解放带来的压力。

在20世纪60年代，发生过一场主张"性解放"的青年运动，它似乎是一场具有深远影响的反传统、反宗教的运动，但又不能确切地作出这种认定。因为，只有当性的欲望以及与之相伴的情感要求在两性或同性之间去获得满足的情况下，性解放才是一个真实的命题。随着人工智能技术的发展，当仿真性伴侣和情感对象介入了人的性要求实现过程中的时候，也就使性解放失去了作为一项社会要求的意义。对此，马尔库塞、萨特等显然没有想到。这说明，技术改变了社会，使得启蒙时期的解放主题以及从这种主题中发展出来的形形色色的具体要求和主张都失去了付诸实践的现实性。结果，对解放的追求也就会逐渐地淡出人们的视野，取而代之的则是风险社会及其高度复杂性和高度不确定性现实条件下的人的共生共在的新要求。这项要求也可以认为是人类社会进入一个新的历史时期所推展出来的新主题。

二 解放的表现和路径

解放造就了工业社会中的陌生人。我们知道，工业社会也是一个陌生人社会。或者说，这个社会把熟人保留在了一个特定的领域之中，而在更广泛的社会生活中，则要求人们以陌生人的形式出现。事实上，这个社会分化出了公共领域、私人领域和日常生活领域，这个社会把传统的熟人社会压缩到了日常生活领域中，同时也在悄悄地使这个领域稳步地走在陌生化的道路上。总的说来，在现代性的解放追求中，人们摆脱了人情关系的羁绊，从而活跃于社会之中。也正是通过解放，建构起了私人领域和公共领域，将人情关系封存在日常生活领域之中。

然而，日常生活领域却难以避免公共生活和私人生活的入侵、渗透，人们总是把他们在公共生活和私人生活中习得的原则、观念和行为方式带入日常生活之中，因而导致了日常生活的陌生化。

列斐伏尔认为，日常生活的陌生化也是一种异化，是日常生活的异化。"与我们相关的陌生性，他们自身的陌生性，还有与他们自己相关的陌生性。在这种条件下，陌生性隐瞒了多方面陌生性的真相，多方面陌生性异化的真相。这样，那个陌生的去认识这个陌生的，恰恰是这种从异化中意识到异化，解放了我们，或开始解放我们。这才是真相。在这个真相时刻，我们突然通过他人和我们自己而失去了方向感。从异化的立足点上看事物，即从外部从合理距离上看事物，旨在看待事物的真相。但是，这个看事物的陌生的和异化的方式是，儿童、农民、妇女，那些纯真的和简单的百姓看事物的方式，这种方式让他们失去了方向感，却看到了真相。他们害怕他们所看到的。因为这种多方面的异化不是开玩笑。我们生活在这样的世界里，最好的变成最坏的；没有比楷模和伟人更危险的；每件事情，包括自由……和反叛，都在向它的对立面转化。"[①] 原本熟悉的远离我们而去，没过多长时间就成陌生的了。每日每时又都有着大量陌生的逼近我们，甚至蜂拥而来，强迫我们将它们变成熟悉的。远离我们的是对象的异化；迫使我们必须加以接受的则构成了某种我们自身异化的强迫性力量，在我们接受它们时使得我们自身对象化了。这就是解放在日常生活领域中的表现，或者说，解放的主题物化为日常生活异化的现实了。

如果就一些旨在于解放的革命运动来看，的确会强烈地感受到，当解放的追求以重大历史事件的形式出现后，日常生活总会以无比清新的面目展现在我们面前，人们在其中能够体验到空前的欢乐祥和，可以看到一种生命力喷薄激荡的状况。实际上，在这类重大历史事件

[①] ［法］亨利·列斐伏尔：《日常生活批判》，叶齐茂等译，社会科学文献出版社 2018 年版，第 18 页。

发生的过程中，可以看到解放追求呼唤出的力量，而且这种力量是首先作用于日常生活的，或者，这种力量是从日常生活中激荡溢出的。"解放的希望把它自己集中到了日常生活上，提出需要在社会层面做出变革——我们在日常担忧和偏见的微观层面上碰到过这种需要。"①正是日常生活中的需要，为社会变革源源不断地输入动力。

无论是法国大革命还是后来发生在其他地区的革命运动，不管持续的时间长短，都可以从中看到，正是来自日常生活的力量，汇成了革命运动的动力。相反，一旦革命运动脱离了日常生活而成为政治家、革命者的专场表演，也就很快陷入了动力不足的窘境，甚至走向了失败或变异的局面。在今天正在发生的这场全球化、后工业化运动中，也许不会出现以往那种形式的革命运动，但一切积极的、推动社会变革的行动，又必须时时准备到日常生活中去发现变革的力量。所以，日常生活是需要在工业社会的行进中得到解放的，而同时又是社会解放的动力源。只要解放的主题还构成行动的任务，就必须从日常生活中去获得动力。

当解放的主题由科学技术去加以诠释时，也许会获得令启蒙思想家都不敢设想的那种把人从时间的束缚中解放出来的效果。比如，便捷的通信、交通，即时收效的电器和办公设备，代替人力的各种智能设施，以及整合人的集聚和空间结构的社会技术，等等，都使人从时间中解放了出来。但是，我们却发现，人们并未因为在如此程度上摆脱了时间的束缚而变得悠闲，反而变得更加忙碌了。生活节奏不断地加快，每个人都匆忙地挪动着自己的脚步，尽管社会生活的方方面面都在得到了技术的支持下而能节约大量时间，所有人却又都感到时间是一种如此稀缺的资源，总是抱怨时间不够用。

于此之中，我们应当说是人从时间束缚中解放了出来还是说人们

---

① ［法］亨利·列斐伏尔：《日常生活批判》，叶齐茂等译，社会科学文献出版社2018年版，第60—61页。

受到了时间更加强势的压迫呢?答案可以是这样的,在每一件具体的事项上,人们都在技术的支持下摆脱了时间的压迫,得到了解放,但在社会生活系统的意义上,时间对人的束缚和压迫不仅没有得到舒缓,反而日益增强。可见,通过技术的路径而实现的解放,并不能真正达到解放的目的。因为,在技术实现了某个方面的解放时,又会同时造成另一方面的压迫;当技术把人从某种压迫之中解放出来的时候,却又予人以另一种压迫。

就社会的发展道路看,在解放的主题引领下,似乎现代化只有一种模式。或者说,世界各国、各地区都需要经历相同的道路,也就是认为有着一个固定的现代化模式。"工业主义本质上是一种进步和解放的力量,也正是因为如此,西方社会为'不发达社会'提供了一种发展模式。以这种立场为基础,进一步形成了两种观点:第一,第三世界中的传统社会不仅是低度发展的社会,而且是不发达的社会,它们有待工业转型力量的冲击。第二,这些国家因此必须重走工业化国家所走过的老路,再生产出'工业社会'所取得的成就。"①

也正是基于这种观点,面对世界上的其他地区,西方国家拥有了某种"先发展"的优越感。20世纪60年代以来,这种所谓的现代化理论,为维护世界的中心—边缘结构,为处在世界中心地带的国家开展行动和依据世界的中心—边缘结构去榨取边缘地带国家的剩余,提供了强有力的理论支撑。特别是在冷战结束后,这种现代化理论还成了中心地带国家开展"颜色革命"的利器。就现代化理论而言,"从这一理论赖以建立起来的某些假设已成为西方各国政府在与第三世界国家打交道时的基本出发点,同时也成为联合国、世界银行等发展机构所认同的主张。富裕工业秩序的基本特征既被看作是发展的'指标',也被用来引导非工业化国家的政治和经济政策。然而,其结果

---

① [英]吉登斯:《社会学:批判的导论》,郭忠华译,上海译文出版社2013年版,第105页。

是使……恶化趋势进一步加剧,这种趋势使世界经济错位变得越来越严重"。①

对这种状况以及现代化理论,吉登斯所持的是一种批判性的立场。根据吉登斯的看法,"现代化理论建立在一种错误的前提之上,在某种程度上,它为西方资本主义国家支配世界其他地方提供了意识形态辩护"。②也就是说,现代化理论所反映的无非是资本主义的意识形态。吉登斯试图通过对资本主义的发家史的描述来证明并不存在一个现代化模式。"没有哪一种是资本主义扩张或者说现代阶段所独有的特征。在整个人类历史阶段,尤其是自人类'文明'以来,每个地方都存在着军事力量扩张的现象,某些社会消失、吞并或种族屠杀的记述同样罄竹难书。现代西方与往昔不同的地方在于,它使这些过程变得持续和扩大。通过西方生活方式的直接植入,通过大规模肉体灭绝的方式,不发达社会的文化特征遭到极大的破坏……至于不发达社会在被纳入世界资本主义经济体系时所出现的经济衰退情况,已存在着相当详细的记述。通过满足欧洲对商品作物的需求,不发达社会的传统生产方式遭到了破坏,或者原有的贸易模式变得土崩瓦解。文化和经济的变迁带来了政治上的瓦解,同时这也是对现有管理机制进行直接干预的结果。"③

虽然吉登斯有着对历史加以泛化之嫌,但就西方国家近代以来的资本主义成长史来看,特别是去看看近代以来西方国家对那些被纳入世界体系中的不发达国家和地区做了什么,就会发现现代化理论其实是用一定的逻辑线索把谎言串联了起来而形成的一个谎言体系。正是这些因素汇聚到了一起,构成了风险社会。这就是被人们寄予解放的

---

① [英]吉登斯:《社会学:批判的导论》,郭忠华译,上海译文出版社2013年版,第106页。

② [英]吉登斯:《社会学:批判的导论》,郭忠华译,上海译文出版社2013年版,第106页。

③ [英]吉登斯:《社会学:批判的导论》,郭忠华译,上海译文出版社2013年版,第109页。

现代化道路，它不仅没有担负起解放的承诺，反而源源不断地制造出了压迫。在国际社会中，正是现代化理论所描绘出的这样一个被认为是必须遵循的模式，把第三世界国家的发展束缚住了，让这些国家走在由这一模式规定的道路上，而且不允许这些国家从这种模式中解放出来。

作为一种政治理想，乌托邦充满着解放的憧憬。近代以来的乌托邦主义显然是与解放的追求相关联的。从近代早期的情况看，在解放的主题被人们意识到了的时候，就出现了诸多乌托邦思想；在解放的主题破题时，也会经常性地遇到以理想的名义去诠释的乌托邦，而且会付诸行动，并招致惨重的失败。的确，在解放应当拥有什么样的社会目标这个问题上，人们会有着不同的想法，产生了乌托邦，也就是很正常的事了。所以，乌托邦无非是对解放所要达到的目标的一种构想，它在思想上的失败并不能成为借以否定构想者积极追求的根据。在某种意义上，我们仍然应该对持有乌托邦思想的那些人表达敬意。至于乌托邦主义在思想上的失败，也只能说是对解放主题进行解题时出了问题，而乌托邦主义者富于理想的精神却是可嘉的。

需要指出的是，乌托邦的构想仅仅是由解放这一社会主题推展出来的，它也仅仅是反映在工业社会初始阶段中的一种思想，是不应把其他历史阶段中的一些对理想的表达称为乌托邦的。既然乌托邦主义是在解放的主题中派生出来的，那么随着历史的进步走到了变换主题的时候，也就不再可能出现乌托邦主义的思想和理论了。到了这个时候，如果还有人把那些积极探索后工业社会建构方案的理论斥为乌托邦主义的话，显然是不合时宜的。

三 解放的异化及其后果

在近代思想发展的轨迹中，主体性哲学激发了人对自由的渴望。当人在自由追求中遭遇挫折时，主体性哲学的各种理论又会抬出理性，让人学会自我控制，并告诉人们，自我控制所达到的就是自治，而这种自治也就是自由的最高境界。在这样一种思想循环论证的过程中，人实际上什么都不做才是人的主体性的最高境界。可惜的是，在主体性哲学的鼓动下，人一直努力去做，也的确取得了工业文明的伟大成就。但是，回过头来想一想人的解放、所获得的自由、自主的行动能力等，则会发现，没有前进，反而似乎是退步了，压迫人、驱使人的力量比历史上的任何一个时代都更强了。

如果说在马克思的时代可以将人的异化归类为劳动的异化、创造物的异化、生活的异化、人际关系的异化和人自身的异化等几个类别，那么在工业社会发展到了其顶点的时候，却无法对异化进行分类了。这是一个混沌一片的、令人丧失自我的世界，更不用说人还能被确认为是主体和具有主体性了。在这种情况下，再围绕着解放的主题去构思宏大的作品，就有可能陷入茫然不知所措的境地。

我们知道，在走出中世纪的进程中，当人的关注重心从神转到了人自身之后，认识人并寻求替代人的劳作的冲动就一直激荡不息。主体性哲学就是产生于这一语境下的。可以认为，在神退位之后，人便成了最高贵的存在物。可是，在人成为最高贵的存在物的时候，却让人从事各种各样的劳作。这无疑是对人的尊严的侵害，更不用说人的休闲娱乐需求的满足也需要时间。在某种意义上，人的解放追求首先就包含着从劳作中脱身而出的意涵。所以，从简单的工具到"机器人"，直至有望实现对人包括肉体到思想加以替代的"人工智能"，在根本上都是在人的解放追求中前行的，即构成了一条人的发展以及社会发展的道路。这是一条从认识论哲学到科学发展和技术进步的路径。如果说在这样一条发展路径中人类走进了风险社会，那么有没有其他可行的路径呢？的确，是存在着另一条平行的思想发展路径的。表面看来，在这另一条路径上，几乎全部思考也都是围绕着人展开的，但其重心却显而易见地被放在了社会以及其他人的存在的条件上。对于社会建构而言，后一条路径上的思想所作出的贡献似乎更大一些。比如，我们所拥有的制度、集体行动方式、社会治理模式等，都可以认为是来源于这后一条思想路径的，而且许多付诸实践的方案也是来源于这条思想路径的。这是一条通过政治的运行去加以诠释的路径。

总的说来，上述两种路径代表了人类思想史、科学史的同一个传统中的前行道路，而且这两条道路上的行脚客也一直互打招呼和相互激励，从而推动了历史进步。可是，后一条路径所展现出来的是打着巩固解放成果名义的压迫，制造出了形形色色的"囚笼"，从而约束了人们的行为。

解放是工业社会这个历史阶段中的社会主题，却被人们当成了社会发展的终极性的目的，我们在诸多学术叙事中所感受到的是这样。与之相比，其他一切行动都变成了手段。不过，解放的目的在工业社会这个历史阶段中极大地促进了社会发展，人的解放，生产力的解放以及所有能够想象到的解放，都唤醒了手段的更新。近代以来，特别是自明确地确立了解放主题的18世纪启蒙以来，历史的进步无非是手段的进步；政治的民主，科学技术日新月异的新进展，都无非为了去诠释解放的主题；围绕着解放的主题展开的所有哲学和科学理论，都在至深的层面包含着目的论的动机。然而，就历史是一个客观进程而言，我们是不知道我们的行为——特别是我们的社会行动——会带来什么样的结果的。这一点在今天显现得更加明显。

尽管在微观的领域中，特别是在个人的行动中，有着目的以及目的的实现与否的问题，而在相对宏观的领域中，我们的行动即使有着明确的目标，也往往带来许多意想未及的后果。比如，通过启蒙，我们彻底地从自然拜物教中走了出来，开始了对自然的征服，但经历了几百年后却发现，自然拜物教在维护我们赖以生存的环境方面有着无比重要的功能。今天看来，自然拜物教是肤浅的，人类不可能向着这个肤浅的观念形态逆转，但面对自然的时候，保持对自然的某种敬畏也许是必要的。如果我们能够基于一种对自然的敬畏而确立起科学的自然观，那么在人与自然、社会与自然的关系方面，就能够获得一种更为良好的状态。对此，从理论的逻辑上看，解放的启蒙不仅忽视了，而且也是它不可能包含的内容。

手段与目的的问题更多地被人们作为一个伦理学问题看待，而且包含着人类中心主义、自我中心主义的意涵。从伦理的角度看，在手段与目的的问题上，也许工业社会的人们会认为，为了达成解放的目的，选择不具有伦理道德属性的路径也是可以接受的。事实上，在18世纪这场解放的启蒙运动及其思想的引导下，整个工业社会的发展，社会治理的进步，走上了对科学化、技术化的路径依赖。然而，沿着这条路线前行，却带来了这样一种后果，那就是为了解放的目的而产生了压迫、控制和支配。所以，在全球化、后工业化进程中，随着生活启蒙的展开，是需要实现生活主题对解放主题的置换的。这样的话，在伦理道德的问题上，也就不会再出现手段与目的的对立。或者说，让目的与手段既发生了融合又从属于相异的境界。这个时候，生活将是手段与目的的统一，或者说，生活既是目的也是手段，始终是伦理道德在场的境况。

有人认为，妇女解放是人类解放的完成。从19世纪开始，女性主义就一直把反对男人视作解放的门径，把所有的不公平都归结为男权。也许女性主义从来就不把男人当作同类。她们知道她们需要男人，离不开男人，但她们只不过是想把男人当作工具；她们希望打倒男人而实现女性的解放，却不知道打倒了男人能够得到什么样子的解放。所以，从女性主义运动来看，她们又不真正希望打倒男人。女性主义处在这种矛盾状态，徘徊在解放的追求与自虐行动的边缘，偶尔发起对某个男人的攻击，仅仅是为了证明女性主义的存在，而不是要达到某个明确的解放目标。在某种意义上，女性主义因为不理解人的共在的必要性而矫作地学着霍布斯的"狼性"去攻击同类，假想出了男人对女人的压迫，并基于这种假想攻击男人。

毫无疑问，18世纪启蒙思想家所确立的解放主题是有号召力的，能够激荡人心，但在女性主义出场后，所上演的却是一出闹剧。女性主义在对解放的追求中亵渎了解放的主题，使"一切人反对一切人的

"战争"又横插了一杠。最终，把一出闹剧演成了"悲剧"。尽管如此，在女性主义运动中，还可以看到诸多滑稽的表演。一些出于讨好女人目的的男人，假装正经地声称自己也是女性主义者，或者宣称同情、支持女性主义者，但谄媚的神情却是掩饰不住的。

哈耶克说，"当人们沿着一条给他们带来巨大胜利的道路继续走下去时，他们也有可能陷入最深的谬误。对自然科学成就的自豪感，以及对其方法万能的信念，在18世纪末和19世纪初得到了无与伦比的辩护，在聚集着几乎当时全部大科学家的巴黎尤其如此。因此，19世纪的这种对待人类社会现象的新态度，如果说应当归因于由思索并从物质上征服自然中产生的一种思维习惯，我们便可以期待它出现在现代科学大奏凯歌的地方"。[①] 现实却呈现出了极其残酷的一面，特别是在人类进入21世纪后，陷入了风险社会。结果，那种因为巨大的胜利带来的自豪感被笼罩在了现实的雾霾之中。不只是科学，近代以来围绕着解放的主题而开展的一切活动、采用的一切手段，都在筑就一条胜利之路时设定了路的尽头，即用风险社会去证明胜利受到了失败的否定。所以，在全球化、后工业化进程中，我们需要做的最大也最为艰巨的工作就是，要实现主题的转变，即用人的共生共在的主题去置换解放的主题。

四 替代性主题：人的共生共在

历史的进步总会表现出这样一种情况：一个历史阶段的主题还没有完全得到解决的时候，就有新的主题出现了，从而冲淡人们关注"旧主题"的热情，也打乱了人们的视线。对于工业社会而言，解放无疑是最为基本的主题。直到20世纪后期，女性主义运动、同性恋合法化等，都表达了一种解放的追求，试图从有形的和无形的压迫中解

---

① ［英］弗里德里希·A.哈耶克：《科学的反革命：理性滥用之研究》，冯克利译，译林出版社2019年版，第107页。

放出来。事实上，在社会生活的各个领域中，在政治生活和管理活动中，解放似乎是一项永无穷期的使命，大量的问题都让人生成解放的追求。在万般无奈的情况下，甚至会有人把谋求解脱的信佛修仙方式当作一种解放。不过，当全球化、后工业化运动的脚步开始加速的时候，当人类陷入风险社会的时候，当人们不得不在高度复杂性和高度不确定性的条件下开展行动的时候，尽管解放的主题仍然摆在人们面前，却无暇顾及了，也无心去承担了。因为，更为迫切的课题已经被抛给了人类，这个课题就是人的共生共在问题。事实上，这个课题必被确立为新的社会主题。

显然，人的共生共在的理念的确立，将是一场革命性的观念变革。我们知道，人的精神史中始终包含着对既存圣物加以亵渎的冲动，事实上，也往往是在把圣物驱逐出圣坛的过程中而把自我释放出来的，而且总能够从中体验到解放的惬意。人的精神史表明，从中世纪到现代化的脚步走到了今天，在对既有圣物的亵渎中所实现的是解放。然而，在贝尔看来，这种解放"仅有两种发展方向：要么导致一种追求新奇与享乐（最终是放荡）的生活，要么导致黑格尔所谓的'自我无限扩张精神'，也就是使人获得神一般无所不能而又绝对的知识。人往往同时追求这两种前景"。①

贝尔所观察到的这种现象是确切的，迄今为止，我们所看到的和所感受到的大致都是这两种状况。而且，正是"善""恶"两个方向上的同样放纵的相互抑制和相互抵消，使人的精神演进史大致处于平衡状态，走在虽然缓慢却又稳固的文明化道路上。对于社会发展史而言，"追求新奇与享乐"所提供的动力也许并不是很强大，却又源源不竭。只是到了较为晚近的时候，由于社会治理机构的干预，特别是在诸多出于刺激经济发展的政策得到了施行时，"追求新奇与享乐"

---

① ［美］丹尼尔·贝尔：《资本主义文化矛盾》，赵一凡等译，生活·读书·新知三联书店1989年版，第209页。

才成了经济发展的主要动力,名曰"消费驱动"。这样一来,那种被黑格尔说成"自我无限扩张精神"的理想主义情结则被压制到了微而难察的地步,以致社会的精神世界出现了某种失衡。

应当说,贝尔的这些观察所得都是真实可信的。不过,在贝尔的描述中,可以看到两个默认的前提:其一,默认了社会是一个相对稳定的框架,精神活动于其中展开,才出现了诸如在亵渎圣物中实现精神解放的事;其二,设定了自我的独立性,认为自我是自主的主体,可以选择猎奇、享乐、放荡,也可以选择理想主义的自我实现之追求。也就是说,环境因素没有被考虑进来。在低度复杂性和低度不确定性条件下,几乎所有社会观察者都持有了与贝尔相同的研究方法,而在社会高度复杂性和高度不确定性条件下,社会观察者也许就无法这样做了。姑且不说是否存在着圣物以及是否需要通过亵渎圣物去实现解放的问题,就社会框架而言,或者说,就人的精神活动赖以展开的无论是宏观的还是微观的场所而言,都具有了高度复杂性和高度不确定性,以致人无法在堕落抑或升华、恶或善两个方向上做出选择,而是变成了需要在哈姆雷特的那个经典问题("生存"还是"死亡")上去做出选择。事实上,与人的行动相一致的是,在精神世界中,也只有人的共生共在一条路可走。

一个替代性主题的提出必然引发一场思维革命。在现代社会的开启阶段,当解放被列为最为重要的社会主题时,艺术家是用裸体去表现解放和自由的。如果用逻辑推理的话,无论怎样也无法将裸体绘画与解放、自由的追求联系到一起,但在想象发挥着思维功能的地方,人们又能够感受到它们之间的联系是那样的直接,是人们不需要去思考就能领悟到的东西。因为,旧世界对人而言就是枷锁,人的衣服在被想象成枷锁的代表时,一丝不挂不就成了摆脱所有约束的标志吗?当然,古典时期的裸体绘画所能表现的含义更加深广,随着读画者想象空间的扩展,也许可以领悟出无限宽广的内涵,会更深地体悟到从肉体再到灵魂的解放,特别是体悟到科学思考和社会建构摆脱一切旧观念纠缠的那种解放的感受。这种感受就是一种自由的境界。然而，科学的发展却辜负了古典艺术家们的苦心，特别是认识论框架的确立以及分析性思维的模式化，为人的思想重新戴上了枷锁，也为实践设置了各种各样不可逾越的边界。这就是思维方式从发挥着解放的功能向成为束缚了人的窠臼的退化，至少这是一个方向性的退化。

在全球化、后工业化的时代，当我们根据风险社会及其高度复杂性和高度不确定性的现实去重建人的生存方式的时候，是需要充分重视想象的价值的，是需要在想象力的充分展现中去谋求人的共生共在的。在某种意义上，这可以看作一种向古典时代的回归，但应理解成仅仅是思维外显形式上的一种回归。也许人们会根据日常经验而把想象斥为孩童的思维，但我们却认为，全球化、后工业化绝不意味着人类的成熟已经达到了某个不再需要想象的地步，更不意味着进入了缺乏理想的老年阶段。相反，经历过全球化、后工业化运动，人类将重新焕发青春，在一个新的起点上展开成长（进化）的历程。

在这个新的起点上，所开辟出的是拥有相似性思维的人类。所以，新的人类进化历程也不再是历史上曾经出现过的那样，在相似性思维与分析性思维的嬗变中走一条周期性循环的道路，而是把分析性思维中的一切积极成就，都吸纳到相似性思维之中，从而走上相似性思维凯歌行进的道路。于此进程中，分析性思维也在得到了相似性思维滋养的情况下不断成长。这样一个思维发展进程，将会一直走到人类的"大智慧"境界。那样的话，也就能够在风险社会以及危机事件频发的情况下创造出人的共生共在所需要的一切条件。

在近代历史上，"批判"一直是人们所称道的一项哲学事业，是与"解放"的主题关联在一起的。甚至知识分子以扮演批判家的角色而感到荣耀，如果一个受到过良好教育的人不致力于批判，就会被认为是缺乏人文情怀的表现。为什么工业社会中会产生这样一种怪异的判断标准，是与解放的追求相关的。解放的追求意味着突破一切束缚，无论这种束缚是物质上的还是精神上的，都需要通过批判去开辟道路，批判被认为是解放的一条基本路径。如果思想批判像马克思所说的那样转化为实践批判的话，也就把解放落实在行动上了。的确，在工业社会行进的足迹中，如果没有哲学上的各种具有批判色彩的理论所做出的贡献，就无法理解社会向前迈进的动力。

到了20世纪后半期，当"批判"一词为"解构"等新的词语所置换后，批判精神仍然担当着解放的使命，即赋予人们走出当下和想象未来的热情。在某种意义上，可以认为解构是批判的更为激烈的形态。然而，一旦我们踏足风险社会，一旦我们面对的是社会的高度复杂性和高度不确定性，就会发现，可供批判的靶子消失了。所以，在我们正在经历的全球化、后工业化进程中，批判性思维让位于建构性构想也许是哲学能够复活的必然选择。与解放不同，对人的共生共在的追求是建构性的。在对人的共生共在的追求中，也许不会像在近代以来的工业社会那样，突出批判的价值。

我们应当看到这样一种明显的迹象，工业社会的各种形式的批判，无论是理论上的还是物质上的，都正汇流到了全球化、后工业化的实际行程之中。全球化、后工业化对工业社会所作出的否定将是最后的批判，或者说，这就是批判的终结。另外，一种批判也许是必要的，但未必一定能够产生积极的效果。阿尔维森和维尔莫特在谈到马尔库塞时就指出了这一点，"马尔库塞所提出的质疑确有理据，但是，它在现代技术统治论意识和广为传布的作为快乐的基本手段的消费主义面前，已经丧失批判能力。因此，对于批判理论变革贡献的质疑，我们的回应是要保持和树立这样一个信念——承认质疑传统智慧和线性做法的理性力量是有限的，但与此同时，也要肯定其在解放过程中的重大作用"。[①]

过激的批判很有可能还会具有消极效应。客观、中肯是批判的原

---

① ［瑞典］马茨·阿尔维森、［英］休·维尔莫特：《理解管理：一种批判性的导论》，戴黍译，中央编译出版社2012年版，第237页。

则，只有遵循这个原则，才能在批判中发现其中值得肯定的方面。不过，这只是在为了解放的主题而行动时才应考虑的问题。对于人的共生共在这一社会主题而言，对个人及其行为的批评，对一种思想的批判，都应让位于对行动的关注。风险社会中的一切思想和谋划，都应聚焦于如何通过合作行动去发现和创造生存机遇，应当在对人的共生共在的追求中获得个体的人的生存的可能性。我们所在的，不是一个批判的时代，同样也不是拒绝批判的社会。如果说存在着批判，那么批判的价值需要在行动中去检验，需要看它在人的共生共在的社会主题得以破题方面发挥了什么样的作用。进而言之，人们不会以做一个批判家而感到自豪，在致力于破解人的共生共在的问题时，人们并不会刻意地去扮演批判的角色，而是怀着积极的探索情愫去寻求为了人的共生共在作出贡献的道路。

第二节 社会主题的历史选择

我们已经指出，因为18世纪的启蒙运动，人们开始把解放作为一项事业，并围绕着这项事业而开展各种各样的行动，从而缔造了工业社会，创造出了辉煌的工业文明。对于18世纪的启蒙运动而言，其价值追求中最为基本的内涵就是对人的肯定。是因为肯定了人，才要求否定"神"以及一切外在于人的压迫力量，呼吁人从所有束缚和压迫中解放出来，即打破一切枷锁。包括对自然界的征服，也属于解放的范畴。从走出中世纪开始，人类已经在解放的道路上行进了数百年，从打破一切枷锁到剥除一切人所面对的世界的所有束缚性的外壳，以及在社会生活各个领域中实现的"祛魅"，就是一部解放的历史。然而，这种价值追求的"示现"以及实现却让我们看到，人类在用行动对这一主题进行诠释时，陷入了"解放的自反"。特别是到了20世纪后期，解放的自反在社会生活的每一个领域中都显现了出来。

当人们在解放的道路上凯歌行进的时候，却发现这是一条不可能通向目的地的道路。随着全球化、后工业化运动的兴起，人类社会转型的迹象再次显现了出来，一场新的启蒙运动也必将出现。我们说这将是一场"生活的启蒙"，是每个人都会将其当作自己的事业的和真正属于每一个人的启蒙运动，是每个人都用自己的生活以及生存去诠释自我与整个世界共在的运动，每一个人都不再需要他人引领，不再需要把自己奉献给偶像，更不会把自我置于他人之上。经历过这场启蒙运动后，人的过往的所有通过对外在性力量的依赖和借助于外在性力量达成个体的、整体的目的的做法，都将被彻底抛弃。

全球化、后工业化运动把社会的高度复杂性和高度不确定性推展了出来。在这一条件下，对于人类整体而言，需要直面的是日益严峻的生存问题；对于个人而言，则是一个如何去展现生命力的问题。而且，人类整体的生存问题恰恰是由个人展现其生命力的行动进行诠释的。也就是说，在解放的追求遭遇了困难甚至陷入困境的时候，人类需要通过一场新的启蒙去寻找前行的道路。这是一次新的历史选择，是历史选择的再出发。无论是18世纪的那场解放的启蒙，还是当下所需要的生活的启蒙，都应归入历史选择的范畴，而不是某个人的一厢情愿。

一　解放的主题破题后的自反

在工业社会的发展行程中，社会生活和活动的几乎所有方面都是围绕着解放的主题展开的。如果说不同的理论、意识形态等之间存在着分歧的话，也主要是关于如何达成人的解放以及走一条什么样的解放道路的分歧。就解放的主题而言，随着反封建的任务完成后，就再也没有人去表达怀疑或反对了。

在解放的主题下，科学技术是被作为一条重要路径看待的，它甚至被认为比政治解放更具有基础性的价值。如果说"科学技术就是生产力"的话，的确可以看到，正是在解放追求的驱动下，生产力水平得到迅速的、持续的提升。反过来说，也恰恰是在生产力的发展方面，最早和最有效地诠释了解放主题的内涵。因为生产力是在解放中率先释放出来的能量，并展现出了巨大的感召力，从而使人们变得更加信心满满地在政治以及社会生活的诸领域中去推进解放的事业，并把整个社会推向了加速运行的轨道。到了20世纪后期，特别是进入21世纪后，社会运行和社会变化的速度已经达到了如此之高的程度，以致人们对变动着的社会目不暇接，而且越来越强烈地感受到社会运行和社会变化的加速化在持续展开。所以，正是人类解放生产力的行动，把社会推向了加速运行和加速变化的轨道。

在工业社会的发展史上，当人们意识到所有的解放都需要以生产力的解放为前提时，也就发现了科学技术在解放生产力方面的巨大功效。因而，科学技术的发展带着人们的无限希冀进入了高歌猛进的进程中。工业社会的科学发展和技术进步是值得人们骄傲的，它所创造出来的成就令人震撼，以至于今天，我们仍然陶醉于科学发展和技术进步中所取得的每一项成就，并在这一轨道上加速行进。但是，当我们准备对科学技术作出整体评价时，又不能无视其不足的方面。正如怀特所指出的，"自然科学在控制自然和把人类从物质的束缚下解放出来方面取得了某些成功，但并非没有事与愿违的后果。例如，生产了威胁全世界的环境问题，在人类事务中应用科学不那么成功。事实上，社会科学虽然积累了关于我们社会存在的知识体系，但是，大体上它在描述、证明、预测（更不用说）控制人类事务方面没有获得成功"。[1]

由于18世纪的启蒙所确立的是解放的主题，也就决定了整个工业社会的科学发展和技术进步都从属于这个主题展开的需要。但是，科学在帮助人们摆脱束缚的同时，又总是为人套上另一种枷锁；技术在提升了人们的生活水平以及使得生活便利化的同时，又使人生成了技术依赖。所以，并不能真正地使人得到解放。这就不能不引起我们的

---

[1] ［美］杰·D. 怀特：《公共行政研究的叙事基础》，胡辉华译，中央编译出版社2011年版，第136页。

注意，并提出对科学技术作出反思的要求。也许工业社会的全部科学以及技术都还处在科学技术的极其初级的阶段，但我们对它的反思却是必要的。因为，只有通过这种反思，才能帮助科学技术超越自身，走出这个初级阶段。

　　从科学技术的发展中，人们发现了其背后的工具理性、技术理性，并将工具理性、技术理性等应用于社会生活和活动之中，凝结成社会调控技术，那就是管理学等社会科学门类的出现。就管理活动的自觉而言，是应当给予工具理性、技术理性以积极评价的。"当人们专注于'微观解放'的可能性时，组织内部进行的各式各样的活动、行动和技术方案不仅被看作控制手段，而且被看作目标和阻力调解器，因而也被看作解放的潜在的传播媒介。"① 因为它有效地消除了组织混乱和各种可能出现的无谓冲突，使组织获得了秩序，实现高效的分工—协作，在使组织目标得以实现的同时，也增益于整个社会。正是因为无数组织的目标得到了实现，使得整个社会也变得有序、稳定，使得生产力水平得到持续提升。进而，使人们获得了安全感，甚至过上了富足的生活，有了思想和娱乐、闲暇……这些都是解放的追求在我们日常生活中的表现，是解放的成果。但是，在管理过程中，关于效率与效益的追求又使所有管理手段的应用直接地与解放的追求相冲突。所以，解放的主题一旦破题，就会出现两种情景：一种是相对于过去的解放；另一种则是为了解放的追求而生产出了压迫、控制、束缚等，即陷入了自反的状态。

　　正如阿尔维森和维尔莫特所说，"审视现代西方的成就，令人鼓舞的是，我们看到科学的启蒙已把许多教条和偏见一扫而空。的确，伴随着资本主义和科学带来的物质生活水准的空前改善，宗教和迷信的教条已经普遍受到质疑和揭露。但是，古老的教条与现代的、世俗

---

① ［瑞典］马茨·阿尔维森、［英］休·维尔莫特：《理解管理：一种批判性的导论》，戴泰译，中央编译出版社 2012 年版，第 247—248 页。

的神话已经相互纠缠和/或被后者所取代——以下的看法就表现为现代的、世俗的神话，比如：科学保证进步，市场确保自由和效率，充足消费促成幸福，以及专家所知最多等"。① 在某种意义上，18世纪的启蒙运动只是把我们从一种迷信状态中拉了出来，驱逐了一种统治和压迫形式，而实际上，我们并没有真正获得解放。因为，在我们享受解放的成果时，当我们从迷信中走出来而感到心情舒畅时，就又陷入了另一种迷信状态之中（对科学的迷信也是一种迷信），又重新建构起了统治和压迫我们的系统。

如果对解放的追求作出乐观评价的话，我们倾向于说，人类在工业社会中的几乎所有思想和实践活动都是与"解放"的主题关联在一起的。我们的行动，无论是在物质的意义上还是在精神的意义上，或者如马克思所说的那种"武器的批判"和"批判的武器"，都从属于解放的追求，也都是解放的重要路径。自由是解放的目标，为了自由的解放，就是要突破一切限制。所以，自由也就成了工业社会意识形态的核心内容。也就是说，工业社会的意识形态的自由意象把人们引向了突破一切限制的追求中。人们幻想着，"个人作为自由、独立的自我，不受其未曾选择的道德纽带或社会纽带的束缚，这样的意象乃是一种令人解放、令人欣喜的理想化的意象。摆脱了习俗、传统的控制，自由的自我被设置为独立自主的东西，扮演着底线义务的负责人，此种自由意象，在整个政治谱系中表现得淋漓尽致"。②

从解放的视角去看历史，就会发现，工具的发明，即人学会使用工具，是出于突破身体限制的要求。在人类社会的早期，工具帮助人突破了体力的限制；随着人类社会的文明化程度不断提高，工具被扩展到了社会生活即人的活动的方方面面。无论是以个体还是群体的形

---

① ［瑞典］马茨·阿尔维森、［英］休·维尔莫特：《理解管理：一种批判性的导论》，戴黍译，中央编译出版社2012年版，第29页。
② ［美］迈克尔·桑德尔：《公共哲学》，朱东华等译，中国人民大学出版社2013年版，第15页。

式开展的活动，基本上都会有着对工具的应用。在政治的以及广泛的社会治理领域中，工具以多种多样的形式出现，甚至有的时候让人忘却了它们是工具，或者误以为那就是一种生活形态。总的说来，在人类社会的发展中，我们可以看到一条光谱，那就是工具从最早被用来突破人的体力限制向被用来突破人的脑力限制的方向转移。当然，在此之中，包含着突破人的体力限制的成果得到不断积累这样一种成果。也正是因为突破体力限制的成果不断地积累了起来，造就了可以替代人的体力的诸多发明，实现了对人的体力功能的替代，使人的肉体得到全面解放。

在今天，人工智能的发展包含着用诸如"机器人"等工具帮助人突破脑力限制的追求。就其发展前景而言，是有着现实对人的脑力功能替代的可能性的。虽然今天我们还很难想象人工智能替代人的脑力活动将会是一种什么样的状况，但人工智能对人的脑力活动提供支持和辅助已经成为常态。当前，人们对人工智能技术进步所持有的怀疑和恐慌，也许就是根源于对人工智能将实现对人的脑力功能替代的担忧。在工具实现了对人的体力功能替代的时候，使人的肉体得到了解放。这个时候，人因为保留着脑力而能够驾驭工具，让工具从属于人和作为人的工具。如果人工智能技术的进步达到这样一种程度：帮助人突破脑力限制的工具替代了人脑，那就意味着整个人被替代了，使人成为多余的存在物了。最为重要的是，人通过脑力活动而驾驭工具的最后凭倚失去了。目前看来，生物技术的发展是否会开拓出这种前景，还是难以确定的。就计算技术而言，是不可能创造出替代人脑的"人工智能"的。因为，目前计算机所使用的算法不包含产生独立智能的可能性，所以，当前存在的担忧在思维上和心态上都是与工业革命时期"捣毁机器"的工人非常类似的。

不过，在涉及生物技术方面的问题时，我们认为，它在任何时候都不应成为生产工具类别的技术，即便生物技术被用于生产"类人"的存在物，也不意味着人可以将这种"类人"存在物当作工具看待，而是需要将其纳入人类中来，与之建立起伦理关系。也就是说，假如生物技术到了生产出"类人"存在物的时候，那么这种产品就不应成为用来突破人的体力或脑力限制的工具，而是应当作为一个既成事实而被作为与人共存的存在物对待。这里所说的情况可以归为两类：其一，就生产工具类别的人工智能的发展来看，如果实现了对人脑的替代，那应当看作人的彻底解放，但这种解放也是人的幻灭形态；其二，如果人工智能的发展走上了一条生物学的道路，那么创造出了比自然人更有智慧的类人生命，那种生命又不是服务于人的目的的工具，也就不再是走在人的解放道路上了，而是为人找到了新伙伴或新主人。

在想望人工智能发展的前景时，我们深深地感受到现有的科学知识模式有可能已经成为某种思维桎梏，束缚了我们而使我们无法走在人工智能健康发展的道路上。就人而言，无论在历史上还是现实中，都天然地倾向于追求知识多样化的境界，而社会又总是努力把人们框定在某一类智识的框架之中，表现为通过知识控制人的思维、引导人的行动。在主体性哲学的思路中，这可以看作自我的解放，同时又是对他人的奴役。如果说人类社会一直存在着统治、压迫、支配、控制的话，那么通过知识所实现的所有这些，不仅隐蔽而且持久。在中世纪后期和近代早期，人们以为科学知识能够为人类带来解放，而在工业社会的建构过程中，却清楚明白地告诉了人们，科学知识意识形态化了，同样具有统治、压迫、支配、控制的属性，而且是被作为实现这些目的的工具而加以利用的。正是这个原因，使得18世纪启蒙思想的解放追求成为未竟的事业。而且，只要沿着这条道路走下去，亦将永远成为未竟的事业。

显而易见，无论哪一种类型的知识，只要立于统治地位上，去排斥和驯服其他类型的知识，就会使知识的属性发生变异。在近代以来的这样一条知识进化路线上，我们今天关于人工智能的发展可能对人类本身构成挑战的忧虑，是极有可能变成现实的。既然有了这种忧虑，也就应当思考改变这种知识进化路线的可能性问题。解决这个问题的出路也许是：创建一个知识多样化的社会，实现各种类型的知识平等共在，而不是让一类知识排斥或驯服其他类型的知识。一旦多样化的知识共在，科学的发展和技术的进步也就不会发生变异，从而确保人类始终从中受益。只有在知识多样化之中，才能在基于现今科学知识创造出了不同于自然进化中所产生的人这样一种结果时，仍然让我们有一方生存空间。或者说，让我们这个在进化中产生的人类因为知识的多样化而能够找到一条继续生存下去的道路，不致受到人所制造出来的人的统治、奴役。但是，如果按照这一设想去建构人类的知识体系的话，那就不能够再耽于解放的主题之中，而是需要转变到超越解放主题的建构性行动上去。

工业社会后期出现的生态危机让人们意识到，"作为人类生产力的背景假定和人居空间，自然并非可以无限地扩大和负重的；毋宁说，她在其可利用的资源上受到诸多方面的约束，尤其是她作为人类生态圈是一个脆弱的功能性平衡系统，其遭到破坏共同涉及人类的生存条件"。[1] 这是 18 世纪启蒙时期的人们所没有想到的。对于启蒙思想家而言，人从人的压迫和物的压迫中解放出来仅仅是一个如何实现解放的问题，他们没有想到，沿着解放的道路前进也会受到自然的阻挡。所以，随着人的解放在各个方面得以展开，随着人的解放目标越来越具体和清晰，自然界站出来扮演了"拦路虎"的角色。

这是一个新的问题，以至于人与自然的关系必须得到考虑，而且需要切实地采取行动去加以解决。阿佩尔说，"至少对工业国家的思想家来说，已变得非常清楚的是：我们时代第一位的世界问题绝不仅仅是去解决国内与国际的人类社会冲突；毋宁说它是需要在解决社会

---

[1] ［德］卡尔-奥托·阿佩尔：《对话与责任：向后传统道德过渡的问题》，钟汉川、安靖译，浙江大学出版社 2018 年版，第 118 页。

冲突的同时，也去（在某种程度上可以说）解决人类总体与自然之间的新型冲突"。① 正是因为有了这种思考以及观念，才有了针对"气候变暖"等问题的全球主要国家间聚在一起商谈的活动，并制定了一些协议。但是，这条路走得并不顺利，是因为各种各样的国内和国际冲突形成了干扰。在溯源窥本时可以发现，那些构成干扰的国内和国际冲突概由利己主义、自我中心主义引发的。所以，阻挡在解放之路上的拦路虎并不真的是自然界，反而恰恰是人自身，是人的自私自利追求妨碍了人的解放。比如，最近一个时期在西方社会显露出来的"逆全球化""反全球化"运动，拒绝就全球问题采取合作行动的"退群"行为，都是利己主义、自我中心主义在国家行为上的表现。

在逻辑上，对解放主题的破题需要找到一个基点。这个基点就是原子化的个人。让这种个人有着利己的追求，然后层层扩展开来，也就能够为一切行动赋予无穷无尽的动力。基于"普遍立法"的原理，只有把解放说成是一项关系到每一个人的事业，让每一个人都为了最终是自己的解放而奋斗，才能使这项事业展开和继续下去。然而，在个人拥有了这种个人主义和利己主义精神之后，却在面对解放事业的"拦路虎"时而各怀鬼胎，不愿意采取共同行动。所以，让利己的和一心为了自我利益谋划的个人去承担解放的使命，即便是在思想上也认识到解放的事业关乎每一个人，但在需要有所付出的时候，在自己的利益实现不能最大化的情况下，就会毫不犹豫地背弃这项事业。

就18世纪启蒙时期所确立的"解放"主题而言，已经宣告失败。根据后现代主义的看法，所有现代性的方案都是失败的。"按照利奥塔的说法，所有这些版本的解放之普遍宏大叙事全都失败了。过去的50年已经表明了这一点：黑格尔所肯定的现实与理性之同一性的辩证

---

① ［德］卡尔-奥托·阿佩尔：《对话与责任：向后传统道德过渡的问题》，钟汉川、安靖译，浙江大学出版社2018年版，第118页。

理念已经在奥斯维辛被彻底推翻了，至于肯定了民众与议会制自由主义的利益之统一的民主主义理念，它已经在1968年五月的巴黎被推翻了，通过供给与需求的自由竞争来实现共同富裕的资本主义理念已经被1911年和1929年的经济危机推翻了，而这一理念的后凯恩斯主义恢复则被1974—1979年的经济危机推翻了。"[①]

显然，民族国家是最伟大的现代性造物，对于所有地区性的解放事业来说，民族国家都是伟大的"免疫系统"，它为人们的生活提供了"健康保障"。但是，民族国家保留了压迫性的社会关系，即便它建立起了民主制度，让人感受到了自由，也同样会处于压迫性社会关系之中。的确，人们在民族国家中会拥有一种强烈的身份和安全追求，并把这种追求寄望于国家去实现，从而让整个社会自愿地参与到具体的等级层次的构建之中。尽管人们得益于启蒙思想而实现了思想解放，从而在一般的意义上反对等级压迫，但在每一个具体的领域和每一种具体的生活形态中，又都不自觉地去构建等级和接受等级。特别是在组织中，人们对于各种类型的分级（诸如部长、处长、科长，抑或教授、副教授、讲师等）自然而然地接受，认同并用自己的行为去加以强化，从来也没有对这种等级的合理性提出怀疑，更不用说将其视为系统性压迫关系的表现形式。

二 社会加速化对解放追求的挑战

沿着解放的道路前行，使人从时间的束缚中一步步地向外移动，不断地把一片片空间征服。到了20世纪后期，"通过空间、固定的交流伙伴和参考群体、物品的身份确定模式接受了有时间限制的和时间限额的特征，因此主体将被迫与自身保持如此宽阔的距离或者从自身解放出来，这样才能（自愿地或被迫地）在不失去自我的情况下经受

[①] [德]卡尔-奥托·阿佩尔：《对话与责任：向后传统道德过渡的问题》，钟汉川、安靖译，浙江大学出版社2018年版，第274页。

住变化。根据这样的趋势，生存如同'没有地点的地方'一样，正是没有身份和没有历史的"。①我自己只是一种临时性的状态，我每时每刻都在离开自我而走向新的自我。任何由社会规定加予我的身份，都是我所要抛弃的。即使新的自我被社会所定义，也只是临时性的，有可能转瞬之间就被我抛弃。我不断地寻求扮演某个社会角色的机会，在得到那个角色后，又会等待着新的角色降临于我。我永远处在一个未实现、未完成的状态中，面对社会的高度复杂性和高度不确定性，就像在无边的海洋中击水奋进。

如果说这是解放主题的真正谜底的话，那么在实现了这种解放时，或者说，达到了这种解放的境界后，也许人们就会完全忘却解放的追求。事实上，按照现代性的思维逻辑，当自我失去了，或者说，当自我完全处于流动的状态中，解放的主体和客体也都消失了。在这种情况下，人们还会去思考解放的问题吗？也许我们这里所表达的是一个较为偏激的看法，但全球化、后工业化进程中的社会运行和社会变化加速化，似乎展示了这样一种前景。

罗萨说，"由于运输过程、通讯过程和生产过程的持续的技术上的加速而导致的生活节奏的加快是一个矛盾的现象。技术的加速缩短了这些过程中必需的时间，并且部分上解放了大量的时间资源，因此对于同等数量的行为和体验来说，有更多的时间可供支配，因而可以去期望更慢的行为速度、更长的中间休息和行为之间较少的相互重叠"。②不过，在我们引入"社会时间"的概念时，这种矛盾立马就消失了。之所以人们都感受到了罗萨说的时间消费的减少与时间紧张之间的矛盾，是因为人们脑中只有一种时间概念——自然时间。其实，当我们意识到人们的行动在技术的支持下减少了时间消耗，却是社会

---

① ［德］哈尔特穆特·罗萨：《加速：现代社会中时间结构的改变》，董璐译，北京大学出版社2015年版，第125页。
② ［德］哈尔特穆特·罗萨：《加速：现代社会中时间结构的改变》，董璐译，北京大学出版社2015年版，第155页。

时间的增多。

技术一方面创造出了社会时间，即把自然时间转化为社会时间，同时又推动了社会运行和社会变化加速化的持续展开。社会运行和社会变化的加速远远超过了同样因为这些技术而创造出的社会时间，致使社会时间相对量较少，并以时间资源稀缺的形式表现了出来。所以，人们所感受到的罗萨所说的这种矛盾，其实是把自然时间和社会时间相混同而造成的一种矛盾的假象。但是，在解放的追求中，人们只知道要从自然时间的束缚中解放出来，以致只看到技术使得人们在每一个事项上花费的自然时间减少了，却没有看到，在这种自然时间花费的减少中制造出了新的时间资源稀缺。

罗萨认为，社会运行和社会变化的加速化本身就构成了人的异化的原因。"在晚期现代化的'加速社会'中……人们已经体验到加速的力量不再是一种解放的力量，而是成为一种奴役人们的压力。当然，对于社会行动者来说，加速总是一体两面的，既是承诺也是需求。在工业化时代，对于大多数人来说，加速更多是需求而不是承诺。在20世纪加速具有解放的潜能。但是在今天'全球化的'21世纪，这种承诺已经失去它的潜力，加速的压力强大到席卷一切的地步，个人自主性和集体（民主）自主性的观念都变得不合时宜了。"[①] 正像近代以来为了人的解放而探索出来的其他道路最终都走向了自反的结局一样，社会加速虽然一度予人以解放的期许，使人从时间和空间的束缚中得到某种解脱，但在人得到了这种解脱后，也被绑在了这趟持续加速的列车上，受到了加速的束缚，甚至让人感受到一种压得透不过气来的压迫力量。

在人的解放追求中，有一项非常重要的内容，就是让人获得自主性。然而，在社会运行和社会变化加速化的条件下，人们却空前地感

[①] ［德］哈特穆特·罗萨：《新异化的诞生：社会加速批判理论大纲》，郑作彧译，上海人民出版社2018年版，第110页。

受到失去了自主性。本来,"自主性可以被视作一种现代性承诺要赋予人们的东西,要将美好生活的目标、价值、典范的实践,都尽可能免于外在的压迫和限制。正是这样一种承诺,构成我们的生活,而且这种承诺来自我的文化的、哲学的、社会的、生态的和宗教的信念与渴望,而不是大自然的、社会的和经济的'一视同仁'的影响。在社会加速的意义上,现代化与现代性的计划有内在关联,因为与日俱增的社会动力、社会功能的出现,都是为了确实地将人们从压迫中解放出来。不论对于个体还是集体,这都为我们提供了实践自主性的必要资源。然而现在的结果是,社会加速比现代性的计划还要强大。它一样在前进,但是它的逻辑现在却违背了自主性的承诺。在晚期现代阶段,至少在西方社会当中,加速不再保证能追求个人的梦想、目标和人生规划,也不再保证社会能根据正义、进步、永续等等的观念进行政治改革;相反的……个人的梦想、目标、欲望和人生规划,都必须用于喂养加速机器"。[①]

之所以我们的社会贫富差别持续扩大,各种各样的不平衡变得日益严重,不公平、非正义的问题急剧增多,大都是因为社会运行和社会变化的持续加速造成的。这就是我们所指出的日常经过:速度快了难免失衡。然而,我们校准和矫正失衡的速度又赶不上社会加速所达到的速度,既有的社会平衡设置越来越显现出了失灵。所以,问题越来越多,致使人人都在抱怨,却又难于道明是什么东西引起了人的怨气。在这种情况下,我们必须认识到,社会运行和社会变化的加速化,既不会逆转也不可能停止。因而要求,个人必须去寻求适应这种加速条件下的生活方式和生活观念;社会治理则必须在这种加速的持续中找到可能存在的平衡机制,或者找到一种因势利导地开展社会治理的模式。

[①] [德]哈特穆特·罗萨:《新异化的诞生:社会加速批判理论大纲》,郑作彧译,上海人民出版社2018年版,第110—111页。

在个人这里,"社会变迁的速度和背景条件的不稳定性,已经确实危及了'人生规划'的发展与施行。对抗现实、坚持个人渴望的自主性,变得不合时宜"。① 就政治来看,"人们已经不再期待能够通过政治改革来一劳永逸地改善社会条件,也不再期待能够通过政治改革来达到以民主的方式所制定出来的文化目标和社会目标……政治系统之所以要进行改革,是因为政治系统'必须适应'社会结构的改变"。② 当然,政治系统的改革是需要确立一个宏观目标的,哪怕这个目标是非常模糊的,也应具有目标的性质。这一点必须被看作确定无疑的。进一步地说,如果说适应社会加速化的要求而进行的改革有什么目标的话,那就是应当建立起后工业社会的治理模式。这种社会治理模式既反映了全球化、后工业化运动所代表的社会变革的要求,又必须承担起在风险社会及其高度复杂性和高度不确定性条件下开展社会治理的任务。

社会运行和社会变化的加速化越来越成为一种对人的压迫力量。我们最大的感受就是时间结构的变化,特别是当社会时间在人的社会生活和活动中发挥着越来越重要的作用时,也使时间的构成复杂化了。在时间复杂化的条件下,个体由于丧失了把握时间的能力,由于无法根据自然时间的节奏去制定人生规划,或者,由于不得不时时怀着准备回应偶然性的心理压力,也就被置于一种既无历史也无未来的奇点上了。或者说,人们"在控制潜力的失踪和规划机会的被侵蚀当中显露出了失去自治的感觉,并且形成到处漂流、随着情境变化的游戏者个体的体验,而在政治上汇入束缚于事实的修辞学的宿命论和不可避免的结构上的适合"。③ 当然,这是对个体命运的一种悲观主义描述,

---

① [德]哈特穆特·罗萨:《新异化的诞生:社会加速批判理论大纲》,郑作彧译,上海人民出版社 2018 年版,第 112 页。
② [德]哈特穆特·罗萨:《新异化的诞生:社会加速批判理论大纲》,郑作彧译,上海人民出版社 2018 年版,第 113 页。
③ [德]哈尔特穆特·罗萨:《加速:现代社会中时间结构的改变》,董璐译,北京大学出版社 2015 年版,第 344 页。

即认为人在社会的海洋中漂泊不定。对于个人而言,无论怎样漂流和漂泊到了什么地方,都还在零点上。不过,如果把人放在合作体系之中,让人通过合作行动去承担对人的共生共在有价值的事项,那么人也就可以通过合作行动而去实现自我了。合作行动本身就是高度复杂性和高度不确定性条件下的一种集体行动模式和社会治理形态,以往所认定的所有"自治"和"他治"的形态都会消融在合作行动之中,并以合作治理的形式出现。

对于社会以及社会治理转变的过程,对于这个过程将要呈现出来的社会性或历史性的价值,罗萨说,"从时间结构方面不再能坚持的要求,对社会的发展从理论的角度的理解和恰当的描述以及从实践的角度进行政治上的设计,都被当做是空想的并且一直都是潜在的极权主义的而被放弃了。以欢庆而控制的约束在经典现代只是巨大的连续性苛求,整合苛求和一贯性的过分要求('身份暴政')下才得以维持。因而不言自明的是,社会的加速并不是破坏了主体性的可能性本身,而是将它从严格的稳定性苛求中解放出来,这是一个在一定范围内得到认同的论点。无论是社会的碎片化和不同步性,还是放弃将体验事件整合为构成身份定义的经验整体,如果能够成功地将讽刺的——轻率的关系发展成为生活的不可控的变化,并且放弃对世界的有意义的整体性的设想以及地点、人、实践形式或价值的持续的联系,那么社会的碎片化等都会被充满喜悦地认同"。[1]

我们的判断是,社会治理以及行动方式的变革将走向"控制的终结"之方向。而且,鉴于主体性之中必然包含着对自身之外的存在加以控制的冲动这样一种隐喻,可以认为,主体性也将随着控制的终结而得以解构。所以,对于"社会的加速并不是破坏了主体性的可能性本身"这样一种认识,我们是不赞同的,除非把人的道德自主性强

---

[1] [德]哈尔特穆特·罗萨:《加速:现代社会中时间结构的改变》,董璐译,北京大学出版社2015年版,第347—348页。

行地称作"主体性"。也就是说，我们认为社会的加速化也必将导致人的主体性的终结，无论是主体性的观念还是行动中的表现，都将不再从属于主体性的理解。总的说来，在合作的语境中，近代以来所建构起来的人的形象，在这个建构过程中所赋予人的一切，以及人的社会组合和治理形态，都将消退和隐匿起来。所有这些曾经拥有的形式，都不再具有保留下来的价值。这就是从解放主题转变到为了人的共生共在的主题后，我们的社会将要呈现出来的一种全新风貌。

三 为了人的共生共在的启蒙

在近代，如果说笛卡尔的"我思"是18世纪启蒙运动的思想源头的话，那么这个"我思"其实只能证明"我在"，而不能对自我的思想和行为达致完全的理解。既然不能够对自我的思想和行为达致完全的理解，那么人在行为上也就会存在着自律不足的问题。也就是说，"我思"只能在非常有限的程度上理解自我的思想和行为，而人在行为上的更好的自律则需要在对自我的思想和行为的更好的理解中实现。由于"我思"并不能够对自我的思想和行为做出完全的理解，以致人的自律是有限的，因而也就需要谋求他律的支援。这样一来，对于他律的基础，就需要有一种信念，即相信他律是因为建立在社会理性的基础上而优于"我思"中的理性。在这种信念所开拓的思路中，就会不断地去审查他律的基础。

在这个思路中，如果他律是建立在权力意志的基础上的，就不能认为它是合乎理性的。实际上，人们一直是将其视为"非理性"甚至是"反理性"的。因为，如果他律是建立在权力意志的基础上的，不仅会遇到权力意志是否理性的问题，还会遇到关于权力意志的他律如何可能的问题。人们基于对前工业社会中的权力支配过程的认知，也基于对工业社会实践的思考，认为建立在权力意志基础上的他律是不可靠的，而且也认为它在性质上可能是恶的，不能担负起支援自律的功能。就解放的主题中的第一项内容是从中世纪的权力意志中解放出来而言，构成了"我思"这个行动的原初动因。进而，在得到了"我思"的启发后，又找到了如何改变他律的基础之门径，从而发现了民主与法治。

从实践来看，建立在民主和法治基础上的他律，或者说以民主与法治为内容的他律，在防范人的恶的同时，也对人的自律做了否定，甚至可以说它在根本上是排斥自律的。从逻辑上看，民主与法治事实上又否定了作为近代以来全部思想之起点的"我思"。因为，对于建立在民主和法治基础上的他律来说，在逻辑上是不认为"我思"还有什么意义的，所以应当抛弃"我思"。当"我思"遭到抛弃的时候，自我也就失去了存在的根基。这种情况在官僚制组织中得到了典型化的表现。这也说明，作为思想建构的过程，经历了这一轮循环后，却回到了那个作为起点的"我思"尚未出现时的状态了。或者说，将整个近代历史在思想上归零了。在人类还需要举足前行的时候，显然就需要为思想重新确立一个起点。

从这个新起点出发，如果不想陷入近代思想的循环和最终归零的话，在起点上所应证明的就不是"我在"，而是"人的共生共在"。在展开的思想行程中，也不应围绕着"自律"与"他律"去进行反复推演，而是应当将关注点放在行动如何在人的共生共在中是有效的和积极的上来。当然，人的共生共在不是需要通过自我去证明的思想前提，而是根源于风险社会及其高度复杂性和高度不确定性的压力。或者说，风险社会及其高度复杂性和高度不确定性是相对于所有人的外在压力，提出了人的共生共在之要求。如果将人的共生共在作为思想的起点，那么在通过行动去加以实现时，并不必然要求合乎逻辑地打开思想的行程。事实上，为了人的共生共在的思想是要落实在行动上的。

当我们的视线转移到了行动之上，思想的"合逻辑"和"去逻辑化"都将变得不再重要。对于我们来说，重要的问题是如何去保证一切行动都在伦理实践范畴中展开，即保证一切行动都是为了人的共生共在的行动。所以，在我们将人的共生共在作为一个新的历史起点时，一方面，表达了我们对由"我思"构成的那个历史起点的承认；另一方面，又表示我们用一个新的起点置换了那个起点。这样一来，我们承认了由"我思"构成的那个思想起点，但那是一个已经成为历史的一个阶段的起点，而人的共生共在则构成了一个新的历史阶段的起点。在这个新的历史起点上，思维的逻辑、实践的行程以及行动的模式，都不同于以往，而是一个需要通过一场新的启蒙去加以设计和规划的。

阿伦特认为，"有一种偏见认为，奇迹仅仅是一种名副其实的教条现象，超自然和超人性的东西通过奇迹而闯入自然事件或是人类事务的自然进程。为了从这种偏见中解放出来，简要的提醒是有帮助的：我们的物质性存在——包括地球、地球上的有机生命以及人类物种本身的存在，其整个架构是依赖于某种奇迹的。因为，根据宇宙之发生以及控制其发生的统计学上可计算的或然性来看，地球的形成仅仅具有'无限低的或然性'。从无机自然界的进程中形成的有机生物，或是从有机生命的演化进程中诞生的人类物种，亦是如此。从这些事例，我们可以很清楚地看到，新事物无论何时发生，它总是像个奇迹，以一种突如其来、无法预料，且终究无法给出因果解释的姿态闯入具有可预测性的进程之脉络之中"。① 我们说人类总的历史进程具有必然性，但在历史进程的断裂带上，则布满大量的偶然事件。而且，总有某个偶然事件会被人们推举为具有代表性的事件，标志着新的历史阶段的开始。

如果说在历史的转折点上所呈现出来的往往是偶然性事件的话，那么"新的开端必然将进程打断，从这一点来观察和体验，每个新的开端，在本质上都是一个奇迹。在这个意义上，即在开端所闯入的进程之中，每个开端所具有的显而易见的真实的超越性类似相信奇迹的宗教超越性"。② 虽然哪一个事件可以或成为新的历史形成的开端是偶

---

① [美]汉娜·阿伦特：《政治的应许》，张琳译，上海人民出版社2016年版，第105—106页。
② [美]汉娜·阿伦特：《政治的应许》，张琳译，上海人民出版社2016年版，第106页。

然性所使然，或者说是具有偶然性的，但在一个新的历史行程开始的时候，肯定会有某个事件处于新的历史行程开始的"开端口"，这又是必然的事，是在必然性的脉络中出现的奇迹。认识到这一点，也就会帮助我们建立起一种信心，那就是，奇迹是可经人之手而创造的。人所创造的哪一事件可以被历史选定为奇迹具有偶然性，但在这个时刻，总会有一个事件被历史选定则是必然的。

一个很有趣的现象是，当我们回头看时，历史是由大量偶然事件堆积起来的必然进程，而且我们可以充分证明历史行进轨迹中所包含的必然性。但是，面向未来时，我们在谈论必然性时，无非是表达一种信念。这种信念为我们提供心理上的支持，促使我们去开展行动，但我们的行动所创造出的，也许是一种与我们的追求完全不同的结果。任何结果，相对于历史进程而言，都无非是偶然事件。然而，正是在这些偶然事件中，必然会出现我们称作奇迹的东西。当前，我们可以断定全球化、后工业化意味着一段新的历史行程的开启。在这个开端处看未来，所看到的是人类前进道路上的各种可能性。而且，我们把能够想到的任何一种可能性都称作人类的命运。

全球化、后工业化时代所呈现出的典型特征就是社会的高度复杂性和高度不确定性。在这一社会条件下，人类走向未来的道路都具有了高度复杂性和高度不确定性。除了弹唱一些悲观的人类历史终结的论调外，似乎没有任何可以提示人类必然走向的迹象可供捕捉。在这种情况下，不向基于悲观情绪所断定的未来妥协，积极地为人类的存在和延续拼搏，在必然性信念失踪的地方创造奇迹，就是当下人们应当采取的行动。所以，我们希望确立起人的共生共在的信念，并认为人的合作行动是能够使人的共生共在成为现实的一条最为理想的道路，也是必由之路。

在全球化、后工业化进程中，虽然通向未来的道路具有高度复杂性和高度不确定性，但当我们积极行动的时候，需要抱有这样的信念："人类命运所基于的无限低的或然性与人类事务领域所基于的奇迹事件，二者之间决定性的差异在于：后者拥有奇迹制造者，即人自身显然拥有一种最令人吃惊的制造奇迹的神秘才能。"① 也就是说，在全球化、后工业化进程中，也许我们并不知道何种行动对人类是真正有益的，是能够增益于人类的存在和延续的，但我们知道，唯有人的共生共在的追求，才能为人们的一切行动指示一个方向。只要在为了人的共生共在的方向上去开展行动，就能够创造出作为新的历史行程的奇迹。事实上，我们一直拥有着马克思给予我们的一个信念，那就是相信人是"历史的剧作者"，虽然人也同时是"历史的剧中人"。

在我们拥有了人的共生共在的信念时，就一定能够将其变成现实。带着这样的信念，我们就能够创造奇迹，找到一种在高度复杂性和高度不确定性条件下实现人的共生共在的生活和交往模式。所以，在这场启蒙后工业社会的运动中，我们不再坚守解放的主题，而是积极地在为了人的共生共在的追求中去经营和布设人的合作行动。合作既是通向人的共生共在的道路，也是人的共生共在的生活形态。在这里，目的和手段实现了统一，将目的与手段进行区分的历史终结了，因为人的共生共在是与人的合作行动完整地统一在一起的。

第三节　异化带来了社会风险

贝尔说，"假如资本主义越来越正规程序化，那么现代主义则越来越琐碎无聊了"。② 资本主义的正规程序化意味着制度的健全，也同时意味着制度成了一种僵化的和压抑人的设置，束缚着人的行动和思想，并以一种意识形态的、文化的霸权形式出现。至于现代主义的"琐碎无聊"，则意味着人们失去了资产阶级在近代早期曾经拥有的理想和自我节制，而是专注于琐屑的事务了。其中，具体表现就是，人

---

① ［美］汉娜·阿伦特：《政治的应许》，张琳译，上海人民出版社2016年版，第106页。
② ［美］丹尼尔·贝尔：《资本主义文化矛盾》，赵一凡等译，生活·读书·新知三联书店1989年版，第36页。

们往往对"花边新闻"、小道消息倾注着无限的热情。特别是在互联网兴起后,人们变得更加乐意于"言论社区"中的谣言以及奇谈怪论而不知疲倦,并在欣赏着言论社区中的各种荒诞不经的谣言的同时,抑制不住自己也去那里进行造谣的冲动。总之,现代主义走向了没落,淹没在了自己所营造的污泥浊水之中。正当人们陶醉于现代主义的这种"琐碎无聊"时,人类却在整体上堕入了风险社会。

贝克在探讨风险社会的问题时认为其原因是系统性的,也就是说,无法确认风险社会出现的具体原因是什么。的确,我们可以为每一个具体的事件或每一种社会现象寻找到其出现和发生的原因,但对于作为一种社会形态的风险社会,却只能说它是工业社会及其资本主义运行方式演进的结果,工业社会历史中消极的一面是以浓缩的形式包含在了当下的社会形态之中的。我们知道,在工业社会建构过程中所形成的一种基本的文明观念就是,要求人们的一切行为、行动都具有合目的性。的确,正是合目的性的行为、行动,造就了工业社会无与伦比的辉煌成就,成为值得赞叹的伟大工业文明。可是,几乎所有合目的性的行为、行动又都会造成脱离了目的的后果。这些后果就是无处不在的异化。这些异化又在相互作用中形成了"非人"也"非自然"的社会力量,并最终以风险社会的形式出现和作用于人。

工业社会的发展一方面不断地将人类文明推向新的顶峰;另一方面也不断地生产出社会风险,并在社会风险的积聚中最终迎来了风险社会。自卢梭以来,人们所谈论的异化所指的都是人的异化,包括马克思的"劳动异化"概念,所揭示的也是人的异化。其实,在更广泛的意义上,人的一切目的性行动中所包含的不合目的的方面,以及所产生的后果,都可以归入异化范畴中去。就风险社会的生成而言,人的异化了的活动以及以"物化"形式出现的异化,是应当被视为基本原因的,至少应当作为主要原因来认识。

一 工作与生活分离的后果

在工业化进程中出现了"工作场所"与"生活场所"的分离,它导致了日常生活的衰退。之所以工作场所与日常生活场所的分离会导致日常生活的衰退，不只是因为这种分离要求人们将时间分成工作时间和生活时间，而是因为人们在工作场所中需要排除生活原则、态度以及个性化行为方式的干扰。在工作压力较大的情况下，人们往往挤占生活时间去应付工作上的任务。可见，正是生活受到了挤压和排斥，才使日常生活领域显现出了衰落、衰败的状况。就人的生活构成了日常生活领域中的主要部分和基本内容而言，生活受到了挤压、排斥等必然会反映在日常生活领域的存在和发展上。显然，生活是一切社会存在中最有生命力的部分，工业社会的生活衰落虽然造成了一种人们"失去生活"的问题，但生活又天然地具有顽强的生命力，从而表现出谋求新的生活形式和内容的一种演变趋势。

其实，工业社会造就了一种没有生活的生活模式，让人们在追求卓越、自我实现的时候放弃生活，让人们为了工作而献身的时候不再关注生活，甚至不再关注自己的生命。从20世纪后期开始，人们又变得关注生活的幸福等问题。不过，对这种生活的建构是以金钱为基础的，是把幸福建立在花钱多少的基础上的，认为花钱越多也就越幸福。因而，保健以及旅游消费就成了判断一个人是否生活幸福的标准。尽管如此，却可以于此之中看到生活进入了一个新的演变过程中。正因为生活处在演变过程中，所以发生了急剧变化，并让工业生产、经济发展和社会治理等反过来为日常生活服务和提供各种各样的支持、保障等。这一点其实在较早的时期就已经构成了工业社会发展的一条线索。到了工业社会的后期，也就是在全球化、后工业化运动兴起时，不仅"生活是目的"这样一种观念得到了越来越多的人的接受，而且在实践上，工业生产、经济运行、科技进步、社会治理等各个方面的社会活动，也都开始表现出服务于日常生活的自觉性不断提高的状况。

最为重要的迹象是，日常生活的方式不断地渗透到了社会各领域。比如，工作的弹性化、在家办公、劳动关系的人情化等，都在某种程度上表现出了向日常生活学习的状况。许多证据表明，反映在公共以及私人领域中的这些新的变动,是在日常生活那里获得的创新灵感。如果说人们在工业社会中获得的最大体验是"社会进步了,生活衰退了",那么在全球化、后工业化这场社会转型运动中,我们很快就会发现,生活成了社会运行中最为重要的事项,人的一切活动都将围绕着生活展开。一旦人们普遍地拥有了生活意识,政治骗子、科学疯子、金融冒险家等,都将不再有得以产生的土壤了。至少,这应当成为我们这一代置身于风险社会中的人的理想。

在工作与生活相分离的背景下,经济活动在人的社会活动中占据着主导地位。所以,人们总是对社会活动的结果进行收益权衡,要求对社会活动过程进行成本控制,并对各个要素进行定价。一旦人类走出工业社会,特别是人工智能技术的广泛应用,大量的经济活动将不再由人直接承担。那样的话,人的社会活动也就会更多地变成非经济活动了。在那种条件下,如果要去对人的社会活动进行评价的话,也就会更多地将视线从经济效益转向社会效用。其实,考虑到人类社会已经进入了风险社会及其高度复杂性和高度不确定性状态,也出现了种种无法再用单一的经济指标去对人的社会活动进行衡量和评定的迹象,只不过人们此时还受到工业社会惯性的支配,才会表现出了用经济的这种单一指标去评定社会生活和活动。可以想象,要不了多久,随着人们意识到并承认身陷风险社会的现实后,也就会逐渐地放弃对社会活动的经济效益的关注,而是会更多地将注意力转移到人的日常生活上来。

在全球化、后工业化进程中,我们其实已经看到诸多不应从单一经济视角去认识和评价的社会活动。比如,随着服务业的兴起,以及这个行业在社会生活中的地位的不断提升,特别是服务业在社会活动中所占的比重在不断增大,如果从单一经济视角出发去对它们进行认识和作出评价的话,就会严重低估其社会价值。以金融服务业为例,虽然这种"业态"在19世纪就已经活跃了起来,而且恩格斯在整理《资本论》第二卷时就已经非常重视金融服务这一现象。但是,由于参与到这一产业中来的人数以及这类社会活动在社会生活中所占的比重还比较小，对整个社会的运行与发展的影响也不是很大，以致人们基本上是把金融业放在劳动价值论的视野中去加以认识的，不可能从社会学的角度对金融业进行科学评定。或者说，没有产生将其作为社会活动来加以评定的要求。然而，在服务业兴起的浪潮中，金融服务业的社会影响迅速增强，甚至能够发挥举足轻重的影响。在这种情况下，人们却将其看作一种经济活动，而不是在更为广泛的社会活动的意义上为其定位，其结果就是导致了2008年的金融危机。

我们还看到，在数字经济兴起时，数字产业中的收益也就是投资于数字服务的资本所得利润。这种利润不是取决于劳动，根据李嘉图等的理论，就很难对其价值来源进行解释。虽然人们也可以强行地在数字经济的运行中找到某些属于劳动的因素，但投资收益却来自用户，是用户创造了价值。如果说用户活动中包含着消费的话，是可以纳入经济范畴中来的，但用户创造价值已经不再是劳动创造价值了，消费也从价值实现变成了创造价值。事实上，绝大多数用户活动都无法被看作消费活动，而是一般意义上的社会活动。所以，如果单纯地从经济的角度去认识数字经济这一产业的话，就无法对它进行规范。

由此看来，是否把某些类型的社会活动确认为经济活动，是一个非常重要的问题。可以认为，在全球化、后工业化进程中，不仅对新兴的行业、产业，而且对传承自工业社会的许多行业、产业，都需要重新加以评估和认定，以便对其属性加以再确认。也就是说，应当将这些行业、产业所代表的活动从单一的经济视角中解放出来，将它们看作并非单一经济属性的社会活动。只有这样，才能避免片面化，才能从综合性的视角去认识它们的社会意义，并对它们的社会价值做出真实的评定。

股市的发明使得更多的社会成员能够成为小额投资者，从而成为"资产者"。贝尔认为，人的这一重身份（资产者）的获得，必然导致人自身的冲突。投射到了社会上，则会带来道德方面的问题。贝尔说，

"回头看经济冲动力,又出现了道德方面的问题。因为,个人同时作为公民和资产者的双重身份必然会引起冲突。个人的第一身份要求他对政治负有成员的责任,而他的第二身份又强调对私有利益的关切。杰拉米·边沁否认了群体的存在。他说群体是虚构出来的。但是在社会决策和个人决定的总和之间毕竟有着实在的差别。社会为了降低支付平衡赤字,可能会决定储存石油。可每个人都可能因自己需要去大肆购买油料。同样明确的是,个人所需的相加最终会成为恶梦一般的庞大总数。因此的确有必要平衡个人欲求和公共责任"。① 作为公民,人可能会对这种情况深感忧虑,即使自己无策可施,也希望用手中的选票选出声言能够解决此类问题的代表甚至领导人。然而,作为资产者,他只关注自己的收益的增长和消费水平的持续提升问题。这就是现代主义与资本主义汇流后而在人这里造成的矛盾和分裂。

"在资本主义发展早期,清教的约束和新教伦理扼制了经济冲动力的任意行事。当时人们工作是因为负有天职义务,或者遵守群体契约……造成新教伦理最严重伤害的武器是分期付款制度,或直接信用。从前,人必须靠着存钱才可购买。可信用卡让人当场立即兑现自己的欲求。"② 我们知道,当韦伯高歌"新教伦理"而为资本主义的发展保驾护航时,"信用卡"还未出现,基于契约精神的信用制度也未完全建立起来,尽管"支票"等已经得到了广泛使用。所以,韦伯能够从资产者的行为中读出勤奋、节俭等美德。

随着信用制度的建立和完善,随着信用卡带来的随时随地满足人的欲求的方便,关于新教伦理的精神,也许只是在人的欲求满足之后而进行回顾和反思的时候,才会被人们想起。这就是"消费社会"产生的最初迹象,也就是贝尔所说的,"新教伦理曾被用来规定节俭的

---

① [美] 丹尼尔·贝尔:《资本主义文化矛盾》,赵一凡等译,生活·读书·新知三联书店1989年版,第66—67页。
② [美] 丹尼尔·贝尔:《资本主义文化矛盾》,赵一凡等译,生活·读书·新知三联书店1989年版,第67页。

积累（虽不是资本的积累）。当新教伦理被资产阶级社会抛弃之后，剩下的便只是享乐主义了。资本主义制度也因此失去了它的超验道德观"。[1] 此时，韦伯寄予极大期望的所谓新教伦理已经无法发挥作用了，甚至其功能已经荡然无存。只有那些闭门造车的学者还在高谈新教伦理，甚至到那些新兴工业化国家和地区去"布道"，而现实世界则布满了赤裸裸逐利的人及其享乐行为。其实，即便是在市场经济的条件下，商品观念也是不应随意地伸展到社会生活的每一个领域的。在许多社会生活的领域中，许多事项其实并不适应商品观念。如果我们带着商品观念去认识问题和处理问题的话，就会显得与实际要求相去甚远，甚至会产生极其消极的影响。比如，医院、教育机构等如果被纳入市场经济体系中，就会无尽地衍生出困扰整个社会的恶行。

在工业社会的运行中，弗利南德和阿尔弗德通过自己的解读而对社会科学研究提出了一个看似荒诞却值得深思的问题："为何作为理想家庭关系的无条件忠诚不能为集体形式的政治活动提供一种模式？当这种无条件的忠诚被认可时，如在黑手党或政治机器中那样，这样的集体性政治活动就会被视为一种越轨的、传统的或病态的政治活动。然而，另一种相似的逻辑却被认为是很正常的，那就是，伙伴选择与生育选择往往被分析为一种类市场选择，孩子可以被界定为一种低级的商品。"[2] 问题是，当孩子被当作商品时，当生活伴侣相互将对方视为工具时，人就彻底地成了经济动物，维系人际关系的情感因素等都将完全丧失。人与人之间一旦失去了情感，也就不再有真正意义上的生活了。虽然近代早期的空想社会主义者就已经意识到了这个问题，并提出了乌托邦的解决方案，但在工业社会的晚期，重新提出这个问题，不仅不是希望回到早期的空想社会主义那里去，而是要对这个问

---

[1] ［美］丹尼尔·贝尔：《资本主义文化矛盾》，赵一凡等译，生活·读书·新知三联书店1989年版，第67页。

[2] ［美］弗利南德、阿尔弗德：《把社会因素重新纳入研究之中：符号、实践与制度矛盾》，载［美］鲍威尔、迪马吉奥主编《组织分析的新制度主义》，姚伟译，上海人民出版社2008年版，第274页。

题进行再思考。

在风险社会生成的过程中,工业社会的经济生活中产生的风险占着非常大的比重。特别是经济生活中的金融产业,在每一次经济危机的出现中都显露出了身形。单就经济的运行来看,是工业社会发展历程中的生产与再生产对资本的依赖造就了金融业。随着金融业的成长和独立化,陷入了对投资回报的疯狂追逐中。对于市场经济而言,金融业的作用就如有机体中的血液系统一样。但是,在金融创新的名义下,也许一个偶发的念头,便造就了一种新的金融产品,并开拓出一方世界。这个世界可能渗透到了经济和社会生活的各个方面,发挥着重要影响。然而,这个世界又是非常脆弱的,是通过在经济和社会生活中"吸血"来维持它的运转的,而不是扎根于宇宙的深处而得到"天道"的支持。因而,一旦有哪怕极小的撞击恰巧触及它最脆弱的那个点上,就不仅是这个世界的毁灭,而是整个受它影响的经济和社会生活的灾难。

所以,在经济体系中,金融是最大的风险源。目前,银行降低自身风险的做法是对不同的金融产品进行适当的隔离,目的是让由一项金融产品建构起来的世界毁灭时不致波及其他的由金融产品构成的世界,使得银行自身的损失可以承受。但是,经济和社会生活所受到的冲击却不在银行的考虑之列。反而,银行恰恰是通过数不尽的金融产品创新去对经济和社会系统进行一次又一次洗劫的。这虽然不能直接地看成人的异化,却是社会的异化。

从国际关系来看,正如阿明所说的,资本主义所造就的世界体系是一个两极分化的世界,存在着中心与边缘。而且,"资本主义所制造的两极世界会变得越来越缺乏人道,并会急速膨胀。面对这个暴行的挑战,社会主义有责任提出一个全球化替代方案,也就是可获得真正全球意义上的全球化并赋予它人道的、世界主义特点的方法"。[①]

---

① [埃及]萨米尔·阿明:《全球化时代的资本主义——对当代社会的管理》,丁开杰等译,中国人民大学出版社2013年版,第67页。

就全球化、后工业化是人类社会的转型运动而言,意味着人类历史的一个新的阶段的开启。无论是在何种意义上,这场运动对于边缘地区和边缘国家而言,都是一种机遇。阿明认为,在全球化进程中,"资本主义希望维持现状,或多或少地使之屈服于资本单方向流动的可能"。① 但是,全球化中又包含着某种突破资本运行逻辑和控制能力的力量,从而使维持现状的做法以及按照既有的逻辑所作出的安排变得不再可能。虽然迄今为止资本的力量一直努力驾驭全球化运动,但全球化所呼唤出来的流动性又必然会不断地冲刷中心与边缘之间的界限,使当今世界体系的中心—边缘结构发生动摇,直至崩塌。如果全球化运动取得积极进展的话,那么这一世界结构中的压迫和剥削就会丧失合理性,代之而起的就是人们对人类命运共同体的广泛认同。在风险社会及其高度复杂性和高度不确定性条件下,恰恰需要人人都拥有人类命运共同体意识,即拆除社会分化中出现的种种隔离。

二 社会治理的控制导向

在工业社会的经济、政治以及社会的运行中,生产出了太多的不公平、非正义,从而造就了一种怨恨文化。舍勒认为,怨恨使人失去理智,"怨恨之人是虚弱者,无法单独拥有自己的判断"。② 这显然是不言自明的。但是,如果形成了怨恨文化,那么一个社会就有可能陷入非理性行为处处存在的状态。

其实,从怨恨转化而来的行动并不一定是非理性的。当一个民族、一个国家以组织化的集体行动去发泄怨恨时,却有可能使行动表现出理性的特征,会让人认为那是基于理性选择而开展的行动。就现实而言,拥有怨恨文化的民族、国家、群体等并不少见,受到怨恨的引领

---

① [埃及]萨米尔·阿明:《全球化时代的资本主义——对当代社会的管理》,丁开杰等译,中国人民大学出版社2013年版,第67页。
② [德]马克斯·舍勒:《价值的颠覆》,罗悌伦等译,生活·读书·新知三联书店1997年版,第130页。

而开展行动也是很多的。我们认为，在 21 世纪前期出现的恐怖主义行动就是怨恨文化的一种表现方式。据说，在"中东"一带的一些被国际社会判定为恐怖主义组织的成员中，有许多人是来自西方发达国家的。如果对恐怖主义组织进行实证研究的话，相信可以发现，那些来自西方发达国家的恐怖主义组织成员，肯定在成长过程中因为不公平和非正义的问题而积聚起了较强的怨恨，从而认同怨恨文化，并加入恐怖主义组织之中和参与到诠释怨恨文化的行动中来。怨恨虽然是一种心理现象，但它无论以个人心理的形式还是以文化的形式出现，都是一种异化。

怨恨文化引发了普遍性的社会道德价值错乱，以致恶行也有可能被认为是善。可以推测，恐怖主义之所以能够得到那么多的人追随，也许是因为那些追随者把施行恐怖活动看作善的事业了。也就是说，可能因为他们拥有怨恨文化而出现了价值颠倒的问题。如果不是怨恨文化根植于恐怖主义者的心里，如果他们不是把恐怖行为看作善的事业，他们就不会积极地参与到恐怖主义行动中去。所以，在此问题上，如果归结为宗教的洗脑，那就是一种简单化的做法。因为，宗教在这里所发挥的至多是一种把人们心里的怨恨激发出来的作用。

在应对恐怖主义挑战的问题上，人们所持的立场是：为了防止怨恨引发的行为、行动造成消极的社会后果，就必须对整个社会加以控制。除了控制之外，似乎没有其他选项。这代表了工业社会这个历史阶段中社会治理的基本思路和行动方式。的确，工业社会在治理的问题上，无论是以集权的还是民主的形式出现，都是通过控制去谋求稳定、秩序以及安全。工业社会这个历史阶段中的社会治理是控制导向的，控制是这个历史阶段中社会治理的最为基本的特征。不仅是面对恐怖主义的问题，而且面对所有问题的积极行动都表现为控制。这个社会中的人们常说"管理就是控制"，其实整个社会治理也都是控制导向的。如果再将视线扩大的话，则会看到，在每一个人渴望自己自由时，都有着强烈的控制冲动，即希望控制他人。即便是在日常生活领域中，特别是在家庭生活中，不受妻子控制的男人肯定不是好男人。

我们知道，经历了资产阶级革命后，由启蒙思想构造出来的社会治理是依托于民族国家进行的。既在民族国家的框架下开展社会治理，也通过民族国家的机构来开展社会治理，还将社会治理完全覆盖了民族国家的疆域。从民族国家的起源看，世俗王权从神权的统治和压迫下解放出来是第一步，而在把国民从"教民"中解放出来，或者说把"臣民"转化为公民，则完成了第二步。随着完善机构、开展治理、处理利益纠纷和平衡各种关系活动的逐步展开，也就建立起了名副其实的民族国家。

虽然民族国家的建立是从解放开始和带着解放的使命，但它又必然保留压迫性的社会关系。即便民族国家建立起了民主制度，让人感受到了自由，也同样会处于压迫性社会关系之中，在很大程度上是以社会治理去体现和维护压迫关系的。在民族国家中，人们会有着一种强烈的身份和安全追求，并把这种追求寄望于国家去实现，因而必然会自愿地参与到具体的等级层次的构建中来。尽管人们得益于启蒙思想而实现了思想解放，并在一般的意义上反对等级压迫，但在每一个具体的领域和每一种生活形态中，又都不自觉地去构建等级和接受等级，认同并用自己的行为去加以强化各种各样的现代性等级，从来也没有怀疑等级的合理性，更不用说将其视为系统性的压迫关系了。

压迫本身意味着控制，压迫是建立在控制的前提下的，压迫其实与控制就是同构的。考虑到有压迫就有反抗，也必须用控制来防范和避免反抗。这就是一个永无止境的循环。所以，从历史过程看，社会治理从统治向管理的转变并未终结控制导向的追求，反而把控制制作得更加精致、更加合乎科学理念和技术原则。也就是说，控制得到了加强，变得无孔不入和覆盖了整个社会，甚至杜绝了隐居山林、向道独修的行为。表面上看，启蒙思想把对自由的追求确认为"天赋"人权，而社会治理体系却在保障人的自由追求的名义下施行控制，从而扼杀了人的自由。给予人以自由的期待，却又封堵了任何通往自由的道路。这就是工业社会施行控制的结果。

从理论上讲，如果将人对自由的追求视为善的话，那么社会治理体系所做出的一切消解自由的事都应被理解成恶。之所以人们可以在理论上将社会治理视为"恶"的代名词，盖因其控制导向。控制就是社会治理一切恶的根源，也生产出或诱导出了社会上的绝大多数的恶。其实，在根据启蒙思想建构起来的形式民主体制中，自由本身就是控制的理由。这个理由规范了控制，也基于这个理由实施控制。不仅在这些国家的内部以自由的名义施行排斥，而且在国际社会上也以自由的名义挑起冲突和意识形态战争，甚至屡屡对发展中国家政府施行颠覆活动。

在回答人为什么会产生对社会过程进行控制的要求这个问题时，哈耶克引用了罗素的话来回答。哈耶克说罗素的描述是非常出色的，"有计划的建设所带来的欢愉，是那些要把智力与权力结合在一起的人最强大的动机之一；只要是能按计划来建造的东西，这种人就会努力建造它……创造的欲望本身并不是理想主义的，因为它是热爱权力的一种形式，当存在这种创造的权力时，有人就会打算利用这种权力，即使不假外力的大自然所产生的结果能够胜过任何精巧的意图"。[1] 的确，一切征服、支配和控制都与权力、权力欲脱不了干系。就科学技术是一种工具、手段而言，也反映出了增强人的权力欲的功能，使得权力在发挥作用时变得狂野和强大。

科学技术包含着和反映了理性，或者说科学和技术都是可以被评定为理性的。但是，科学技术与权力欲相结合之后，理性则消融于权力欲之中了，致使对社会过程进行控制的追求表现出了一种非理性的状况。哈耶克也将此说成"对理性的滥用"。不过，现在的情况不同了，因为人类社会呈现出了高度复杂性和高度不确定性的特征。现实

---

[1] [英]弗里德里希·A. 哈耶克：《科学的反革命：理性滥用之研究》，冯克利译，译林出版社2019年版，第101页。

的经验已经告诉我们,在高度复杂性和高度不确定性条件下,当所有结构性的权力得以解构时,当权力不再能够介入人的行动之中时,基于权力和从属于权力欲的所有征服、支配和控制也都将消失,至少可以说是丧失了合理性。这个时候,一切行动都包含着为了人的共生共在这一社会目的,却又不以这一目的为借口而去控制人和社会。

在《科学的反革命》中,哈耶克从知识社会学的角度提出了对社会过程加以控制的不可能性观点。哈耶克的根据是,个人对知识的占有状况决定了知识的功能,"单独一个头脑顶多只能知道全体个人所知道的事情中的一部分,这个事实限定了对不自觉的社会过程之结果进行支配的范围。人类并没有自觉设计这一过程,而只是在它形成之后,才逐渐认识到这一过程。但是,有些不但不依靠自觉控制其运动过程,而且不是出于自觉设计的事情,也可以带来可取的结果,这是个让自然科学家觉得似乎难以接受的结论"。[①] 其实,当历史主义者(如黑格尔)要求"从后思索"的时候,就已经意识到了。社会过程所留下的历史轨迹中包含着诸多超出了人的自觉控制和设计的结果,有些结果对人而言是积极的。历史主义之所以要求人们"从后思索",亦如猫头鹰一样在黄昏后起飞,就是要在历史中发现经验和教训,以期作用于现实。

虽然我们同意哈耶克社会过程不可控制的意见,但相比之下,我们认为历史主义的态度更可取。因为,在历史主义中,包含了某种提升人的能动性的愿望和要求,而且在对历史的反思中,已经包含了积极行动的追求。社会过程是不可控制的,但认识又不能止步于此,而是要在形成了这一认识的情况下肯定人的能动性所具有的社会价值,并努力寻找提高人的能动性的路径。社会过程的不可控制并不意味着放弃人的能动性的发挥,反而恰恰要求用人的能动性去进行补救。这

[①] [英]弗里德里希·A. 哈耶克:《科学的反革命:理性滥用之研究》,冯克利译,译林出版社2019年版,第100页。

样的话，科学的、道德的、文化的、政治的、组织的等各种各样的提升人的能动性的路径，都不应受到否定或被忽略，而是需要被安置在合适的位置上。在风险社会中，在社会的高度复杂性和高度不确定性条件下，人的能动性显得尤为重要。我们知道，基于启蒙时期所建构起来的思想，一切可以列入政治范畴中的东西，都必须接受自由优先的原则，而自由又是对社会过程加以控制的最高原则。人们也许会把自由理解成一种"非控制"的原则，这其实是一个非常肤浅的误会。在工业社会中，自由所宣示的恰恰是公民对政治及其权力的控制要求。

在工业社会控制导向的社会治理模式中，控制不仅是手段，而且成了目的。特别是与民主的理念和制度相结合的时候，在所有存在着控制的地方，都要求对控制再行控制，并形成一个控制闭环。当对控制进行再控制的时候，必然会消耗大量的社会资源，致使社会治理成本处于持续增长的过程中。不仅如此，还会出现对控制的专门研究，从而在社会技术的各门类中再增加一门控制技术。这些研究不仅同样会消耗社会资源，而且会推动控制体系的膨胀和控制机制的繁复化。当无所不在的控制遍布整个社会时，也导致了社会的畸形化，甚至反控制的力量都不可能得以产生，更不用说为社会的发展提供某种动力了。控制导向的社会治理会使整个社会陷入沉闷，也会使社会发展陷入停滞，尽管经济、科学技术等的发展在有效的和科学的控制之下能够在短期内取得很好的业绩。

出于控制的目的，或者，出于保证合法性不出现流失的目的，官僚制组织普遍存在着信息封锁的问题。官僚制组织中上下双向的信息封锁在很大程度上可以看作围绕权力而开展的斗争。上层不愿意开放性地与下层无保留地共享信息，是为了维护权力的某种神秘性，而这种神秘性也意味着权威化；下层对上层所作的某些信息封锁则是为了限制其权力，让上层的权力行使有时因为得不到某些信息的支持而陷入尴尬境地。或者，下层出于对来自上层的控制的抗拒而通过信息封锁达到反控制的目的。总体看来，下层对上层的信息封锁以及选择性供给，在目的上要更为复杂一些。比如，出于奉迎上司的需要，出于制造业绩假象的需要，等等，都必然会在信息供给上去做文章。

控制是一切恶行之源，尽管控制本身不一定就是恶。社会治理中的一切恶，都根源于控制以及对控制的追求。如果社会治理被理解成施行各种各样的控制，并出于控制的目的建立起各种各样的制度，那么社会治理本身就会被打造成一个巨型"恶魔"，也就是霍布斯所说的"利维坦"。所以，从控制向服务的转型，将是社会治理告别恶行的起点。事实上，在近些年应对危机事件的经历中，我们看到且更加确信，服务型政府建设是合乎风险社会中人的生存要求的。特别是服务型政府建设已经将社会治理转变为一个广泛的合作体系了，能够在风险社会及其高度复杂性和高度不确定性条件下，能够在应对危机事件时，呼唤出和调动起合作行动。

在控制导向的思路中，面对风险，首先想到的就是实施对风险的控制，希望实现风险的逆转。在工业社会低度复杂性和低度不确定性条件下，法律制度以及经济的稳步发展也许都能够在控制或降低风险方面收获良好的效果。然而，在风险社会及其高度复杂性和高度不确定性条件下，风险无处不在，它意味着实施控制的靶向无法捕捉到。而且，任何形式的控制，也不管采取什么样的手段，都会遭遇无处着力的问题。所以，在风险社会中，控制导向的思路和行动方式都是不适用和不合理的。不仅如此，在风险社会及其高度复杂性和高度不确定性条件下，那些从属于控制需要的社会设置及其运行，都不仅不能达成控制风险的目的，反而会不断地生产风险。法律制度的刚性在急速流动的社会要素面前显得僵化了，经济发展无论节奏快慢，都在不断地消耗自然的和人造的资源，甚至持续地对作为生产力要素的人施加某种压力，并因此而造成各种社会要素间关系的紧张。

总之，控制导向的社会治理为社会带来的是异化。在风险社会中，不仅失去了加以实施的前提和基础，反而会生产出更多的风险。与之不同，服务导向的社会治理则能够呼唤出广泛的社会力量。在得到了政府的正确引导时，这种社会力量所汇聚起来的，就是积极的应对风险以及危机事件的合作行动。

三 人的异化与风险生产

在分析日常生活异化时，列斐伏尔概括性地描述了工业社会的特征，这也可以说是对工业社会形式化的一种全景描绘。列斐伏尔说，"让日常生活同一化的因素：建立起来的法律和秩序——技术的和官僚机构的合理性——声称统一和事实上用于所有领域的逻辑——在大尺度（公路，等）上管理的空间——时钟—时间，人为的重复——媒体（主要不是通过内容，而是通过形式，产生聆听或观看的统一态度，培育面对信息、形象、话语的被动状态）——寻求行为的一致性和内聚力——在条件反射下训练这种行为——规定的表达——商品世界，与合同式承诺紧密联系——线性地重复的工作（同一种姿势，用词，等等）——具有各种禁止规定的空间——标准化日常生活中的基本功能（吃、睡、穿衣、繁殖等）的分割、标准化日常生活与所谓较高级功能（阅读、写作、判断和欣赏、接受、管理等）的分割和时间的计划分配同时存在——在形式上的法律平等中的多种不平等，由均匀和散布确切表现出来的不平等——在实证知识中执行的认识领域和分支——官僚机构和官僚的封建制度，在它自己的封地里的每一个行动——行政管理按空间划分的重要性——把空间处置为无限可分的（视觉的—几何的）视界，一种社会产品——日常生活好像一个小企业，在这个意义上，管理日常生活，这是日常生活管理的一般的和延续下来的倾向——对实证知识以及规范提出诉求，还原日常生活经验的倾向——异化形式的叠置和相互强化，直至不能维持而崩溃——在一般交换中被社会地和具体地物质化了的抽象控制，这种抽象控制延伸至象征，以致象征降低为符号——假百科全书，伴随词典、字典等出版物的激增"。①

值得重点关注的是，在工业社会的行进中，日益更新的技术在日常生活中的应用，新技术越来越全面和越来越深入地在日常生活中的渗透，是造成日常生活异化的重要原因。"现代技术进步渗透进日常生活的方式，已经引入了日常生活这个落后部门，不平衡发展，我们时代的每一个方面都有不平衡发展的影子。在'理想家居'方面，如此巨大的进步表现构成了社会学的第一重要事实，但是，它们一定不能用来消除技术积累下来的现实社会过程的矛盾特征。这些技术进步以及这些进步的后果，正在引发社会实际生活中的新的制度性冲突。这个时期，人们目睹了日常生活应用技术方面的惊人发展，同时，人们也目睹了同样惊人的大众日常生活的倒退。"② 我们必须承认，技术的应用使生活得到了极大的改善，提高了生活的便利化，也提升了生活质量。然而，在整个工业社会的行进中，生活条件的恶化也不断加剧。不用说食用"原生食品"已经是一种奢侈，而且人的情感衰落和人际冷漠，也使得生活内容变得复杂化了。

在工业社会这个历史阶段中，日常生活为技术所改变，是一个每日都给人以新景象的事实。"全部技术每天都在改变着生存条件。'技术越来越多地侵入了生命的每一刻'，围绕人的环境正在日益变得更具实质性。技术环境的观念把人与机器的关系一般化了，把人与机器的关系延伸到了日常生活。科学家考察了把人与机器的关系延伸到日常生活的一般规律和无可争议的后果，科学家自己正在改变着技术环境。"③ 更为疯狂的设想也被提了出来，甚至有人正在将一种疯狂的想法付诸实施，那就是将芯片植入人的大脑，在方便学习的名义下实施

---

① ［法］亨利·列斐伏尔：《日常生活批判》，叶齐茂等译，社会科学文献出版社2018年版，第613—614页。
② ［法］亨利·列斐伏尔：《日常生活批判》，叶齐茂等译，社会科学文献出版社2018年版，第6—7页。
③ ［法］亨利·列斐伏尔：《日常生活批判》，叶齐茂等译，社会科学文献出版社2018年版，第34页。

对人的生物体以及思维的控制。

在以往对异化状况的考察中,总是建立在对人的各种关系进行分析的基础上的,而通过植入芯片对人实施控制,也许只有一些巫术想象中的"夺舍"才能与之相比。那无疑是人的最简单、最粗陋的异化,甚至可以对此作出"人的生物异化"的判断。不管怎样,技术改变了人,也改变了日常生活。就这种改变是日常生活的异化而言,同时获得了可以侵入和替代公共领域、私人领域的属性和品质,使得整个社会的日常生活化成为可能。所以,许多研究风险社会生成原因的学者均认为技术造就了风险社会。关键的问题是,这似乎已经成了人类社会发展的一条不可改变的路径,即人类有了对这条路径的高度依赖。

列斐伏尔认为,造成日常生活异化的还有结构化问题。在列斐伏尔看来,"让日常生活层次结构化的因素:功能、劳动、收入多形式的层次结构,从底部(消失到废品堆里)到顶部(消失到云端),延伸至物体的层次结构:小汽车、居住场所、首饰,等等——区位的层次结构,'房地产'的层次结构,个人和群体认定品质的层次结构——作为分层的、等级形态社会以及叠加其上的层次——媒体对时间做出的划分,把零碎的信息通过假想的整体版本播放出来——知识以及相关的基础和应用的层次结构。重要的和次要的,基本的和传闻的——企业、车间、办公室的等级制度(在官僚机构,设想实际工作的等值性,采用了'能力—绩效'的思想观念)——在权力和决策中的'参与'程度,从零碎的权威到主权,等等——在技术专业服务(不是没有冲突的)中的官僚机构,技术专业服务把日常生活和日常生活中的人当作它工作的原材料,当作它要'处理'的物质,当作它工作的受益人,技术专业服务倾向于让它的'主体'自己去完成它自己的登记和注册工作,填写各式各样的表格……"①

---

① [法]亨利·列斐伏尔:《日常生活批判》,叶齐茂等译,社会科学文献出版社2018年版,第614页。

概括地说，正是这些结构化、模式化、格式化，使得日常生活变得呆板僵化，呈现出"灰色的"格调。本来，人应通过日常生活和在日常生活中去展现的个性却完全被统一结构的模式压制了，致使日常生活不再称得上是人的生活，反而像养猪场中打上了耳钉、喂饲同样饲料的那种生物。近代以来的哲学在抹除了人的差异后抽象出了同一性，但那还只是指出人作为人有着同一性的因素，而在工业社会后期，人在日常生活中的形式化、模式化，则将人的抽象同一性转化为了实在的同一性。

除了社会的形式化之外，列斐伏尔认为，碎片化也是日常生活异化的原因和表现形态。这是因为，社会以及日常生活的碎片化使人及其生活的完整性丧失了。列斐伏尔指出，在工业社会这个历史阶段中，"许多分离、分割和分裂，如私人的和公共的、理论的和经验的、天然的和技术的、外来的人和本国公民，等等——建立一定程度聚集区的指定空间——劳动划分——以地块方式出售的分割的空间——分裂的核心，以分散化名义扩展到城市的现实，导致一定的分割——淡化日常生活中高（神圣的）与低之间的差别，生长出多种中性的、无差别的时刻——受到保护的劳动者（就业法、工会，等等）和剩下那些缺乏保护和完全没有保护的劳动者之间的社会分割和不相往来，等等"。[①]

在科学研究中，因为认识论提供了一种分析性思维，总能在对研究对象的分割中有所斩获。比如，物理学的物质无限可分的观念总是以稍加变换的方式再度显现到了科学研究的每一个领域。这种情况也反映在了社会的建构和经营之中，表现为"分而治之"的社会治理方式。总体看来，在社会及其构成要素、运行机制等每一个层级和每一个方面，所显现出来的都是将整个社会分割得支离破碎，致使人的生活乃至人本身，也碎片化了。人在生活和工作之间、在多种角色扮演

---

① ［法］亨利·列斐伏尔：《日常生活批判》，叶齐茂等译，社会科学文献出版社 2018 年版，第 614 页。

的过程中，成了碎片化的存在物。在每一处、每一个时间段中，人都是以碎片的形式出现的。

列斐伏尔所描述的是在认识论的逻辑中演化出来的一种实践模式，而这种实践模式为社会以及人的生活所带来的正是异化。进而，因为这种异化，又源源不断地生产出了社会风险，并终于在人类走进21世纪的时候将人类带入了风险社会。日常生活本来应当是丰富的，不应有任何固定的形式；日常生活本来也应以人的完整性为前提，不应把人割裂成不同的碎片。然而，从列斐伏尔所罗列出来的上述这些方面看，不仅是日常生活，而且整个社会，都有了固定的形式。

社会的领域分化，生活与工作的分离，都把人割裂成了不同的碎片，然后又将这些碎片投入各个领域中，去扮演不同的角色。这不仅是日常生活的异化，也是整个社会的异化。表面看来，社会还是由人构成的，生活是属于人的，但由法律、技术、官僚机构、逻辑、合理性、媒体、话语、契约等编织起来的生活空间，却将人消解了。在人丧失了完整性的时候，也就无法在社会中发现人的存在，或者说，不再有真实的人。当然，列斐伏尔所描绘的还只是一副平面展开的人的存在状况。在向前推移的过程中，这种人的异化图景又在色彩变幻中反过来改变了社会的属性，即使得社会呈现出风险社会的特征。虽然列斐伏尔揭示人的异化是出于寻求消除异化的目的，但当他对工业社会作了上述全景式描绘后，让我们感受到的却是失去了消除异化的方向，似乎告诉我们的，恰恰是人类走向风险社会的原因。正是工业社会的形式化以及一切促进形式化的因素，将人类推向了风险社会。

从历史上看，社会的领域分化和人的碎片化是发生在近代以来的社会过程中的。不过，经历了工业社会的分化、再分化，在全球化、后工业化进程中，却开始出现了某种逆转的迹象。也就是说，社会分化为不同领域的进程开始转化为各领域融合的进程。相应的，人的碎片化进程也有了终结的希望。果若如此，那么人就可以再度成为完整的人。事实上，在风险社会中，人也只有在成为完整的人时，才能参与到合作行动中来，才能有着自己的独立判断和开展行动的自主性。

在农业社会，工作与闲暇是因"农时"而定的。当"星期"的规定被制定出来后，也许当时是为了给宗教活动腾出时间，但在后来，工作日与星期日的区分也就成了工作与闲暇的规定，反映了城市生活的一种特征。星期日以及之后扩大到了星期六被规定为闲暇时间，而其他的日子则是工作日。由于工作与闲暇是建立在人为规定之上的，因而这个问题也就可以政治化，可以被作为政治议题提出，并围绕这个问题进行决策。比如，关于某个节日应当放假（即成为休闲日）几天，会成为重大的国是论题而在议会中进行讨论。从理论上看，工作与闲暇时间的区分已经意味着社会分化。工作时间是具有社会性的，是人在公共领域、私人领域中开展活动所占有的时间，而闲暇时间则被给予日常生活。

社会分化被明确地意识到，应当说是近代以来的事情。准确地说，是到了20世纪，随着公共领域进入了哲学家的视野后，才对公共领域、私人领域、日常生活领域以及相应的生活作出明确的区分。然而，信息革命带来了人的工作方式和生活方式的改变，使得公共领域、私人领域、日常生活领域的边界变得模糊了，呈现出了领域融合的迹象。对于既已出现的领域融合迹象的解读，也让我们倾向于认为，一场整个社会日常生活化的运动正在发生，因为公共领域、私人领域都在不断地涂上了日常生活的色彩。当然，这是建立在日常生活自身以及日常生活领域的根本性变革的前提下的。

随着工作以日常生活的形式出现，或者说成为日常生活的内容，日常生活开始了对私人领域和公共领域的渗透。可以相信，在不远的将来，就能够实现对公共领域、私人领域的改变，即让公共领域、私人领域中的生活和活动采取日常生活的形式。也许当下的"上班族"会抱怨到，现在的情况是一整个星期都成了工作时间，"997"之外就是睡眠时间了。的确。由于上班时间的弹性化，即没有了固定的上班时间，致使全部时间都似乎显现为工作时间。这是不是意味着日常生活的萎缩呢？我们认为，这种情况也许证明了闲暇的丧失，却不是日常生活的萎缩。因为，即便是在工业社会中，闲暇虽然是日常生活的主要内容，但也不能等同于日常生活。在上班时间弹性化之中，包含的恰恰是工作成了日常生活的内容，或者说，工作采取了日常生活的形式。

在领域分化的条件下，绝大部分工作都是在公共领域、私人领域中所开展的活动。当工作采取了日常生活的形式时，无疑使得公共领域、私人领域产生了变化，开始了其日常生活化的进程。就工作而言，也因为体力劳动与脑力劳动的区分变得模糊，从而有了日常生活的特征。当主要的体力劳动被智能化的机器替代后，剩下的绝大多数劳动已经无法被判定属于体力劳动还是脑力劳动。这就如我们将站讲台的教师说成体力劳动者和将坐在工作室内从事研究工作的人称作脑力劳动者一样没有意义。在体力劳动的可替代性被发现并得到自觉推动时，"劳动"与"工作"两个概念重合了。进而，工作又开始了与生活相融合的进程。随着工作与生活融合的影响不断扩大，导致了社会的领域融合。或者说，社会的发展走上了社会生活和活动的日常生活化的道路。

在对工作与闲暇作出区分的情境中，我们所看到的是它们矛盾的方面，会认为人从工作中解放出来就是闲暇的获得，会认为从工作中解放出来和享受生活是闲暇必不可少的特征。然而，当工作与闲暇相融合时，它们之间的矛盾消失了，工作也就成了闲暇。至少，无法再对工作与闲暇进行区分。就工作与闲暇在工业社会归属于不同领域而言，工作与闲暇的融合也意味着社会不同领域的边界被突破。这是从社会结构的角度去看历史时所看到的一种从分化到融合的趋势。

全球化、后工业化运动正属于终止分化和开始融合的节点。在全球化、后工业化运动所指向的未来，将呈现给我们一种社会各领域、各方面走向融合的景象。从上面的论述中可以看到，人的异化以及社会的异化的综合性作用使人类陷入了风险社会。现在正在发生的领域融合、工作与生活的融合等，也许不能改变风险社会的现实，却可以造就出风险社会中的生存和生活方式。当我们将人类视为命运共同体的时候，其重心显然是放在了人的生存和生活方面的。这就意味着，我们也许通过对正在发生的领域融合、工作与生活的融合以及其他各个方面的各种形式的融合的观察，就能够从中发现人类命运共同体建构的出发点。

第三章

竞争的后果与风险社会

　　工业社会是竞争的社会,竞争促进了经济繁荣和社会发展。在工业社会的发展进程中,竞争似乎提供了一种终极性的社会发展动力,推动了社会运行和社会变化的加速化。社会运行和社会变化的加速化与社会的复杂化和不确定化是同步的,并使工业社会的发展到了20世纪后期呈现出高度复杂性和高度不确定性特征,以风险社会的形式作用于我们的生活和生存。竞争行为也许有着悠久的历史,但这种行为的模式化是在工业社会中实现的。而且,"博弈论"的出现,也使竞争行为得到了理论证明,并在博弈论反作用于实践的时候,使竞争行为模式获得了理性化的策略。一般认为,竞争是理性的人的理性行为,也是在社会规范的框架下展开的,但其结果往往是理性所不能接受和不能承认的,因为它显然是一种非理性的状态。事实上,竞争行为在其所发生的每一个系统中也许都是理性的,但在溢出到系统之外的时候,就会以一种非理性的结果出现。所以,竞争把人类带入了风险社会中,而在风险社会中,竞争的后果则会变得更加危险。

　　在对工业社会的观察中,可以看到,竞争其实是最大的社会风险生产机制。这个社会不仅有着普遍化的竞争行为，而且拥有竞争文化，竞争行为是得到了竞争文化的支持和规范的。就竞争行为持续地生产风险而言，竞争文化于其中发挥了决定性的作用。在工业社会中，竞争文化是深植于人心的。由于文化是具有较高的稳定性的，以致人类陷入风险社会的时候，而且在竞争行为的危害性充分地暴露了出来的情况下，人们依然倾其力于竞争之中。无论是在人与人之间还是国与国之间，都坚持用竞争思维去看问题，也不计后果地去开展竞争。其实，风险社会对我们提出的是告别竞争文化的要求。如果我们在此条件下能够认识到人类是一个相互依存的命运共同体的话，就会致力于合作文化的建构，并用以替代竞争文化。就全球化、后工业化是人类社会的一场历史性的社会转型运动而言，我们也应通过合作文化的建构去响应社会转型的要求。实际上，也只有由合作文化形塑出来的合作行动模式，才能为人类赢得风险社会中的生存之道。

我们已经指出，在20世纪80年代，人类就进入了全球化、后工业化进程。这是人类社会发展中的一场历史性的社会转型运动，意味着人类历史的一个新的阶段的开启。然而，在工业社会历史阶段中生成的可以归入现代性范畴中的文化却如此地深入人心，因而表现出了拒绝和抵制变革的情况。拒绝和抵制变革的做法也是风险社会产生的原因之一。也就是说，总体看来，风险社会的出现是工业社会亦即资本主义社会发展的后果，但在社会变革过程中出现的变革要求与文化延续间的冲突，也是风险社会出现的原因之一。当我们置身风险社会时，对工业社会的个体性文化以及作为它的表现形式的竞争文化进行反思，确立合作文化的建构目标，已经成为一项迫切性很强的任务。风险社会意味着人类被动地成了命运共同体，为了将它改变为积极的命运共同体，只有合作行动这样一条道路可走。合作行动的文化要求，则指向了合作文化建构。

第一节　竞争的社会后果

在过去的几个世纪中，之所以工业社会呈现出加速发展的态势，即不像农业社会那样在运行和变化上都显得极其缓慢，是因为工业社会人的关系中包含着和生成了竞争文化，形塑出了竞争行为模式，而且人们也是通过竞争行为去表现人与人之间的关系的。工业社会也可以被定义为竞争的社会。正是竞争，推动了社会运行和社会变化的加速化，使社会发展的节奏变得越来越快。可以认为，由于工业社会成功地建构起了竞争文化，也由于竞争行为遍布社会的几乎所有领域和渗透到了社会生活的几乎每一个方面，形成了一种推动社会发展的巨大力量。甚至可以认为，竞争是推动社会运行和社会变化加速化的主要动力。在今天，也许人们向往慢节奏的生活，渴望稳定而平缓的社会运行，但社会运行和社会变化的加速化却是一种不可逆转的趋势，而且是我们必须接受的事实。正是社会运行和社会变化的加速化，把人类引进高度复杂性和高度不确定性的社会状态中，表现为风险社会。

社会的高度复杂性和高度不确定性是一种客观情境，而社会的加速化也许是人在这种客观情境中所获得的一种主观感受。正如罗萨所指出的，"当涉及有关加速的问题时，人们却发现，尽管已经有了大量的加速的证据，但是这项研究最后却不得不依靠个人的直观感觉和印象"。[1] 所以，对于不同的人，感受到的社会加速化是有所不同的，对不同的人的生活的影响，也是不同的。在历史的维度中，如果去进行"跨代"比较，还可以看到，今天的社会与以往相比，在运行和变化的速度方面都有着很大的不同。社会运行和社会变化的加速化使得我们的社会以风险社会的形式出现，而竞争则可以被认为是风险社会

---

[1] ［德］哈尔特穆特·罗萨：《加速：现代社会中时间结构的改变》，董璐译，北京大学出版社2015年版，第91页。

生成的主要原因。正是人们出于自我利益实现的要求而在一切社会活动中所开展的竞争，呼唤出了风险社会这个"魔鬼"。

一 竞争推动了社会加速化

从20世纪后期以来的情况看，非常现实的问题是，"伴随着交通、通信、生产和消费的技术性加速，职业、家庭、伙伴关系一直到个人生活规划中的社会变迁也在加速。整个社会，即使其外部的框架保持稳固，也进入运动，对于个人的灵活性要求也在增长。人们需要对地点和职业的改变，同样对社会的升迁和下降，作好准备。迅速变化的工作和生活环境让经验贬值。人们必须不停地改学专业。生产者变老，更快老化的是他们的产品。一切都被扯入一种巨大的变化竞争中。人们有些茫然地谈论短命的时间，表达这样的感觉，以供给和要求之增长的范围衡量，个人的时间资源变得越来越紧缺"。[①]

时间资源的短缺予人以极大的心理压力，让人总是感到有那么多事需要做却又没有时间做，人们总会为一晃而逝的某项时间致其错失了诱人机会而惋惜、懊恼，从而奋力拼争。然而，在加速化的条件下，由于时间资源的短缺，无论人们怎样奋力拼争，似乎还是感到失去的远比得到的更多。在社会运行和社会变化加速化的条件下，我们每个人都感受至深的情况是，总是抱怨社会节奏太快，无论我们怎样拼命地移动脚步也跟不上社会的运行和变化，似乎总有许许多多的机会因为我们的脚步移动的太慢而失去了。

为什么我们会进入这种状态，或者说，是什么原因把社会运行和社会变化推上加速化的进程中，致使我们拼命追赶却又总是感到追不上。应当说，原因是多样的，甚至可以说是无限多样的。其中，竞争应当被作为一种主要的原因看待。是因为人们在工业社会这个历史阶

[①] [德]吕迪格尔·萨弗兰斯基：《时间——它对我们做什么和我们用它做什么》，卫茂平译，社会科学文献出版社2018年版，第126页。

段中拥有了竞争行为模式，并用竞争行为推动了社会运行和社会变化的加速，才造成了这样一种结果：我们越来越感受到因为自己的脚步太慢而使时间成了之于我们的稀缺资源。于此之中，也包含着许许多多社会风险，而且，因为这些社会风险的量上的增长而发生了质变，使得整个社会的性质发生了变化，呈现出贝克所命名的"风险社会"。

罗萨认为，时间结构发生的变化导致了社会结构的变化，从而使时间结构与社会结构之间的关系变得复杂化了，并在社会运行和社会变化中表现出了更大的不确定性。"时间结构是社会结构和文化相互结合在一起的理想地点；它实现了从系统的要求到个体的行为导向的必不可少的'翻译'，因为它也是在后传统社会中的规范性约束，很大程度上促成了期望的稳定性并且似乎也被当做是自然而然的行为的方向框架。"①

一方面，时间结构反映了社会结构与文化相结合方式的融合程度，社会运行和社会变化的加速化是社会结构与文化的互动引起的，也是社会结构与文化互动的外在表征；另一方面，在社会结构与文化的互动中，时间作为资源的属性显现了出来，而且人的时间资源稀缺化的感受，也变得越来越深。进而，时间资源的稀缺化，又反过来对社会运行和社会变化构成了约束，而社会运行和社会变化则对时间的约束进行冲击。因此，形成了循环升级的状况，造成了一种植于社会结构至深之处的冲突。这种冲突的存在，导致了各种各样的社会风险，并使整个社会以风险社会的形式出现。

就人际关系来看，如果从历史对比中去寻求对它的理解，可以发现，"在经典的现代当中，自我关系和世界关系的变化主要体现在个体化，而到了晚期现代，变成了生活的时间化。也就是说，变成了将自己的生活看作一个可以从时间上进行塑造的规划。与此同时，晚期

---

① [德]哈尔特穆特·罗萨：《加速：现代社会中时间结构的改变》，董璐译，北京大学出版社2015年版，第263页。

现代的这个动态化过程同样也影响了生活角度的'去时间化'和情境化地确定身份定位"。[①] 在近代社会的早期，社会是一个舞台，人们需要以个体的人的形式在这个舞台上去扮演角色和进行表演。而且，社会也可以被看作静态的人的共同体。个人可以从这个共同体中分离出来，成为自我和获得作为个体性存在的自主性。

随着社会运行和社会变化的加速化，我们已经不再能够将社会看作静态的共同体。所看到的反而是，个体的人的命运如此紧密地与整个社会联系在了一起。这种状况意味着，我们即将经历的是"自我的萎缩"。无论在时间网络的节点上，还是从这个节点出发，"所有的关系，无论是空间方面的、物质方面的、还是社会方面的，都是偶然的、可塑的，而且几乎是可以无限制的选择的，但是似乎一切都没有称谓，因为自我完全什么都不是了"。[②] 个体的人失去了现实性，自我变得非常不确定，甚至会走向消失。这种情况在主观感受上，也必然被理解成风险社会。因为，自我的消失不是因为"自杀"等自我选择，而是由社会引起的。而且，除了社会运行和社会变化的加速化之外，具体的社会原因又是不明的。所以，风险社会这个概念也反映出了人的主观感受。也就是说，时间作为资源的稀缺性主要反映在个体的人这里。或者说，是通过个体的人而传导到了社会，从而让人普遍地感受到社会也存在着时间资源稀缺的问题。

就某些社会事件而言，如果处在竞争状态中，或者，在应对各种挑战的时候，会感到时间资源的稀缺所造成的紧张状态。但是，这种"感到"是人感受到的，在社会的意义上，是有多样的方式和途径去补足时间稀缺的，以致时间资源的稀缺并不是一种真实状态。事实上，社会的时间资源是丰裕的，只是个体的人无法把社会所拥有的时间资

---

① ［德］哈尔特穆特·罗萨：《加速：现代社会中时间结构的改变》，董璐译，北京大学出版社 2015 年版，第 265 页。
② ［德］哈尔特穆特·罗萨：《加速：现代社会中时间结构的改变》，董璐译，北京大学出版社 2015 年版，第 283 页。

源转化为个人所有，反而在社会时间越丰裕的情况下，就越感受到自己的时间资源稀缺。

时间是一种不同于任何其他资源的特殊资源，社会时间的相对性也正是表现在它作为资源是因人而异的。当然，人们会说，在竞争的条件下，组织、民族国家等社会存在物也同样会感受到时间资源的稀缺。这确是实情。但是，就竞争文化以及社会框架是在近代形成的而言，是工业社会的特有物，而且在时间上同步出现了组织、民族国家等，可以说几乎所有这类社会存在物那里都包含着某种可还原的逻辑，即在时间上也可以还原到个体的人那里。因而，所有的竞争最终都可以归于个人。这就是近代以来的形而上学归因或溯源思维指示的一条路线。也就是说，组织、民族国家等无非个人的放大，它们所遇到的时间资源稀缺的问题仍然是属于个人的。个人的时间资源稀缺状态又被带入社会中，从而使时间在社会运行和社会变化的加速化中变得越来越紧张。

一切竞争，无论是以个体的人所开展的竞争，还是由组织、民族国家承载的竞争，都可以归结为个体的人的竞争。在竞争的归因上，总能找到个体的人。社会的时间资源稀缺是由竞争引起的，个体的人就是时间资源稀缺问题的制造者。或者说，是因为个体的人总是从自我的个人利益出发去开展竞争，导致了时间资源的稀缺。进而，因为时间资源的稀缺而不能把所有与人相关的事情都解决好，以致出现了诸多社会风险，并在社会风险的积累中出现了风险社会。风险社会也是以社会的高度复杂性和高度不确定性的形式出现的，即表现为社会的高度复杂性和高度不确定性特征，而社会运行和社会变化的加速化则是风险社会的表现方式。或者说，"风险社会""社会的高度复杂性和高度不确定性""社会运行和社会变化的加速化"这三个方面是密切联系在一起的，具有同构性。

工业社会也被视为资本主义社会，资本的功能和目标都是需要在市场中去得到实现的。市场本身就是复杂性与不确定性的重要发源地。

是因为市场中存在着竞争，制造出了复杂性和不确定性，推动了社会复杂性和不确定性的持续增强。就市场经济而言，活跃于其中的是"经济人"，每一个成为市场主体的人都是"经济人"，他是市场中的一种天然的恒定因素，都属于利益追求者。也许我们在人而不是"经济人"的角度上看市场主体的时候，会认为他具有慈悲、怜爱和道德心，但这却无法证明作为人的聚合形态的市场主体是不属于自我利益追求的"类"，更何况在市场中活动的仅仅是"经济人"而不再是人。在抽象的哲学意义上，市场主体共同的自利性是确定的。在这一点上，是可以在理论解释上消除复杂性和不确定性的。因为，就人在市场经济活动中是自利的"经济人"而言，是一个简单的事实。可以说，将市场主体视为"经济人"只是便于解释，制造出了理论解释上的简化，并未使现实简化，反而恰恰是"经济人"的活动，推动了市场以及整个社会的复杂化，生产出了越来越多的不确定性。

在组织的管理中，基于人的自利性而发展出了一些管理技术，并通过激励手段的运用而将复杂性和不确定性纳入了可以控制的范畴之中。就组织的运行而言，这种管理技术的应用也确实起到了降低或消除复杂性和不确定性的目的。但是，当我们的视线从组织移向自由市场时，就会看到人的自利追求不仅不能降低复杂性和不确定性，反而推动了社会的复杂性和不确定性的持续增长。在复杂性和不确定性达到了某个临界点的时候，则将人类社会推入高度复杂性和高度不确定性的社会状态，造就了风险社会。当然，如果按照古典经济学的"完全竞争"假设去看市场的话，从逻辑上说，是不会因为人的自利追求而导致社会的复杂化和不确定化的。可是，现实中的竞争总是属于"不完全的"竞争，以致工业社会的发展因为市场中的竞争而一直走在复杂化和不确定化的道路上。

不仅是在市场中，而且在社会治理中，也包含着推动社会运行和社会变化加速化的竞争。在工业社会的社会治理过程中，也贯穿着竞争文化。不仅民主政治是一种竞争政治，而且那些被归入行政范畴和社会管理范畴中的过程，也包容着竞争。而且，管理者还会利用竞争，会把竞争作为一个非常有效的控制手段而加以使用，即利用组织成员间的竞争达成管理的目的。无论是作为组织的行政体系内部的管理还是对社会的管理，普遍地使用了挑起竞争的手段而达成控制的目的。

在社会的治理过程中，工业社会所采用的是一种"分而治之"的治理方式。不仅使用分类管理和控制，而且会在不同的群体之间挑起对几乎所有有形和无形资源的争夺，并在这种争夺中去扮演主持正义、化解矛盾、制止冲突的角色。中国人常将这种做法称为"帝王之术"，其实，在现代管理过程中，往往是通过制度、程序设计的方式将其转变成正式管理，甚至都算不上管理以及领导艺术了。准确地说，中国人所说的"帝王之术"已经成为一种制度化、模式化的管理路径。

一般说来，每当社会治理者遇到一些较为棘手的社会问题时，总是习惯于引入竞争机制，将社会主体置于竞争的局面中，迫使社会主体纷纷求助于社会治理体系的权威。社会治理体系则可以在此过程中获得合法性和增强权威，从而实现对社会的稳固控制。可是，这种社会治理技术却导致了社会分化和分裂，不断地制造出社会风险，并使这些社会风险积累了起来。然而，在工业社会模式化的观念支配下，人们并未意识到这样做的消极性，反而是在经营竞争方面变本加厉，不断地制造新的竞争项目、凝聚新的竞争热点和激活新的竞争力量，以保证社会治理者花费较少的精力就可以成为得利的"渔翁"。

总的说来，工业社会中的每一个社会治理体系都在努力地利用竞争，总是在一切竞争展开得不充分的地方通过一些安排去促进竞争。在工业社会这个历史阶段中，只要出现了社会发展动力不足的问题，只要出现了组织运行不畅的问题，只要政府以及其他的社会治理机构出现了功能失调的问题，都会通过引进竞争和强化竞争的方式予以解决。从20世纪80年代出现的新公共管理运动来看，不仅要求政府大力促进社会竞争，而且要求把竞争机制引入政府中来。这些做法直接推动了社会运行和社会变化的加速化，并最终让我们不得不去品尝风险社会的苦果。

二 博弈论对竞争模式的建构

英国古典经济学是建立在市场竞争的基点上的，或者说，竞争是理解英国古典经济学的钥匙。亚当·斯密把竞争作为一条主线贯穿于他的学说中，认为整个社会大厦的建构都可以把竞争作为梁柱和基石。事实上，亚当·斯密是把启蒙的全部理想的实现都放在了竞争上的。不过，亚当·斯密所说的竞争与市场经济运行中的现实情况是不同的，他所说的竞争也可以定义为"完全竞争"。完全竞争的假设是建立在这样一个前提下的，那就是，涉入竞争过程中的市场主体都掌握着充分的信息。

在亚当·斯密那里，完全竞争意味着，凡参与到竞争过程中的人，对于影响竞争的所有信息都能够做到充分的掌握，并且能够根据这种充分的信息去决定自己在市场中开展什么样的活动和做出什么样的行为选择。有了这种完全竞争，市场的各个方面也就都能达致均衡。这在现实中其实是完全不可能的，更不用说市场主体恰恰是把信息不对称作为竞争策略而加以使用的。而且，有些信息也被作为商业秘密而受到法律保护。所以，在市场经济发展的实际进程中，亚当·斯密的完全竞争假设从来都没有出现过。在市场中开展活动的市场主体，从来都处在不平等的竞争状态中，而且因为不平等的竞争而出现了"反竞争"的垄断。我们还可以经常看到，市场主体往往会受到19世纪文学作品的鼓励，希望通过冒险而发财致富。所以，完全竞争的假设在现实中是根本不成立的，对于理解实际经济过程也并不像古典经济学所认为的那样重要。

不仅是抢劫、掠夺，而且会因信息的不充分共享而使完全竞争不可能出现。现实中的竞争都是非完全竞争，而非完全竞争又不仅会导致垄断，而且在许多方面都表现出了其有害性，对社会公平、正义等，会造成非常严重的伤害。看到了这一点，也就使我们对竞争行为的普遍性价值产生了怀疑。可以想见，在社会的高度复杂性和高度不确定性条件下，虽然信息技术、大数据等的发展使得信息共享得到了极大改善，但是，如果认为参与到社会活动中的人们能够无差别地实现信息共享，仍然是一种空想。可以说，无论技术发展到什么地步，也不管为市场提供的服务周密到了什么程度，只要人们在市场中活动，即在市场中开展竞争活动，就不可能处于完全竞争中。所以，我们是不能够为了捍卫竞争文化及其行为模式而要求在大数据等信息技术的支持下继续开展竞争的。总之，大数据以及今后出现的任何一种新的技术手段，都不足以将竞争改善为完全竞争。只要竞争不是完全竞争，就会产生恶果，就会生产出社会风险。

在风险社会及其高度复杂性和高度不确定性条件下，一切竞争都可能是有害的，也许其危害性会达到人类无法承受的地步。可以认为，风险社会中的人们如果继续沿用竞争行为模式的话，不仅会在很大的范围内对社会造成极大的伤害，甚至有可能把人类带入极其危险的境地。一旦人类陷入了某种危险的境地，具体的市场主体在竞争中制胜也就变得没有什么意义了。事实上，从进入21世纪以来美国在国际关系中对竞争行为模式的遵从来看，制造出的动荡以及危机都时常让人想起"世界大战"。在美国所制造的每一次地区性危机中，人们都会谈论那能否导致第三次世界大战，更不用说这种竞争思维以及行动带来的风险了。

正是这个原因，我们要求终结竞争的社会，而且希望终结竞争。即使不能完全消除竞争，也要对竞争加以限制，防止竞争成为社会风险的生产机制。在风险社会中，人类是被动地成为命运共同体的。在某种意义上，也正是因为工业社会中的竞争把人类推入了风险社会，致使人类被动地成为命运共同体。在这种情况下，只有合作才能增益于人类命运共同体。所以，我们需要做的是用普遍性的合作置换竞争。

总体看来，亚当·斯密对竞争所做的是功能主义理解，他把竞争作为其全部理论的基石，却没有建立专门的竞争理论。关于竞争的理论化，是由博弈论完成的。正是因为博弈论建立起了完整的竞争理论，也同时使竞争作为一种社会模式而得到了理论证明。我们知道，博弈论最早是由冯·诺依曼和摩根斯坦恩在1944年出版的《博弈论与经济行为》一书中作了系统性思考，后来，纳什、夏普等通过"纳什均衡""议价模型"等而使这一理论确立了起来。也许人类拥有博弈行为的历史可以追溯到非常久远的时代，但在社会生活中拥有博弈观、模式化的博弈思维以及普遍性的博弈行为等，则是非常晚近的事情。是在工业社会这个被我们称为竞争的社会中，人们才普遍拥有了博弈意识并付诸行动。可以认为，竞争的社会用博弈观对人进行了形塑，并要求对此进行理论上的证明。正是在这一要求的促进下，大致是在"二战"前后，建立起了专门的博弈理论，从而使这个竞争的社会有了自己的理论基础。

  当博弈论得以建构后，当人们普遍地拥有了理论化的博弈观后，再来反观社会，就会看到，人与人之间，组织与组织之间，以及在人自身的行为选择中，都包含着博弈的问题。当我们意识到了博弈，有了博弈意识和观念，特别是提出了博弈论，也就有了将此作为一个解释框架确立起来的要求。随着博弈论的提出，使得重新描绘人类历史演进图谱的做法变得要比社会达尔文主义更显理性和沉静。将博弈论用来理解现实，也可以更加清晰地看到一个人在决定是否遵从法律的时候会做出权衡。当遵从法律带来的利益大于不遵从法律的后果时，方能选择遵从法律的行为。这是因为，法律只不过是一种设置，因而在博弈的视角中，是否遵从法律，才是一个可以进行选择的问题，而选择的过程也可以纳入博弈的范畴去进行解释。

  不过，在我们进入了风险社会后，一旦人的共生共在的主题被确立起来，一旦我们意识到人类是一个命运共同体，就应当告别竞争社会，就必须抛弃博弈的观念及其思维，并宣布一切围绕着自我利益而展开的博弈都不再具有合理性。显然，风险社会向人们提出的是合作的要求，不再容纳任性的竞争。尽管就风险社会的生成而言，博弈论以及其所代表的竞争行为模式发挥了主导性的作用，但在人类已经陷入风险社会的情况下，则需要对博弈、竞争等加以扬弃。可是，由于传统的惯性，在需要扬弃博弈观及其竞争模式的时候，人们却在竞争的方面表现得更加疯狂了。

在迄今为止的历史演进中，竞争都在直接的意义上促进了社会整体的效率。随着博弈论的提出，更加提升了竞争的理性化水平。在某种意义上，也从博弈论中发展出了更加科学合理的竞争技术，从而促进了整个社会的整体效率。特别是在关于"合作—博弈"策略的应用中，把竞争技术发展到了极高的程度。但是，我们也看到，人们其实是把一切竞争的消极后果都投向了环境。显然，所有竞争都是发生在一定的系统中的。在系统与环境的关系中，人们把"竞争双赢"的代价转嫁给了环境。实际上，也就是由社会中的那些未进入此一系统中的人们去承担竞争的代价了。如果说竞争的系统像"俄罗斯套娃"那样一层层地展开，那么社会这个大系统中的一切竞争代价又都转嫁给了自然界。也就是说，由自然界承担人类竞争的一切消极后果。所以，当人们收获竞争带来的"双赢"或"共赢"时，所造成的则是对自然界的破坏。这就是博弈论在提升了人的竞争技巧以及"合作—博弈"策略的应用所带来的真实影响。看到了这一点，我们必须指出，在将人类推入风险社会的过程中，博弈论所发挥的是最后一击的作用。就如足球游戏中的射门一样，一脚将人类踢进了风险社会。在人类进入风险社会后，在人类已经被动地结成了命运共同体后，所面对的是人的共生共在问题。这个时候，如果人们依然按照博弈论提供的技巧和策略去开展社会活动，只能使风险社会的威胁进一步加重。

我们承认，在工业社会的基本框架尚未发生根本性变化的情况下，博弈论带来了社会效率的整体提升，以致人们产生了对博弈论的迷信，将其颂扬为一项了不起的科学成就。在中国学界，一些缺乏科学素养的学者在学习了博弈论后甚至感到如获至宝。不过，当我们看到博弈论在促进社会效率整体提升时罔顾了人类赖以生存的自然界时，当我们面对自然界因为不堪承受人类竞争对它的破坏而开展了针对整个人类的报复性回应时，当我们置身于风险社会之中而经常性地受到危机事件的袭扰时，也许就应当对博弈论提出质疑。恰恰在这个问题上，如果说政治家们因为传统的竞争行为惯性以及理论素养上的缺失而无能为力的话，那么对于学者来说，对博弈论的迷恋，也许表现出来的是一种"食肉动物"的冲动。也就是说，这类学者已经不再能够被视为自私自利的人了。

博弈论是一种关于竞争的理论，但它同时又是在科学名义下形成的权术，或者说，博弈论是一种披上了科学外衣的权术。不仅在学术界，而且在广泛的社会生活中，博弈论之所以受到了人们的追捧，那是因为工业社会中的人们在从利益实现的角度去看问题时，总会表现出一种为了利益实现而倾向于掌握和运用权术谋略的冲动，就像达官贵胄和气运多舛的人都相信算命打卦一样。在这方面，可以认为博弈论迎合了所谓人性自私的缺陷，让人性中阴暗的一面因为获得科学名义的支持而得到了合理性证明。不过，一旦竞争的社会被风险社会所否定，人们就需要为了人的共生共在而开展合作行动。那样的话，对博弈论的追捧也就显得不合时宜了。

其实，博弈模型正是建立在功利主义原则之下的，加入博弈过程中的行动者是把自我利益放置在首位的。所以，博弈论所指向的无非利益博弈的权术谋略，或者说，都可以归于利益博弈。利益博弈是有条件的，那就是已经默认了人们处在利益冲突之中。如果人们之间已经成为命运共同体，那么这种博弈即便能够表现出自我利益得到了实现的状况，也只是暂时的。因为，在一个较长的时间段看，通过博弈实现的那些利益就有可能凭空蒸发了。真实情况是，他（们）所实现的利益会导致共同体存续条件的恶化，致使博弈双方或各方都陷入日益恶化的困境之中。我们相信，在风险社会中，如果说人们热爱博弈或希望从博弈中去提升自己的智力水平，那也仅仅是作为游戏而去加以尝试的，而不是为了利益实现去开展博弈。就如中国古人喜欢"棋戏"一样。

事实上，在风险社会及其社会的高度复杂性和高度不确定性条件下，不仅地区性居民，而且全球，都被置放在了人类命运共同体之中，从而迫使博弈必须向合作转型。当然，自20世纪后期开始，学者们已经将合作的理念引入进来，甚至制作出了诸多"合作—博弈"模型，要求把博弈与合作统合到同一个过程之中。也有人将这种观点表述为"竞—合模式"等。与单向度的博弈观相比，这种把合作引入博弈过程中的要求表面看来是理论上的一项很大的进步，但在实质上，仍然是从属于功利主义的效用原则的，以致合作也同博弈一样，是被作为利益实现的工具、手段对待的。所谓"合作—博弈"，是把博弈主体分成了不同的阵营，让每一个阵营为了博弈而开展合作。考虑到博弈各方的复杂性和不确定性，也会表现出既合作又博弈的状况。总之，目的是博弈，合作只是手段。在人的实际交往中，在同样是作为工具和手段的合作选项中，博弈往往是被作为优先选项对待的，或者说，是把合作当作了博弈的辅助手段。在国际活动中，特别是西方霸权国家，在不想表现出赤裸裸的掠夺时，也会声称合作，但那种合作只不过是用来欺诈的符号而已。一旦这种合作遭遇了平等对话的要求，立马就会被霸权话语替代。

从理论上看，对于单向度的博弈观来说，合作概念的引入发挥了某种程度上的矫正作用，但在实践中，却是与人们的预期相差甚远的。在关于具体事项的决策中，无论是地方、群体还是个人，都更多地有着博弈而不是合作的冲动。这也说明，仅仅把合作的概念引入博弈过程而不抛弃功利主义的效用原则，是无法保证合作成为人们的行动优先选项的。雷加诺评论博弈论说，"博弈论或许可以说是理性模型最极端的表现形式，尤其适合向某个纵深处探究，挖掘出它的不足，以及将其扩展应用至一些更基础、更复杂的政策情境的潜力。对博弈论的审视对于更清晰地了解或可称作'先验分析'的问题也具有一定的指导性"。①

其实，博弈论提供了理解人与人的关系和在行动中发生互动的视角。在这个视角中，对"实际"进行筛选，或者说，把对人与人的关系以及行动中的互动过程的理解和观念塞给了实际，让实际从属于博弈论的理解。这样一来，博弈模型就有了先验的普适性。然而，政策情境在理性目的的场域中的多面性却也因此而在博弈模型中丧失了。从博弈论应用的实际表现来看，主要是被应用于政策分析之中的，是政策分析的一个理论视角。因而，"在大多数情况下，在政策话语中，博弈论被用来抽象地合理化既有政策，并非一个应用于实际情形的实践模型"。② 也就是说，博弈论能够很好地满足解释的需要，可以为人们提供理性证明。

雷加诺是希望将各种博弈模型放入实践过程的，要求各种博弈模型在实际的政策过程中发挥作用。所以，他认为，"这些模型不应仅仅停留于抽象形态，而是应得以被更多地应用于常规的实际政策情境和考量进一步分析博弈模型，或者评估究竟博弈是否一个适合的模型，而非由理论模型主导我们对实际情况的分析"。③ 在工业社会竞争文化语境中，产生这种要求是自然而然的。而且，在人际关系以及人的行为都得到了竞争文化形塑的条件下，要求把博弈模型应用于实际的政策过程，也能够在某种程度上得到实例的支持。但是，这样做的实践后果必然是按照博弈论的观念对人际关系和人的行动中的互动再行形塑，从而将人的那些与竞争文化不合之处完全剔除。

根据雷加诺的评价，"博弈论在政策话语中的重大影响在于为一定的模型或政策方向进行合理化建构。一个尤其影响深远的例子即为

---

① [美]劳尔·雷加诺：《政策分析框架——融合文本与语境》，周靖婕等译，清华大学出版社2017年版，第33页。
② [美]劳尔·雷加诺：《政策分析框架——融合文本与语境》，周靖婕等译，清华大学出版社2017年版，第33页。
③ [美]劳尔·雷加诺：《政策分析框架——融合文本与语境》，周靖婕等译，清华大学出版社2017年版，第33—34页。

了证实'看不见的手'存在于现代微观经济中,其被作为用以合理化大至全球贸易,小至小学代金券制度的政策话语工具……然而通过这些决策,每个个人推动整个社会实现帕累托最优的状态,可这一原则的数理复述和论证直至20世纪50年代方被重提"。① 随着博弈论的提出,竞争的形式与竞争背后的"看不见的手"合体为一了,成为可以把握并发展为策略的人际关系和行动技能的因素。就此而言,博弈论对竞争文化的诠释达到了非常精深和无比全面的地步,远远超越了人们对竞争的"古典经济学式"的功能主义理解。

雷加诺也看到,"总体来说,博弈论并不那么有助于真正解决实际政策情境。然而,博弈论可以提供有助于分析实际情况的眼光,指出在分析中应该探索的因素"。② 这反映了博弈论提出后成长起来的一代年轻学者的基本理论取向,即试图把博弈论推广到一切可能的领域和地方。其实,即便认为博弈论所提供的政策分析眼光是有价值的,也仅仅是在拥有了竞争文化的社会中才是有价值的。所以,博弈论只具有针对特定语境的适应性。而且,在这种具体的语境中,也仅仅是具有抽象的合理性。

社会的复杂性本身意味着人们并不是在所有情况下面对所有问题时都必然开展博弈。即使为了自我利益的实现,也不限于博弈这样一种途径。如果考虑到社会的总体境况的话,比如,在风险社会及其高度复杂性和高度不确定性条件下,在人们处于命运共同体的状况下,那么博弈行为所带来的后果就极有可能危及自身。这个时候,只要人是理性的,就不会进入博弈过程,就不会对博弈作出相向运动的反应。所以,在我们是否接受博弈论提供的政策分析眼光的问题上,也需要考虑到政策过程赖以展开的环境、总体社会背景、人的群集状态、行

---

① [美]劳尔·雷加诺:《政策分析框架——融合文本与语境》,周靖婕等译,清华大学出版社2017年版,第42页。
② [美]劳尔·雷加诺:《政策分析框架——融合文本与语境》,周靖婕等译,清华大学出版社2017年版,第52页。

动的性质以及效用的视界等方面。可以肯定地说,在风险社会中是不应带着博弈论的观念去开展行动的。

三 理性竞争的非理性后果

当博弈论堕入了"自由主义乌托邦"陷阱中的时候,虽然在行动者这里——微观世界意义的活动中——依然可以看到经济人理性,而在宏观的社会层面上,则笼罩了非理性的光晕。这就是雷加诺说的,"试想均衡模型自亚当·斯密以降已经给了分析家一个社会乌托邦的数学对等体。再想想这一概念是如何被用来合理化整个社会建制的设计的(如新古典主义经济学试图将所有社会建制都诠释成市场交易的某种形式之一),虽然社会现实离均衡远之又远。博弈模型及相似的均衡概念误导我们,在没有处理冲突的政治形态的情况下,为政策情境求解。事实上,当这些概念被作为一个模型来诠释亚当·斯密'看不见的手'的概念时,它甚至根本不要求政府的存在(当然,除了作为一种为个人赋权和保证市场运行的工具手段之外)"。[①]

因为博弈论的出笼,让自由主义者重新看到了古典时期的那种理想,即让政府恢复到"守夜人"的角色上去。也许当人的眼界集中到了微观行动层面的竞争上来时,仍然可以看到"看不见的手"具有理想的功能,进而会因此而坚定自由主义信念,会表达对政府以及任何可能的宏观政策的怀疑、排斥等。但是,在风险社会中,我们如何能够期冀微观领域中的以博弈行为为内容的行动增益于人类命运共同体?所以我们认为,虽然博弈论在一种动态的过程中诠释了竞争文化,并有着发展竞争策略的实践倾向,但在基本立场上,仍然是近代早期自由主义的翻版,甚至没有在理论上表现出某些进化。在社会呈现出高度复杂性和高度不确定性特征时,在我们陷入了风险社会时,它事实

---

① [美]劳尔·雷加诺:《政策分析框架——融合文本与语境》,周靖婕等译,清华大学出版社2017年版,第53—54页。

上是一种有害无益的理论。

在工业社会的整个历史阶段中，都可以看到竞争赋予社会以活力，即提高生产效益和社会效益。然而，如上所述，竞争亦如人类的一切活动一样，都必然会有一定的付出，人们之间在开展竞争的时候，必然会产生竞争成本。对于成熟的理性竞争而言，是可以将竞争成本转移给第三方的。在竞争双赢或共赢的意义上，也许直接参与到竞争过程中来的各方都获得了自己希望得到的结果。但是，他们在竞争中所赢得的，也许恰恰是竞争过程之外的人损失的。当然，如果整个社会按照古典经济学的设想那样，不仅存在着充分竞争意义上的完全竞争，而且处在社会全覆盖意义上的完全竞争状态之中，那么从理论上推定，可以达致公平、正义的结果。然而，当我们的理论思考再行深入一步就会发现，即便这个假设能够成立，也仍然会存在一个问题，那就是竞争也需要有非竞争性的存在物作为支撑点。也就是说，那个作为支撑点的社会因素应当被排除在竞争过程之外。

一旦存在着这种不参与竞争的社会因素，也就不存在完全竞争了。所以说，无论是在理论上还是在现实中，完全竞争的假设都是不存在的。或者说，当亚当·斯密憧憬完全竞争时，根本就没有考虑到竞争系统之外的情况，即没有考虑竞争系统之外的因素对完全竞争所提供的支持。既然完全竞争不可能出现和存在，那么竞争过程中产生的成本消耗等，就必然要由这个不参与竞争的社会因素承担。至此，人们可能会想到政府以及整个社会治理体系。的确，按照早期自由主义的设想，政府以及它所代表的社会治理体系是独立于竞争过程之外的，自由主义理论设定政府扮演着"守夜人"的角色。可是，对于"守夜人"而言，既无能力也无资格承担竞争者转嫁过来的竞争成本。另外，如果对竞争过程进行分析的话，如果竞争行为的结果与成本是等值的，那么竞争对个人有意义却对社会没有意义。对个人有意义，则意味着贫富差距的扩大、社会正义的丧失。结果就是，在无形中生产了社会风险。应当说，社会风险正是在竞争中生产出来的，而且得到了不断的积累，从而使人类进入21世纪的时候也同步踏入了风险社会。

　　工业社会的竞争是合乎普遍主义的追求的。我们知道，普遍主义一直是希望将它所制作出来的每一个原理推广到世界的每一个方面和每一个角落。竞争正是以一种现实性的行为证明了普遍主义，即征服了社会生活的每一处。可以说，因为工业社会与资本主义的同构而把竞争塑造成了最具有普遍性的人际关系模式和行为模式。也正是竞争已经征服了整个社会，才把竞争成本转嫁给了自然界。对于人类社会来说，自然界也是属于人的，是人的自然系统。一旦看到自然系统，我们也就充分理解了竞争增益于社会的全部秘密，是因为自然系统默默地承受着来自社会中的那些竞争成本，才使得社会在一个较长的时期内表现出发展和繁荣的景象。毫无疑问，社会的发展和繁荣与人的智力和创造性行动有着很大的关系，但在终极的意义上，就一切活动都会消耗一定的资源来看，是由自然系统默默地承受、吸纳和消化了人的活动所产生的各种各样的消耗，承担了竞争成本以及竞争所引发的有害后果。

　　在20世纪，当人类社会也以消费社会的形式出现后，不仅是一次性消费品充斥各处，而且人们把无意义的奢华诠释到了极点。比如，在信息产业的终端用户那里，几乎在购买所有产品时都附带着大量的附属产品。这些产品对于我们这样的普通人来说，根本就不可能使用，反而成了有害的电子垃圾。为了竞争，在产品标准化的条件下，商家是通过那些附带产品去吸引消费者的。这样做，甚至没有花多长时间，就构造出一种消费模式。在消费者不需要的情况下也必须接受派送，让你家中充满这些从来也没有用过的电子垃圾。所有这些，最终都要消耗自然资源，而且人们又是把自然资源转化为垃圾而抛向自然，让自然界成为人类社会的终极性垃圾回收站。在人的自然系统这个"垃圾回收站"被填满了的时候，不断地发酵而把"有毒气体"散播到社会之中也就是必然的事了。所以，进入21世纪后，自然灾害频繁地爆发也就是不难理解的事情了。因为这个"垃圾站"不仅被塞满了,而且溢出来了。即便到了这个时候,人们依然没有准备从根本上改变在工业社会已经成为定式的行为模式,反而显现出一种更加疯狂地开展竞争的迹象。

经历了启蒙时期的理性化运动,工业社会中的人成了理性的人,整个社会也实现了理性建构。所以,人们必须理性地看待竞争和参与竞争,必须接受制度、法律等规范,即在规范的条件下开展竞争。不过,总体看来,工业社会是一个理性的人与不理性的社会并存的社会。就工业社会是一个竞争的社会而言,整个社会建构为竞争留下了合理性空间。所以,在人的利益实现过程中所开展的一切竞争,只要合乎规范的要求,就被认为是理性的,就具有合理性。所以,工业社会中的人与人、组织与组织等所有的竞争主体之间所开展的竞争活动,只要是在规范的框架下进行的,就是得到鼓励的。但是,所有的竞争又都必然会生产出某种恶的后果。如果考虑到竞争成本转嫁的问题,可以断言,在终极的意义上,竞争就是一种恶。只要是存在着竞争的地方,就必然不断地生产出恶的结果。可是,在工业社会竞争文化的背景中,人们满足于竞争的直接收益,至多也只是看到了普遍竞争所实现的社会性优胜劣汰,而且会把这种优胜劣汰作为社会进步的推动力。

如果说个人行为会经常性地出现非理性的问题,那么组织行为已经被形塑为理性行为了,或者说,组织的行动都是理性的。就工业社会的现实而言,利益实现的要求以及利益冲突,基本上都是通过组织进行的。所以,组织在利益实现过程中所开展的是理性化的行动,组织所扮演的是理性的角色。这一点是不会有人表示怀疑的。但是,几乎所有组织,为了在利益冲突中谋求某种优势,又都必然会寻求权力的支持。显然,在工业社会的权力结构中,国家和政府所拥有的是最强有力的权力,其次才是资本的权力。任何一个组织,一旦获取了某种权力——无论是国家、政府的权力还是资本的权力——支持时,就会产生控制资源的冲动,试图通过对某些资源的控制而使自己获得强大的竞争优势。控制资源的行为也许具有理性的形式，但其结果，却有可能是非理性的。

对资源的控制是具有排他性的。当组织拥有资源控制的冲动时，往往对那些它并不急需的资源也采取控制策略。因为，市场及其竞争机制可以对它的这种资源控制给予某种奖赏，并在这种奖赏中反映出组织的竞争优势。所以，组织为了自身的竞争优势，为了谋求在利益冲突中能够制胜于其他组织，往往需要耗费许多人力、物力去控制那些也许是它并不需要或并不急需的资源。显然，控制资源本身也必然要耗费资源，更不用说那些为了谋求组织优势地位而对实际上并无用处的资源的占有，会因为闲置而造成浪费。事实上，许多资源是具有时效性的，时过境迁，那些资源就有可能成为需要再度耗费资源去加以清理的垃圾。

由此可见，在竞争的社会中，组织的理性行为往往表现在资源控制上，而资源控制本身以及结果，所反映出来的可能恰恰是非理性。正是这种非理性，无谓地耗费了许多人类生活必需的资源。不仅造成了社会总体意义上的资源占有不均的问题，而且导致了资源的不合理性消耗。也许一个组织造成的资源浪费在量上是很少的，但作为一种资源占有模式，所造成的资源浪费则是地球无法承受的。正是这一原因，造成了工业社会几百年时间就把地球生成后几十亿年演化而成的自然资源消耗到枯竭境地的状况。虽然近些年来人们经常谈论经济、社会发展的可持续性问题，表明了对资源消耗模式的一种反思，但在人类陷入风险社会时，也许这种反思还不应出于发展的可持续性的目的，而是应当更为彻底地认识到这种资源消耗模式对人类的危害。

总的说来，在社会低度复杂性和低度不确定性的条件下，竞争是能够显现一定的积极价值的。尽管一切竞争都包含着某种消极后果，但人类基本上是能够承受这些消极后果的。也许文学作品会对某些个人受到竞争的毁灭性打击加以描绘，但工业社会的发展和历史的进步一直在竞争中获得动力也是人们所看到的事实，更为重要的是自然界并未对人类发出抗议。然而，在社会的高度复杂性和高度不确定性条件下，在我们走进了风险社会时，竞争的危险一面暴露了出来，似乎是在宣示人类已经无法承担竞争的消极后果了。正是基于这种状况，我们提出了用合作代替竞争的倡议，或者说，我们提出了这样一个问题。

我们也看到，在社会的低度复杂性和低度不确定性条件下，虽然社会能够承受竞争的消极后果，但正是这些消极后果的积累而把人类领进了风险社会。在风险社会中，可以认为，竞争对于社会以及人的生存的一切积极作用都将消失，而其消极后果则是人类无法承受的。所以，我们要求从根本上告别竞争的社会，并努力去建构合作的社会。令人惋惜的是，在今天，人们的竞争思维和行为都有着如此顽固的惯性，而且得到了诸如个人主义、博弈论的理论证明，从而构成了风险社会中合作行动的障碍。如果这种状况得不到改变的话，也就必然构成对人类命运共同体的致命伤害。

如果把社会看作人的互动过程，那么人与人之间除了可以进行竞争性互动以外，也是可以开展合作性互动的。当然，在工业社会的个人主义语境中，人们会以为合作互动不像竞争互动那样有着来自普遍性的个人利益的驱动，因而不能得到来源于个人的动力。也就是说，合作因为忽视了个人的利益而必然有着动力不足的问题。的确，人们之间的合作互动不同于竞争互动。但是，竞争互动在得到了利益追求的动力支持的情况下，往往产生了对社会、对自然的破坏，即造成某种恶的后果，而合作互动则不会派生恶的后果。这样一来，哪怕人们通过合作取得的只是很小的成果，也完全是积极的。实际上，关于竞争的后果与合作的成果，都不会像其表面看来那样不值得关注，就它们作为行动模式而产生的影响来看，是综合性的、持续性的，也是极其巨大的。

我们也承认，在人类社会的以往任何一个历史时期中，都存在着合作互动动力不足的问题。事实上，往往只是在人们遭遇了某种危机的时候，才表现出了某种人们愿意同舟共济的状况，才采取合作的方式应对危机。一旦危机消除后，就会遭遇合作动力不足的问题。也就是说，在人类历史上，即便存在着大量积极合作互动的事例，也不意味着合作已经成为一种普遍性的行为模式。但是，我们也看到，在农业社会的历史阶段中，人们毕竟在遭遇危机的时候是愿意开展合作的，而在工业社会的竞争文化熏陶下成长起来的人们，即便陷入了危机状态，也不愿意合作，甚至会表现出更加疯狂地开展竞争的状况。

可是，在今天这样一个风险社会中，人类已经无法承受竞争性互动引发的消极后果了，以至于合作成了唯一的选项。面对高度复杂性和高度不确定性条件下的各种问题，人们只有通过合作互动的方式才能在应对危机事件中取得成绩。风险社会意味着，人的活动的基本背景不同于工业社会了，尽管在人类已经陷入了风险社会的时候那些在工业社会中养成的竞争习惯还占据着支配地位，即支配着人们的行为和行动，但从人们在进入 21 世纪后的几次全球性危机事件应对中的表现以及经验来看，竞争的有害性以及合作的意义，都彰显了出来。相信人们在风险社会中再经历过几次类似的事件，是能够醒悟并开始学习合作的。一旦合作互动成为人的一种行为习惯，竞争文化的退场和合作文化的登台，也将是确定无疑的了。那样的话，即使高度复杂性和高度不确定性不出现在人的行动场景中，人们也会自然而然地选择合作行动的方式。

第二节　用合作置换竞争

工业社会中的竞争、斗争等经常性地把人们带入对立和冲突之中。即使这些对立和冲突没有以行动的形式出现，也在人们的心理上以怨恨的形式存在了。舍勒认为，"受怨恨支配的现代世界观将事情颠倒了。正如一切感到生活在压抑的思想那样，现代世界观谋求贬抑，竭力像理解死物那样去理解所有的活物，把生命干脆理解为一种机械的世界进程中的偶然事变,把生命组织理解为对一种凝固了的死的环境的偶然适应:像理解眼镜、铲子、工具一样理解眼睛、人手和器官!机械文明只是相对凝滞的生命活动的一个结果,因而是代替缺少的器官生成的代用品。毫不奇怪,在机械文明中,现代世界观反过来只盯着生命活动的发展、延续、胜利,只在其无限的'进步'中看到一切生命活动的真正'目标',只在计算型理智的无限的培训中看到生命的'意义'"。①

人们在认识中看到的,在思维中观照和想象的,都是静止的实体。器官中所包含的生机、生命力并未得到考虑。因而,生命被等同于肌体,而肌体又被进一步地与机械之间画上了等号,一个生命体也就被等同于一台机器了。即使群体,也被看成了由许多机器组合在一起而构成的机器矩阵。这些机器无论是单个的还是构成了机器矩阵,都从属于共同的机械法则,即用力学定律可以对其加以理解。这就是由"有用价值"在价值排序中的优先地位形塑出来的世界,是代表了工业文明的世界。舍勒说,正是"有用价值",成了"错误的世界观的根基"。② 不过,舍勒也强调指出,"我们的意思并不是:人不应该制造什么工具,文明只是个'过错'。作为生物学意义上最坚强的动物,人必须创造文明;只要高贵的力量能靠属下的力量以及无生命的自然力量提供的效力而减轻负担,就应该创造文明。但这是被限定在一个界线之内,即工具为生命、为伟大的生命服务"。③

在历史进步的意义上,伟大的工业文明是应当得到赞赏的。如上所述,这种文明得益于竞争,是因为人们的竞争而赋予社会发展以无限的动力,使人们的生活变得富裕,使经济变得繁荣,使社会变得昌

---

① [德]马克斯·舍勒:《价值的颠覆》,罗悌伦等译,生活·读书·新知三联书店1997年版,第160页。
② [德]马克斯·舍勒:《价值的颠覆》,罗悌伦等译,生活·读书·新知三联书店1997年版,第160页。
③ [德]马克斯·舍勒:《价值的颠覆》,罗悌伦等译,生活·读书·新知三联书店1997年版,第160—161页。

盛。其实,竞争文化也就是工业文明的主要构成部分,或者说,工业文明是可以归结为竞争文化的。在竞争中,人们之间的关系要么是"对手",要么是"工具"。反映在竞争文化中,都是从属于"有用价值"的。不过,我们也应看到,工业文明并不是人类的终极文明形态,哪怕是不断地宣称发现了工业社会的"新版本",最终也将不得不承认工业社会已经走到了其终点。事实上,当我们唱着工业文明的凯旋颂歌时,却一只脚踏入了风险社会。这个时候,我们应当认识到,正是作为工业文明中的竞争文化,无限地张扬了"有用价值"和"工具理性",把人类领进了风险社会。显而易见,在一切都被作为工具对待和从属于"有用价值"的时候,就会让人们不关心行为的后果,也就自然而然地制造出了社会风险,在社会风险的不断积累中形成了风险社会。所以,我们同意舍勒对工业文明所作的分析。

一 在竞争中步入风险社会

风险社会是在工业社会的发展中形成的,正是在工业社会的发展中所取得的无比辉煌的成就,把人类领进了风险社会。或者说,我们今天所遭遇的风险社会是工业社会发展的后果。显然,在工业社会这个历史阶段中,当人们为了自我的利益而开展竞争的时候,在人们享用着工业文明的成就而发出了欢声笑语的时候,整个人类却不知不觉地步入了风险社会。

到了20世纪后期,人们发现,"在各种各样的利益后面,风险的现实威胁着、增长着,根本不管社会的和国家的区别。在独立的围墙后面,危险肆无忌惮"。[①] 在这种情况下,如果说人们还有什么梦想的话,那就是让每一个人都免除社会风险的威胁。这与工业社会中的那种让每一个人都分享发展成果的梦想是不同的。当然,梦想是一种乌托邦。但是,如果提出人的共生共在的理念,认同人类命运共同体的

---

① [德] 乌尔里希·贝克:《风险社会》,何博闻译,译林出版社2004年版,第52页。

理念，让每一个人都为了这种追求而努力行动，则应当被作为一条无可选择的道路。风险社会的现实对人们提出的要求就是，只有共同地直面风险，才能寻求到生存和发展的机会。这是因为，"风险社会的形式标示着一个社会时代，在其中产生了由焦虑得来的团结并且这种团结生成一种政治力量"。① 这种政治力量会包含在合作行动之中，或者说，以合作行动的形式出现。

对人类历史的各个阶段进行比较，可以看到，工业社会不同于农业社会的一个非常重要的特点就是，它是一个竞争的社会，它所拥有的是一种竞争文化。对于今天这个风险社会来说，竞争是促使其形成的重要原因之一。这一点是我们反复提到的。从历史上看，也许自人类社会生成的那一刻起，就有了竞争行为。按照达尔文的说法，存在着"物竞天择"。如果把视线聚焦到人类社会上来的话，所谓"物竞"也就是人与人之间的竞争。人的生物性存在所引发的需求，致使生活资料匮乏必然引发人们之间的竞争。

根据人类学的描述，在人类社会早期，即在原始社会，部落内的原始共产主义生活意味着没有竞争，但在部落或氏族之间肯定是有着竞争的。这种竞争应当被看作行为意义上的竞争，并不意味着有一种竞争文化与之相伴。就此而言，可以认为人类社会的竞争行为是在历史上的各个阶段都普遍存在的，而且绵延长久，是随着人类社会的发展而日益增强的。竞争文化的出现应当说是工业社会的产物，是在工业化、城市化进程中，因为个体的人的生成，使得竞争行为在心理结构的层面积淀，并逐渐地生成了竞争文化。总之，竞争行为是存在于人类历史的每一个阶段的，但就竞争文化而言，则是工业社会所特有的一种文化类型。

正是因为工业社会拥有了竞争文化，才对市场经济的生成和发展提供了强有力的支持，才为整个社会的发展提供了充足的动力。工业

---

① ［德］乌尔里希·贝克：《风险社会》，何博闻译，译林出版社 2004 年版，第 57 页。

社会就是一个竞争的社会,在这个社会中,无处不存在着竞争,包括人的思维以及处世态度等所有方面,都贯穿着竞争和包含着竞争意识。竞争本身就构成了生活方式的基本内容,甚至人们在闲暇游戏的时候,也会采用竞争的形式。比如,会通过体育比赛等游戏的方式去培育人的竞争精神,训练人的竞争能力。人们在对游戏的观赏中,甚至会感受和体验到竞争之美,会陷入某种疯狂(如足球流氓)。竞争让人发狂,让人时时处在争强好胜的冲动之中。

对于工业社会而言,竞争文化具有积极的价值。人类在工业社会这个历史阶段中所创造出来的辉煌业绩,在很大程度上是来源于竞争行为的,而这个社会中的竞争行为,也正是一种根源于竞争文化的行为。虽然学者们会将竞争追溯到人的个人利益要求,但竞争文化所发挥的作用则是不容小觑的。然而,从工业社会发展的历史性后果来看,又是不能对竞争文化作出积极评价的。在人类进入21世纪后,在遭遇了风险社会的时候,在对工业文明的反思中所看到的则是,那个引导人们创造了伟大工业文明的竞争文化,把人类领进了风险社会,让人类承受着危机事件频发的困扰。

如果说风险社会的出现意味着人类走进了一个新的历史阶段的话,那么这也是一个对工业社会加以否定和扬弃的过程。与此同时,也包含着否定和扬弃与工业社会相伴随的竞争文化的内容和要求。可以认为,首要的任务是需要终结竞争思维和竞争行为习惯。因为,一切体现了竞争文化的行为,都在风险社会中继续制造风险,会使人类在风险社会中陷得越来越深。在人类已经处在了风险社会中的时候,是需要通过合作去应对风险的。然而,人们却由于受到竞争文化的支配,习惯于根据竞争思维去开展行动,无论在哪个领域,都不断地挑起竞争。这就是竞争文化支配下的行动。在风险社会中,这种行动的危害性是极大的。

竞争文化的适用性是有条件的,其正向功能的实现也是有条件的。在工业社会低度复杂性和低度不确定性条件下,竞争在社会生活的各个领域中能够发挥正向功能，而且竞争也可以使人在行动上变得更为理性。所以，总体看来，工业社会在竞争文化和竞争行为中收获了巨大的社会发展成果。但是，当人类社会呈现出了高度复杂性和高度不确定性的时候，竞争的积极意义也就荡然无存了，反而成为风险社会的最大风险源。我们知道，风险社会中的社会风险并不是可以逃避的，也不是可以施加于他人和转嫁给他人的，而是显现出一种所有人平等地被动承受风险的状况。也许危机事件与不同的人群或地域的关联度是有差异的，但风险相对于所有人都是公平的，是人们必须平等地加以承受的。对此，人们却因为带着竞争思维而无法认识到，或者，即便认识到了也不愿意承认和接受。

对于竞争文化在工业社会中所发挥的作用，我们一直是给予积极评价的。不过，我们也一再指出，虽然在人类社会发展的各个历史阶段和各个地域中都存在着竞争行为，但就竞争文化而言，则是在西方近代以来的社会行进中成长起来的。特别是在美国，拥有着最具代表性、最为典型的竞争文化。在同为工业社会的其他地区，也广泛地存在着竞争行为，不过，却很难说得到了如此完整的竞争文化的支持。或者说，这些地区的竞争文化并未完全建构起来，或者说其发育尚不健全。值得肯定的是，在工业社会中，竞争文化既是竞争行为的心理积淀和精神凝练，也反过来对竞争行为作出规范，从而使竞争行为更多地发挥正向功能。一般说来，拥有竞争文化的地区也都表现出非常注重法律制度层面上的规范，即用法律制度去规范竞争行为，能够制定出诸多规范竞争行为的规则和规定。

在西方法律制度得到了传播和移植的情况下，世界各国都学习和借鉴了西方的法律制度文明，但就竞争文化来看，往往并未实现成功的移植。因而，在这些国家和地区中，竞争行为往往得不到竞争文化的规范，其表现就是，单凭制度规则等，往往很难发挥出对竞争行为的规范效力。所以，在这些国家和地区中，竞争行为总是显现出诸多负向功能。也正是这个原因，这些国家中的一些所谓"公知"往往竭力呼吁竞争和建构竞争文化，以求对引自西方的法律制度文明形成支持。或者说，以此来证实法律制度文明的优越性。

如果人类社会处在工业社会这个发展阶段中的话，确立起竞争文化是非常积极的。可是，人类社会的发展并不以人的主观意志为转移。在20世纪80年代，人类社会就进入了全球化、后工业化进程，这是人类社会的又一次转型运动，意味着人类社会将走进一个新的历史阶段。正是在此过程中，人类社会呈现出了高度复杂性和高度不确定性，也以风险社会的形式加予了人。这样一来，我们就不能不去考虑竞争文化与社会风险间的相关性，即必须去考虑竞争文化在风险社会中会有什么样的表现以及竞争行为在风险社会中会造成什么样的后果。

总的说来，从工业社会的发展看，竞争文化及其行为模式发挥了非常重要的积极作用。因为竞争，社会获得了活力，也正是因为竞争，赋予社会以自由秩序。可以说，在工业社会取得的所有辉煌成就中，都有着竞争的一份贡献。但是，在工业社会取得了伟大的文明成就的同时却造就了风险社会。"在阶级、工业和市场社会问题与风险社会之间的相互重叠和竞争中，依据权力关系和重要性标准，财富生产的逻辑都能取得胜利，而就是因为这个原因，风险社会成为最后的胜利者。需求的具体性压制着对风险的感知，但这仅仅是对风险的感知而不是其实质和影响；被否认的风险增长得异常迅速和完全……财富生产的逻辑和冲突的优势统治，以及随之而来的风险社会的社会不可见性，并不是其非现实性的证据；相反，它是风险社会的原动力，因此也是风险社会正在成为现实的证据。"①

社会中的贫富对立、人际关系紧张等，都每时每刻地生产着风险。贫富对立、人际关系紧张又是竞争的结果，或者说，是可以归结为竞争的。竞争是工业社会一切矛盾的总根源。竞争导致了社会分化，使人们分化为不同的阶级、不同的人群，在人们之间培育和积累起了怨

---

① ［德］乌尔里希·贝克：《风险社会》，何博闻译，译林出版社2004年版，第50—51页。

恨，并在怨恨积累到了一定程度的时候，再通过竞争的方式去引爆怨恨的火种，还会通过竞争的方式去表达怨恨、诠释怨恨。正是这样，使社会风险不断地积累了起来。另外，竞争还是一种社会矛盾转嫁的途径，即把社会矛盾转嫁给自然界，任由风险在自然界中积累了起来，并在达到了一定程度的时候回射到了社会之中。所以，在历史向前行进的社会嬗递中，风险社会取代了工业社会的那种人们已经习以为常的状态。

二　国家间竞争的后果

贝克在论述风险社会时，是将风险社会定义为"全球风险社会"的。意思是说，我们今天所遭遇的这个风险社会并不是地域性的，而是全球性的。的确，在人类社会已经成为一个"地球村"的情况下，全球已经连为一体，几乎所有地域性的风险都有可能演化为全球性的风险。也许我们可以说某个风险是最先出现在某个地区的，然后扩散到了全球，但就风险产生的根源而言，则无法判定哪个地区存在着风险源。因为，不仅风险是系统性的，而且风险产生的原因也是系统性的。我们需要把风险与危机事件区分开来。危机事件是个案，但风险社会中的风险必须在系统性的意义上来加以认识。

就风险社会中的一切风险都应在系统性的意义上来加以认识而言，意味着任何风险的应对，都需要采取全球合作的方式。只有合作，才是一条正确的道路。然而，由于竞争文化根深蒂固地深植于人们的心灵，以致在需要合作应对风险的时候，却处处存在着竞争。特别是国家间的竞争，成了当今世界动荡不宁的总根源。我们看到，也许是因为美国在竞争文化方面发展得最为典型，所以它在国际交往的过程中，在几乎所有方面，都把竞争文化诠释到了无以复加的地步。无论是在经济、政治的攻伐方面，还是在炫耀武力和擅长军事干预方面，都在不懈地用其行动去诠释竞争文化。

正因为美国所信奉的是竞争文化，所以在国内社会、经济、政治上的几乎一切事务上，都采用竞争行为模式。当国内的竞争激荡出某种巨大的力量时，特别是在达到了它自身无法容纳的程度时，就会向外部释放，从而使世界陷入动荡之中。其实，从美国在国际关系上的所有表现看，都是竞争文化于其中发挥了作用。正是在竞争文化的驱使下，它才无时无处不去开展与所有国家的竞争。至于谁做了美国的领导人，只不过意味着在竞争的过程中采用的手段和表现方式有所不同而已。即便是在美国所宣称的所有合作中，也都是用竞争行为去表现合作的。如果以为它使用"合作"一词是欺骗的话，那肯定是一种误解。因为，对于美国来说，合作本身不仅是包含着竞争的，而且是竞争的一种表现方式，它把竞争当成了合作。也可以认为，将竞争理解成合作或说成合作，反映的是它的真诚的一面。因为它拥有的是竞争文化，也就只能在竞争的意义上去认识合作和理解合作。

在全球风险社会的条件下，竞争文化给定的是一个死局。如果美国因为对竞争文化的信仰而坚持在处理国际关系时将这盘棋继续下下去的话，就必然会破坏下棋的规则，即破坏竞争的规则。事实上，从近年来美国的诸多表现看，它在处理与其他国家的关系时，往往采取极端化的竞争手段。这说明，其竞争行为已经不再受到竞争文化的规范，竞争文化所要求的理性行为已经被非理性的狂妄、傲慢等所代替，意味着竞争意识突破了竞争文化的规范。比如，在特朗普任总统期间，做出的诸多被人们谴为所谓"退群"的行为，就是极端不理性的做法。因为，许多关涉到全球问题的国际性组织都是在全球性风险日益增强条件下产生的，尽管这些国际组织并不能扭转人类滑向风险社会的进程，但在处理一些专业性范围的全球性风险方面，甚至在减缓风险社会迅速恶化方面，还是发挥了非常重要的作用。然而，在所谓"美国优先"的理念下，美国总是以自身的即时利益实现状况为依据而去作出行为选择，根本不考虑这些国际组织对于全球性的、人类整体利益的意义。这种非理性的行为显然是对竞争文化的破坏。

国际间竞争的后果还不仅体现在这些不合作上，甚至还破坏了这些国家的基本信念和立国之基。比如，如果说美国政府没收阿富汗海外资产还是"海盗文化"的体现，那么在俄罗斯与乌克兰的战争期间，西方国家纷纷以制裁俄罗斯的名义没收其公民的海外资产，则表现了一种根本不去考虑什么法理依据的问题了，而是陷入了一种完全非理性的疯狂之中。特别是对俄罗斯的动物、植物的制裁，已经不能用"贻笑大方"这个词来形容了，而是一件必将铭刻在人类历史上的"笑柄"。如前所述，竞争文化对竞争行为是有着规范作用的。当美国在风险社会的条件下，甚至在处理危机事件的时候，以非理性的竞争行为去表现它所拥有的那种竞争文化，其实是已经不愿意再接受竞争文化的规范了。因为，竞争文化中的契约精神以及对竞争规则的遵守，都被它抛弃了。这也就意味着对竞争文化的破坏。这样做的后果只能是，生产出了更多、更大的社会风险，使人类在风险社会中陷得更深。

应当承认，美国是因为拥有了典型性的竞争文化而成为世界上最发达的国家，也是在竞争中确立起了霸权地位，而且成为世界上最强大的霸权国家。之所以它近一个时期表现出了拒绝竞争文化规范的状况，是因为它感受到了霸权受到威胁。阿明指出，"无论人们怎么想，美国的战略目标都是维持它在世界霸权中获得的优势"。[①] 其实，对美国的世界霸权构成威胁的，是社会的高度复杂性和高度不确定性，也就是风险社会本身对美国霸权构成了挑战。但是，美国却因为囿于竞争思维而把对它的霸权的威胁误解成了他国、他人等。

表面看来，美国的世界霸权"这个战略目标受到了世界经济中竞争力量的侵蚀，也受到了因维持这种地位而支付昂贵代价的威胁。既然两极世界的原则不复存在，对所谓的更多的'敌人'进行干涉也就必然要增多……如果必要，通过分裂国家来削弱'潜在敌人'，通过使其内部不停的冲突来消耗尽敌人的力量，就可能有助于降低干涉的

[①] ［埃及］萨米尔·阿明：《全球化时代的资本主义——对当代社会的管理》，丁开杰等译，中国人民大学出版社2013年版，第66页。

必要性。一直为快速干涉寻求理论基础的地缘政治学,以及控制世界上最重要自然资源的军事战略是美国不愿放弃的不可缺少的方法,至少目前不愿意……因为华盛顿(美国政府)非常清楚,如果失去了政治霸权,美国的经济特权地位,特别是美元作为世界货币的地位(这可以使其他国家为美国进行赤字融资)就不能再维持下去。有人认为,美国缺少施加强权所必要的金融手段,因为国内压力迫使美国减少对外干涉费用。但是,他们忘了美国霸权同时也保持有利资源流入美国的最好的方法"。①

  显然,这样做的结果只能是使世界的变数增加。也就是说,美国为了维护其世界霸权的做法生产出了什么样的风险,却是它无法预知的,也是它无法认识和无法掌控的。而且,这些风险会在什么时候、什么地点以什么样的形式回射到它自己身上,也是它无法作出准确判断的,甚至是它不曾意识到的。所以,为了维护既有的世界霸权而做出非理性的竞争行为选择,是不可能仅仅把风险加于他人、他国并使自己独善其身的。这种情况,所反映的就是高度复杂性和高度不确定性意涵。这是一个非常重要的问题,在工业社会的语境下,所有竞争都无非是人与人的竞争,即使通过组织、国家等实体性的社会存在物去开展竞争,最终也要落实到人与人的竞争上来。

  当我们指出美国的世界霸权受到了高度复杂性和高度不确定性的挑战,而不是受到其他国家的挑战,其实是给美国指出了一个竞争对手。那就是,它应当与高度复杂性和高度不确定性开展竞争。可是,无论在何种意义上,高度复杂性和高度不确定性都无法成为它的竞争对手。所以,带着竞争思维的惯性,美国需要确立竞争对手,从而把其他国家当作必须与它竞争的对手。因为这是错误的,所以在开展与这些国家的竞争时,生产出了更多的风险,使其霸权的衰落速度更快

---

① [埃及]萨米尔·阿明:《全球化时代的资本主义——对当代社会的管理》,丁开杰等译,中国人民大学出版社2013年版,第66页。

了。这就是美国遇到的真正困局。从现实来看，美国用竞争行为去破坏竞争文化的做法也许不会立即显现出对自己不利的问题，但就它制造出了更多、更大的社会风险而言，却是不可否认的。如前所述，从特朗普总统在任期间的情况看，在"美国优先"的原则下，一直是在破坏竞争规则，几乎是对所有传统盟友都进行了经济上的掠夺。这就是对竞争文化的过度诠释，实际上是对竞争文化的破坏。不过，如果放在历史演进的过程中看，这也许是竞争行为走向疯狂的一种状态。

工业社会因为拥有竞争文化而成为一个竞争的社会。在这个社会走向没落的时候，或者说，在人类告别工业社会而走向一个新的历史阶段的时候，出现了某种"回光返照"的状况。我们可以设想一个无赖，他可以把所有恶劣的事情都做尽，但他必须保证自己不触犯法律，不遭遇牢狱之灾。但是，这个无赖有一天做出了疯狂的犯罪之事，也就是破坏了他做无赖的底线，因而成了罪犯。根据黑格尔的逻辑，我们说"罪犯"是对"无赖"的否定。竞争文化与竞争行为就是这种关系。也就是说，竞争文化为竞争行为框定了一个范围。然而，近些年来，美国在全球开展竞争的时候，突破了竞争文化为它划定的范围。所以，竞争行为否定了竞争文化。

在"必然性"的意义上，风险社会意味着人类已经成为一个命运共同体，必须通过合作去创造生存的机会，而不是在竞争文化的语境下去把他人当作对手。然而，在竞争文化必然衰落的过程中，通过竞争行为去破坏竞争文化，使竞争文化原先所具有的那些积极方面受到冲击，这对于一种新兴的替代性文化的出现来说，未尝不是一件"好事"。就如地震把旧的建筑变成了废墟一样。只不过在此过程中所要付出的可能是极其惨重的代价，那就是，人们会在风险社会中遭遇更多的危机事件。可以确定无疑地说，从美国近一个时期表现出的竞争行为疯狂化的状况中，特别是美国在全球性瘟疫大流行期间的诸多既突破法律也突破了道德底线的表现，必将引发人们对竞争文化的反思，并会提出抛弃竞争文化的要求。那样的话，合作文化的生成也就有了较为厚实的主观基础了。

　　文化的转型是一场艰难的行程,考虑到竞争文化是在人类社会长期的竞争行为的基础上产生的,它的终结并不是轻而易举的事情。我们也应看到,人类的合作行为也有着同样悠久的历史。其实,在人类历史上,每当共赴危难时,人们都是乐意于合作应对那些困难的。之所以在人类进入风险社会时看不到人们乐意于合作的表现,是因为人们在竞争文化中浸淫甚久。比如,美国之所以成为最不愿意合作的国家,并不是由谁做美国的领导人决定的,而是由它所拥有的竞争文化决定的。因为,在这样一个作为最为典型的竞争社会的美国,人们受到了竞争惯性的支配,越是在危难当头的时候,越是把竞争行为发挥到极致。不过,我们相信,在美国社会中最终会产生出理性的声音,会对美国的竞争行为及其竞争文化作出反思。那样的话,人们就会发现,人类历史上的合作行为是一笔极其宝贵的遗产,就会为合作文化建构而进行谋划。

三　风险社会中的合作

　　从20世纪后期的学术研究来看,探讨合作的文献迅速增长。这说明,人们已经意识到了合作的意义,或者说,已经触摸到了人类将要从竞争的社会走向合作的社会的变动脉搏。阿克塞尔罗德是一位研究合作问题的著名学者。虽然他是在竞争文化熏陶中成长起来的,因而是站在竞争的角度去看合作的,而且他关于合作的界定也存在着非常模糊的问题,但他对竞争条件下的一种"异化"了的合作的分析,则是非常有见地的。阿克塞尔罗德关于国际关系上的"合作复杂性"的探讨,给我们留下了深刻印象。他显然意识到了以自我为中心的竞争行为模式是一种习惯性的行为选择,所以他认为需要通过对这一问题的破解去寻找合作的可能性。

　　阿克塞尔罗德提出的问题是,"什么力量可以使得一个国家变得更不以自我为中心,愿意为了合作行动收益或者全球化进程放弃一部分自治权利"。① 在对这一问题的分析中，阿克塞尔罗德所得出的是一种附庸型的合作。比如，日本与美国的合作关系就是一种典型的附庸型合作。其实，这并不是一种真正的合作，因为真正的合作必须是建立在平等的基础上的。但是，受到合作的现实所限，特别是对于缺乏想象力的人来说，概括出一种附庸型的合作，已经是学术上的创新了。阿克塞尔罗德在附庸型合作中所看到的是一种建立在威胁、支配、控制等前提下的利益共生关系。在附庸型合作如何得到保障的问题上，阿克塞尔罗德提出了一个"进贡模型"，认为这个模型是国际关系中的主要合作模式。

阿克塞尔罗德提出的"进贡模型"所反映的正是美国在20世纪崛起后的历史，是生成于世界的中心—边缘结构中的一种合作模式，也是美国政治家口中所说的合作，它其实是一种异化了的合作。显然，美国崛起后并未把占有他国的领土作为对外行动的主要目标，而是不断地通过战争以及战争威胁去占有他国的财富。一方面，通过战争可以直接地掠夺他国的财富；另一方面，可以利用战争的威吓效应逼使他国进贡。"一个单独的行动者可以要求其邻国支付报酬，威胁说如果不支付，随之而来的将是战争。"② 阿克塞尔罗德将这种威胁然后获得"进贡"的做法称作合作。事实上，美国的这种做法是非常成功的，而且美国的政治家们也将此视为一种合作的典范。至于为什么美国总能够成功地开展这种合作，是因为虽然领土不会换手但战争对双方都有损害，而且对较弱的一方损害更大。因而，较弱的一方在权衡战争的损失与"进贡"间的比例后，就会选择"进贡"。

于是，行动者可以通过进贡支付而从其他人那里夺取资源，并且用这些资源再去争夺更多的资源。一旦在进贡的基础上建立起稳定的

---

① ［美］罗伯特·阿克塞尔罗德：《合作的复杂性：基于参与者竞争与合作的模型》，梁捷等译，上海世纪出版集团2008年版，第129页。

② ［美］罗伯特·阿克塞尔罗德：《合作的复杂性：基于参与者竞争与合作的模型》，梁捷等译，上海世纪出版集团2008年版，第134页。

关系，也就结成了联盟，行动者因而一同工作。独立的个体行动者集合而变成一个稳定的行动者。如果说这个行动者是建立在"合作"关系上的，取决于"进贡体系的动态：行动者的组合是否表现出一个单独行动者那样的功能，也要看出现的联盟模式是否导向稳定的协调行动"。[①] 以联盟形式出现的行动者中的进贡如果是有保证的话，就构成了一个稳定的行动者。如果进贡中断了，合作也就破裂了，一切都再从头开始。

我们看到，从20世纪80年代起，在每一次美国对中国有所要求的时候，就会派出航母战斗群到中国的东海、南海游弋，或者，在中国周边进行军事演习，从而获得它所要的东西。比如，购买美国政府债券就是典型的进贡方式，而且是纯粹的进贡，因为这种债务根本不可能赎偿。当然，这仅仅是"进贡"的一种方式，具体的进贡方式不胜其数。从实际情况来看，美国的这种做法屡试不爽，总能达成其目的。处于第三世界的进贡国，特别是那些希望谋求发展的国家，也愿意这样做。因为，它们的目的是要通过这种"进贡"去缓和冲突，以求赢得一些发展时间。

美国在这样做的时候，为了掩饰这种以逼迫进贡的方式而实施的敲诈，往往也会雇佣一大批所谓专家去进行合理性证明。而且，在平时也非常注重培养和扶植一批这样的专家，让他们能够对进贡国的领导人产生影响，使其接受这种进贡，并认为这是必要的，是可以得到直接的经济回报的，以至于这些国家的领导人不仅愿意进贡而且乐意于进贡。一些国家的领导人也不仅出于国家得到保护的目的而进贡，就自己的位置而言，也是需要得到保护的。否则，就有可能通过颠覆政权的方式去更换领导人了。这就是阿克塞尔罗德所揭示的国际合作的真实状况。

[①] ［美］罗伯特·阿克塞尔罗德：《合作的复杂性：基于参与者竞争与合作的模型》，梁捷等译，上海世纪出版集团2008年版，第134页。

阿克塞尔罗德的研究发现,"行动者相互之间依据过去的行动建立起或多或少的承诺。这些承诺可以被视作心理过程……或者是政治规则……行动基于简单的决策规则而不是博弈理论考量的最优选择。因为在如此复杂的环境里,理性计算几乎是不可能的"。[1] 也就是说,在这样的合作过程中,往往是基于历史经验做出决策并开展合作。"行动者的行为会随着时间推移而变化,因为他们在交换作用中积累了历史经验,会把简单决策规则运用到这些积累的数据上。"[2] 概括起来,无非就是"威胁使用战争""被迫进贡"和形成一种通过简单的规则建立起的合作关系。

如果说在整个 20 世纪中,美国与其他国家所建立起来的这种合作关系都被各种各样的说辞掩盖了起来的话,那么随着特朗普上任后,则将其性质公开地宣示了出来。无论是在北约的财务分配问题上的争论,还是与日本、韩国在保护费上的议价,关于北美自贸区的重新谈判,以及对中国的贸易战,等等,都直白地表达了进贡的性质。这就是阿克塞尔罗德的这个"进贡模型"所揭示的"国际合作"。其实,这种"合作"的要义就在于进贡,完全是一种财富掠夺方式,从属于"进贡"的所谓合作只是财富掠夺的一种借口。

就上述"进贡模型"来看,似乎是非常简单的,而阿克塞尔罗德为什么会在"合作的复杂性"这个议题下探讨合作的问题呢?显然是因为,这种合作需要针对不同的对象而做出不同的策略性选择。虽然所有与美国建立起这种合作关系的国家都是进贡者,但有些国家是以盟友的角色出现的。为此,阿克塞尔罗德引入了"承诺"这一因素去对合作展开的情况作了进一步描述。

阿克塞尔罗德分析道,"承诺由过去它们选择支付或者战争所决

---

[1] [美]罗伯特·阿克塞尔罗德:《合作的复杂性:基于参与者竞争与合作的模型》,梁捷等译,上海世纪出版集团 2008 年版,第 135 页。
[2] [美]罗伯特·阿克塞尔罗德:《合作的复杂性:基于参与者竞争与合作的模型》,梁捷等译,上海世纪出版集团 2008 年版,第 135 页。

定，也对未来它们支付或者战争产生影响。……如果两个个体行动者发生战争，相邻的行动者就会加入它给予承诺更多的一方。如果它对需求者和目标对象的承诺水平是一样的，它就会保持中立。如果它确实加入了一方或另一方，它就会按照自己承诺的比例贡献自己的力量（比如财富）"。① 当然，对名义上是盟友而实际上仍然是进贡国的那些国家来说，会作出一种类型的承诺；对于受保护的国家来说，则会作出另一种类型的承诺；对于那些直接发出威胁的国家来说，会再有一种类型的承诺。可以说，无论是在形式上还是在内容上，承诺都是多样的，但就其实质来看，都无非"欺凌"和"合作欺凌"。这就是国际合作的现状。也只有这种类型的合作，才是同竞争并存的，也才能让人们想起所谓"竞—合""合作—博弈"等荒诞的词语。

我们说这是一种欺凌而不是合作，可是，阿克塞尔罗德为什么会将其称为合作呢？是因为这种欺凌有了承诺的支持而表现出一种自愿的特征。"一个国家经常要承诺帮助它的'守护者'，无论出于选择还是强迫……反过来，'守护者'国家提供保护也是常见的事，因为它要保护未来的收益。"② 当然，为了扮演好"保护者"的角色，就需要假想一个（些）敌人，或制造出那个（些）敌人。比如，要让"北约"的存在得到合理性证明，就必须让西欧各国认识到东方存在着一个强大的敌人。即便西欧各国不认为那是敌人，也必须接受，因为它们不接受这个敌人就会立即树立起一个真正的敌人。也就是说，那个迫使它确认敌人的人转而成为它的敌人。同样，在要求中国进贡的一切努力失败后，也必然要将中国制造成敌人，即不仅是美国的敌人，而是要将中国树立为整个亚洲的敌人。就欧洲的情况看，对乌克兰的承诺保护却没有在"俄乌战争"爆发时付诸行动。这说明，美国已经

---

① ［美］罗伯特·阿克塞尔罗德：《合作的复杂性：基于参与者竞争与合作的模型》，梁捷等译，上海世纪出版集团2008年版，第137页。
② ［美］罗伯特·阿克塞尔罗德：《合作的复杂性：基于参与者竞争与合作的模型》，梁捷等译，上海世纪出版集团2008年版，第138页。

不再去考虑"未来的收益",而是仅仅关注"俄乌战争"期间能够获得的直接收益。这无疑是对进贡模型的一种破坏。经此事件,如果美国还希望恢复进贡模式的话,可能要花费很大的代价。特别是对于日本、韩国以及东盟一些受保护的国家,如果不通过高强度地渲染中国威胁的话,是很难让它们接受承诺保护的。

我们在此集中地介绍了阿克塞尔罗德关于合作的观点,目的是要说明,其一,在学术界,研究合作的问题已经蔚为风气;其二,当前关于合作的研究在立场上和认识上都是存在着问题的。这是因为,绝大多数关于合作的研究都没有从风险社会的现实出发,而是耽于工业社会的传统模式之中去认识合作。而且,许多研究者是带着竞争思维去探讨和谈论合作的,我们甚至看到一种对竞争与合作进行折中的做法,竟然发明了所谓"竞—合"的表达式。这种做法在学术上显然是肤浅的和非常荒唐的;在实践上,对当前风险社会中的行动也是无益的,甚至是有害的。

从哲学上看,一切竞争行为的主体都是个体性的存在,无论是个人还是组织抑或国家,都只有在个体性的意义上才能够成为竞争行为的主体,才会开展竞争。同样,竞争文化也就是个体性文化,或者说,是个体性存在及其行为的意识形态形式。在风险社会中,人们已经不再可能成为个体性的存在,因为整个人类已经因为无处不在的风险而结成命运共同体。这意味着竞争行为的主体消解了。显而易见,人类命运共同体的判断代表了一种完全不同于个体性哲学及其文化的新理念和新思路,所导向的是合作文化的建构。风险社会意味着人类进入了一个新的历史阶段,也就是说,人类走出了工业社会。如果说工业社会是一个竞争的社会,那么风险社会对人类所提出的要求,就是告别竞争以及竞争文化,并建构起合作文化和合作行动模式。

既然竞争文化是人类在工业社会这个特定的历史阶段中所建构起来的文化类型或文化形态,那么它也就必然会在人类历史演进走进一个新的历史阶段时为另一种文化类型或文化形态所替代。在全球化、后工业化进程中,已经有许多迹象表明,深植于风险社会条件下的人的共生共在的需要将是合作文化兴起的客观前提。为了人的共生共在,人类只有用合作文化去替代竞争文化这样一条道路可走。如果我们在宽泛的意义上使用"竞争"与"合作"两个概念,并用以考察人类发展史,可以认为,整个人类历史上的人的关系都是包含着竞争和合作两个方面的。这两个方面在前工业社会中基本上处于一种自然的平衡状态,工业社会打破了竞争与合作之间的平衡。虽然竞争与合作之间的平衡被打破了,但工业社会却开辟出了一条用制度、规则体系去规范竞争的道路,并形成了竞争文化。

到了20世纪后期,竞争行为开始对竞争文化形成否定,而且这种否定的力量越来越强。近些年来,当竞争行为显现出某种疯狂的迹象时,不仅对竞争文化作出了否定,而且对竞争行为自身也构成了否定。因为这种竞争行为突破了竞争文化的规范,所带来的后果不仅造成了社会风险呈现几何级数增长的势头,而且使由竞争行为与竞争文化所构成的体系出现了裂隙,因而无法再顺畅运行了。竞争行为中的自相矛盾和冲突,以及竞争文化消极方面的裸露,都意味着一个工业社会自我否定的过程发生了。因而,人类在风险社会中如何生存,则成了一个全新的问题。正是这个问题,要求我们必须确立起人类命运共同体这一新的理念。事实上,只有把人的共生共在作为一切行动的出发点,才有可能获得风险社会中的生存之道。

第三节 建构合作文化的任务

"文化不仅仅是个体主观的、内在的思想或价值观,或者某些无形的集体意识概念,文化本身还会建构一种客观实在——尽管是一种社会建构的实在。"[1] 在社会发展的维度中,当文化获得了新的内容

---

[1] [美]斯科特:《制度理性剖析》,载[美]鲍威尔、迪马吉奥主编《组织分析的新制度主义》,姚伟译,上海人民出版社2008年版,第180页。

时，总会通过人的社会建构行动而转化为实在，使现实发生变化。文化会在历史的长河中表现出延续的状况。所以，在各个民族中，都有着自己的被认为源远流长的文化传承，而且世界历史中也有着诸多得到人们广泛认同的传承下来的文化。文化的延续包括"传播""维持""对变革意图的抵制"三个层面。一旦一种文化生成并以制度化的方式巩固了下来，就会对任何变革意图加以抵制。除非社会的发展出现了与既有文化间的强烈抵牾甚至冲突，致使整个社会被文化禁锢于运转失灵的境地，才会出现冲破既有文化束缚的力量。

在既有的文化成为变革的阻力时，即使一些要求变革的力量已经强大到了足以冲破既有文化束缚的程度，在付诸实际行动的时候，为了证明其合法性，也必须首先提出新的理念，并努力使这些新的理念以文化的形式出现。有了这些新的理念，还需要通过传播去征服更多的受众，以求取得压倒性的优势。只有当这些工作都非常完备了，才能使变革意图顺利地转化为行动。如果缺乏文化上的准备工作，一般说来，变革意图是不可能顺利地转化为变革行动的。即使强行地推进变革，也会中途夭折。所以，在重大的、根本性的社会转型过程中，是有着文化变革的问题的。即使我们认为社会变革已经发生了，如果得不到相应的文化变革为其提供支持，无论这种变革在物质形态的意义上取得了什么样的进展，都仍然会陷入进退失据的状态。

随着人类在20世纪后期进入全球化、后工业化进程，在政治、经济以及广泛的社会治理领域中，人们都在改革的名义下进行探索，也取得了诸多积极成果。但是，在文化变革上所取得的进展却是不尽人意的。现代性的或者说资本主义的文化观念没有受到触动，甚至有着不断被强化的迹象。也许正是这一原因，致使人类在进入21世纪的时候陷入了风险社会。如果说全球化、后工业化运动始于20世纪70年代末80年代初的话，那么大致是经历了20多年的时间而把人类带入了风险社会。于此之中，我们不能不说，这是因为文化变革的课题没有破题而造成的一种后果。因为社会承受着巨大的变革压力，而且也在诸多方面因为这种压力的驱使,做出了各种各样的变革尝试,但因为在文化变革方面所做的工作太少,甚至可以认为根本就没有做这方面的工作,致使无尽的冲突纷涌出现,使得整个社会具有了风险社会的属性。所以,在我们陷入风险社会的时候,应当把文化变革的问题提出来,应当自觉地启动面向后工业社会的文化建构工程。

一 现代文化中的个体性与差异化

在近代以来的社会中,人的个体性不仅是一种哲学上的规定,也是现代文化的基本内涵。是因为个体性的观念被作为文化内涵确立了下来,才使得整个近代以来的社会建构成功地遵循了个体性的原则。

就客观的历史进程看,人的个体性的生成是与"脱域化"同步发生的。因为脱域化,使得人们在流动中必然会遭遇异质文化的持有者。他们在交往中感受到文化给他们带来的差异,也感受到持有相同文化的人们之间的相似性。所以,文化差异是在脱域化过程显现出来的一种社会现象。另外,由于脱域化,使携带着不同文化的人们会聚到了一起,致使文化差异和冲突成了人们交往和共同行动中的重要社会背景。特别是在民主政治中,"文化为人们的个人表达提供了重要的背景,同时也为他们的行动与选择提供了情境。文化使得那些共享它的人们之间的沟通与互动得以可能。对于那些不熟悉其内涵与惯例的人而言,文化则是奇怪的和难以理解的"。[①]

张扬个体性的文化必然引发社会的差异化。其实,整个人类历史也都可以看作一个差异化的过程。在人走出了原始的蛮荒时代后,便开始了等级差异形成和扩大的进程。不过,在整个农业社会的历史阶段中,等级差异是包含在和存在于同质性的家园共同体之中的。这个时候,等级差异与共同体的同质性构成了两种力量。等级差异是一种

---

① [美]艾丽斯·M. 杨:《包容与民主》,彭斌、刘明译,江苏人民出版社2013年版,第114页。

使人分离的力量，而在共同体的同质性中，又生成一种把人拉近的力量。当人类走出农业社会进入工业社会后，随着"家园共同体"的解体，同质性消失了，等级差异转变成了阶级差别和族群差异。

当然，只能说社会结构意义上的等级不再存在，而由经济、文化以及其他诸多社会因素造成的人的等级差异，依然是一种普遍性的社会现实。马克思主义也把这种等级差异称作阶级差别，只不过因为源于启蒙思想的政治设定中宣布了人的平等的要求而模糊了阶级差别。即便我们承认了政治平等是一个事实，也必须看到19世纪的阶级差别和20世纪的族群差异是社会冲突之源。无论是阶级差别还是族群差异，又都是可以溯源到"原子化"个人的差异的，是在人的个体化过程中生成的。在某种意义上，从农业社会的同质性共同体向工业社会的差异化社会的转变的奥秘都是包含在黑格尔所描述的自我意识生成过程中的。是因为自我意识的生成，使人成为个体性的存在物，又是因为人是个体性的存在物，使人们之间的差异化走在了持续扩大的道路上。

所谓族群，无非是原子化个人因为同一性的状况而纠集起来的群体。很明显，工业社会中的人们之间的差异要比农业社会更大、更复杂，社会冲突也呈现出纵横交错的状况。如果说差异中会生成使人分离的力量，而工业社会又不存在农业社会中的那种由同质性所造就出的整合力量，那么这个社会为什么没有分崩离析呢？原因就在于这个社会拥有契约、制度和完善的规则体系。虽然所有这些都是外在于人的形式化存在物，却也把人们整合到了一起，即把人们整合起来而构成了族阈共同体。马克思主义的阶级斗争理论为什么没有在19世纪以及20世纪终结资本主义的行动中收获预期成效，原因就在于没有处理好这个社会的原子化个人问题。也就是说，没有在这个社会的建构基点上找到一种替代形式。或者说，用阶级差别取代个人差异没有取得成功。也正是由于认识到了这个问题，中国在社会主义建设中提出了"社会主义初期阶段"的判断，确立了一条在承认个人差异的前提下开展社会主义建设的道路。随着时代的演进，提出了构建人类命运共同体的主张，才真正地把马克思主义转化为时代精神，实现了在社会建构原点上对个人的置换。

在全球化、后工业化进程中，社会的差异化脚步不但没有放缓，反而呈现出了加速的态势。毫无疑问，后工业社会将是一个远比工业社会差异化程度更高的社会，又会在某种程度上失去工业社会所拥有的那种外在于人的整合力量。在这种情况下，人在差异化的条件下的共同行动，就会要求一种全新的内在于人的整合力量出现。目前看来，这种要求已经显现了出来。如果生成了这种内在于人的整合力量的话，那么这种整合力量必然会成为合作共同体的基础性力量。其实，风险社会不仅呼唤了合作行动，也提出了合作文化建构的课题。

在工业社会中，人们的交往以及共同行动中都会存在着文化差异造成的沟通障碍，而且会引发各种各样的问题。在学术叙事中，当我们使用"同质性""差异性"的概念时，所指的主要是文化意义上的共享状况。共享同一文化的人群被认为是同质性群体，而在识别不同文化的持有者的关系时，也往往倾向于指出它们之间的差异。当然，差异性的概念在外延上还要更为宽泛一些，还会用于泛指除了文化以外的其他各种原因造成的人们之间的差异，也会用来指称人们之间关系的某些形式上的特征。同质性的概念所指的则主要是人们之间因为共享文化而造成的高度相似性。

不过，现实情况则要复杂得多，因为文化而形成的同质性群体往往具有农业社会的特征，而工业社会中共享竞争文化的人们之间恰恰是具有差异性的。在工业社会，共享竞争文化的群体会将人的个体性置于突出的位置上，从而使群体具有根源于人的个体的差异性。就群体间的关系或差异来看，全球化、后工业化进程在文化维度上的表现使我们看到：在这一进程的初期，文化的差异和冲突会在自脱域化开始以来的历史走向中走到最为激烈的阶段，会让我们感受到很多社会问题都是因为文化的冲突带来的。比如，在20世纪后期21世纪初期一度引起人们普遍关注的"恐怖主义"问题，就是人们所认为的文化冲突激化的典型案例。在某种意义上，亨廷顿的学术声誉就是来自他提醒了人们关注文化冲突的问题。

我们相信，随着全球化、后工业化进程的持续推进，文化差异带来的冲突将会呈现出趋缓的状况。显然，在文化作为精神的、心理的符号时也是一种群体标识。无论是有着悠久历史的地域性群体，还是在工业社会中产生出来的"领域性"群体，都因拥有某一独特文化而区别于其他群体，从而构成了群体性差异，并时常通过其成员个人而发生冲突。一旦演化成群体冲突，往往会构成较大的影响社会稳定的事件。然而，全球化、后工业化必将导致群体的解体。特别是由文化来标识的群体，将会因为人的文化感受的弱化而空洞化，直至最终消失。也就是说，当全球化、后工业化运动取得积极进展后，在这场运动所造就出的后工业社会中，将很难让人发现由独特文化来标识的群体。

后工业社会中的所有差异都将是个体关系以及由个体行动者构成的行动体系间的差异。此时的差异是一种流动性的差异，在行动体系以及个体的行动中，不断地生成和消失，而不是可以在静态观察中看到的相对稳定的差异。所以，不能归结为文化上的原因造成的差异。事实上，那也不是文化的原因造成的差异，即不是文化差异。我们指出这一点是要说明，走向未来社会的进程仍然会呈现出差异化延续的状况，但作为工业社会文化内涵和文化标识上的差异化消失了，取而代之的是行动体的差异化而不是行动体身份的差异化。之所以文化不再成为差异化的动因，也不构成差异化的标识，是因为文化已经实现了转型，获得了全新的性质。我们将这种新型的文化称为"合作文化"。这种合作文化既不同于工业社会个体性基础上生成的竞争文化，也不同于农业社会中具有自然属性的"和合"文化。

在对民主行动进行考察时，艾丽斯·杨看到，"文化差异产生于各种内部的与外部的交往中。人们是通过各种文化上的密切关系来发现他们自己的；通过那些在某些方面或者许多方面具有文化差异的其他人之间的遭遇,这些文化上的密切关系使人们团结起来成为群体。在发现它们自己与众不同的过程中,各种文化群体通常会通过一种彼此的共鸣和有关自己的自我意识而团结成为群体"。[①] 可以相信,在后工业社会中,随着本体论意识的彻底消解,差异化的文化根源也会移出人们的视线。或者说,在本体论意识驱使下发现的文化差异这一社会现象消失了。因而,人们之间也不再会有基于"文化上的密切关系"的团结,更不会因为文化的原因而陷入冲突。一方面,人们的共同行动是出于人的共生共在的需要,是因承担任务的需要而集结成为行动体和开展合作;另一方面,随着文化差异在社会生活和交往关系中的退场,因文化差异造成的冲突也不再有。此时,流动的差异不仅不会带来冲突,反而会成为合作行动的动力。

从 20 世纪后半期的情况看,在社会的差异化进程从阶级分化走向群体分化的时候,经济上的剥削和压迫开始逐渐淡出了人们的视线,社会正义的要求也转向了各个群体对自身特殊性的申述。每一个群体都会要求社会承认,并要求其特殊偏好得到包容,不被排斥。也正是在这个时候,各种新的形式的社会运动纷纷登台表演,使得整个社会陷入高分贝的噪声喧哗之中。然而,挑战资本、权力的力量却因为分散开来而变得非常软弱,以致资本的扩张甩开了诸多束缚,踏出了国界,造就了"经济全球化"。

就经济全球化是全球化运动的第一波浪潮而言,在全球化运动中所发挥的是引领作用。而且,这种引领作用应归功于西方国家多元群体的政治热情高涨。正是因为争夺社会对差异性群体——特别是边缘群体——的无差别承认与包容,为资本的全球扩张腾开了广阔的空间。如果不是差异性群体所掀起的一波又一波新社会运动吸引了人们的视线,那么人们还会耽于阶级对垒的状态,会继续团结在维护和反对资

[①] [美]艾丽斯·M. 杨:《包容与民主》,彭斌、刘明译,江苏人民出版社 2013 年版,第 114—115 页。

本、权力的两极。那样的话，资本的扩张就会受到抑制，就不可能迅速地向全球渗透。没有资本的全球扩张，全球化的门扉也许还要若干年后才能被打开。虽然由多元群体发动起的一波又一波新社会运动从传统的工人阶级斗争中承袭了诸多要求正义、平等的口号，但在这些口号背后，已经不再是反对剥削和压迫，而是含义较为模糊的"承认"和"包容"，并将这些作为公平正义的基本内涵。

也就是说，20世纪中期以来的各种新社会运动所提出的各种主张都更具有某种文化色彩。虽然西方学者将这一时期的政治特征描绘为"身份政治"，但就差异性的各个群体的要求来看，已经不再像传统的工人阶级那样主要关注具体的利益，而是将利益要求作为其主张的一部分提出来。这说明，在工业社会的行进过程中，也有着某种从利益的角度解释社会现象到从文化的角度解释社会现象的转变过程。至少是存在着这种迹象，而且这种迹象恰恰反映了社会演进的现实。

对社会现象的文化解释是在20世纪中后期兴起的，而且已经成为一种稳固的解释框架或认识视角，提醒我们，应当从文化的角度去理解当下的社会需要。当然，也有一些西方学者从新社会运动中解读出对资本主义社会结构的抗议。事实上，无论是结构主义还是后现代主义，基本上都做出了这种解读。艾丽斯·杨也接受了这一流行的学术性见解。她说，"这些社会运动所回应的主要的社会差异形式是结构性差异。结构性差异可能会建立在由性别、族群或者宗教信仰所构成的文化差异的基础上，但是，它不可以还原和简化为上述文化差异。社会结构通常会将人们不平等地置于由权力、资源分配或者话语权所组成的过程中，各种来自特殊的社会群体、立场的正义主张揭示出诸如此类的由权力或者机会构成的关系所导致的结果。而且，在存在着像这样的社会群体差异的地方，它们经常会导致社会问题或者冲突"。[1] 不过，当我们置身于

---

[1] ［美］艾丽斯·M. 杨：《包容与民主》，彭斌、刘明译，江苏人民出版社2013年版，第108页。

风险社会的时候，当我们思考如何在风险社会中开展行动的问题时，无法回避对文化的省察。

二　终结竞争文化及其行为模式

人的个体性必然会把人们导向普遍竞争的氛围之中，让人们在经济生活以及广泛的社会生活中开展竞争。所以，基于人的个体性的社会建构也收获了一个竞争的社会。在工业社会中，竞争遍布每一处。这个社会不仅有着市场经济的行为模式和竞争机制，而且在社会生活的几乎所有领域中都广泛地存在着竞争，从而赋予工业社会以竞争的属性和特征。现在，人类已经走进了风险社会，工业社会的竞争行为模式及其社会运行机制是否还会得到沿用，就是一个需要思考的问题。

我们认为，风险社会是发生在全球化、后工业化进程中的，是对工业社会这个历史阶段的否定。如果说人类经历了全球化、后工业化进程而进入一个新的历史阶段的话，那么这个新的历史阶段将是一个合作的社会。也就是说，全球化、后工业化是这样一个从竞争的社会转变为合作的社会的历史性的社会转型运动。当然，竞争行为可以溯源于人类历史上的很早阶段，学者们也许可以从人类学中找到大量证据证明竞争是根源于人的本性的，但作为一种文化类型，显然是建立在霍布斯的话语基础上的，或者说始于霍布斯的话语。我们也相信，在合作的社会中，依然会存在竞争行为，而且包含着和不断再生产着竞争行为的市场经济也决定了竞争仍然会是经济生活的一种表现形式。但是，在这个社会中，竞争文化必将为合作文化所置换。在合作文化处于主导地位的合作社会中，竞争行为以及市场经济无论在形式上还是在性质上，都会发生根本性的改变，竞争行为也将从属于合作文化而不是竞争文化。

文化会表现为人的观念的稳定性和行为的重复出现等特性。在排除了强制性规则规范的情况下，一旦我们感知到人的观念和行为具有模式化的特征时，也就可以断定，在人的观念和行为中是有着某种文化在发挥作用的。在某些情况下，文化的作用是较弱的，会在人的观念和行为模式化程度较低的情况出现时显现。这意味着人的观念的稳定性也较低，容易发生改变。同样，人的行为的可复制性也较低，会无规律可循。在另一些情况下，文化的作用可能是很强的，因而人的观念和行为的模式化程度也就会显得很高。在这种情况下，对于处在相同文化背景中的并共有这种文化的人来说，你未发言，已知你会表达什么意见和想法；你未行动，已知你会朝着哪个方向走。

在工业社会中，竞争文化所发挥的是支配性作用，即以隐蔽的方式控制了人的观念和行为，使得这个社会中的几乎每一个人日思夜想的都是如何通过竞争去获取属于自己的更多利益，一举手一投足都透露了竞争的气息和准备竞争的意图。也就是说，在人的观念和行为背后发挥着强支配作用的是竞争文化，它成为人的观念和行为的主导性因素，使得人的观念和行为模式化。特别是在人们习惯了这种模式和把这种模式当作自然而然的事之后，也会极力使自己的观念和行为趋附于这种模式，并努力捍卫这种模式。

文化是一种隐蔽性的力量，而行为模式则使这种隐蔽力量显示于外，因为显示于外而让这种力量易于感知。正是这个原因，才使得竞争似乎给予我们的社会以无穷的发展动力。我们一再地指出，竞争为社会的发展提供了动力，但需要指出的是，因为竞争文化生成了，并造就了模式化的竞争行为，才使竞争具有了社会发展动力的性质。在农业社会也存在着大量的竞争行为，却未显现为社会发展的动力。相反，在历史上拥有成熟农业文明的地区，都可以看到对竞争的抵制，甚至会以法令（王室政策）的形式去抵制和排斥竞争。如果去对中国农业社会中皇上的圣旨进行分析的话，可以看到，占多数的圣旨都是为了抑制和排斥竞争而下达的。在这个社会中，得到鼓励的是生产，而且是非竞争性的生产。只是到了工业社会，生产过程才充斥了竞争。

总之，工业社会因为拥有了竞争文化，才会处处可见竞争行为。诠释竞争和证明竞争合理性的思想、学说和理论也极易受到受众追捧，而一切对竞争表示怀疑的观点都会立马招来一片骂声。哪怕是一个刚刚在竞争中落败而变得穷困潦倒的人，也不容许任何人对竞争表示怀疑，他可以厌恶竞争并皈依佛门，却不允许他人对竞争表示怀疑。个中原因，就是因为他受到了竞争文化的控制和支配。正是因为每一个人都身负竞争文化，才使这个社会显现出得到了竞争文化的趋动而加速发展的状况。竞争文化要求人们取得业绩、名望并不断进步，应当说，竞争文化向人们许诺了这些而激发出人们不断奋进的激情，并以此而赋予社会以巨大的发展动力。

在19世纪，人们把社会生产力理解成物质的，或者说，根据一种静态分析，生产力的构成要素都是物质的。在今天，人们却改变了对生产力的这种认识，甚至会将传统的对生产力的理解看成"物质主义的"。因为，在生产力中，包含着无穷无尽的物质欲望，而且正是这种物质欲望，像魔法一样推动着社会发展。我们今天所见，生产力中的劳动者要素正在为人所取代，因为许多人并不是以传统的劳动的方式出现的。就人的物质欲望来看，竞争文化所发挥的作用就是把这种物质欲望引导到人们之间的竞争中来，让人们通过竞争去找到物质欲望得到满足的可能性。在自然界中，雄性动物是通过一场场厮杀而获得与雌性动物的交配权，以满足其与人类似的欲望。竞争文化则充分地利用了这一点，让人像动物一样通过竞争而达成欲望的满足。如果说竞争中的人与动物有什么不同的话，那就是人不仅有交配的欲望，还有着其他各种各样的欲望，而且所有的欲望都需要通过竞争去寻找满足的途径。尽管佛罗伊德要求把人的所有欲望都还原为性欲，但人与动物的不同还是远远超出了他的理解限度。

在竞争文化深入人心的社会中，几乎所有游戏都被用来诠释竞争文化，人们不因竞争为耻，反以竞争为荣。比如，在体育游戏中，足球可以说是较为激烈的竞争游戏，它充分诠释了那种要把所有麻烦踢入他人家门的竞争精神。作为一种游戏，我们对它并无须要评价之处，但其背后所包含的那种精神，却必须被承认为竞争。之所以一些人会成为足球球迷，那是因为，他们从足球运动中能够获得关于竞争的痴狂体验。无论他在竞争中是成功者或失败者，都可以从这项游戏中解读出激烈竞争的魅力。

根据克尔伯格的考察，在 20 世纪，"虽然比较极端的传统在学术界开始隐退，但对抗性的思想和探究方式继续以更为微妙的方式影响着当代学术"。[①] 即便科学研究中的"团队合作"已经成为人们非常推崇的新形式，但由于竞争文化依然支配着人们的观念和行为，以致团队经常性地沦落为"上阵父子兵，打虎亲兄弟"之类的小团体，而不是真正的异质性成员合作的形式。所以，我们现在所拥有的整个社会科学体系都渗透着竞争文化，几乎所有的制度建构方案、人际关系处理方法、科学研究行动策略等方面的原理和技术，都是从属于竞争的，是出于竞争的需要而作出的探讨和安排。

竞争之于我们这个社会和时代，既是共有的文化，也是非常坚固的思维定式。一旦有人提出用合作文化替代竞争文化的构想，就可能使人们陷入某种恐慌之中。虽然面对恐怖袭击时人们会产生某种恐惧，但那种恐惧是感性的，而在合作文化替代竞争文化的需求面前，人们将会表现出一种理性化的恐惧。或者说，越是受过良好教育的人，越是学者，就越会体验到对倡导合作文化的某种恐惧，甚至会迫不及待地跳出来对倡导合作文化建构的人进行某种非理性的指责和攻击。事实上，在我们所在的社会中，不仅是在科学研究领域，而且在几乎所有的社会生活领域中，制度性的安排都是服务于竞争的。比如，在中国提出构建人类命运共同体的理念和倡导合作的时候，美国的领导人就表现出失去了理智的反对。如果说足球球迷会在精神迷幻的状态中做出一些破坏性的举动，那么政治家则因为竞争文化而陷入疯狂的状态，这对人类社会构成的危害是极大的。

---

① ［美］迈克尔·克尔伯格：《超越竞争文化——在相互依存的时代从针锋相对到互利共赢》，成群、雷雨田译，上海社会科学院出版社 2015 年版，第 62 页。

基于"经济人"假设而实现的公共生活建构,会把一切人在公共生活中所开展的活动都理解或解释成个人利益追求及其得以实现的过程,公共选择学派在这个问题上做了非常激进的论证。不过,这有可能完全摧毁伦理价值在一个社会中的功能。因为,"既然一切公共活动几乎都由对物质和利益的竞争性追求而导致的一系列竞争构成,那么文化环境就几乎不可能有益于道德发展和自律的形成。无处不在的任意竞争易于培植好斗的利己主义价值观,而非互利合作精神"。[1] 其实,亚当·斯密在提出"经济人"这个概念时,是出于一种解释的需要。可是,在其后的社会发展中,"经济人"成了社会建构的"材料",因而使工业社会获得了竞争文化。

随着竞争文化成为工业社会中的一种主导性的文化模式后,将"经济人"的概念引入公共领域并实现对公共生活的重塑,似乎成了自然而然的事了。然而,所造成的实际后果则是,摧毁了公共生活应有的基质,使公共生活异化,并引发了各种各样让人无法解决的问题。面对这些基于"经济人"的社会建构所引发的问题,即便构思出解决方案,仍然是在竞争文化的思维路径中展开的。这类方案如果能在解决问题中收获某种效果的话,也必然是进一步强化了竞争行为,必然再度引发诸多新的问题,从而陷入问题循环升级的状态。事实上,解决问题和制造问题的循环升级,正是人类今天遭遇风险社会以及危机事件频发的原因之一,甚至可以说这是主要原因。

从 20 世纪后期以来的情况看,竞争文化在国际关系中导致了某种"恐怖平衡"格局的出现,即通过核武器等而使不同的势力能够集体达成一种相互恐吓的所谓平衡。其实,这种平衡是非常脆弱的,一旦出现哪怕些微的不平衡,人类的命运就变得极其堪忧。为了维持这种恐怖平衡的状态,大量的资源被用于军费开支。对于这种资源消耗,

---

[1] [美]迈克尔·克尔伯格:《超越竞争文化——在相互依存的时代从针锋相对到互利共赢》,成群、雷雨田译,上海社会科学院出版社 2015 年版,第 54 页。

如果从合作文化的角度看，显然是毫无意义的浪费。事实上，在这个方面所消耗的资源如果用于生产和人的生活水平的提高方面，那将是一种什么情况？显然是不言而喻的。即便我们不去设想这些资源消耗用在了人的生活水平提高方面，单就这种"恐怖平衡"本身来看，将用什么因素去保证它长期维持下去而不出现失衡？难道这不是一个令人担忧的问题吗？事实上，在国际社会中所营建起来的这种恐怖平衡格局本身就意味着风险，也是全球风险社会的标志之一。用德国学者贝克的话说，这意味着人类"坐在文明的火山口上"了。

总的说来，文化对于拥有它的人和在它发挥作用的地方是一种无处不在的无形力量，甚至渗透在人的思维中，更不用说人的行为了。正是这样，文化的作用力以及文化支配过程，都让人觉得是那样的自然，以致抗拒它、回避它反而变得无比艰难。显然，正是因为有了竞争文化，才使得工业社会的人们那样习惯于竞争。这个社会中的人们是不敢想象没有了竞争的人类将会是什么样子，更不用说他们会向往着没有竞争的社会了。正如我们已经指出的，如果让这个社会中的人挪动脚步走出竞争的社会，在心理上他们可能是无法承受的，会陷入一种极度恐慌之中。也正是这个原因，阻碍了人们去探寻风险社会及其高度复杂性和高度不确定性条件的社会生活和交往行为模式。即便人们已经置身于风险社会之中，也不愿意去对竞争文化与风险社会之间的关系进行思考，甚至不愿意承认竞争文化为人类带来了风险社会。

之所以我们处在全球化、后工业化这一伟大的社会转型运动中依然感受到变革如此艰难，就是因为竞争文化束缚住了人们的头脑和手脚。人们在竞争文化的支配下，对竞争性政治表达了无限崇拜之情，宁愿牺牲现实也要维护竞争性政治的运行。哪怕是陷入危机状态之中，如果告诉他有一条生路，但这条路不是民主的和自由的，那么他宁愿用自己的生命祭献民主和自由。这样做，虽然背弃了"实用主义"的原则，却捍卫了更为神圣的民主和自由观念。之所以民主和自由是神圣的，就因为它是竞争政治的基本内容，有着竞争文化的灵魂。

竞争文化不仅以一种行为惯性的形式出现，而且是包含在近代以来的各种学说和理论中的，或者说，它是由近代以来的各种学说和理论加以建构和作出论证的。虽然近代以来的各种学说、理论间存在着巨大差异，而且相互冲突和对立，但在建构竞争文化方面却有着一致的方向，都努力在竞争文化建构中发挥更大的作用和扮演更为重要的角色。实际上，一种理论之所以能够广为传播，一种学说之所以能够得到更多的人信奉，往往是在建构和论证竞争文化方面发挥了基础性的作用。假如竞争仅仅是人的行为惯性的话，那么在高扬理性的现代社会，肯定会遭受反思和批判。由于竞争文化是由各种各样的学说、理论所承载的，从而决定了所有拥有智识的人，都会对竞争文化相对于社会生活和交往行为的合理性深信不疑。

竞争文化代表了资本主义的意识形态。正是由于近代以来的全部理论构建起了这一意识形态，决定了人们在人类历史的客观进程已经走进了全球化、后工业化时代的时候，其观念和行为选择依然耽于竞争的社会之中，阻碍了我们对合作社会的探讨，甚至会使那些意识到了人类命运共同体的人也将超越和扬弃竞争文化视为畏途。就此而言，对于人类陷入风险社会的问题，我们也就不难理解了。

三　合作文化建构的课题

贝尔认为，"资本主义经济冲动与现代文化发展从一开始就有着共同根源，即有关自由和解放的思想"。[①] 如上所述，在近代早期，所谓解放，在社会整体的意义上是要从自然的压迫中解放出来；在精神生活中，则是要从中世纪的神的阴影中走出来；在社会结构的意义上，则要从等级压迫中解放出来。归结到原点上，则是个体的人从同质性的社会中解放出来，具体表现就是走出家庭、地域等。所以，与之相

---

① ［美］丹尼尔·贝尔：《资本主义文化矛盾》，赵一凡等译，生活·读书·新知三联书店1989年版，第33页。

适应的自由也是要归结为个体的人的自由的。但是，管理的发展以及不断强化，却侵蚀和压制了自由，而解放本身也在无时不在地制造锁链，即在解放的名义下再一次用锁链把人们捆绑了起来。

更为重要的是，在解放和自由的追求中所造就出来的是个体的人，使人的个体性被突出了。对于个体的人而言，出于自我的利益以及一切追求的实现之需要，都必须与他人开展竞争。也因为这种竞争的普遍化，造就了竞争文化。进而，又在竞争文化的驱使和规范下开展竞争。竞争以及竞争文化促进了社会发展，也给予人们自我实现的希望，但它的另一面则是，促使社会的复杂性和不确定性持续提升。所以，从源头来看，正是自由与解放的追求，把人类领进了高度复杂性和高度不确定性的境地，让人承受着风险社会及其危机事件频发之苦。

现在，我们正处在全球化、后工业化进程中。单就全球化这个维度而言，它会不会造就出一个类似于中国先秦的"战国"时期？如果那样的话，避免国家间的冲突、战争等，就显得非常重要了。当然，这是一项非常艰难的工作。因为，假如出现了一个"全球战国时期"的话，就必然会引发竞争的加剧。我们知道，在由民族国家构成的世界体系中，也存在着国际竞争的问题，但民族国家的独立性以及主权的神圣性是可以对竞争产生抑制和约束作用的，可以让民族国家自己去决定涉入国际竞争的深度。然而，在全球化可能带来的"新战国时期"中，由于民族国家独立性的弱化和主权观念的消解，决定了一国无法在是否涉入国家间的竞争这一问题上实现有效控制，反而会受到竞争风暴的裹挟而被卷入列国竞争的过程之中。这个时期，国家利益意识依然存在，为了国家利益，或者，以国家利益的名义而开展行动，一如既往，而国家间的竞争规制却丧失了。那将是一个多么危险的状态？因此，我们必须在这种全球战国时期到来之前实现文化转型，即以人类命运共同体的判断和主张为前提，去建构起新型的合作文化，用以替代竞争文化。

竞争文化是在自由主义话语基础上建构起来的，是以人的个体性为前提和出发点的。与之不同，合作文化的建构将以人的共生共在为前提，以人们对人类命运共同体的认识和承认为基础。人们在何种程度上承认了人类命运共同体，也就会在同等程度上投身到合作文化的建构中来。文化是一种社会现象，是社会建构的产物，至于人是拥有竞争还是合作基因，都不足以证明竞争文化还是合作文化的合理性。正如从人的利己本性出发去证明竞争文化一样，从人的利他本性出发去证明合作文化，也是一种错误的做法。对于文化，必须从共同体的类型以及存在状况和根本需要出发来加以理解。所以，我们认为合作文化的建构是以人类命运共同体为基础的。如果说风险社会将人类变成了一种被动的、消极的命运共同体的话，那么合作文化的建构将使这个共同体转化成主动的、积极的命运共同体。

在竞争文化占支配地位的社会中，人们也向往和平和追求非暴力。这种追求是可以在竞争得到了规范和不演变为武力冲突的路径中实现的。但是，所谓的和平与非暴力，也只是被作为一种人的共处形态看待的，并未得到社会必然如此的论证。作为一种追求，能够实现固然为善；求而不得，也应接受。在人的共生共在的主题凸显出来后，对于人际关系而言，和平与非暴力不仅是应当如此的一种社会状态，而且与社会的高度复杂性和高度不确定性施予人的压力相比，可能会成为一个微不足道的话题，至少不是一种值得追求的境界。事实上，当人们需要在高度复杂性和高度不确定性条件下去寻求人的共生共在时，当个体的人变得模糊而不再奉行竞争文化时，反映在人际关系中的和平已经成了一种自然而然的状态，人们也就不再去追求和平和非暴力的共生状态了。

应当承认，在竞争政治的框架中，通过规范的调整，努力增强抑制竞争的规范，是能够在缓和竞争以及增强人的相互依存方面发挥作用的。但是，这类规范的增强并发挥作用，会表现出两种情况：其一，会导致集权，从而使对人的压迫和控制陷入循环升级的状态中；其二，可能会在一个不长的时期内使整个社会陷入发展无力的状态中。与此不同，如果我们用一种合作政治取代竞争政治的话，实现了合作文化对竞争文化的替代，所有这些问题都将烟消云散。一旦人们在人的共生共在的追求中开展合作行动，不仅不会生成任何压迫和控制人的力量，而且社会发展也会进入一个全新的轨道。

从个体的人的角度看，人不是天生就属于某种文化的，而是在后天的生活中习得和适应了某种文化，得到了某种文化的塑造，并用自己的行为举止去表现他所拥有的文化。就此而言，人们也许会以为文化会像知识一样可以传授，其实不然。我们可以通过某种培训去让人了解某种文化，却无法让他拥有那种文化，更无法奢望他通过自己的行为方式去表现那种文化。这说明，文化并不像知识那样可以传授，人只有生活在某种文化氛围中并经历长期的文化体验，才能拥有那种文化。所以，断言人天生是自私的并不可信，人完全是由竞争文化的形塑而成了自私的人。而且，人之所以乐意于竞争而不愿意作出理性的合作行为选择，只能说是因为竞争文化赋予人这种禀性。由此也可以想见，如果希望人的行为模式实现一种根本性的大逆转，即从乐意于竞争而转向乐意于合作，首先需要做的就是促进竞争文化向合作文化的转型。总之，对于人来说，是因为竞争文化实现了对人的格式化，从而使人发现自己在与他人的交往中持有自私的动机。也正是因为有了这种体验，人们才会用人的自利性去解释一切社会现象。

不过，对于学者来说，面对一些社会现象时，也许并未拥有某种文化却受到一些学说、理论的影响而去做出某种违背自己本心的解释。比如，如果那个总是用人的自私自利本性去解释一切的学者是你的话，那么我们不禁要问：你在家庭生活中是孝敬尊长的，你每日都为妻儿付出很多，做过小额捐款，呼吁和呐喊过公平正义，礼敬过诸神，甚至做过许多慈善的事情……哪一项能够证明你是自私的？我们认为，在本性的意义上，你并不是自私的，并不仅仅去追求自利。可是，你为什么非要固执地认为人是自私的呢？难道你敢确认你所做的那些事情都是出于某种自私的考虑,或者说,那不是出于你的本心,而是受到某种外部力量的胁迫去做的?也许你会寻找某个答案,以便反驳我们和说服自己,但我们却不认为你的本性是自私的。在我们看来,你的自私的一面恰恰是由外部嵌入的,是因为某种理论、学说告诉了你,你才体验到了自己的自私和时时处处计较于自利。

实际上,你除了自私之外还有另一面,而且是更为本真的另一面。因而,你完全可以获得与他人合作的能力,能够回归到与他人共生共在的基点上。在风险社会中,你完全能够认识到人类已经结成了命运共同体,也愿意接受这一点。只是因为你缺乏独立思考能力,没有从现实中体验到合作的价值,而是表现出对既有的某些理论的信奉。也就是说,关于人的自利自私本性的说法是一个假设,而你把假设当作了真理,接受了它并盲目地信奉,从而失去了自我。你是在失去自我的时候运用人是自私自利的说法去解释各种各样社会问题发生的根源的。从逻辑上看,你在失去自我的时候又有什么资格认为自己是自私自利的呢?再者说,当你能够非批判地接受了人的自私自利假说的时候,你完全将自己奉献给了这个假说,也证明了你不是自私自利的。如果你是自私自利的,你就不会成为人是自私自利假说的牺牲了。当然,另一种情况也许就是,你的确是一个自私自利的人,你从那些理论中看到了自己,才无比陶醉于那些理论。如果这样的话,我们也只能说那并不是你本来的自己,而是竞争文化将你铸成了自私自利的人。

克尔伯格认为,"在以前,氏族、部落、城邦和国家可以发展出相对互惠与合作的内部关系,同时与其他氏族、部落、城邦和国家保持相对竞争或对抗的关系。然而,在一个全球相互依存的社会中,没有'其他人'存在。这正是人类所面临的进化压力实现质变的一个转折点"。[①] 在风险社会中,人们都无差等地涉入了风险之中。虽然危机

[①] [美]迈克尔·克尔伯格:《超越竞争文化——在相互依存的时代从针锋相对到互利共赢》,成群、雷雨田译,上海社会科学院出版社2015年版,第172页。

事件的出现具有随机性，但面对风险，我们每一个人都是平等的。在这种状态中，我们所构想的是全球性的合作，是为了全人类意义上的人的共生共在而不是出于区域性的考虑而倡导合作。

也许经历了几个世纪的竞争文化熏陶，致使人的合作能力极度萎缩，但人类在重新获得合作能力方面并不是无望的。只要人的共生共在被充分地意识到了，并转化为人的行动的出发点，人的合作能力立马就会得到提升。在实现了合作文化对竞争文化的替代之后，基于合作文化而开展行动，人们自然而然地就养成了合作习惯，会用合作的标准审查和判断自我以及同伴的行为，并随时发现达致合作的路径。在今天，现实情况是，的确因为近代以来数百年的竞争文化的主导造成了人的合作技能的缺失，使得合作的理念无法转化为行动。所以，在这种情况下，即便人们有着强烈的合作愿望也无从着手，相反，关于竞争的技能却一直得到了现代社会科学理论建构的支持，几乎社会科学发展中的每一项新成果，都促进了竞争技能的发展。

在竞争的社会中，可以说竞争技能的发展已经达到了无以复加的地步，特别是博弈论，将竞争行为和竞争文化推向成熟，将人的竞争技能的提升推向了顶峰，以致合作因其技能的缺失而无法有所表现。但是，随着人的共生共在成为人们必须直面的基本社会主题后，合作的要求凸显了出来。这样一来，人们起初似乎是因为人的共生共在的压力而不得不合作，即表现出被迫合作的情况。也就是说，是风险社会的现实，迫使人们必须开展合作。不过，在这种似乎是被迫的、偶然的合作中，将会积累起合作经验，并逐渐地形成一些基本的合作技能。在此过程中，随着合作文化的最终确立和定型，合作也就会表现为一种自然而然的事情，竞争则反而显得与整个合作氛围格格不入。

人类社会也许在极早的历史阶段中就存在着自私自利的行为，但在个人主义的话语和竞争文化生成之前，自私自利行为是受到社会排斥的。在近代，人的自私自利只要在法律规定容许的范畴之中，就是受到鼓励的。也就是说，竞争文化对自私自利的行为提供了强有力的支持，只有在那些竞争文化尚未确立起来的国家和地区，才会存在着对自私自利行为正当性的争议。也许我们在任何时候都不可能彻底消除竞争行为，即使在合作社会中，竞争行为的广泛存在也是必然的。这是我们一再申述的一种看法。但是，合作社会中的竞争行为不应得到竞争文化的支持，反而应与竞争文化分离。一旦我们建立起合作文化，竞争的消极影响就会减少到极小的程度，而不致在逻辑上无限展开。

重要的是，合作社会中的竞争将不会以黑格尔所说的那种"恶无限"的形式出现，它将被限制在特定的社会层面和交往过程中，并有着系统性的规范保证竞争行为发挥着正向功能。我们的基本判断是，文化会因一个社会总体上的生存和发展需要而选择自己的内容和形式。在低度复杂性和低度不确定性条件下，不仅允许竞争而且需要竞争文化。然而，在高度复杂性和高度不确定性条件下，则需要一种合作文化。在风险社会中，只有合作才能为人的生存提供更多的机遇。合作文化的建构，是一切合作行动的基本保障。尽管我们历数竞争文化的消极性，但我们并不否认它在工业社会中的存在合理性以及所发挥的推动社会发展的功能，只是因为社会的变迁，即人类进入了风险社会，决定了竞争文化必须为合作文化所替代。

第四章

政治转型及其伦理基础

　　现代政治在工业社会的发展过程中起到了非常重要的作用，特别是民主政治，成了现代社会中的一种信仰。在这种信仰之下，虽然也存在着诸多"教派"冲突，却没有人敢于站出来公开表达对这一信仰的质疑。然而，在我们堕入风险社会的时候却不禁要问：这样一种无比美好的信仰为什么把人类领进了风险社会？所以，在风险社会生成的问题上，对现代政治加以反思，是必要的。以民主的形式出现的现代政治是一种竞争政治，它是建立在原子化个人的前提下和基础上的，也从属于个人以及可以最终归结为个人的各种利益实现的需要，同时又是出于规范利益冲突的需要。但是，正是这样一种政治，存在着在民主的名义下对平民参与政治活动的限制和排斥的问题，存在着排斥伦理道德的问题，存在着源源不断地生产出怨恨的问题。所以，终于将人类领进了风险社会。

　　全球化、后工业化运动意味着人类将从工业社会转型为后工业社会。在此社会转型的过程中，社会呈现出了高度复杂性和高度不确定性的特征，而且是以风险社会的形式把整个人类置于一种命运共同体的状态。当人类置身于风险社会去思考如何行动的问题时，就不能不对工业社会中生成的而且是我们既有的政治和社会治理模式进行重新审视。民主政治是在工业社会的历史阶段中生成的，是政治文明以及社会文明的标志性成果，但这种政治在理论上的悖论和在实践中的矛盾也是非常明显的。最为重要的是，当人类陷入风险社会时，对民主政治的信仰束缚和扭曲了人的行动，而且已经成为诸多灾难的根源。所以，风险社会也意味着政治模式重建的任务，我们必须打破对工业社会传统政治的非理性信仰，根据风险社会的现实去重新建构新型的政治模式。

对于人的生存和社会的存在而言，伦理与政治往往成为人们关注的重心。就全球化、后工业化意味着人类社会从工业时代向后工业时代的转变而言，人类必将走进后工业社会。因而，后工业社会的政治与伦理将是什么样子，就是一个需要我们现在加以思考的问题了。从人类历史看，农业社会的政治与伦理尚未实现分化，处于一种混沌状态。在工业社会中，随着社会生活的领域分化以及认识上的科学分化，政治与伦理无论是在实践上还是在研究上都被区分开来。然而，在全球化、后工业化进程中，我们发现，工业社会对政治与伦理的区分在实践上产生了诸多恶果，在理论上也出现了逻辑自反。可以预见，人类走向后工业社会的进程将是政治与伦理相融合的进程。

第一节 风险社会生成中的政治

在人类陷入风险社会的时候，可能首先需要提出的一个问题就是：现代政治在风险社会的生成中发挥了什么样的作用？阿伦特在探讨政治的意义时所形成的意见也许有助于我们回答这个问题。阿伦特说，"政治更多的不是关乎人而是关乎世界。世界在人与人之间形成并超越人而持存。当政治变得具有破坏性并且将世界引向终结，那政治也会摧毁和灭绝自身"。[①] 世界是人的世界，在某种意义上，甚至可以说

---

① [美] 汉娜·阿伦特：《政治的应许》，张琳译，上海人民出版社2016年版，第150页。

世界是为了人而存在的。如果没有了人的话，那么世界至少是没有了意义。但是，当世界受到了破坏甚至有着毁灭的可能性时，人的命运也是堪忧的。

阿伦特是在对法西斯现象的反思中形成了对政治的看法，认为政治不应当像它所表现的那样。阿伦特所要表达的观点是：政治不能等同于灭绝性的暴力；政治不能从属于灭绝性的暴力；政治不应成为走向灭绝性的暴力。显然，20世纪中的两次世界大战以及核武器的发明等，都是通过政治活动和在政治的安排中做出的。这说明政治包含着灭绝人类、灭绝世界的可能性，至少在今天，我们所遭遇的风险社会的生成，是与现代政治有着极大的相关性的，或者说，现代政治在风险社会的生成问题上有着不可推卸的责任。所以，按照阿伦特的思路，现代政治已经用自己的行动否定了自己。

在历史演进的过程中，我们可以看到一条走向光明的道路，也能够发现另一条日益黯淡的道路。这两条道路意味着人类在行进中所走向的是不同的方向。在社会发展这一条光明的道路上，也许我们会想到后人将通观宇宙、思考与外星文明相处的问题，但人类在另一条道路上经行的当下，却要首先解决地球人类如何相处的问题。这也许就是当下政治的基本使命。在我们还无法肯定存在着外星文明，并能够断定外星文明必然要在我们的发展取得积极成就时与我们相交往，就必须首先解决地球上的人类现在正处于风险社会之中的问题。我们首先面对的是，必须通过构建人类命运共同体的方式去解决人的生存问题。

当前，我们面临的一个最为迫切的任务就是，需要在社会的每一个领域中去发现人类陷入风险社会的原因。因为，社会的每一个领域在演进中都构成了历史的一个特定的维度。不过，在社会生活的每一个领域中，政治都是最为重要的内容，都是一个发挥着重要作用的因素。政治在人类堕入风险社会的过程中扮演了什么样的角色和发挥了什么样的作用？显然是一个值得思考的问题。事实上，那正是一个需要像阿伦特那样对政治进行批判性反省的问题。当然，阿伦特要求把政治与暴力区分开来，而我们在对近代以来政治的纵深观察中，所提出的则是终结竞争政治的构想。我们的要求是：促使政治在根本性质上实现转变，从而满足构建人类命运共同体的要求。政治首先应当解决的是人们在风险社会中的生存问题，并在这一问题得到解决的前提下和基础上推动历史进步。

一　竞争政治与风险社会

在《天演论》中，有着"物竞天择"的说法，它也是斯宾塞提出社会达尔文主义的根据。我们看到，原始时代的部落冲突、农业社会中的征服和反征服、工业社会中的族群冲突等，不管是围绕资源还是围绕荣誉的争夺，都可以纳入广义的竞争范畴。但是，竞争被建构成一种文化，竞争得到了相应的意识形态的支持，竞争被视为社会运行的活力和经济发展的动力，从而得到了鼓励，这都是工业社会的事情。或者说，竞争行为成为一种普遍性的、支配性的社会行为和社会行动的内容，都只是在工业社会这里才能看到的。即使我们在思维上不考虑工业社会的资本主义性质，也同样会看到，竞争成了这个社会中的主导性文化观念，整个社会都弥漫着竞争的氛围，处处都存在着竞争行为，人际关系的哪怕最隐蔽之处，都包含着竞争的内容。

工业社会的竞争文化造就了竞争政治，或者反过来说，这个社会的竞争政治在竞争文化的形塑中发挥了举足轻重的作用。在竞争政治中，即使每一个人都带着善的愿望，其行为结果也必然是恶的。对此，费希特所作的描述是，"每个人都几乎把他恰好最明显地觉得必要的、最有能力完成的事业，认为是最重要的，是其他一切改良的必然出发点；每个人都要求所有行善的人和他同心协力，为实现他的目的而服从他，都认为他们拒绝这样做就是对美好事业的背叛；同时，别人也从自己的角度对他提出同样的要求，同样会因为他不肯合作而说他背叛。这样，人间的一切良好方案看来就都流于徒劳的努力了，这些努力并没有留下人们生存的任何痕迹"。①

也就是说，当他认定了一个最好的事业，这个事业就必须成为目的，他人也就必须成为实现这个目的的手段。当他人不愿意做他的手段的时候，就会被认为是背叛。不仅是对他的背叛，而且会被宣布为对那个他认为最好的事业的背叛。这就是生成于竞争政治中的一种将自己的认识和理解强加于人的状况，产生于竞争却又以霸权的形式凌驾于竞争之上。就其根源来看，还是因为人们之间是一种竞争关系，是因为人们把自我的利益看得高于一切，是从自我的利益出发而将某些事当作了善而强迫他人接受，以自我的利益为目的而将他人当作了实现这一目的的手段。所以，当我们倡导合作行动的时候，必然要表达对竞争政治的批判，并提出终结竞争政治的要求。

竞争是由利益追求引起的。在社会的意义上，每个人都因为自己的利益要求而与他人开展竞争。集中反映到政治生活和活动中，也通过阶层、集团、群体的代表而开展了利益争夺的竞争。工业社会的民主政治一般是以党派政治的形式出现的。所以，民主政治往往会是以"两党制""多党制"的形式去开展活动。其实，党派之间的关系是一种竞争关系。在逻辑追溯中，党派所代表的利益要求是一个阶层、集团、群体中的个人利益的体现。所以，党派政治就是竞争政治，是以党派的形式而开展的竞争性政治活动。"如果政党是政治系统的分子，利益集团就是原子。只要研究原子就能阐释所有的问题。有人认为，既非人民、亦非政党，而只有利益集团才是政治系统真正的分析单位。有人主张，个体在政治上是无助的，而只有利益集团将个体的资源聚合起来才能成为一种有效的力量。"②

---

① ［德］费希特：《论学者的使命 人的使命》，梁志学等译，商务印书馆1984年版，第169页。
② ［美］达尔：《谁统治——一个美国城市的民主和权力》，范春辉、张宇译，江苏人民出版社2011年版，第8—9页。

既然为了利益而开展竞争，同时又要求竞争以民主的形式出现，那么将经济活动中的营销手段运用于政治，就是一种常见的做法。事实上，竞争文化无论是在经济还是政治以及广泛的社会生活领域中，都形塑出了营销手段，或者说，必然会以营销的方式去诠释竞争和求得竞争制胜。如果观察美国的总统选举，人们就会体会到政治营销已经达到了多么疯狂的地步。在选举中胜出，不是因为能力、品性或能够为这个国家做出什么样的贡献，而是因为营销策略有多么高明。如果竞选各方营销水平上的差别不大的话，那就要看谁为了营销投入的经费更多。筹集的竞选经费的多寡，决定了竞选能否胜出。既然总统选举取决于政治营销，那么所选举出来的总统在"质量"上的状况也就不再为人们所关注了。

斯加鲁菲不无过激地指出，在市场经济的条件下，之所以我们看到许多领域的产品或服务品质在倒退，是因为营销手段的发展。"营销是一件可怕的人类发明：它惯用的伎俩是抹杀人们对美好事物的记忆，让人们为粗制滥造的东西买单。如果大家都知道过去有成千上万部优秀的电影和书籍，新电影或书籍就没有市场；人们花费他们的一生观看和阅读经典电影或书籍（质量上乘之作），而非浪费时间看新出的电影和书籍，其中大部分最多也只能算平庸之作。为了让人们看一部新电影或读一本新书，营销策略制定者必须确保人们对老电影和书籍一无所知。往往是无知让人们自认为在宣传活动中见证了产品的'进步'。通常我们所说的'进步'背后的事实是公司靠卖劣质产品赚得盆满钵满。'进步'在于营销，而非商品本身。营销手段日益多样化事实上说明了产品质量日益下滑。"[1]

在工业社会的后期那个被称为"消费社会"的阶段，营销成了一种具有普遍性的文化，渗透到整个社会的每一个角落，形塑出了

---

[1] ［美］皮埃罗·斯加鲁菲：《智能的本质：人工智能与机器人领域的64个大问题》，任莉等译，人民邮电出版社2017年版，第86页。

一种无所不在的行为模式。竞争政治就是这样，它不允许任何一项对人类有益的政治事业保留下来。比如，无论一位总统多么出众，也必须按照任期规定下台。可见，在政治领域中，一个人能否在竞选中胜出，与他的信仰、政治主张、个人品行等都没有多大关系，而是取决于他的"营销"策略。如果占人口多数的人喜欢所谓"垃圾食品"，他们制定的推销"快餐"的营销策略就会取得极大的成功，因而成了总统。至于他将把一个国家引向什么方向，让这个社会前进还是后退，在营销策略中是无须考虑的。即便是在宣传语、广告词中谈到了国家、社会等，也只是为了博取眼球，而不包含准备引导人们去思考的思想。也就是说，竞争政治中的成功与否，完全取决于营销而不是解决了什么现实问题。一旦政治变成了营销，也就会像商品营销那样，将劣质的东西推销给人们。作为竞争政治的民主政治，基本上把所有政治活动都变成了营销，因而生产出了无尽的社会风险。

无论是在个体还是在群体的意义上，竞争都极大地抵消了人的能力。当然，从另一个角度看，竞争的确可以激发人的创造力，从而为人的能力注入新鲜血液。但是，如果不是在单个竞争的过程或竞争事项上去看竞争的这一效应的话，而是在普遍的和宏观的意义上去认识竞争的影响，就会看到，竞争实际上是把人的能力的大部分"事功效应"抵消掉了，只是让剩下的极小的部分发挥着创造积极的社会价值并推动社会发展的作用。总的说来，竞争是人的能力冲撞，在这种冲撞中会直接地出现三种可能的结果：胜利、失败和两败俱伤。无论竞争者是胜利、失败还是两败俱伤，在他们竞争的过程中都外溢出了某种他们可能没有意识到的问题，那就是生产出了社会风险。因为，当竞争中的胜利、失败抑或两败俱伤以妒忌与怨恨的形式出现时，就会引发针对他人或社会的犯罪行为。

"在美国，注重成功和往上爬，通常伴随着高犯罪率和不同形式的反抗。"① 不只是在美国，在其他国家和地区，这也是我们必须承认的经验事实。之所以会出现这种情况，很大程度上应归结为文化上的原因。不难理解，所谓"注重成功和往上爬"，都是基于个人主义文化而有的心理取向和所做出的行为选择。一旦每个人都为了或围绕着自己的利益而去谋划和开展行动，其社会效应就是犯罪率的上升和群体性抗争事件的增长。其实，竞争的社会将一切都打碎了，或者说，在社会的各个层面上，都可以看到深深的裂痕。竞争社会中的竞争政治，在这个被打碎了的社会中所发挥的至多是维护这些碎片间的平衡的作用，而不是重新将这些碎片整合起来。事实上，竞争政治正是建立在社会碎片化的基础上的，是在社会碎片化之中获得合法性的。当政治从这些碎片中获得了合法性的时候，则为这个社会留下了风险得以滋生的土壤。正是当我们陷入风险社会时，才意识到竞争政治在运行中是这样生产出了社会风险。也才让我们看到，只有当竞争政治所留下的这些裂痕被修补、抹平之后，才有可能创造出一个新的世界，才能够发现和找到适宜于人类生存以及发展的空间。

　　竞争政治必然会以斗争的方式去诠释政治活动。正是因为形成了竞争、斗争的政治传统，并将人的几乎所有政治活动都纳入了这个传统所指示的路径上来，才有了今天这样的风险社会。在我们业已堕入风险社会的今天，如果沿用竞争思维和运用已经发展得无比高超的斗争手段，所带来的将是人类经由风险社会而走向毁灭的可能性。这显然是历史延续性中的一个必须承认的演变方向，尽管它可能是非常残酷的，是我们不愿意看到和想到的。不过，我们也可以断言，风险社会的出现，表明竞争、斗争已经走到绝路上了。这是一个显而易见的事实，它意味着人类不仅需要终结竞争和斗争的传统，而且也需要到竞争、斗争的反面去寻求出路。

---

① ［美］西摩·马丁·李普塞特：《共识与冲突》，张华青等译，上海人民出版社 2013 年版，第 4 页。

二 政治活动与平民的分离

工业社会中的竞争不只是一种行为模式，而是以制度的形式确立下来的。事实上，竞争构成了政治的基本性质。不过，当竞争被要求遵从规则的时候，却使政治获得了另一种特征，那就是民主。或者说，竞争政治的表现形式是民主，也被公认为是民主政治。所以，竞争政治是以民主政治的形式出现的。原则上讲，民主政治应当归属于人民，在民族国家的框架下，也就是归属于公民。公民是民主政治的终极性"政治人"，是所有参与政治活动和进入政治系统中的人的"母体"。

在民族国家初建之时，也许出于与此前的绝对国家进行区分的需要，要求只承认人的公民而不是臣民身份。尽管在社会中存在着许多身份，但在国家的眼中，或者说，依据民族国家的政治观念，那些社会身份至多也只是社会地位上的差别，不被赋予政治含义，人的政治身份只是公民。所以，民主政治天然地就是具有排斥性的，至少是排斥了人的其他社会身份。虽然几乎所有国民都有了公民身份，但公民权利却是受到限制的，不同的阶级在政治体系中的地位不同，参与政治活动的资格也是受到明确规定的。

20世纪60年代开始出现的"身份政治"理论要求把人的公民之外的社会性身份政治化，而且提出了"身份政治"的构想。比如，同性恋也被认为是一种身份。但是，构成了工业社会民主政治的阶级基础并未动摇。虽然选举权在工业社会的发展中得到不断扩大，特别是公众参与理论也在实践中不断地得到尝试，并在理论上证明了所有公民都有平等参与政治的权利，而民主政治的排斥性依然没有变化。如果把公民区分为精英与平民的话，在民主政治的运行中，我们基本上是看不到平民的身影的，活跃于政治生活每一处的，都是政治精英。即使参与理论给予作为公民的平民以政治活动的权利，但在既有的民主政治运作之中却不会有实质性的意义，即不会对参与活动产生实质性的影响。

在诸多"平民民主"主张中，出于实践的需要，默认了精英行动者的必要性，而平民只有在选举日才能感受到自己手中的选票的重要性。也就是说，以政治家的形式出现的政治精英才被看作天然的政治行动者，平民实际上只有通过对政治过程的某种"观看"而给予行动者以某种压力的资格。这也就是格林所说的，"民主派长期以来对于削弱任意权力的期望——或是通过大众的自我立法（因为人民据说不能对自己专断横行），或是如在更新近的理论中那样通过商谈过程将意志转变为理性——并没有被平民政治所完全遗忘，而只是受到了不同的解读。平民政治派接受这一点：总是存在着一些个体，他们拥有大得不成比例的能力去做出历史性决定并创造性地决定公共议程的实质内容，但是平民政治派正是希求令这些个体受制于严厉的、强烈的、极度扩展的监督。于是，对于平民政治派，任意权力的被削弱，并不是靠彻底将其从世界上消除掉——这是更为完善的自主和商谈理性之理想所认为的，而是靠在权力拥有者身上施加新的公共负担，至少可以作为平衡其过分巨大和从未具有充分正当性的权威的资源"。[1]

民主政治包含着一种权力分配而不是独占的体制。当然，既有的任何政治都包含着权力运行机制，政治活动无非是权力运行的过程，但在权力独占的情况下，政治与平民是无缘的。即便是民主政治，一旦权力为精英所掌握的时候，也是与平民无缘的。在某种意义上，平民政治的构想所隐含的只是某种实现心理平衡的要求，即把民主政治的平等原则转化为在心理上实现的状态，以缓和对民主政治现实中的不平等的憎恶。从近代以来的民主政治实践看，所谓平民政治，只能说一直都属于一种主张，或者说，是包含在各种民主理论之中的一种从未打算付诸实现的理想。至多只在一些间歇性出现的民粹主义行动中，表现出得到了实现的状况，而且更多地具有似是而非的特征。

基于平民政治的主张，政治生活中的参与被看作公民应尽的义务。

---

[1] ［美］杰弗瑞·爱德华·格林：《人民之眼——观众时代的民主》，孙仲等译，华夏出版社2018年版，第153页。

但是，公民身份却是与人的其他社会身份和角色共同地以人为载体的，致使公民义务与其他社会身份相关联的义务和角色扮演之间出现了时间不允许的问题。其实，当公民可以区分为精英与平民的时候，几乎所有政治活动都交由作为精英的那部分公民去承担了，而作为平民的公民则被排斥在了政治活动之外。正如格林所说，"政治需要时间、承诺及精力，而这些都是昂贵的稀缺品，它们必然会与对职业、家庭、金钱以及闲暇的需求形成竞争。明显的是，并不是每个人都会想要从事一种积极的政治生活"。[1]

这是一种日常经验的现实，意味着参与式民主的设想是与这种现实相冲突的。或者说，现实不仅不对参与式民主提供支持，反而构成了否定。所以，格林指出民主理论家罔顾现实的诸多理想化的设计都是荒唐可笑的，"假定每一位想要参与政治的人均有能力参与——暗示非参与者尚未学会他们所必须扮演的角色——就和指望公民普遍从事政治一样，都是荒唐可笑的"。[2] 这就是一种体制性的排斥，即民主政治排斥了其"主"，使作为公民的平民无法投身到政治之中，以致民主政治中的那个"主"是与政治相分离的，并不出现在政治的运行之中。即使按照参与理论而让平民进入了政治过程，也是没有什么实践意义的。

在民主政治中，平民的作用往往表现在意见表达上。不过，根据格林的看法，既有的民主政体运作方式决定了公共意见是无法获得的。这是因为，"选举很少能采集自下而上的真实声音（对于政治的清晰明确的决定），而是通常仅仅记录了对于领导者的二元化裁量。这一裁量并不属于'人民'，而是仅仅属于多数人——或许甚至只是属于少数人，如果考虑到许多人不投票的话。虽然民主社会中所有公民都

---

[1] ［美］杰弗瑞·爱德华·格林：《人民之眼——观众时代的民主》，孙仲等译，华夏出版社2018年版，第57页。
[2] ［美］杰弗瑞·爱德华·格林：《人民之眼——观众时代的民主》，孙仲等译，华夏出版社2018年版，第57页。

享有在选举中发出声音的集体权利,但是对这一选举权的实际运用却并不导向对'人民'(集体)的一种真正意识。当人民以竞争性选举的形式发声时,人民集体就被消融解散了,因此也就不再作为人民而发挥功能了"。①

就工业社会的社会差异化来看,许多差异总会自然地演化为矛盾,进而导致冲突,而在冲突之中,又会自然地产生社会风险,甚至消除冲突的各种手段也会生产出各种各样的社会风险。民主政体是建立在社会差异化的基础上的,但在这种政体之下所开展的所有政治活动,却不是为了纠正、消除或弥合差异,反而是为了利用差异,而且总是自觉或不自觉地助推差异向矛盾、冲突的方向转化。所以,民主政治表面上宣称重视公共意见,而实际上从来也不准备根据公共意见去开展政治活动。这是因为,在差异巨大的社会中,不仅无法获取公共意见,即便强行地制作出了公共意见,那么根据这种公共意见开展政治活动,也往往是没有什么意义的。

差异巨大的社会总是要求政治必须服务于诸多具体的、特殊的利益。只有这种政治活动,才能赢得支持,并积累起所谓"民心",获得合法性。所以,民主政治总是存在着难以避免表里不一的问题。事实上,民主政体下的政治所表现出来的真实情况是,"'人民'并不选举候选人,选举人才选举候选人。同理,人民并不制定法规和政策,只有少数积极的、组织良好的公民们才参与这个过程。正如达尔的著名判断所说的:在现代民主当中,少数人在统治"。②多数人则被排斥在政治活动之外而仅仅成为被统治者。

到了 20 世纪后期,当各种形式的新社会运动汇流于民粹主义运动后,人们才意识到,20 世纪并未实现从"阶级政治"向"身份政治"

---

① [美]杰弗瑞·爱德华·格林:《人民之眼——观众时代的民主》,孙仲等译,华夏出版社 2018 年版,第 230 页。
② [美]杰弗瑞·爱德华·格林:《人民之眼——观众时代的民主》,孙仲等译,华夏出版社 2018 年版,第 230 页。

的转型，反而是竞争政治的衰落。在竞争政治衰落过程中，出现了诸多光怪陆离的现象。显然，阶级政治、身份政治在实质上都属于竞争政治。从20世纪中后期的诸多理论探讨来看，虽然是在反思新社会运动的过程中针对所谓身份政治而做出了各种新规划，也因所提出的方案不同而展开了激烈的争论，但在思路上，却与近代早期的人们围绕着如何建构阶级政治模式的问题而展开的争论十分相似，甚至可以说采用了同样的思维方式。

这是由政治的性质决定的，无论是阶级政治还是身份政治，它们在性质上都属于为了利益而斗争的政治，都属于竞争政治的范畴。只不过身份政治的倡导者把阶级斗争的话语改写成了"承认"而已，并在霍耐特那里直接表述为"为了承认而斗争"。所以，即使出现了从阶级政治向身份政治的转变，也不应将其夸张地表述为政治的转型。事实上，身份政治无非是阶级政治的一种表现形式。尽管身份的凝聚力要比阶级更强，但身份政治无法独自成立，即便在实践中出现了暂时的建立在身份基础上的和凸显了身份功能的政治，也会很快地转变成阶级政治，因为身份政治包含着转化为阶级政治的逻辑必然性。

全球化、后工业化作为一场历史性的社会转型运动，其中必然包含着政治的转型。这种政治转型应当是从竞争政治向合作政治的转型，而不是从阶级政治向身份政治的转型。正如我们所指出的，当人类社会前进的脚步走进21世纪的时候，风险社会降临了，我们的社会呈现出了高度复杂性和高度不确定性特征，从而将人的共生共在的社会主题推展了出来，致使竞争政治的危害性暴露得越来越充分。特别是竞争政治以民粹主义运动来表现其疯狂的时候，也就宣示了创建合作政治的任务的迫切性。合作政治将是人人都能够参与其中的政治，它不会迁就专业化的政治家，不会将公民区分成精英和平民，不会允许少数人主导政治过程而将多数人隔离在政治过程之外。

三 政治对伦理道德的排斥

18世纪启蒙思想的最伟大贡献就是发现了原子化个人，并给予原子化个人以"天赋人权"。因而,工业社会的政治体系,从制度到行为、行动等,都是建立在天赋人权的基础上的,同时又反过来为天赋人权提供保障。从原子化个人出发建构起来的政治体系必然是竞争政治。因为,所有的政治活动都是建立在原子化个人的前提下的,或者说,所有政治活动都可以最终归结为原子化个人的利益考量。这种政治无非表现为利益争夺和规范利益争夺的活动,以民主政治的形式出现,又往往被认为是最佳的政治运行方式。

就民主政治从属于规范利益争夺的需要而言,是走在通向规则建构的道路上的,而伦理道德则在规则建构中受到了排斥。这不仅仅是因为伦理道德所提供的是一种"软规范",而是因为它与建立在原子化个人基础上的所有社会设置相冲突。所以,民主政治对伦理道德的排斥也就是必然的了。

阿伦特认为,原子化的个人是一种"单数"的人,而真实地存在于社会中的人却是"复数"的人。所以,针对原子化个人这一工业社会政治的终极性前提,阿伦特提出了一种完全不同的构想,认为"政治的基础在于人的复数性这一事实"。[①] 阿伦特认为,"政治学处理各种人之间的共存与联合。人们依据在各种差异的绝对混乱中找到的或抽象出来的某些本质性的共同点,在政治上实现自我组织。只要政治体以家庭为基础并且以家庭的形象来理解,那么各种程度的相似性一方面能够联合极端的个人差异,另一方面还可以作为一种手段,将相似者组成的各种团体加以区分和对比"。[②]

在这里,阿伦特是把人的"复数性"归结为家庭的,或者说,人是因为一出生就在家庭中而获得了复数性。她认为,当走出家庭进入社会之后,这种复数性得以再度丰富和增强。如果我们考虑到马克思关于"人是社会关系的总和"的基本判断,那么阿伦特的所谓"复数

[①] [美]汉娜·阿伦特:《政治的应许》,张琳译,上海人民出版社2016年版,第92页。
[②] [美]汉娜·阿伦特:《政治的应许》,张琳译,上海人民出版社2016年版,第92—93页。

的人"或"人的复数性"也就不难理解了。也就是说,存在于社会中的人是不可能以"原子"的形式出现的,人本身就是一个复合体,是综合性的、复杂的存在物。当然,我们无法断定阿伦特是在阅读马克思时产生了"复数的人"的灵感,但就她提出了这一看法而言,无疑是在根基上对工业社会的民主政治提出了挑战。不过,从表现形式来看,人其实恰恰是走出了家庭而进入社会后,成了原子化的个人。因为工业社会的建构者只是从形式上去把握人,才形成了以原子化个人为社会建构起点的方案。如果像马克思那样从人的本质出发去思考社会建构的问题,那将是另一种方案了。所以,当阿伦特提出复数的人的概念时,虽然还是一种对人的形式上的把握,却又有了触摸到人的本质的内涵。

在阿伦特看来,传统的哲学、神学以及生物学、心理学等科学所考虑的都是"单数"的人,反映到了政治学中也就表现出无法达到某种深度理解的问题。所以,阿伦特要求政治学必须从人的复数性出发,特别是应当把家庭看作政治体的基础。用阿伦特的话说,"上帝创造了单数的人,但复数的人是富有人性的尘世产物、人性的产物"。[1] 也就是说,上帝所创造的人一经放置到了社会之中,也就不再是单数的,而是复数的了。近代早期的启蒙思想家所确认的那个原子化的个人是上帝创造的,是以单数的形式出现的,而在现实生活中,我们所看到的实际上却是复数的人。因而,政治应当是复数的人用以安排尘世生活的一种方式;政治学所要解决的也就是复数的人怎样安排和如何安排他们的尘世生活的问题。这可以说是阿伦特对政治学研究的现代传统作出了反思后而提出的一种反叛性意见,无疑是要求政治学把关注点转移到"复数的人"上来,从而改变启蒙时期的政治设计方案,即用复数的人去置换作为政治建构以及社会建构出发点的单数的人。

如果说单数的人是自私自利的人,那么在复数的人中就必然包含着

---

[1] [美]汉娜·阿伦特:《政治的应许》,张琳译,上海人民出版社 2016 年版,第 92 页。

伦理的内涵。一旦政治把复数的人作为其前提和出发点，那么政治与伦理在很大程度上就是重合的而不再是一种相互排斥的关系了。其实，如果不是从复数的人而是从单数的人出发，也同样会有一种要求道德介入的民主理论，它就是协商民主理论。特别是当艾丽斯·杨试图将协商民主改造成"包容性民主"时，是必然要引入道德规定的。这是因为，当协商民主理论希望在协商对话的过程中能够包含着承认和包容时，也就不再是将民主政治放置在制度框架之中，不再要求行动者必须严格地遵守法律规则，而是要求参与协商对话的人们在某种程度上拥有道德。一旦协商民主理论接受了"承认"和"包容"的规定，首先就会将参与到协商对话过程中的人设定为拥有道德的人；其次，则会要求人们在开展协商对话时都能够做到"己所不欲勿施于人"。

在艾丽斯·杨这里，作为道德补偿的措施是，"如果在协商对话中出现了讨论者未能尊重那些他们曾经承认的人，那么，那些拥有较少权力的群体往往必须反复地为承认而斗争，并且呼吁政治公众实现那种……关于包容的承诺"。① 也就是说，如果在协商对话的过程中存在着道德缺位的问题，就会出现斗争。这样一来，协商民主如果付诸实践的话，虽然在协商对话的过程中会以竞争的形式出现，或者说表现出一种"弱竞争"的状况，但其性质则因为有了承认与包容而有了合作的内涵。不过，就协商民主理论并未转化为实践来看，正是因为它留下了道德介入的窗口，从而与传统的竞争性民主政治相冲突。因为民主政治的实践是运行在传统的民主模式中的，致使协商民主只能耽于其理论状态，而无法在传统民主政治的强势压迫下付诸实施。

艾丽斯·杨认为，承认、包容等已经成为所有参与者共享的道德价值，具有"绝对命令"的性质。一旦出现了违背承认和包容的行为时，就会有着不被承认感受的那些人或群体站出来，并开展斗争，那

---

① ［美］艾丽斯·M.杨：《包容与民主》，彭斌、刘明译，江苏人民出版社2013年版，第76页。

些相关责任人或群体也就会立马低下了头，表示改正自己的错误。果若如此，参与到协商对话过程中来的人无疑是一群道德圣人了。如果参与到协商过程中来的人都因为承认和包容而成为道德圣人，那么协商是不是多余的了呢，这也许就是一个需要在逻辑上得到证明的问题了。或者说，当参与协商的人们都成了道德圣人，协商还有多大的价值。总之，在协商民主所设想的协商对话过程中，如果参与者都是自利者，对他们提出承认和包容的要求就只能是一些道德诫条，无法保证他们像对待法律规则一样一定得到遵守；如果说参与者都具有很高的道德品质，能够做到相互承认和包容，那么协商对话的过程其实也就没有必要了。

在我们这里所列的两种假定中，只要其中一项能够成立，就可以证明协商民主理论是一种无法在逻辑上成立的理论，而是作为一种低层级的思维游戏而被制作了出来。事实上，与阿伦特要求政治从复数的人出发不同，协商民主虽然要求引入道德规定，但没有找到道德的伦理基础。因而，在协商民主理论这里，即便引入了道德，那么道德也仍然是嵌入性的，是来自政治过程之外的。比较而言，阿伦特的复数的人自身就包含着伦理，从而使道德有了内在于政治的伦理基础。

不过，在贝尔看来，"一个民主的政治体系将需要越来越多的社会公共事业以满足人民的要求。但是，资产阶级所要追求的却是反对政府借助道德或税收对他们的欲望加以束缚。社会上的个人主义精神气质，其好的一面是要维护个人自由的观念，其坏的一面则是要逃避群体社会所规定的个人应负的社会责任和个人为社会应做出的牺牲。西方社会所面临的经济困境的根源，就在于我们试图把上述这些相互矛盾的东西聚合成一体"。[①] 这是根源于个人主义的矛盾，而工业社会的整个社会建构又都是从个人出发的，社会的大厦是建立在原子化个

---

① [美]丹尼尔·贝尔：《资本主义文化矛盾》，赵一凡等译，生活·读书·新知三联书店1989年版，第308页。

人的基础上的。因而,这个社会所宗奉的是个人主义,在社会生活的一切方面,都要求贯彻个人主义的原则。

正是个人主义自身的两面性总是以社会矛盾的形式出现,致使这个社会不仅无法解决这个矛盾,而且需要从这种矛盾中获得社会发展的动力。所以,政治不仅鼓励竞争、护卫竞争,而且政治本身也有着竞争的属性,成为竞争政治。这也充分地证明了,来自近代早期哲学的追求,以及后来得到了科学响应的那种寻求同一性的做法,完全落实到了社会建构上,使得整个社会有了竞争上的同一性。然而,从个人出发,为了个人的利益而开展竞争、斗争等,在使得个人的利益得到实现的同时,也就生产出了各种各样的风险,并将这些风险加予社会。在社会风险的持续积累中,人类走向风险社会也就是必然的了。所以,竞争政治就是风险社会得以产生的根源。

四 政治运行中产生的怨恨

艾丽斯·杨在对民主政治的检讨中指出,"任何现实中存在的民主政治都不会像理想中的民主那样公正。我们的民主政治包含着各种结构性的不平等……这些结构性的不平等有助于产生各种维持支配或抑制自我发展的制度性条件,或者是使它们长期存在下去。就此而言,它们是不公正的。而且,我们都沮丧地熟知社会与经济上的不平等存在着多种方式,会导致政治不平等"。[①] 从"人际"到"群际"再到"国际"的和平、和谐,都取决于公正的实现。没有公正就会产生冲突,而冲突又必然意味着风险。就不公正、非正义的直接后果或日常表现来看,是在人们之间滋生了怨恨。一个社会如果戾气笼罩的话,那肯定是因为这个社会存在着大量的不公正和非正义之事。

---

① [美]艾丽斯·M. 杨:《包容与民主》,彭斌、刘明译,江苏人民出版社 2013 年版,第 41 页。

当一个社会表现为一切活动都出于个人利益实现的需要时，就会将所有人都置于普遍性的竞争之中。只要竞争中出现了与"充分自由"和"完全平等"不一致的问题，就会产生不公正和非正义，进而产生怨恨。工业社会是一个竞争的社会，拥有竞争文化，其政治也是竞争政治。在竞争中，只要有胜者，也就肯定会有失败者。在胜者的喜悦中，也许不难想到失败者的痛苦，而这种痛苦又有着很大的转化为怨恨的可能性。当然，怨恨还只是一种心理现象，但当它付诸行动的时候，必然会对社会产生消极影响，甚至会出现破坏性行为。如果出现了报复社会的诸如幼儿园残杀儿童的破坏性犯罪事件、"群体性事件"等，那无疑是怨恨转化成了行动。

根据舍勒的看法，"价值，尤其是道德价值，都只是人的意识中的主观现象，离开人的意识，价值就不存在，就没有任何意义可言。价值不过是我们的欲望和感觉的影像而已……没有人的欲求的感觉的意识，现实就会是无价值的存在和过程"。[①] 当然，这并不意味着要否定价值的客观性，只是说明了价值是人意识到的客观存在。或者说，是人在意识中作了价值评价而获得的客观存在形态。一事物可能包含着多重价值，但人所获得的只是意识到的那一重或那一部分价值。面对同一件事，人们可能在不同时期、不同条件下所获得的是不同（程度）的价值，不同的人也会获得不同的价值。比如，"心怀怨恨者受自身此在的折磨，为之感到畏惧；这是由于对他自身的定性判断，这一判断基于一种客观的价值秩序，并沉重地压在这种人的欠缺上；同时，这种人暗自意识到自己的价值评价的恣意和反常：在他否认一种客观的价值秩序时，他已在改变价值观念的'评价'"。[②] 这个时候，他的怨恨使他在客观对象中获得的是"负价值"。

---

① ［德］马克斯·舍勒：《价值的颠覆》，罗悌伦等译，生活·读书·新知三联书店1997年版，第128—129页。
② ［德］马克斯·舍勒：《价值的颠覆》，罗悌伦等译，生活·读书·新知三联书店1997年版，第129页。

如果个人的怨恨以理论的形式出现，就有可能转化为一个群体甚至一个国家、民族等的意识形态，那么颠倒了的价值或紊乱的价值就会被认为是正常的价值。有了这种价值，用法律、政策等支持恶行，就会被认为是合乎理性的，甚至会以组织化的方式施行恶行。在某种意义上，法西斯主义就属于此类。对于一个价值颠倒了的社会中的政治来说，什么样的坏事都能够做出来，即使已经建立起了完备的法律规则系统，也会以政治的方式去做不公正、非正义的事情，而且是以民主的名义和通过民主的方式去做那些不公正、非正义的事情。结果就是，在整个社会中源源不断地呼唤出了怨恨。

舍勒认为，"怨恨形成的方式和程度……首先与所涉及的人的资质因素相关，其次与人生活于其中的时候结构相关；但另一方面，社会结构本身又由其时占统治地位的人及其价值体验所传承的天禀因素规定。一种特殊的无力感是在自然地、无休止地变换的方向上展开的，不经这一无力感的中介，怨恨根本无法形成；因而，怨恨归根结底只是'没落的生命'现象之一"。[①] 这只是一种表面现象，或者说，在怨恨生成的问题上，是因为直接地追溯到了个人这里，才会用个人的素质以及生活状况来加以解释。

虽然舍勒主要是从主观上观察怨恨生成的机制，但生成怨恨的所有主观原因都是由社会引起的，社会结构对于怨恨的生成来说，发挥了决定性的作用。可以设想，如果在社会结构的意义上消除了不平等，也就不会有着产生怨恨的土壤了。即使产生了怨恨，也肯定是个别的和偶然的现象，而不会使怨恨积聚下来并引发破坏性的行动。在我们看来，就怨恨作为一种心理状态而言，是与社会关系联系在一起的，人际关系的状况决定了怨恨生成的情况。可以认为，怨恨更多地源于人们之间的相互不承认，因为不承认而使人的价值

[①] [德] 马克斯·舍勒：《价值的颠覆》，罗悌伦等译，生活·读书·新知三联书店1997年版，第27页。

无法得到体现和诠释，更不用说得到实现了。在人得不到承认时，在人的价值无法实现时，产生了怨恨这种心理，也就不难理解了。可是，如果因此而使一个社会处处弥漫着怨恨的话，那就不是一个人得不到承认和其价值无法得到实现的问题了，而是意味着这个社会存在着严重的和普遍性的不公正和非正义问题，而且这类问题大都是与政治相关的。

当怨恨成为一个民族或国家的特性时，以民族主义的形式出现时，就极有可能在这个民族或国家中孕育出恐怖主义。在怨恨的驱使下，无数人就会用自己的生命之水去浇灌怨恨之花。我们发现这样一个事实，中东地区的石油资源在20世纪被发现后，特别是在"二战"后人类对石油资源的依赖日益增强，西方国家对中东的掠夺开始了，并持续不断地升级。西方国家采取了各种各样的方式在那里挑起战争和制造动乱，目的就是要实现对这个地区的控制，以保证其掠夺石油资源的行为畅行无阻。具体地说，西方国家的做法是，通过不断地在这里挑起族群矛盾和宗教冲突而使这个地区陷入长期的动荡不安之中，进而获得介入其中的机会，再通过对这个地区的介入而掌握石油资源的控制权。所有这些，都积聚起了怨恨。为了发泄这种怨恨，于是出现了恐怖主义。这是一个非常容易理解的事。

所以，在我们谴责恐怖主义的时候，如果忽视了这一地区积聚起来的怨恨，就是一种不愿意真正解决问题的态度。否则，如果不是采取平息怨恨的方式，而是单纯地用"以暴制暴"的方式反恐，那无疑是治标不治本的做法，除非制造种族屠杀，否则不可能终止恐怖主义，即使在一段时期内取得了"反恐"的效果，也还会出现反复。正是在这一问题上，中国在"一带一路"倡议框架下通过投资、基础设施建设等方式去帮助这一地区的经济社会发展，无疑是一项消除怨恨并从根本上解决恐怖主义问题的做法。然而，西方国家却在"一带一路"的问题上大做文章，采用挑拨离间等各种各样的破坏性措施去阻止中国的努力。也许西方国家是因为担心追究恐怖主义产生的原因，才会对中国通过"一带一路"建设而从根本上解决恐怖主义问题的做法进行破坏。实际情况恰恰相反，只有当这个地区在"一带一路"框架下发展了起来，美国的罪责也许才会不被这个地区的人民追究。

舍勒说，"报复冲动、仇恨、嫉妒及其作用与无能处于极度紧张状态；正是这种紧张导致批判之基点，因为这些激情采取的是'怨恨形式'"。[①] 怨恨能够滋养人的批判激情，反过来说，在言辞和行动上显得富于激情的人，也极有可能是怨恨的奴隶。虽然我们说怨恨是绝对的恶，但当怨恨转化为批判行为的时候，也许会产生价值。不过其价值是非常有限的，而且是极不稳定的。即使在某个范围内，由怨恨引发的批判呈现出来某些正价值，但在更大的范围内，却会表现为负价值。因为，这种批判会激发出更多更大的怨恨，甚至使整个社会陷入戾气笼罩之中。然后，就会使人们陷入"互害"的行为选择中，而且会形成一种惯性，使怨恨得到几何级数的增强。如果说怨恨在个人那里因为释放受阻而导致"抑郁症"的话，那么当一个社会陷入怨恨持续增强的过程中的时候，就会形成一种似乎是无处不在的破坏性力量，许多似乎是无缘由的和不可思议的暴力事件就会频繁发生。即便是最温和的怨气表达方式，也会表现为人们之间的相互陷害，以致谣言、诬告、不失时机地整治他人等，就会将所有人都席卷进来，使得人际关系陷入极度紧张的状态中。

怨恨以及怨恨带来的破坏性力量会极大地促使社会治理成本迅速增长，而且会在巨量的社会治理成本投入之后也不能取得应有的效果。因为，怨恨言辞和行动一旦成势，就会衍生出无穷无尽的负能量。比如，"在面临受激情激发而产生的行为和表述时感到的惊恐、害怕、畏惧。这些强大的心理力量倘若因权威的继续不断的压力而变得似乎丧失了目标，被涉及的人自己又不能说他'对什么'感到害怕和畏

[①] ［德］马克斯·舍勒：《价值的颠覆》，罗悌伦等译，生活·读书·新知三联书店1997年版，第37页。

惧,'对什么'无能,那么,这些强大的心理力量就会作为强大的抑制力量而起作用"。① 也就是说,这是一种无形的恐怖氛围,每一个人都呼吸着恐怖的空气。其中,许多人会通过伤害他人来舒缓心理压力,令自己暂时地从害怕、畏惧等恐怖中解脱出来。

总的说来,工业社会中的政治是一架巨大的怨恨生产机器,无论它是以民主还是集权的形式出现,都不断地生产出了怨恨。在某种意义上,民主在运行以及社会治理上的有效性,恰恰是通过激发出怨恨来实现的。那是因为,只有在人们普遍地有了怨恨的时候,才能够在民主体制中发现表达怨气的途径,才感受到了民主政治的优越性,才会积极地参与到民主的过程来。也就是说,只有当人们有了怨恨并需要发泄怨气的时候,才会把自己手中的选票看得非常重要。对于候选人来说,如果不能够挑动起选民对对手的怨恨,也就无法在选举日中把人们从家中请出来去往投票站;如果不能够把怨恨疏导到对手那里的话,也就不能够使自己成功当选。可是,当民主政治激发出了社会成员普遍的怨恨时,社会风险也就被不断地生产出来,并得到积聚,从而将人类带入风险社会。

第二节 民主政治遇到了困难

对于人类社会中的政治以及社会治理来说,从"君主"到"民主"的转变是人类社会文明化的一次巨大飞跃。然而,在高度复杂性和高度不确定性条件下,在危机事件频发的背景下,在风险社会中,人的共生共在的主题凸显了出来。这个时候,如果依然纠结于"以谁为主"的问题,显然没有什么意义了。因为,在这种条件下,是需要为了人的共生共在而行动的。在从君主向民主的转变中,人民的身份

---

① [德]马克斯·舍勒:《价值的颠覆》,罗悌伦等译,生活·读书·新知三联书店1997年版,第38页。

从"臣民"转化为了"公民",成了"主人",但人依然是有身份的,只不过是把具体性的身份改写成了普遍性身份。在全球化、后工业化的历史性社会转型中,人的身份面临着彻底瓦解的局面。种种迹象显示,在每一项共同行动中,人都越来越多地以具体的角色出现,即以行动者的角色出现。这无疑是人类社会发展中的一次更为根本性的变化,必将使既有的各种思想路线发生根本性的变革。

在历史上,从君主逻辑中的思想路线颠倒为民主逻辑中的思想路线,所呈现出的是一场伟大的社会变革。今天看来,与全球化、后工业化运动所承载的新的社会变革相比,那场一直被人们认为是伟大变革的运动显得过于简单了。因为,我们所面对的任务不再是对社会进行逻辑上的颠倒,不再纠结于"以君为主"还是"由民做主"的问题了。也就是说,如果对民主的思想路线再次实现颠倒的话,显然无法承载起全球化、后工业化对我们提出的要求,也无法担负起这场历史性社会转型赋予我们的使命。所以,我们需要围绕人的共生共在的主题去开展一场全面的创新性思想建构,并为后工业社会的建构提供新的且可行的方案。具体地说,我们需要回答的问题是:在工业社会中走上了"神坛"的民主政治是否适应于风险社会,它能否在全球化、后工业化进程中得到坚持并延续下来?

丘吉尔在为民主辩护时说:民主是一切可以想象出的政府中的最坏的形式,但除了那些迄今为止人类已经尝试过的政体形式之外。看上去这个辩护是强有力的,是不容置疑的雄辩。可是,人们有没有想到,当他在谈论这个问题时,实际上是在谈论历史。历史是在否定中前行的,我们有什么理由把历史上曾经存在现已丧失合理性的东西与现存的东西放在一个桌面上进行比较呢?难道我们非要把从坟墓里挖掘出来的一件瓷器去与今日景德镇的产品进行比较而挑剔其工艺上的粗糙么。

对于民主,基于某种想象中的完美形态而去加以批评,是出于改善的目的。而且,之所以要提出批评,恰恰是以默认的方式肯定了它曾经拥有的现实价值。在我们的心念深处,已经凝结起了关于人类社会发展和历史进步的不可动摇的信念,我们相信,既存的总会被一种更加完善的东西所替代。至少,新的现实对那些正在成为历史的东西作出了否定,从而要求有新的建构去适应新的要求。所以,对现实存在的批评性审查,目的是要自觉地寻求那种更为完善的东西,使其转化为现实性的存在。在工业社会中,人们建构起来的民主政治模式是值得这个社会中的人们去为之辩护的,也是这个社会中的人们应当加以极力维护的。然而,时过境迁,在人类进入全球化、后工业化进程中,在人类走进了风险社会时,则需要根据历史转型和风险社会的现实去重新认识和评定民主政治。

一 民主是有条件的

在社会变革的过程中,旧的习俗和道德的衰弱往往不会与革命同步发生,而会表现出滞后的状况。在欧洲近代前期的革命中,清晰地显示出了这一点。正如阿伦特所指出的,孟德斯鸠和歌德所描述的旧的习俗和道德的衰落经历了一个半世纪才完成。"经过150多年,欧洲社会的习俗最终消失,地下世界浮现出地表,从而在文明世界的政治和声中才会听到奇怪的声响,我想,只有到那个时候,我们才可以说发端于17世纪的现代,真正带来了我们今天生活于其中的现代世界。"[①] 应当说,这是一个非常艰难的过程,新旧观念、规范、行为方式等各种各样的冲突需要进行反复较量,才能出现除旧布新的局面。不过,得益于启蒙运动和资产阶级革命,摧毁了旧世界,实现了从君主制向民主制的颠覆性转变。今天,我们再一次面临着社会变革的问题,全球化、后工业化运动开启了从工业社会向后工业社会转变的进程。也就是说,在全球化、后工业化进程中,当我们已经陷入风险社会中的时候,这一历史过程似乎再次复现。

---

① [美]汉娜·阿伦特:《政治的应许》,张琳译,上海人民出版社2016年版,第52页。

在从农业社会向工业社会转变的过程中,那些在工业化、城市化进程中形成的思想、观念,行为方式、(对科学和民主的)信仰等,构成了"新习俗"。它是一种不同于工业化、城市化之前的习俗,对于工业社会的稳定和社会治理而言,有着巨大的积极价值。然而,正是这些,却在全球化、后工业化进程中蒙蔽了人们瞻望后工业社会的双眼,束缚着人们前进的脚步,也令人们在风险社会中进退失据。尽管此时人们意识到整个人类已经结成了命运共同体,意识到了人的共生共在是一项必须承担起来的历史性课题,而在行动上,却总是采取回避的态度,甚至作出相反的行为选择。

阿伦特在谈到这个问题时,是从对古罗马的考察中去看传统的生成及其对政治的影响的。"在古罗马那里,对过去的记忆关乎传统,也正是在传统的意义上,常识的发展找到了自己在政治上最重要的表达。从那以后,常识就由传统所束缚和滋养,以至于当传统的规范不再有意义,也不再能够提供普遍规则以统摄所有或大部分具体个例的时候,常识便不可避免地委顿了。同样地,正如我们共同的起源一样,过去——我们共同的记忆,也遭到了被遗忘的威胁。"[1]

在今天这样一个全球化、后工业化运动刚刚开启的时代,更多的人是战斗在反遗忘的战线上的,以护卫工业社会传统的卫士形象出现,试图把已经出现了的变革和正在发生变革的这个社会拉回到旧轨道上去。而且,仰仗着话语权仍然强盛的优势,发出声音时更显得铿锵有力。痴迷于工业社会传统的受众在人数上也是非常壮观的,甚至在民主的逻辑中上演着民粹主义的狂欢。他们凭着常识,以夸张的方式去表达对全球化、后工业化及其演化方式的阐述的反感,即便是身受社会风险以及危机事件频发之苦,也要捍卫来自工业社会传统的民主政治及其社会治理模式。然而,虽然人们对民主政治倾注了无限热情,我们却必须指出,民主是有条件的,并不是在任何条件下我们都只能

---

[1] [美] 汉娜·阿伦特:《政治的应许》,张琳译,上海人民出版社 2016 年版,第 52 页。

选择捍卫民主和只能过民主生活这样一条道路。我们对民主政治的忠诚，不能成为不顾现实要求而认准了民主政治这一种政治生活方式的理由。

斯洛特戴克在描述美国的政治特征时说道："美国政治以昂扬的姿态，趾高气扬的态度登上讲台，极力宣传着自己的动力，竭力宣传着民族的苦难，行动之前便对于即将取得的胜利满怀信心，总是在执行的过程中不断自行修改成果的决算，单调发音且单方面列举发起的打击的正确性。另外，也总会把美国这一系列的牺牲者用形成惯例的庄严仪式进行安葬，而对于另外一方面为数更多的牺牲者，则只是草草地形式化的表达出一些遗憾了事……美国投入它的战舰，去推行自身海上霸权，巩固对世界的控制；像一个现代的殖民主义国家一样，美国在使用它们的空中和太空力量，以期在完全不对称的战争中，实现对于完全无力与之抗衡的弱小力量的绝对打击；像一个修士一样的强权，主张自己的入侵权利，按其意识，把上帝赐予的礼物——在有些情况下，这个被叫做'民主'——强制地塞到那些并不情愿接受者手里，如果可能，也不惜动用武力。"①

至少美国的政客在表面上是这样说和这样做的：我认为是好的，送给了你，你就必须接受，如果你拒绝了这么好的礼物，我就一定要惩罚你。比如，中国在起于 20 世纪 80 年代的改革开放中取得了经济社会发展上的巨大成就，这让美国政客感到十分不爽。不是中国的经济社会发展对美国构成了威胁，而是因为中国没有按照他们所指定的道路去取得这些成绩。根据美国政客的逻辑，中国因为没有走在他们指定的道路上，所以才是一种威胁。与其说他们感受到了什么威胁的话，毋宁说他们感到中国经济社会的发展对他们构成了羞辱。所以，要通过诸如"贸易战"、"禁运"、"炫耀武力"和一系列过激行动等

---

① ［德］彼得·斯洛特戴克：《资本的内部：全球化的哲学理论》，常晅译，社会科学文献出版社 2014 年版，第 376 页。

方式来教训一下中国,据说这样做是为了帮助中国取得更大的发展业绩。这是在时间之轴的截面上所看到的情况,而在时间之轴的纵向维度上,当人们进入了全球化、后工业化时代,当人们置身于风险社会之中,会不会把工业社会中那种对民主的情感和信念带过来呢?答案是肯定的。事实上,在这方面总是有着过激的表现。

在18世纪的启蒙时期,许多民主方案都是以理论构想和逻辑证明的形式出现的。在民主从理论转变为实践的过程中,代表(议)制模式取得了极大成功。尽管在后来的两个世纪中出现了各种各样的民主理论探索,也提出了各种各样的修正方案,出现了精英民主制、多元主义民主制、协商民主制以及近期得到了诸多推荐的参与式民主制,但代表制一直是贯穿于其中的主轴。

艾丽斯·杨在证明代表制的必然性时指出,"即使在由数百人组成的集会中,大多数人都将会成为更加被动的参与者,他们倾听着少数人代表少许几种立场与态度来表达意见,然后加以思考,进行投票。更确切地讲,除了那种小型的委员会之外,各种来源于时间与互动方面的特征也导致了事实上的代表制"。[①] 关键的问题还是一个民主政治是否具有可操作性的问题。如果不考虑可操作性的问题,固然可以畅想直接民主的各种优越之处。但是,无论多么美妙和完美的构想,如果无法付诸实践的话,都只能是空想。所以,对于大规模的公众社会,就那些众多人口普遍关注的问题进行讨论,只能求助于代表制。

可是,在风险社会及其高度复杂性和高度不确定性条件下,急速运行的社会总是在把某个问题推展到我们面前时又让它转瞬即逝;在人类命运息息相关的时代,我们并不知道在何时何地有可能诞生具有实质性意义的群体并需要代表去代表它;在几乎所有任务都具有急迫性的情况下,我们不知道它是否容许人们围绕某个问题进行从容的讨

[①] [美]艾丽斯·M.杨:《包容与民主》,彭斌、刘明译,江苏人民出版社2013年版,第156页。

论。所以说，代表制以及它所代表的民主政治，只是社会低度复杂性和低度不确定性条件下的宠儿。在风险社会中，当社会呈现出高度复杂性和高度不确定性的特征时，关于民主政治的可操作性问题的思考则会让人发现，代表制所要代表的东西因为复杂性和不确定性而丧失了价值。

显而易见，在高度复杂性和高度不确定性条件下，由于流动性对社会结构造成的冲击，出现了社会"非结构化"的境况，使得那些原先受到社会结构束缚的要素得到了解放，从而进入一个真正自由的社会。在这样一个自由的社会中，人们完全可以不受任何外在羁绊而自由地选择参与到哪一个合作行动体系中。此时，人们所要考虑的是如何通过自己的行动去增益于人的共生共在，参加到什么样的合作行动体系中才能使自我的价值得到最大程度的实现，而不是计较于什么人能够代表和怎样代表自己的问题。事实上，从人类进入21世纪的情况看，在高度复杂性和高度不确定性条件下，在流动性使一切实体性的存在都呈现出"液态化"特征时，事物的固态价值开始变得模糊甚至不可捉摸。这个时候，行动的价值就会跃然而生，并去填补"事物的价值"退场后留下的空场。

我们看到，在英国1880年统一使用格林尼治时间之前，存在着几十种时间，统一到格林尼治时间的历程是极其艰苦的。在人权观念和自治意识觉醒的条件下，每一个被要求放弃该城镇时间的居民，在心理上都承受了巨大的羞辱，他们感受到尊严受到了侵犯。但是，在"二战"后民族国家兴起的运动中，一些国家在使用统一时间时，其国家中不同地区的民众却没有感受到羞辱，甚至没有人对关系到每个人生活中的每一个时刻这种重大问题表示怀疑。没有人去表达疑问，为什么在没有经历过充分讨论和投票表决的情况下权威机构就武断地决定了统一时间，并强加给有可能延续很多代的全体居民。这反映了一种何等极端的霸权，却又未曾听到对此发出质疑的声音。

这说明，民主所关注的事项都需要在具体的时代背景下去把握其重要性，而且要以当时人们的心理取向和思想聚焦而定。总之，并不存在任何时代、任何环境和任何语境下都必须通过民主的方式去做出决定的社会事项。所以，对于人们所面对的社会问题，是否选择了民主的方式加以解决，并不是必然的。显而易见，在全球化、后工业化进程中，"传统的关于政治主体和社会统一体的观念变得模糊不清。到处都可以说，最重要的走势已经脱离了既往的有能力解决问题的人，今天的问题和解决昨天问题的人（其实实际上是明天的问题和解决今天问题的人）无法契合"。[1] 我们无法设想工业社会以强势话语形式出现的那些东西在解决今天的问题时有着优异的表现，无论是民主、法治还是推举领袖和形成精英的方式，在何种程度上还能承载起我们的梦想，显然是一个值得提出疑问的问题。

在一个流动的社会中，在高度复杂性和高度不确定性条件下，唯有变动是不变的。因而，一切都因具体条件而定，一切被确定下来的也都只具有暂时的合理性。我们唯一寄托希望的就是时时创新，在创新的行动中去解决所遭遇的一切问题。所以，带着工业社会民主政治观念的人是"昨天的人"，他们是没有能力去解决今天风险社会中的问题的。风险社会中的人应当有这个社会中特有的观念，并在这种观念的基础上造就适应于在风险社会中开展行动的能力。只有这样，才能解决这个社会中的问题。

总的说来，如果不关心社会治理的实际而仅仅于书斋中品茶论道的话，我们可以勾画出最为理想的民主模型。而且，我们也可以要求我们的社会为了民主而放弃一切。但是，如果将思想沉入社会治理实践的话，就必须在构思民主时充分考虑到，一种理想的民主理论，"必须解释在文化与社会地位存在广泛差异的情景中实现沟通的可能性。这样一种民主理论需要一种宽泛、多元的沟通观，即沟

---

[1] ［德］彼得·斯洛特戴克：《资本的内部：全球化的哲学理论》，常晅译，社会科学文献出版社 2014 年版，第 232 页。

通不仅包括对共识的表达和扩展，还包括对不被共享的意义予以提供和承认"。① 一旦人们提出了这样的见解，也就会发现，民主并不是人类社会生活的全部内容，甚至不是人类社会生活的基本内容；对于人类社会生活而言，民主不是目的，而是手段……如果有人对民主问题表现出了过分的关注，甚至将其"神化"，有可能就是人的某种"恋物癖"在社会建构中的反映。

我们不难想象，一个人在使用某种工具去做一些事情的时候，却爱上了他所使用的工具，每天凝视和端详着他所使用的这件工具，希望把这件工具雕凿得更加称心如意。那样的话，这件工具就成了他生活和活动的全部目的，至于本应做的事情，却被忘却了。对于人的社会生活而言，民主是工具而不是目的。关于民主问题的思考可以形成无比精致的思想，而一旦将思想放在实践中，就需要考虑思想对于具体条件的适应性问题。比如，当我们从决策的角度去看民主，就会看到，民主在实质上是一个责任分摊机制。通过民主的方式进行决策，意味着每一个参与到了决策过程中的人都负有相应的责任。可是，在人人都负有责任的情况下，出现了后果责任的时候，也就无法进行追究了，这就是所谓"法不责众"。在英国"脱欧"的问题上采取了全民公投，意味着这一做法无论是对还是错，全体公民都负有责任，而政治家则可以轻松地逃避责任。

如果责任不是一种外在于人的设置和规定，而是来自人的内在知觉，属于一种主观责任，是否还需要通过民主的方式去分配和分摊责任？这无疑是对是否使用民主的方式去分配和分摊责任的做法作了怀疑，而对这个怀疑的回答可能就是，民主的方式所具有的工具性价值已经丧失了。在风险社会中，通过民主的方式去分配和分摊责任，肯定会存在着科学理据不足的问题。其实，在风险社会中，会因为不确

---

① ［美］塞拉·本哈比主编：《民主与差异：挑战政治的边界》，黄相怀、严海兵等译，中央编译出版社 2009 年版，第 131 页。

定性而使责任无法进行分配。这样一来，唯有行动者的道德意识，才能够解决责任担当的问题。

社会差异化造就了不同的群体，而每一个群体都通过自己的代表进入了政治过程之中。这构成了民主政治的基本内容和特征，也是民主政治合法性的根源。的确，在工业社会的差异化过程中出现了群体多元化的局面。应当说，群体多元化有着三个方面的形成路径：其一，原先的阶级或阶层进一步分化而成为诸多更加多样的利益群体；其二，原先受到压抑或掩盖了的具有相似性特征的人群因表面化而构成了新的身份群体；其三，由于人的流动而在新的居住地形成了文化群体。虽然还会有诸如经历、兴趣、偏好、居住地以及精神上或物理上的相邻关系等构成的群体，但上述三类群体是政治色彩较浓的群体，而且它们的要求和主张也有着较为明显的政治色彩。

到了20世纪后期，这种群体的多元化和多样化达到了很高程度，以致对传统的民主政治以及政府的社会治理构成了巨大挑战。不过，进入21世纪后，社会的高度复杂性和高度不确定性又对多元化和多样性的群体构成形式造成了极大冲击，正在将这些群体撕裂，使它们分解成流动的、随机耦合性的群体，而不是像在20世纪后期那样有着相对稳定的存在形式。正是这一原因，社会的差异化程度再度被提升到一个很高的位阶上。然而，从理论思考和政治运行来看，人们还停留在20世纪后期的群体多元化、多样化的情境中，而不是将视线转移到21世纪新出现的这种"流动的差异"上来。

如果说民主政治已经建立在社会差异化的前提下了，那么今天我们所看到的这种"流动的差异"则对民主政治构成了挑战。对于因为流动的差异带来的矛盾和冲突，通过民主政治去加以解决，就会显现出南辕北辙的状况，根本就无法构成解决方案。实际上，面对"流动的差异"，人们根本就未给予关注，更不用说做出深入的思考了。在某种意义上，这也构成了风险社会得以生成的原因。当我们置身于风险社会的时候，怎么能任由这种不断生产着社会风险的政治运行方式继续运行下去呢？

二 行动者是自治的

历史进步的动力在某种程度上包含在人们的理想之中，人们是根据自己的理想去建构世界的。但是，人们为了增强自己的信心，又往往会对理想本身进行论证，会到古老的历史及其传统中去为理想寻找证明和加以实践的根据。比如，公民作为人的政治的以及法律的身份是在脱离臣民身份的过程中生成的，但公民却不是一个完成了的身份形态，而是处于发展中的，是一种需要根据公民理想而不断加以形塑和建构的身份形态。正是这个原因，促使人们一直追求一种理想的民主生活形态，思想家们也受此激励而去制作和不断推陈出新，试图制作出新的民主理论，并努力将其转化为社会实践。

然而，人类历史却有着某种超出人的意志的发展道路，这就是马克思主义所说的历史的客观性和必然性。所以，我们在历史进步的足迹中所看到的是，它并不满足于人的某些特定理想的实现，而是在运行到了某个时刻就会以意想不到的方式告诉人，那些特定的理想是不可能有着持续实现的希望的。也就是说，往往会在那个时候告诉我们，社会将要实现一次转型，需要在新的起点上去确立新的理想。也就是说，历史不再沿着既定的轨道前行，而是出现了一次变轨。

从全球化、后工业化运动中所呈现出来的各种迹象看，人的身份正在失去价值，不再在社会生活中发挥积极作用，而是正在不断地表现出了消极影响，甚至在全球化、后工业化的社会转型中发挥着阻碍作用。我们相信，到了某一天，公民身份的意义将会被作为行动者角色的功能完全取代。或者，公民作为一个概念将完全失去对人加以政治定位和法律定位的功能。不过在今天，民主作为一种理想以及作为一种希望，即作为对公民身份进行不断建构的理想，一直感召着人们和指引着人们的行动。为了防止有人对源于近代早期的伟大社会理想提出质疑，人们还总是到古希腊、罗马等古代社会中去发现公民及其公民政治作为一种现实存在的证据。

也许正是因为人们总是希望从历史上去寻找现实存在的根据，致使农业社会的等级身份制在工业化、城市化的进程中遭到颠覆之后却仍然保留了身份。工业社会依然是在人的身份基础上建构起来的，社会治理也是建立在人的身份的基础上的。在工业社会中，人的身份是与社会治理相关的几乎一切设置的前提，也是社会治理活动得以展开的条件，民主政治生活正是建立在人的公民身份的基础上的。所以，对社会治理的考察需要从人的身份变动中去作出解读，对社会治理演进历史以及前进方向的把握，也需要在身份的嬗变中发现脉络。当社会的流动性对人的身份的冲击致使其瓦解的时候，当风险社会对身份作出否定而直接将风险加予人的时候，人们也许被置于一种"无身份"的状态。那样的话，建立在人的公民身份基础上的民主政治还在多大程度上具有合理性，就是一个必须作出回答的问题。

身份是一种外在于人的规定，人的公民身份就是由民族国家授予和确认的。在低度复杂性和低度不确定性条件下，代际继承可以使人的身份得以延续。因为，人一出生就被置于某种由历史以及社会关系所构成的世界中，并在成长中获得一些给定的价值，而且在开展活动的时候必须接受既定的制度框架和遵守已有的规则。即便是在家庭中，享有和继承前辈的身份、财富、人脉关系等，也会使前辈在社会中的位置延续下来。只要民族国家没有发生改变，归属于这个国家的公民身份也就会一代又一代地继承下来。总的来说，"各种社会过程与社会互动将个人置于诸种先在的关系与结构中，并且这种社会定位决定了他们是谁"。[①] 然而，在高度复杂性和高度不确定性条件下，这种身份的延续变的不再可能，每个人在走向社会和成为行动者的时候，都不再凭倚自己的身份，而是要自己作出角色选择。在人不断流动的状

---

① [美]艾丽斯·M. 杨：《包容与民主》，彭斌、刘明译，江苏人民出版社2013年版，第127页。

态下，其身份对他而言已经不再具有任何意义。这也就是个人在历史中的连续性的中断。

在高度复杂性和高度不确定性条件下，因为高度的社会流动性，那些在历史上曾经是人一出生就必然会被置于其中的习俗、观念、价值和结构性的社会关系等，都转换成了各种影响人们成长的可能性。在人们成为行动者的时候，所面对的总是那些具体性的任务和合作行动过程；在人们所进入的每一个合作行动体系中，所存在着的都是不同的环境，对人们提出的也是不同的要求。因而，不只是身份，所有那些影响和决定了人的外在性因素，都有可能随时被更换。在表现形式上，也就是人们必须自己作出自主选择，而不是由来自历史的延续决定人成为他所是的那个样子。具体地说，就是人随机性地选择了自己的社会角色，不再受到身份的约束。自我选择就是自治的理想境界，是对无论是外在性的规则还是获得性身份的规定等的超越。

直到20世纪后期，艾丽斯·杨所看到的还是，"通过赋予和限制行动所具有的各种可能性，包括使人们之间的优先次序与顺从的关系得以可能，人们置身于其中的诸如阶级、性别、种族与年龄之类的社会结构成为了个人生活的境况"。[1] 正是这些限制，置人于"他治"的状态中。在今天，全球化、后工业化已经为我们展现出某种迹象，那就是，在社会的高度复杂性和高度不确定性条件下，我们所置身于其中的是一个开放的、流动的社会。除了年龄的因素可以形成对我们的行动者角色扮演的约束之外，其他因素都将消失。即便身份等外在性的规定成为某种在特殊的地方仍然能够看到的社会现象，其影响也会被社会的网络结构所消除。

对行动者而言，正如艾丽斯·杨所说的，"成为行动者就意味着，

---

[1] [美]艾丽斯·M. 杨：《包容与民主》，彭斌、刘明译，江苏人民出版社2013年版，第127页。

你可能会接受那些决定着你的生活的约束与可能性，同时，也可能会运用你自己的方式变革其中的某些事情"。① 至少，你在与他人、与社会的关系中，能够主导自己，而不是被动地受到限制。这意味着你在"自治"方面拥有了主动权。其实，在风险社会及其高度复杂性和高度不确定性条件下，特别是为了人的共生共在的观念的确立，对行动者构成约束的就只能是通过自己的行动而把自己融入合作共同体之中的信念。这种"融入"并不意味着失去自我，反而恰恰是自我的自主性的充分实现。

民主政体中的实践与其理论完全是两码事，理论上所绘制出来的是一幅图景，实践却因为存在着各种各样的困难而无法效法。"理论上任何人都能够竞选公职、成为领导者或建立政治组织，但是这种理论上的可能性并不会改变这样一个事实，即绝大多数人永远不会这么做，而仅仅是生活在民主政体中。在这些政体中，其他公民被赋予权力去制定具有约束力的、会影响政治共同体的集体生活的决策。无论这种对积极政治生活的回避是一种自由选择，还是一种集体行动的组织逻辑必然导致的结果，抑或是当前社会条件中的一种偶然且可修正的特征，事实依旧是：生活在民主政体中的绝大多数公民介入政治的方式表明，他们承认其他人才拥有权力、影响力、责任、突出的地位，以及出色的政治领导力和政府公职。"②

表面看来，格林所说的这种情况似乎根源于人们的主观判断，是因为自我基于对自身的判断而作出的选择，即主动放弃了理论上的自己应有的权利。然而，实际情况却是由政体的结构及其运作方式决定了人们只能这样做。也就是说，并不是每个人天生地就对公共事务漠不关心，而是因为代表制给他们打上了一种深深的烙印，让他们总以

---

① ［美］艾丽斯·M. 杨：《包容与民主》，彭斌、刘明译，江苏人民出版社2013年版，第127页。
② ［美］杰弗瑞·爱德华·格林：《人民之眼——观众时代的民主》，孙仲等译，华夏出版社2018年版，第46页。

为那些宣称代表了他们的人可以替他们做好那些事情，因而不需要他们再去关心公共事务。或者说，不是因为人们以为自己对公共事务置喙无益，而是因为没有切实有效的参与行动的通道。特别是那些经过尝试无功而返的人，则会将某种挫败感保留终生，并以其经验劝诫和警示他人。结果，虽然民主是一个好听的字眼，而生活在民主体制中的人，却对理论上开列出的他们可以行动的条目表达了冷漠。一旦对一切都持有冷漠的态度，他就会变得更加被动，听凭"他治"。

从历史上看，在民主化初期，人们会因民主字眼而激发出巨大的热情，会臆想"民主是个好东西"，并生成向往民主的强烈冲动。在民主政体得以确立后，情况则是，人们至多只在选举日受到了高分贝的宣传鼓动才勉强采取了行动。这个时候，人们似乎像看马戏一样，欣赏着大选辩论和各种表演。尽管人们只是看客，却被说成参加了集会。在投票站，人们也是心不在焉地在某个候选人的名下勾画了一下，从而表明自己尽了选民的责任和公民的义务，而别人则将此说成履行了神圣的投票权。总的说来，绝大多数人并不对他们置身于其中的民主政治抱持严肃认真的态度，而这又恰恰是因为民主政治的规训把他们形塑成了这种人。民主政治生活中的人们可能对民主抱着"嬉皮士"一样的态度，而民主理论家、辩护士以及处于民主生活之外的人，则宣称或认为那是无比神圣的。

我们必须承认，在工业社会低度复杂性和低度不确定性条件下，民主政体以及由民主政体引发的公民政治态度，并未带来危及个人和社会生存、延续等问题。然而，在风险社会及其高度复杂性和高度不确定性条件下，在每个人都有可能随时受到突发性危机事件威胁的情况下，人们对自己作为政治以及社会治理的观众、看客的定位完全不可能了，而是必须成为行动者，是随时准备行动的行动者。甚至可以说，在他人行动的时候，我已经以关注的方式而行动了，或者做好了行动的准备，更不用说我以提供某些支持的方式而加入了合作行动之中。

客观上讲，在风险社会及其高度复杂性和高度不确定性条件下，每个人都应当是行动者。或者说,每个人都是天然的行动者。但是,相应的政体支持则是必要的,既有的民主政体显然难当此任,以至于我们提出了合作政体的构想,期望它将成为适应于合作行动的政体,能够保证每个人都成为行动者。合作政体无非是由每一个行动者的自治构成的一种状态,而不是一种外在于行动者的约束机制。

一种源自托克维尔的民主理论传统极力推崇自治,他们要求把民主归结为自治,或者说,他们是把自治看作民主的理想形态。虽然在近代以来的民主实践中从未真正实现这种理想,而且法律的他治功能和属性本身,就是与自治相悖的,但从理论上看,关于自治的构想是可以在逻辑上解决民主政治的"观众"与"行动者"相分离的问题的。不过,也存在着这种构想无法逾越的障碍,那就是,作为法律之下的自治必然遇到其法律从何处而来的问题。或者说,法律的存在与自治本身就是矛盾的。如果希望对这个问题作出回答的话,就会再度陷入主流民主理论的争议中,即再一次把"观众"与"行动者"的分离纳入视线之中。结果,所看到的情形就是,"作为一个只是观看政治的非参与者,观众并不做出决定,也不制定法律,因此,他们存在于集体性作者和自我立法的过程之外"。[1]

也就是说,即使民众在自治的意义上成了行动者,他们赖以开展自治的法律前提,或者说,决定了他们成为行动者而不再是观众的法律,也是在他们还是"观众"的时候就已经由他人制定出来的,是现成地提供给他们的。即便那些法律是承袭自前一代或前几代的,也是由那些不同于他们的人制定的。这就是托克维尔一系的民主自治理论必然要遭遇的尴尬局面。与之不同,一旦"观众"与"行动者"的分离问题得到了解决,或者说,统而为一了,也就不会再遇到这个问题。非"观众"化,即"观众"消失在行动者这里,就是合作行动的景

---

[1] [美]杰弗瑞·爱德华·格林:《人民之眼——观众时代的民主》,孙仲等译,华夏出版社2018年版,第6页。

象。这是一种在风险社会及其高度复杂性和高度不确定性条件下的行动模式，合作行动中的自治，无论在理论上还是实践上，都不会陷入需要执行外在于他的法律和规则的尴尬境地。

合作社会中的自治是为了人的共生共在的自治，而人的共生共在是由社会的高度复杂性和高度不确定性推展出来的客观命题。它作为一种理念，并不取决于人们的接受与否，而是一种客观性的"绝对命令"，是风险社会及其高度复杂性和高度不确定性加予人的"绝对命令"。即便将此强行地说成"他治"，那个"他"也应改写成"它"。总之，在政治上，合作的社会是自治的，而且这种自治更多的是在人们共享人的共生共在理念之下的自治，与法律之下的自治是不同的。

历史上出现过的所有自治都无非两种：一种是共有理念下的自治；另一种就是法律之下的自治。基于民主理论而建立起来的自治模式属于法律之下的自治。从这种自治的角度看，基于共有理念的自治是粗陋的和不具有可操作性的。但是，在合作的社会中，或者说，在这个社会的高度复杂性和高度不确定性条件下，即便构想法律之下的自治，也需要把法律与法条区分开来，即需要在基本原则或理念的意义上来理解法律。事实上，这就是一种共有理念下的自治了。在历史性轮回的意义上，它虽然是理念之下的自治，却是对法律之下的自治的超越，属于一种政治文明更高形态意义上的自治。

格林说，"一种以自我统治的理想为基础的道德及政治哲学依然是当代民主思想中的关键——确实，这一理想在实质上垄断了当下从规范性角度对于民主的思考。各种各样的民主模式——商谈民主、多元主义、意见聚合派、参与式民主——继续在为这个理想背书，并且希望实现这样的政体：法律约束的对象同时也是法律的制定者"。[①] 应当说，被认为是来源于亚里士多德的这一民主理想没有错，而且也一

---

① ［美］杰弗瑞·爱德华·格林：《人民之眼——观众时代的民主》，孙仲等译，华夏出版社2018年版，第44页。

直激励着民主理论家的不断探索,只是现代民主的理论与实践无法实现这一点而已。

对于现代民主政体而言,出于可操作性的要求,只能采取代表制这种形式,致使政治生活的方式被形塑成了人们常说的"形式民主",而来源于亚里士多德的理想,也就无法实现了。鉴于此,只有寄望于实质民主的建立去实现亚里士多德的民主理想。正是对实质民主的追寻,促使我们去构想一种不再以"民主"命名的合作体制。合作体制将实现对形式民主的超越,它是实质民主的实现,也可以说是民主政体的完形形态。如果我们不是在极为宽泛的意义上使用"自我统治"这个词的话,在这种合作体制中,人们实现了自我治理,成为自主的行动者。这将是所有民主理论中的自治理想真正得到了实现的状态。

三 霸权本身就是危险

怀特认为,在科学研究方面,"实证主义形态的科学是所有叙事中最为宏大的叙事。知识分子相信,严格遵守自然科学、社会科学和文化科学中的普遍的合理性标准就会产生普遍的真理、正义、繁荣和美"。[1] 建立在实证主义哲学基础上的实证研究更是以为,只要手中掌握了那些可以归结为简单几个条目的方法,就可以应对一切社会问题。这不仅是一种迷信方法的宏大叙事,而且已经转化为霸权主义,成了以科学代言人自居的学术霸权。

宏大叙事是一切霸权主义的思想基础。无论是政治民主的话语霸权,还是集权体制的权力霸权,都源于宏大叙事。是因为有了宏大叙事,才会有人从中产生出要求代表真理,代表正义的冲动,并付诸行动。反映在民主政治中,就是要求人去代表人,而且总会有人站出来

---

[1] [美]杰·怀特:《公共行政研究的叙事基础》,胡辉华译,中央编译出版社2011年版,第140—141页。

要求去代表由他人构成的群体。科学往往被人们认为是与政治无涉的领域，或者说，虽然科学处在社会的中心，却又被置于政治的边缘。我们举出科学研究中存在着的这种霸权，也许更能说明工业社会是如何受到了霸权的困扰。不过，自20世纪80年代开始兴起的全球化、后工业化运动却显现出了终结霸权的迹象。

全球化、后工业化运动是走在"去中心化"的道路上的，正如吉登斯所看到的，"全球化正变得越来越无中心化，不受任何国家集团的控制，也很少受大公司的控制。全球化所带来的影响在西方国家和在其他地方感觉差不多"。[①] 全球化的地方性表现就是，在"去中心化"的逻辑中，不允许存在着一个发挥主导和支配作用的中心，因而也就不需要通过代表的方式去形成中心。也许西方世界正是认识到了这一点，才从20世纪后期的热情推荐全球化转向了今天的反对全球化的立场上。因为，全球化的"去中心化"意味着对霸权的冲击，而这一点是西方霸权国家所不能接受的，也是在经济全球化兴起时所没有预料到的。即使在其国内，多少个世纪来政治家稳坐政治体系中心的位置也受到了"去中心化"的挑战，从而让政治家们无法接受这个事实。

霸权本身就意味着排斥、压制和独断专行。在风险社会中，任何一种形式的霸权都是非常有害的，特别是话语霸权，对人的行为和行动的束缚是系统性的。可以认为，在全球化、后工业化这样一场历史性的社会转型运动中，人们所遭遇的最大的话语霸权就是民主话语。这是民主的自反，或者说，在民主话语变成了霸权时，也就在最为根本的意义上有了反民主的性质。我们看到，在描述美国制宪者所创建的民主国家是如何最终走向了反民主之路时，伍德写下了这样一段话："尽管联邦党人的成就是伟大的，未来美国政治的成本却是高昂的。

[①] ［英］安东尼·吉登斯：《失控的世界——全球化如何重塑我们的生活》，周红云译，江西人民出版社2001年版，第12页。

最受欢迎的民主的辞藻可以为贵族体制做解释和辩护,联邦党人运用这种花言巧语排除了美国理性传统的发展。在理性传统中,不同的政治理念与不同的社会利益之间是紧密地、名副其实地联系在一起的。换句话说,1787年的联邦党人促进了美国政治中对任何贵族概念的否定,鼓励了美国人的以下信念:民主之弊会被进一步的民主发展所解决。正如18世纪90年代的联邦党人最终惶恐地发现,自宪法创制以来,美国的民主不再被质疑、讨论和受到挑战,而是成为一种所有美国人和美国的机构必须毫不犹豫去遵守的坚定信仰。"①

民主成了霸权,民主具有了绝对性,变为至高无上的"非人格性的君主",是一种人们必须加以接受和不容怀疑的信仰。因而,也成为一种失去了发展动力的、僵化了的治理方式和政治生活方式。其实,这不仅仅是美国政治所付出的代价,它同时也因美国在世界上的霸权地位而被加予其他国家,让几乎世界上的所有国家都为之付出了代价。人们不难发现,在民主的霸权面前,几乎整个人类都放弃了独立思考的能力,让批判精神蜕变成了迷信,从而使整个世界成为上演民主悲剧的舞台。

格林认为,无论是理论上所构想的还是实践中所施行的民主,都只是"看"到或"听"到的民主。也就是说,只是看起来如此,其实并不是真正的民主。"对于大多数人而言,我们的政治声音是某种我们很少演练的东西,只是在定期的几次投票、偶尔的几次民意测验以及对我们关注的特定问题进行探究时才运用。如果我们的候选人获胜了,或者我们的特定问题得到了满意的解决,那么可以说我们的声音确实被听到了;但若因此就以为'人民'在说话,而非选举获胜的某些多数派或者组织良好的少数派在说话,那就无疑是太过自负的想法了。无论如何,关键之处在于:我们的绝大多数政治经验(无论作为

---

① [美]戈德·S. 伍德:《民主与宪法》,曹晓进译,载佟德志编《宪政与民主》,江苏人民出版社2008年版,第38页。

投票者还是不投票者）并不是参与到这种行动中或者决策制定中，而是观看或者倾听积极参与的其他人。"① 其实，民主本身就包含着霸权，当人们投票结束而选出了领导人，投票者立马就陷入了失语的状态。那个经由他们投票选出的领导人，掌握了话语霸权。

本来，"民主"一词意味着人民是行动者，而实际情况却是，以公众、公民形式出现的人民仅仅成了观众。民主行动是以政治行动的形式出现的，因而成了政治家的行动，人民也就不再是行动者了，而是仅仅坐在观看的位置上。"比如，当发生恐怖袭击或者自然灾害威胁到政治体生活时，多数人只能旁观，希望那些有权做决策的权威明智地使用他们的权力，以惠及那些只能眼看着危机发生的广大平民。这也就是说，大多数公民在大多数情况下并非用其声音与政治发生关联的决策制定者，而是用眼睛与政治发生关联的观众。"② 在一个社会中的全体成员被政治体制区分为行动者和观众的时候，而且观众于其中占绝大多数，那么行动的力量就是极其微弱的。

面对社会的高度复杂性和高度不确定性，我们期望看到的是每一个人都成为行动者，通过每个人的行动去赢得人的共生共在。这样一来，就会看到，民主体制实际上妨碍了每个人都成为行动者。民主体制通过代表制而将话语集中了起来，在确立了代表的话语资格的同时，也剥夺了人民的话语。失去了话语的人是不能够成为行动者的。这是因为，作为行动者的最低限度的要求就是拥有自主权，没有话语也就不可能有什么自主权，至多只是有着自主权的愿望和要求。所以，民主政体中的人民即公众并不是真正的行动者，他们受到话语支配，而且那种支配着他们的话语是以霸权话语的形式出现的。

当我们在风险社会中去看政治的时候，当我们认为风险社会中的

---

① ［美］杰弗瑞·爱德华·格林：《人民之眼——观众时代的民主》，孙仲等译，华夏出版社2018年版，第2页。
② ［美］杰弗瑞·爱德华·格林：《人民之眼——观众时代的民主》，孙仲等译，华夏出版社2018年版，第2页。

每一个人都应当成为行动者的时候，我们是反对任何一种形式的霸权的。既然民主政治无非是一种由话语霸权支配的体系，那么根据风险社会中的行动要求，我们也就希望用合作体制去替代民主体制。只有建立起合作体制，每一个人才能够成为真正的行动者，才能积极地为了人类命运共同体而开展行动，才能为了人的共生共在而贡献自己的那份力量。

当然，作为日常经验固化的观众身份已经成了人们习以为常的事实。由于人们对这种身份的接受，也使得人们不愿意去扮演积极行动者的角色。格林指出，"从技术的层面来说，观众身份这个难题反映在传播技术（特别是电视）的兴起上。这些技术通过将观众身份固化在日常政治经验的结构中，已经从根本上改变了政治生活的行为。通过大众媒体表达自身意义的组织和资源使得行动者与观众之间几乎不存在任何转换的可能，毋宁说是造成了一个只能观看政治精英这个较小群体表演的半永久性观众阶级"。[1]

在高度复杂性和高度不确定性条件下，在风险社会中风险无处不在的现实面前，任何一个人都不被允许成为观众，每个人都需要投身于为了人的共生共在的行动之中。如果用工业社会的话语来表达的话，我们就会说，这既是风险社会中的人的义务，也是责任。工业社会的那种无论是通过政治运作还是技术格式化建构起来的观众，都不应被带入后工业社会、风险社会。在后工业社会以及风险社会中，一方面，高度复杂性和高度不确定性的客观现实要求每个人都必须成为行动者；另一方面，在民主体制的终结过程中取而代之的合作体制是具有充分的包容性的，是能够把全体社会成员都包容到合作行动中来的。

几乎所有民主理论家都抱持着这样一种信念，那就是认为"民主

---

[1] ［美］杰弗瑞·爱德华·格林：《人民之眼——观众时代的民主》，孙仲等译，华夏出版社2018年版，第2页。

指的恰恰就是一种被广泛地认为道德上优越于其竞争对手的体制,是向政治生活中注入了道德理想的体制"。[1] 如果说民主体制具有"优越性"的话,那么其表现也就是,在民主的行动者仅仅是那些社会精英时,作为观众的人民却经常性地受到社会精英的蛊惑、愚弄,并被煽动起来达成他们的目的;社会精英操纵、控制着公众的思想和行为,将他们个人的以及小集团的意志嵌入公众的头脑中,让公众相信那些是公共意志;社会精英对公众实施着无所不在的支配,动用国家机器侵害公众本应拥有和已经获得的普遍性利益,却将这种做法称作公共利益实现的过程。诸如此类不胜枚举的以民主的名义开展的社会治理,不仅是不道德的,反而是一种用温和外衣遮掩了的暴政。

如果考虑到民主政治在日常表现中是通过官僚集团的行政活动去加以演绎和进行诠释的,那么我们所看到的就是用科学化、技术化的方式去落实暴政的治理活动。无论在形式上还是在实质上,它都是反伦理的,根本与道德扯不上什么关系。所以说,民主政治是一种与道德无关的政治,真正道德的政治应当在对民主政治的超越中诞生。这种政治就是我们所构想的合作政治。只有道德的政治才不会谋求话语霸权,才会唤醒每一个人投入行动之中,成为行动者,绝不允许行动者听凭话语霸权的支配和控制。事实上,在合作政治中,也根本不会出现和存在包括话语霸权在内的任何霸权。风险社会对人类所提出的要求就是每一个人都必须成为行动者。而且,只有成为行动者,才能融入命运共同体之中,才能为了人的共生共在而开展行动。

第三节 政治与伦理:从分化到融合

伦理因人的活动范围的扩大而发生变化。在农业社会,家庭是人

---

[1] [美]杰弗瑞·爱德华·格林:《人民之眼——观众时代的民主》,孙仲等译,华夏出版社 2018 年版,第 141 页。

的主要活动空间，所以，这个时期的伦理主要是家庭伦理。即便扩大到了社会，也是将人们的关系比附为家庭中的关系。比如，朋友可以比附为兄弟；君臣可以比附为父子。在工业社会中，人们走出了家庭，在广阔的社会空间中开展活动，伦理关系社会化也相应地在这个广阔的空间展开。但是，工业社会走上了另一条社会建构之路，以致人们忽视了对伦理关系的培育，更不用说基于伦理关系去建构道德规范体系了。随着工业社会的发展进入了发达阶段，人们也日益感受到道德缺失带来的各种各样的社会问题。由于工业社会的人们在思想上已经接受了不需要道德的建构逻辑的支配，致使所有呼唤和寻求道德的努力都无果而终。

现在，我们进入了全球化、后工业化进程中，如果这是人类历史的一个新的阶段的开启，所意味着的就是社会的重构。因而，也就有了让我们在伦理道德的基础上重构社会的机遇。一旦我们打算承担起重构社会的历史使命，就需要根据全球化、后工业化的现实去思考伦理关系的培育和道德规范体系的确立的问题。因为，全球化、后工业化时代中的人的活动范围将不再受到物理的和心理的边界限制，即便人立足于和停留在诸如某个固定的地点这样一种物理空间中，其行动的影响也可能遍及全球。在这种情况下生成的伦理关系必然不同于此前的任何一个历史阶段中的伦理关系。相应的，基于具有全球属性而不是家的属性的伦理关系建构起来的道德规范也会不同。至少，不会像农业社会那样把"忠、孝、节、义"等作为基本"德律"对待，也不会像工业社会中那样努力将道德规范转化为规则。

伦理是具有历史性的。工业社会的伦理不同于农业社会，当全球化、后工业化运动把人类带入了后工业社会后，其伦理也将不同于工业社会。如果说后工业社会是建构在伦理基础上的，那么伦理的功能也会不同于以往任何一个历史阶段。就伦理与政治的关系来看，如果说工业社会的伦理是与政治相分离的，人们在这种伦理与政治相分离的情况下至多只能提出政治生活遵循伦理道德的要求，那么在后工业社会中，由于对社会进行伦理建构，也就意味着伦理与政治相统一的历史开启了。目前看来，全球化、后工业化运动正在与风险社会同步展开，在风险社会中构建人类命运共同体，为了人的共生共在而开展合作行动，也都需要从伦理道德出发。这种条件下的伦理也就是政治，是政治与伦理相统一和相融合的状态。

一 社会转型期中的伦理批判

近代以来，特别是在19世纪各门科学兴起后，对国家以及社会治理方面的基础性研究，极大地推动了政治学科的发展，许多关于社会治理的制度以及方式、方法上的根本性问题，都是寄望于政治学的研究去加以解决的。梯利认为，应当把政治学看作"讨论社会组织原则的科学"。[①] 梯利在对伦理学与政治学进行了比较时说，"伦理学是有关善恶是非的科学，它发现了行动的原则，揭示道德评价的根据。政治学则须探讨国家的性质、来源和发展，研究现在和以往的不同国家形式，努力确定国家的职能。因此可以说，政治学是讨论社会组织原则的科学"。[②]

根据梯利的这些意见，伦理学是与政治学不同的，构成了两门不同的学科。但是，梯利又认为这两门科学之间存在着相通之处。"假如伦理学发现道德是致力于某个目的或目标的，发现它之所以存在就是要实现这个目标，又假如政治学发现国家业已致力于同样的目标，那么在两者之间显然就有一种紧密的联系。"[③] 在梯利这里，是从目标的相似性或一致性来判断两个学科之间的同异之关系的。实际上，如果伦理学和政治学都能够更为明确地意识到其研究重心应当放在谋求

[①] [美] 弗兰克·梯利：《伦理学导论》，何意译，广西师范大学出版社2002年版，第11页。
[②] [美] 弗兰克·梯利：《伦理学导论》，何意译，广西师范大学出版社2002年版，第11页。
[③] [美] 弗兰克·梯利：《伦理学导论》，何意译，广西师范大学出版社2002年版，第11页。

更好的社会建构方案的话，那么它们在各个方面的一致性就会被推展出来，尽管在它们之间可以作出相对清晰的分工。

　　对于在19世纪后期20世纪初期从事写作的梯利而言，在那个时代，他关于政治学与伦理学的这一关系的认识是具有代表性的。那是一个科学正处在学科分化的时代，在学科之间划定界限，再指出学科间的联系，是一种通行的做法，这一做法也影响至今，我们今天仍然是把政治学与伦理学看作不同学科的。但是，在全球化、后工业化这场人类社会从工业社会转变为后工业社会的运动中，人类历史将进入一个新的阶段，工业时代中的那种政治学与伦理学的关系也必将发生改变。因为，现实决定了科学的状况，政治学和伦理学是作为两门不同的学科还是统而为一，必然受到后工业社会的现实决定。我们知道，全球化、后工业化的时代也是社会呈现出高度复杂性和高度不确定性的时代。从历史所展现出来的实际情况看，此前的社会所具有的是低度复杂性和低度不确定性特征，而全球化、后工业化则迅速地把社会的高度复杂性和高度不确定性特征推展了出来。根据这一社会特征来看政治学与伦理学的关系，可以发现，在高度复杂性和高度不确定性条件下，当我们的视线集中到为了人的共生共在的行动上，伦理学与政治学间的目标一致性凸显了出来。

　　本来，梯利在对政治学与伦理学做出区分的时候，也肯定了这两个学科的一致性。他说，"如果我们幸而能发现道德的原则或标准，我们就可以大致地说明，为了实现理想，一个人应当怎样行动，我们就能够成就一个道德规范体系。如果我们也能够说明国家所致力的目的或理想，我们就能比较这两种目的或目标，倘若它们相同，那么就可以把政治学称之为伦理学的一个分支，反之亦然"。[①] 虽然梯利的这一观点是在对民族国家形态中的政治学和伦理学的思考中形成的，但

[①] ［美］弗兰克·梯利：《伦理学导论》，何意译，广西师范大学出版社2002年版，第11页。

就形成这一观点的思路而言，在全球化、后工业化的时代也是适用的。这是因为，就社会的高度复杂性和高度不确定性所推展出来的人的共生共在的主题而言，把政治学和伦理学都看作对方的分支学科是合理的。不过，我们更倾向于把政治学看作伦理学的分支学科。这是因为，只有这样去处理两门学科的关系，才能更加准确地把握人的共生共在的主题。我们的这一看法能否成立，是需要在对工业社会的伦理学的反思和对这个社会的伦理实践的批判中来厘清思路的。

在提出对工业社会的思想进行反思和对实践进行批判的问题时，我们可以运用工业社会一贯的批判性思维方式。工业社会的整个人文社会科学都有着批判导向的色彩，甚至在20世纪产生了以"社会批判理论"命名的法兰克福学派。关于普遍存在于人文社会科学中的这种批判，罗萨作了区分。他认为，近代以来的广义上的批判理论而不是法兰克福学派的狭义的社会批判理论，可以分成"功能批判"和"规范批判"两种类型。马克思主义所代表的是一种功能批判理论，其特征和基本内容是，"认为资本主义具有内在的矛盾，必然会造成难以克服的社会危机，早晚会导致社会再生产关系的崩溃。简单来说，功能批判的核心是预言社会系统（或社会实践）最终会失败、无法运作"。[①]

罗萨认为，还存在着一种不同于功能批判的规范批判传统。虽然在一些理论家和学者那里，也存在着试图将功能批判和规范批判两个传统结合起来的努力，但功能批判和规范批判的区别还是非常明显的。根据罗萨的看法，不同于功能批判，"规范批判认为社会结构或社会分配，根据规范和价值来看，是不好或不公正的。当然，规范和价值必须要先定义并论证何谓好和公正"。[②] 在对规范批判的进一步分析中，罗萨又进一步区分出"道德批判"和"伦理批判"，认为它们代

---

① ［德］哈特穆特·罗萨：《新异化的诞生：社会加速批判理论大纲》，郑作彧译，上海人民出版社2018年版，第88页。
② ［德］哈特穆特·罗萨：《新异化的诞生：社会加速批判理论大纲》，郑作彧译，上海人民出版社2018年版，第88—89页。

表了两种不同的理论取向。罗萨说,"规范批判有两种版本。一种可以称作是道德的,另一种是伦理的"。①

根据罗萨所作的区分,"道德批判基本上建立在公正概念之上,因此其观点通常认为既有的社会制度让财货、权利、身份和/或权益出现了不公正(比如不公平)的分配"。② 比较而言,"伦理批判的基础概念是美好的或成功的生活(或者反过来说,分析美好的或成功的生活的实现条件如何被阻碍了,比如分析社会异化的状态)。这个时候,重点就不在于公不公正,而是关于幸福的可能性。人们一般争取的批判形式是明确指出导致人们无法实现美好生活的结构或实践模式是什么,而且这种结构或实践模式可能会让所有社会成员遭遇到某些异化"。③

不过,罗萨也认为,伦理批判在展开中是存在着诸多困难的。比如,"对于伦理批判来说,定义出普遍能被接受的,或是对于被批判的社会来说是可以论证的规范、价值,或是定义何谓美好的生活,本身就是一件难事"。④ 其实,罗萨所说的这个问题,在理论上是不难解决的。如果我们看到道德是表现在人的行为和反映在人的行动中的合理性规范,并把伦理看作一种客观性的社会关系,也就会清晰地看到,道德批判是应当指向人的行为以及行动的,而伦理批判则是一种社会批判。在社会批判的意义上,政治与伦理其实是同构的。这样的话,就与罗萨所说的道德批判和伦理批判不同了。

在区分出了道德批判和伦理批判后,罗萨所举出的实例是,"道德批判的当代版本(比如大多数自由主义路径,但也包括商谈伦理学传统)常会尝试构想出一个'普世的'公正观念,作为他们的出发

---

① [德]哈特穆特·罗萨:《新异化的诞生:社会加速批判理论大纲》,郑作彧译,上海人民出版社 2018 年版,第 89 页。
② [德]哈特穆特·罗萨:《新异化的诞生:社会加速批判理论大纲》,郑作彧译,上海人民出版社 2018 年版,第 89 页。
③ [德]哈特穆特·罗萨:《新异化的诞生:社会加速批判理论大纲》,郑作彧译,上海人民出版社 2018 年版,第 89 页。
④ [德]哈特穆特·罗萨:《新异化的诞生:社会加速批判理论大纲》,郑作彧译,上海人民出版社 2018 年版,第 89 页。

点，而伦理批判（比如像泰勒或麦金泰尔等社群主义者所提出的）倾向于采用美好生活的概念当作他们的规范基础，认为美好生活的概念已经被吸收进现代化论述和实践当中，因此属于特殊的时代和社会"。① 罗萨认为，他的社会加速理论希望对功能批判和道德批判、伦理批判进行整合，并实现对法兰克福学派的社会批判理论的补充甚至发展。在他看来，这完全是能够做到的。因为，在早期马克思的思想中，就包含着三个方面的批判结合在一起的情况。那就是，"由马克思所提出的对资本主义社会固有的、无法克服的（经典）悖论的功能批判，以及对于根本的分配不公正的道德批判和对异化生活与虚假意识的伦理批判。三者结合在了一起；这种结合最初在早期马克思的工作中已经可以看到"。② 所以，罗萨也希望像早期马克思那样，在功能和规范的双重意义上对社会作出全面的批判，而社会加速化理论就是他开展这一批判的立足点。

虽然罗萨是在近一个时期对伦理批判的问题作出思考的，但他显然还是囿于现代性的话语以及思维框架去看这一问题的。其实，我们处在全球化、后工业化进程中，这是一次伟大的历史性社会转型过程。在此过程中认识伦理批判的问题，所要寻求的是后工业社会建构能否在伦理的基础上展开的可能性。也就是说，并不存在着分立的功能批判和规范批判，这两种批判实际上是统一的，而统一的基础就是伦理批判。因而，功能取向的政治学与规范取向的伦理学之间的关系是需要得到重置的。如果考虑到风险社会及其高度复杂性和高度不确定性条件下的整个社会过程都将集中在行动上的话，那么政治与伦理的统一将是一种客观性的社会要求。进而，伦理批判实际上也是要落脚于道德批判的。所以，功能批判与规范批判、伦理批判与道德批判在全

---

① ［德］哈特穆特·罗萨：《新异化的诞生：社会加速批判理论大纲》，郑作彧译，上海人民出版社2018年版，第89—90页。
② ［德］哈特穆特·罗萨：《新异化的诞生：社会加速批判理论大纲》，郑作彧译，上海人民出版社2018年版，第90页。

球化、后工业化运动中是完全可以实现统一的。

在批判的意义上，也许贝尔在20世纪70年代所做的分析更能代表全球化、后工业化运动中对工业社会这个历史阶段的伦理批判，至少在研究视角方面代表了20世纪后期思想界的基本倾向。所以，对贝尔在瞻望后工业社会的名义下分析工业社会中的资本主义文化矛盾，并将分析的焦点集中在了新教伦理方面，我们是给予肯定的。

贝尔认为，在工业社会中，存在着资本主义文化矛盾，这种矛盾主要反映在新教伦理与现实之间的对立上。贝尔以美国这一典型的资本主义社会为例做了说明，"新教伦理和清教精神作为社会事实，早已被侵蚀蛀空了。它们仅仅作为苍白无力的意识形态蹒跚拖延至今。与其说它是现实的行为规范，不如说是道德家用来劝世喻人，或是社会学家用来编织神话的材料。事实上，正是资产阶级经济体系——更精确地说是自由市场——酿成了传统资产阶级价值体系的崩溃。这是美国生活中资本主义矛盾产生的根源"。[1]

需要指出，贝尔不像经济决定论那样处处滥用"经济决定"的解释原则，而是从伦理的角度去揭示这个历史阶段中的基本社会矛盾。这个思路是可取的。不过，贝尔把这个社会的基本矛盾确认为新教伦理与现实间的冲突，又是可以商榷的。我们知道，新教伦理是与早期资产阶级联系在一起的，或者说，新教伦理曾经在资产阶级诞生的过程中扮演了"助产士"的角色。但是，如果像韦伯那样把新教伦理看作资产阶级的文化，那是不实的。因为，资产阶级以及整个资本主义所拥有的是竞争文化。尽管新教伦理中的精神元素被竞争文化所吸纳并构成了竞争文化中的规范要素的一部分，但若直接把新教伦理看作资产阶级文化，则是一种误读（尽管这种误读最先是由韦伯做出的）。一旦我们在资产阶级文化中排除了新教伦理，就会看到，贝尔所描述

---

[1] ［美］丹尼尔·贝尔：《资本主义文化矛盾》，赵一凡等译，生活·读书·新知三联书店1989年版，第102页。

的资本主义文化矛盾并不是一种真实情况。

显然，资本主义社会存在着根本性的结构性矛盾。这个社会的建构逻辑、目的、理论及其概念都包含自反基因，因而也不可避免地存在着深刻的文化矛盾。但是，那不是在新教伦理的角度所看到的文化矛盾，而是深植于其基本制度、生活方式和社会治理模式中的矛盾。这些方面，又都是可以归入政治范畴的。所以，资本主义文化矛盾的解决方案也就不可能是对新教伦理的恢复和重建，而是需要在告别以资本主义为标志的工业社会历史阶段的行程中去寻找出路。这也说明了马克思要求终结资本主义社会的理论主张是无比深刻的。单纯的文化变革是很难成功的。同样，葛兰西单纯在文化的意义上采取"阵地战"也不可能有实质性的收获。文化变革是包含在社会变革之中的，终结资本主义文化矛盾的变革运动，也必然是包含在从工业社会向后工业社会的转变之中的。

其实，文化变革就是社会变革的一部分，可以先行于其他方面的社会变革。特别是关于未来的社会制度设计，是带着文化变革的理念的。或者，通过一场启蒙运动，首先实现文化变革。这些都是可能的，而且也已经为历史经验所证实。正是在此意义上，我们提出通过一场启蒙去为后工业社会的到来作好准备。其中，文化变革就是这场启蒙运动的基本内容。但是，文化变革以及伦理关系的重构并不能独立行进，而是需要在社会变革的进程中展开。也就是说，应始终将其作为社会变革的一部分看待，才能取得成功。至于贝尔所看到的资本主义发展走上了抛弃新教伦理的方向，可能是与新教伦理的性质相关的。因为，新教伦理并不是韦伯所说的那样属于资本主义精神，不是资本主义文化的组织部分。当资本主义抛弃了新教伦理的时候，工业社会的法治也就完全成熟了。正是法的精神，构成了整个工业社会的基础，而法的精神显然又是排斥伦理的。即便法的精神能够催生出一种社会关系，也不会在这种关系中生成道德。在全球化、后工业化进程中，在我们的社会呈现出风险社会的特征时，处处都显现出了高度复杂性和高度不确定性，致使在法的精神基础上所实现的社会建构不再适用。这样一来，对这个社会进行伦理批判，并寻求在伦理基础上重新建构社会的可能性，就是一项迫切需要解决的时代课题。一旦伦理成为社会建构的基础，那么所有的伦理问题，也都具有了政治属性，从而属于政治问题。所以，在全球化、后工业化进程中对工业社会进行伦理批判和寻求社会重构的伦理方案本身，就是一项政治任务。在实践上，是政治与伦理的统一，而在研究上，将是政治学与伦理学的统一。或者说，政治将归于伦理，而伦理将以政治的形式去表现自己。

二 后工业社会的伦理建构

由于贝尔非批判性地继承了韦伯的观点，认为新教伦理属于资本主义精神，所以他在看到资本主义的发展过程中新教伦理丢失的现实时，作出的判断是资本主义的衰落。贝尔说，"在美国，新教那种天国道德大多已被淘汰，人世间的俗念开始恣情妄为了。美国人的基本价值观注重个人成就，它的具体衡量标准是工作与创造，并且习惯从一个人的工作质量来判断他的品质。五十年代，成就模式依然存在，但它有了新的含义，即强调地位和趣尚。文化不再与如何工作、如何取得成就有关，它关心的是如何花钱，如何享乐。尽管新教道德观的某些习语沿用下来，事实上五十年代的美国文化已转向享乐主义，它注重游玩、娱乐、炫耀和快乐——并带有典型的美国式强制色彩"。[1]所以，贝尔把资本主义的变革方案寄托于新教伦理的恢复。贝尔是"后工业社会"概念的普及者，但就他的这一观点来看，实际上不是在为建构后工业社会寻求基础，反而是要回到资本主义的发源地，即重建资本主义社会。

---

[1] [美]丹尼尔·贝尔：《资本主义文化矛盾》，赵一凡等译，生活·读书·新知三联书店1989年版，第117—118页。

应当承认，贝尔对资本主义文化矛盾以及伦理紊乱、道德沦丧的揭示和描述是可信的。他说，一个尽人皆知的道理是，"各种文明的兴衰史上都出现过这种引人注目的现象，即在崩溃之前，社会总要经历一个个标志着衰落的特定阶段……这些递变的顺序是从朴素到奢侈，从禁欲到享乐"。① 然而，为了经济发展，在所谓刺激需求的名义下，是用人的奢侈、享乐等去为发展注入活力的。结果，也让奢侈、享乐等对道德形成冲击。道德的沦丧，则使人与人的关系变得紧张，让社会笼罩在戾气之中。贝尔认为，一个社会只要染上了享乐主义、奢靡之风，大约经历三代人的时间，就可以宣布一个文明的衰落。这是因为，"享乐主义的生活缺乏意志和刚毅精神。更重要的是，大家争相奢侈，失掉了与他人同甘共苦和自我牺牲精神的能力"。②

资本主义的发展在很大程度上需要求助于消费驱动，而消费中最具活力的部分又是奢侈和享乐。为了获得奢侈和享乐能够提供的那部分驱动力量，人们就会经常性地忘却什么是合理消费。因而，奢侈、享乐等只会轮番升级，直至把人类领进一个无法承受的时代。这也是资本主义及其所代表的工业社会必然走向终结的原因之一。在谈论晚期希腊的享乐主义时，学者们往往认为那是社会没落引发了人们普遍的"末日心态"，是这种"末日心态"驱使着人们及时行乐。其实，反过来说，享乐主义导致了社会没落也同样是成立的，或者，应当将它们理解成一个互动的历史过程。在工业社会后期，奢靡之风、享乐主义的再度浮现，也应在历史变迁之中来认识。也就是说，在全球化、后工业化所呈现出的社会高度复杂性和高度不确定性所构成的社会条件下，奢侈、享乐等将再度进入伦理视野中，即需要从伦理的角度去加以评判。

---

① ［美］丹尼尔·贝尔：《资本主义文化矛盾》，赵一凡等译，生活·读书·新知三联书店1989年版，第130页。
② ［美］丹尼尔·贝尔：《资本主义文化矛盾》，赵一凡等译，生活·读书·新知三联书店1989年版，第131页。

在整个工业社会中，人们基本上都是把伦理与生活联系起来加以认识的，而不是从社会建构的角度去认识伦理的功能。所以，不同理论之间的差别主要反映在是从个人生活还是社会整体的生活的角度去看问题，从而出现了个人主义与集体主义间的争执。而且，把对伦理的讨论也限制在了这两个视角中，各自从自己的视角出发进行理论建构，并产生了无尽的争执。比如，幸福生活是人的普遍追求，经济主义者往往会让人们关注幸福生活的物质保障，但费希特则把幸福看作伦理范畴，认为那不是欲求满足的状态。

费希特说，"没有伦理就不可能有幸福。当然，不讲伦理甚至在反对伦理的斗争中也可能产生快感，我们到适当时候将看到为什么会这样，但这种快感并不是幸福，反而甚至常常是与幸福背道而驰的"。[①] 实际上，人们对快感的追求，在绝大多数情况下都会以"反伦理"的形式出现，所获得的快感也具有"反伦理"的性质。所以，在历史上，几乎所有护卫伦理主张的人，都排斥人们对快感的追求，而所有为人的快感追求正名的主张，又都指斥伦理的迂腐、虚伪。即使温和的中间路线，也会用所谓伦理理性的主张去加以调和，即把人对快感的追求纳入伦理理性的范畴中来。

我们认为，伦理是具有历史性的。这种历史性主要反映在目的的变迁中。在理论上，也就是主题的变化。在人类维系整体的要求强于对个体的关照时，以伦理的名义限制、约束、压制个体就会成为规范的目的；当个体被认为是整体的构成要素和决定了整体的存在状况时，限制、约束、压制的光谱就会变弱，而放纵的光谱则相应增强。在风险社会中，我们需要终结和告别的要么是整体、要么是个体的论题，需要把人的共生共在确立为全部社会行动的主题。因而，对于伦理规范的性质和内容，也都需要进行重新定义。这个时候，关于幸福与快

[①] ［德］费希特：《论学者的使命 人的使命》，梁志学等译，商务印书馆1984年版，第11页。

感的区分也许远离了人的感知而去。也就是说，人们开始不再关注什么是幸福、什么是快感的问题了。

对于任何一个历史时期，当启蒙的任务尚未完成时，任何一种主张得到申明都应被视为合理的。所以，在费希特的时代，人们往往学着康德的模样护卫社会整体而对个体提出伦理上的要求。我们认为，这一时期的人们所提出的主张是具有合理性的，因为这些主张合乎那个时代的要求。费希特处在英法启蒙思想家已经将原子化个人——"纯粹的自我"——植入话语中心的时代，以至于他在思想展开的行程中也是以个体为出发点的，所提出的要求也是，"人的生存目的，就在于道德的日益自我完善，就在于把自己周围的一切弄得合乎感性；如果从社会方面来看人，人的生存目的还在于把人周围的一切弄得更合乎道德，从而使人本身日益幸福"。① 可见，在对个体与整体作出区分的情况下，所造成的无非是两种对立的立场。

近代以来的几乎所有思想和理论，都无非各自将这两种对立的立场布设得更加精致完美而已。当我们陷入风险社会的时候，发现整个人类其实是一个"命运共同体"，个体与整体都将消融于人类命运共同体之中。也就是说，在理论上区分出个体与整体将不再具有合理性。这说明，无论是站在个体还是整体的立场上去思考人的存在的问题，都无法形成解决人的共生共在问题的积极方案。当人的共生共在成为人的目的时，所有形而上学的理论溯源式思考，都失去了意义。对人的共生共在而言，关键的问题是如何行动，而不是寻求理解。在这种情境下，也许马克思在关于费尔巴哈的提纲中所说的关键问题是"实践"而不是"解释"，所指示的才是一条正确的道路。

在今天，我们关于一切与社会有关的问题的讨论，都需要首先立足于全球化、后工业化运动这一基本的时代背景。全球化、后工业化

---

① ［德］费希特：《论学者的使命　人的使命》，梁志学等译，商务印书馆1984年版，第12页。

显然是对工业社会这个历史阶段的否定，是人类历史的一个新的起点。所以，单就全球化而言，既是资本征服的结果，又是资本希望把利润带回祖国的破灭。全球化将使资本失去了家园，变得无家可归。无论资本多么强大，也将四处流浪。正是这一点，是与资本的原初动机相冲突的，是资本不希望看到的客观结果。所以，当全球化运动从经济全球化转向了政治全球化后，由于资本对家的留恋，而出现了"反全球化""逆全球化"思潮。

如果说"资本主义世界化"启动了世界历史的新行程的话，那么于此之中所看到的就是如斯洛特戴克所说的，"世界历史是将地球塑造成文化和极度兴奋状态的载体；它政治上的风格就是欧洲国家的单边主义行动的胜利进程；而它的逻辑就是把所有的物体预先按照均质的空间、均质的时间以及均质的价值不加区分地予以理解；而它的操作模式则是密集化；它的经济的后果是建立起世界体系；它的能源基础是迄今为止还大量存在着的化石能源；它的基本审美姿态则是歇斯底里的情感宣泄和对爆炸的膜拜；它的社会心理后果是要作为远方的某种苦难的知情者的强迫症心理；它的活力的机遇在于有可能跨文化的比较幸福的来源和管理的策略；它的道德的核心点在于从占领的伦理过渡到由被占领者行使束缚的伦理；它的文明的趋势则从密集的减轻负担、保险以及保障舒适中表现出来；它在人类学上的挑战就是要批量地创造'最终的人'；而它的哲学后果则是有机会在无数的大脑中看到一个地球的升起"。[①] 虽然哲学用普遍性、同一性等概念形塑了地球的形象，而在激励人的行动的时候，却在试图征服地球的那一刻打开了全球化的通道，走上了线性思维再也无法去把握现实的行程。这就是从资本主义世界化向全球化的转型过程。

全球化意味着任何单边行动的终止，越来越多的互动和联动将全

---

① ［德］彼得·斯洛特戴克：《资本的内部：全球化的哲学理论》，常晅译，社会科学文献出版社 2014 年版，第 20 页。

球联系在了一起,也在全球的范围内形成共振。关于生活和做人的伦理,关于利益分配、造就均势或统治的政治,都为行动所替代。而且,风险社会及其高度复杂性和高度不确定性条件下的行动是合作行动,这种行动有着政治的形式,也同时具有伦理的性质。其实,在任何时候,人的几乎所有的观念、原则等,都是通过人的行动去实现的。"美德不是通过形式实现的,而是通过行动。举一反三,若只重视规范和标准,会导致一个社群仅仅追求一套原则标准,却从来不考虑具体的实践。实际上,规则和标准应该投射并由实际情形中的具体实践反映出来,离开了具体的行动,他们便失去了其本身的意义。"[①]

工业社会中的人们之所以会把规则、标准等从行动中抽离出来而进行专门性的考察,是由这个历史阶段中的人类认知模式决定的。从根本上说,还是因为社会的低度复杂性和低度不确定性条件允许人们这样做。在社会的低度复杂性和低度不确定性条件下,对行动过程中的各个方面进行分解,分门别类地进行静态的观察和研究,是能够形成较为清晰的认知的。所以,把行动中的规范要素抽离出来进行专门研究,也充分地满足了"法治思维"的需要。然而,在社会呈现出高度复杂性和高度不确定性的情况下,行动过程中的"各种要素"紧密地咬合在了一起而不可分解、分离,以致无法对它们进行专门性的研究。

高度复杂性和高度不确定性条件下的行动是一个完整的过程,规则、标准等所有规范因素都是发生在和存在于行动过程之中的,而不是在行动之外订立后再放置到行动中去的因素。这种情况也反映在政策制定等更为广泛的社会行动之中。可以认为,这是高度复杂性和高度不确定性条件下的基本社会图式,即行动的整体性标志着社会的总体性。总之,在社会的高度复杂性和高度不确定性条件下,人们将会

---

① [美]劳尔·雷加诺:《政策分析框架——融合文本与语境》,周靖婕等译,清华大学出版社 2017 年版,第 105 页。

深深地感受到,"规范性思考从定义上,当然也从实践上来说,与行动是不可分割的。无论一个人在制定规则时是以道义论的形式,还是美德伦理的形式构建特性,规则和规范都应与行动直接相关,并且应该能够在行动层面上被感知"。①

既然规范因素是存在于行动之中的,而不是预先订立而后赋予行动的,那么根据某种已有的理论制定规范的做法,也就不再具有合理性了。这意味着,无论是功利主义还是义务论,也不管是文化、信仰还是法的证明逻辑,都不会在行动之外以清谈论道的方式去进行讨论,而是需要在行动中加以领悟并转化为行动规范。或者说,它本身就是由行动来加以证明和进行实践的事项。其实,我们还不应局限于这种静态的辨识,而是应当将所有的规范因素都放在高度复杂性和高度不确定性条件下的合作行动中,而合作行动本身就是一个过程。虽然合作行动不是建立在共识基础上的,但行动者则是在持续的对话中去决定如何开展行动的。对话伦理学所描述的情况是,"在实践对话的层面上相关各方的利益不但能够得到确定,而且通过相关各方或其代表能够尽可能与一种需不断修正的、对所要奠基之规范的预期后果与副作用的认识联系起来"。②

在高度复杂性和高度不确定性条件下,除了人的共生共在之外,"各方的利益"也许不会被突出到显著的位置上,而且,既不可能也不需要谋求"奠基之规范"。但是,为了承担任务,行动者之间的对话又是必要的。这是因为,需要通过对话去解决认识上的分歧、行动的方向和原则等问题,也需要通过对话去解决行动者之间的合作方式、行动协调等问题。此外,共同行动者通过对话而实现各个方面的相互了解也是必要的。当然,合作行动中的行动者并不全都是身体在场的,

---

① [美]劳尔·雷加诺:《政策分析框架——融合文本与语境》,周靖婕等译,清华大学出版社 2017 年版,第 106 页。
② [德]卡尔-奥托·阿佩尔:《对话与责任:向后传统道德过渡的问题》,钟汉川、安靖译,浙江大学出版社 2018 年版,第 184—185 页。

还可能是匿名的参与者。不过，这只意味着对话形式的多样性。就对话本身而言，其价值丝毫不会减弱。

另外，在社会的高度复杂性和高度不确定性条件下，人的思想和智慧都应指向各种问题的解决，而不是对人的批评、否定和攻击。如果对人的行为进行道德判断的话，任何对人的批评、指责等都属于不道德的，更不用说那些污名化他人的做法。所以，在关于后工业社会的规范建构方面，我们首先需要确定的就是形成防范人攻击人、人指责人、人批评人的规则。举凡违背这类规则的，都应受到严惩。

在风险社会及其高度复杂性和高度不确定性条件下，作为行动者的人是在道德制度中开展行动的，社会网络结构也决定了人的一切生活和活动都是透明的，人不可能有条件去做不道德的事，也不可能在反伦理的思维方向上去施展阴谋诡计。所以，这个时候的人是不适合于道德评价的。正是这个原因，我们在社会治理的意义上，需要防范针对人的攻击、批评、指责、诋毁等，并通过这样做而让人们养成一种不针对他人生成恶念的习惯。也许人们会说，这种不道德的人及其行为也是在道德制度下不可能出现的。的确，这是一个逻辑问题。但是，如果我们考虑到社会转型过程在时间上的延续，也就能够理解，工业社会惯性的存在不是一日就能够消除的。

三 伦理理性化的追求

亚里士多德将伦理学界定为一门关于实践的科学，认为伦理学的功能和使命是去指导人们在社会生活中如何行动，使人们懂得什么样的行动是合乎德性的行为。在亚里士多德的伦理学中，人们的实践活动主要指的是道德活动。亚里士多德说，"良好的实践自身即是目的"，[1] 如果这个"实践"被理解成合作的话，就更准确地反映了我们

---

[1] ［古希腊］亚里士多德：《尼各马科伦理学》，苗力田译，中国社会科学出版社1999年版，第127页。

即将走进的后工业社会的特征了。从学术史来看，也许正是接着亚里士多德的这一思路，康德把他关于伦理学的著作命名为《实践理性批判》。提出"实践理性"的概念可以看作康德的一项贡献，因为这个概念的提出使得人的道德活动可以进行理性解释了。

"伦理价值"和"道德经验"是一对相对应的概念，而且它们都是理性的。相应的，从这一对概念中我们还可以发现，它们分别拥有价值理性和经验理性两种属性。这样一来，我们就看到，康德的"实践理性"是具有"价值理性"和"经验理性"两种具体的表现形式的。其中，经验理性的概念尤其应当引起我们的关注。

就康德的思想来看，在《纯粹理性批判》中，对理性的追求是贬斥经验的，即认为理性是在对经验的超越中获得的。然而，在《实践理性批判》中，又包含着向经验回归的思想倾向。不过，所要回归到的不是认知路线中的经验，而是回归到实践活动过程中的经验，即回归到道德经验上来。当然，康德未形成"经验理性"的概念，也许是因为他不愿意表现出与《纯粹理性批判》中的思想发生直接冲突，才没有使用经验理性的概念。但是，康德希望回到的这个道德经验的理论原点，却是经验理性的载体，是包含着经验理性的。或者说，是以经验理性的形式呈现在道德实践过程之中的。所以，道德实践必然是经验性的。同时，道德实践中的经验又是理性的。这就是经验理性的概念能够成立的原因。

从理性建构的角度看，经验理性概念的确立意味着，对道德实践的认识是理论建构的重要内容，而且也只有在道德认识中把握了经验理性，才找到了理论体系的灵魂。有了经验理性的概念，就能够激发出人们重建社会行动的要求，而且也是开辟历史的一条新路径。事实上，从康德的实践理性概念中是完全可以合乎逻辑地推导出经验理性的。可是，启蒙以降的伦理学研究是如此严格地限定在了生活的范围中，或者说，从属于生活的视角。重要的是，这种生活是社会分化后的生活，而不是全部社会生活的内容，甚至不是狭义的社会生活。另外，生活的复杂性和范围的广袤性又决定了伦理学研究常常受到理性与非理性的困扰。

从现实来看，在农业社会的历史条件下，人们往往更多地关注"苦"与"乐"的问题。苦与乐都属于一种生活感受，是无法在性质上接受理性解析的。唯有在苦与乐的实现方式方面，才能进行理性观照。可以认为，边沁在谈论人的"趋乐避苦"时，就是从属于功利主义理性解释框架的。边沁说，"自然把人类置于两个至上的主人——'苦'与'乐'——的统治下。只有它们两个才能够提出我们应该做些什么，以及决定我们将要怎样做"。[①] 也许是因为边沁开拓出了对苦与乐进行理性解释和把握的途径，以至于到了工业社会后期，人们在繁忙的社会活动中往往对苦、乐的问题表现得极端麻木，从而使苦、乐不再成为"两个至上的主人"了。

大致是自20世纪后期开始，各种迹象表明，苦与乐在人的生理上和心理上所占据的位置变得越来越边缘化了，因为人们变得越来越繁忙，没有时间去关注苦与乐了。或者说，只有当人开始关注他的那些较为低级层面的生活的时候，苦与乐才会浮现出来。在这种情况下，边沁的那种从人的"趋乐避苦"出发理解人的行为的方法，显然也就不再适用了。虽然趋乐避苦可以有许许多多理性的方法，但苦与乐的性质无法纳入理性的把握之中，致使人们对它们的关注逐渐弱化，直至放弃对它们的关注。一旦人们放弃了对苦、乐的关注，那么趋乐避苦的理性解释框架以及方法也都失去了意义。

工业社会在人所涉入的每一个领域中都充分地展示出这样一个特征，那就是无法让人进行理性把握的东西都会受到排斥而萎缩、衰落。因此，伦理学研究也就为自己确立了两个方面的课题：其一，致力于将人的生活理性化；其二，为伦理研究寻求一个理性的基点，使其可以对生活现象作出理性的解释。康德的义务论和边沁的功利主义都属

[①] 周辅成：《西方伦理学名著选辑》下卷，商务印书馆1987年版，第210页。

于为伦理寻求理性基点和对生活现象进行理性解释的理论。从行动或过程的角度看，边沁所追求的是结果上的理性，而康德所确立的则是动机上的理性。

在对功利主义与义务论进行比较时可以发现，与功利主义的结果取向的善相比，义务论要求人们关注通向结果的行为本身，即对行为是否合乎善的理念作出判断和评价。这也许更加合乎亚里士多德开辟的传统伦理思想的思路。沿着这个思路，必然会追溯到行为主体及其动机上来，即要求动机上的非功利性。这就显现出了义务论所关注的是起点上的善，与功利主义仅仅关注结果的善是不同的。

现在我们遇到的问题是，在社会的高度复杂性和高度不确定性条件下，无法将行为主体以及其行为孤立起来进行考察。也就是说，我们无法从广泛的互动和联动之中抽象出一个单一的从动机到结果的过程，以致动机的善因为不再存在以个体形式出现的行为主体而变得不可捉摸和无法确认了。同样，作为结果的善也因为是由高度复杂性和高度不确定性的因素引发的，并不能看作对行动者行为以及行动的证明。也就是说，无法将其确认为是由行动带来的结果，甚至结果的善是什么也是不能得到证明的。

由此看来，社会的高度复杂性和高度不确定性从根本上动摇了结果取向的功利主义和动机取向的义务论的思维基础，从而要求我们必须把全部伦理关注放在了行动上，而不是按照形而上学的方式扩展或追溯到动机或结果上。一旦伦理关注的是行动本身，也就只有合作才是善的。如果需要制定道德评价的标准和规则，如果需要建构或更新伦理观念，也就只能围绕着合作进行。

虽然康德和边沁代表了工业社会中的两种不同的伦理学理论，并形成了两种不同的传统，但它们在促进个人的理性化方面都作出了贡献。从工业社会后期的情况看，作为个人的人们变得空前的理性了，或者说，这是一个历史上个人理性水平最高的时代。但是，在个人变得无比理性的时候，社会却变得越来越失去理性。特别是在互联网时代，我们看到几乎所有的"公共空间"都无理性可言。如果说边沁与康德的思想在工业社会的发展行程中产生了巨大影响的话，那么在他们造就出了理性的人的时候，却让社会失去了理性而不断地产生出各种各样的问题，进而威胁到了人的生存。在某种意义上，社会的非理性化，也可以看作风险社会生成的原因之一，或者说，构成了风险社会的一个维度。

波普在对历史上诸多事件的省察中体悟到，"狂热点是邪恶的，与多元社会的目标水火不容，以任何形式反对它是我们的职责——甚至当它的目标尽管被人们狂热地追求但其本身在伦理上无可非议时也如此，当它的目标与我们自己的个人目标相巧合时更是如此。狂热的危险，和我们在一切情况下都要反对它的职责，这两点是我们可以从历史中汲取的两个最重要的教训"。[①] 本来，我们以为历史的进步也包含着人的理智更加成熟的内容，并因此而使人变得不再会轻易地狂热。然而，随着互联网的广泛应用，人们似乎陷入了一浪又一浪的狂热之中。由于"点击量"能够带来轻易获取的收益，"网络大V"和想成为"网络大V"的人走上了专心钻研哗众取宠、造谣谋利技巧的道路上。事实上，在这些技巧的应用中，收获颇丰。其中，能否把一个社会推上狂热的境地，决定了他们收益的巨微。正是在他们的推动下，塑造了丧失理智的所谓"粉丝"群体，并使社会时常地陷入人群癫狂的境地。

这种情况表明，个人为了自己谋划的理性变得非常发达，而社会的非理性状态也达到了空前的地步。如果说"网络大V"与其"粉丝"都是理性的，都可以纳入边沁的功利主义解释框架中，"网络大V"有着趋利的要求，其"粉丝"则有着趋乐的愿望，那么所造就的社会氛围则是非理性的。更为重要的是，根据现代性的所谓合法性政治原则，政府乃至整个政治体系也随着这种狂热一道起舞，以致民主

---

① [英]卡尔·波普尔：《通过知识获得解放》，范景中等译，中国美术学院出版社1996年版，第189页。

政治及其治理体系都染上了民粹主义色彩。这也从反面说明，伦理问题同时也成了政治问题。

我们知道，现代化创造了民族国家，民族国家及其政府一直是被作为理性的标志看待的。但是，现代化也把民族国家变成了魔性十足的"动物"。"为了生存下去，现代民族国家必须进行科技的竞争；但是同时，它们又陷入了由科技进行的毁坏自己的行动中，科技已经变得高于这些社会的伦理政治核心。发达工业社会的人，被置于经济和政治的十字路口，饱受工业化的逻辑和属于民族政治经验的旧理性之间矛盾带来的痛苦。"① 在风险社会及其高度复杂性和高度不确定性条件下，这种政府与社会同样狂热的状态如果持续下去的话，其危害性也许是难以估量的。所以，在我们构想人的共生共在如何成为现实的路径时，所期望的是承担具体任务的合作行动。合作行动是务实的。也许合作行动需要得到人的激情的支持，但这种激情则必然是用合作行动去加以表现的，而不是以社会性狂热的形式出现。

边沁与康德的伦理学理论都是建立在认识论框架下的，是近代"广义的认识论"的组成部分。认识论在思维特征上表现为对认识对象以及认识者自身进行区分，让不同的认识者对认识对象进行分门别类的认识。所以，政治学与伦理学是被区分为两个不同的学科的，而且这种作出区分的做法，也是理性化的实现方式，具有理性的特征。不过，为了恢复亚里士多德的实践智慧在行动中的权威性，也是为了在"逻辑性"与"非理性"的中间的地带去为实践理性找到立足之地，更是为了解决现实问题。利科对认识论作了激烈的批评。利科认为，"想要在伦理和政治的秩序中进行认识活动的企图，在理论上是最具毁灭性的，而在实践上则是最为危险的"。②

---

① [法]保罗·利科：《从文本到行动》，夏小燕译，华东师范大学出版社2015年版，第439页。
② [法]保罗·利科：《从文本到行动》，夏小燕译，华东师范大学出版社2015年版，第283页。

这是因为，在伦理和政治中去开展认识活动，必然会强调知识在伦理和政治生活中的作用，会用知识去经营和评判伦理和政治生活，会把伦理和政治生活等同于知识和还原为知识。一旦知识在伦理和政治中获得了无上权威，人们就会努力谋求对个体和国家的认识，就会努力去占有知识和垄断知识。这样一来，"如果一个人或者一组人，一个党派，盗取了实践知识的专利，它也将盗取人无意中行善的权利"。[1] 根据利科的这一分析，从属于认识论理性追求的政治和伦理则因为对知识的注重而走向为恶的方向。也正是因为走向了为恶的方向，使政治与伦理混同了起来。可见，我们上述所提出的政治与伦理的统一还不只是一种主观追求，客观的历史进程已经将政治与伦理的边界打破了。无论是在积极的还是消极的意义上，政治与伦理的统一，都必将成为人类认识史上的一个现象。

在对法西斯现象的反思中，阿伦特认为所有政治都包含着一种统治关系，而一切统治都包含着必然走向专制的倾向。所以，她提出了取消政治的设想。阿伦特说，"政治的产生仅仅是因为生物性需求这样基本的、前政治的事实，它使得人们在艰难的谋生中彼此需要。换言之，政治在双重意义上是衍生性的：政治起源于生物性生存的前政治事实；政治终结于人类命运的后政治的最高可能性"。[2] 在这里，阿伦特也学着列宁的论述方式，试图说明列宁关于国家起源与消亡的论述可以直接地用来描述政治的起源和终结。不过，阿伦特还是在论述上作了一些调整。

我们知道，列宁认为国家是统治的工具，在阶级消亡后，阶级统治的需要随之消失，因而人们不再需要国家这样一种统治工具。在阿伦特这里，是把政治的起源归结为人的生物性需要的，是因为人的艰难谋生需要而造就了政治。在政治终结的问题上，阿伦特只是指出有

---

[1] [法] 保罗·利科：《从文本到行动》，夏小燕译，华东师范大学出版社2015年版，第283页。

[2] [美] 汉娜·阿伦特：《政治的应许》，张琳译，上海人民出版社2016年版，第85页。

那样一个"人类命运的后政治"时代。在具体是什么原因导致政治终结的问题上，阿伦特并未去加以探讨。就政治是一种社会现象而言，肯定会有终结的一天，因为所有社会现象在生成后都会最终迎来消亡的结局。不过我们认为，即便到了后工业社会，取消政治的主张也许因为过于激进而无法实现，但政治的性质和表现方式发生变化，则是必然的。从上述分析看，我们认为全球化、后工业化进程中已经展现出来的是政治与伦理的融合。相应的，政治学研究也将与伦理学研究合并为一门科学。

第五章

社会控制、强权与规则

在工业社会的语境下,社会治理就是社会控制的代名词,有效的社会控制赢得了社会的顺畅运行以及经济、社会的发展和繁荣。工业社会不仅是在社会治理方面,而且在社会生活的各个方面,都包含着控制导向,甚至每一个人的成功人生都是建立在对各个方面的有效控制的前提下的。社会控制主要是由"权力控制"和"资本控制"两个方面构成的,科学技术的理论和方法也得到了广泛应用。然而,在社会控制所取得的所有成功的背后,都包含着不可控制和未能控制的方面。其中,人类陷入风险社会的事实就证明了控制是失败的。或者说,在工业社会的发展史上,即便人们在所有的微观事项上取得了社会控制的成功,而整个社会却一直朝着风险社会的方向移动。风险社会及其高度复杂性和高度不确定性意味着社会控制的不可能性,控制导向的思路必须得到终结,以往反映在社会控制上的人的自觉性也必须转化为自主性,并以合作行动的形式出现。

有控制就有权力,而在权力运行中又包含着强权化的冲动。只要权力的运行没有得到有效的规范,就会演化为强权。强权似乎是人类社会中的一个无法消除的现象,不仅在农业社会等级制条件下存在着强权，而且在工业社会的人权理念下，特别是在人们基于平等和自由的原则进行了社会建构后，也一直没有消除强权。工业社会的政治和社会生活中其实处处都存在着强权，而且强权的表现形式也是多种多样的。在国际社会以及"世界治理"中，强权更是暴露出了其野蛮的性质。在全球化、后工业化的历史性社会转型过程中，我们看到了强权终结的某种希望。同样，就人类已经陷入了风险社会来看，任何形式的强权在任何地点的存在，都有着极大的危害性。所以，在全球化、后工业化进程中，在风险社会中，一个非常重要的任务就是在人与人、人与世界的关系中用承认和包容置换强权。承认和包容是合作行动的前提，而合作行动又是人的共生共在的唯一出路。

强权是对规则的挑战，或者说是因为规则未能发挥有效的规范作用而出现了强权。控制与强权有所不同，在工业社会中，控制主要表现为对规则的应用。尽管可以用于控制的因素是很多的，但具有合理性、合法性的控制往往表现出对规则的依赖。总体看来，工业社会是因为有了规则才能顺畅运行。古人说，"没有规矩不成方圆"，工业社会中的所谓"规矩"就是规则。规则的形式是多种多样的，而其典范形态则是法律。正是由于法律以及多种多样的规则的应用，构成了法治社会。不过，即便在法治的社会中，规则的规范功能也有着规范不足的问题，主要表现为两种情况：其一，规则建构的"路径依赖"会导致与差异化的现实之间的冲突；其二，规则的规范功能具有历史性，在人类陷入了风险社会时，出现了规则规范功能去势的问题。这就要求，在风险社会及其高度复杂性和高度不确定性条件下，需要再度思考行动规范的问题。在规则退位的情况下，需要把人的共生共在的理念转化为行为和行动的规范。

第一节 社会控制的可能性与不可能性

包括政治学、管理学、社会学等在内的社会科学的几乎所有学科，

第五章　社会控制、强权与规则

都会探讨和研究控制的问题。这足以说明，社会控制普遍地存在于社会生活的每一个角落，可能构成了一个哲学问题，需要哲学研究来解决这个问题。虽然哲学因为受到了认识论理论范式的束缚而没有认识到这个问题，或者说，作为认识论范式的哲学不愿意关注和谈论这个问题。但是，就控制的问题广泛地存在于与人相关的每一个领域而言，则是哲学不应回避的问题。或者说，认识论范式中的"实践论"应当对控制的问题给予关注。

我们知道，在工程技术方面，控制是一个基本问题。无论工程规模大小，都必须将控制的问题放在第一位。如果说社会建构的工作是按照某种机械观展开的话，那么控制的问题仍然是一个工程技术的问题，至多，我们会将其看作"社会工程技术"方面的问题。但是，社会不是一架机器。这也就意味着，普遍存在于社会各个方面的社会控制是否具有合理性，以及社会控制是不是必然贯穿于人类历史的始终，或者说，在人类的未来是否也要进行社会控制，就是一个需要哲学来回答的问题了。在风险社会及其高度复杂性和高度不确定性条件下，一方面，我们需要探索新的社会协调机制；另一方面，我们需要直指社会冲突的源头。其中，对于这个社会中的控制失灵频频出现的问题，尤其需要给予关注。

工业社会是一个控制导向的社会，在每一个领域中都建立起了完备的控制机制，但这个社会为什么不能有效地控制矛盾，不能避免冲突，而是任由社会风险不断地产生出来并积累而成我们今天不得不接受的风险社会？进而，我们还会提出这样一个问题：到了工业社会的后期，显现出控制失灵发生的频率越来越高的状况，随着风险社会的降临，会不会出现控制失灵而无法再启动的问题？重要的是，在人类陷入了风险社会时，在对工业社会进行反思时，不仅需要提出这些问题，而且需要对这些问题作以回答。也许我们给出的答案是人类将终结控制。

由于人类历史就是一部社会控制史，无论是统治还是管理，都是以控制的形式出现的，是通过控制而实现管理或统治的，只不过它们在控制方式上有所不同而已。在这种情况下，如果我们提出了社会控制应否存在的问题，而不是去探讨如何改进控制的问题，也许是人们不能理解也不能接受的。可是，当我们正视风险社会时，讨论应不应当进行社会控制的问题，也许比研究怎样施行社会控制更有必要。从当前的哲学研究看，关于这个问题的系统性研究是很难见到的。正是这种情况，使得我们意识到了这个问题时不敢私藏，而是希望将它提出来，奉献给那些愿意进行思考的人们。这绝不意味着我们要代哲学工作者发言，而是因为感知到了这个问题的讨论在社会治理中具有迫切性，特别是发生在社会治理领域中的改革应当朝着什么样的方向走，很有可能取决于对这个问题的回答。所以，我们呼吁哲学家们关注这个问题，也希望对这个问题作出自己的一些思考。

一　社会控制的普遍性

在任何一个社会中，人都天生地倾向于夸大自己的能力和贡献，甚至夸大自己的一切所有物的价值。一个人写出了一篇文章，就会以为那是人类有史以来最好的文章。一个人在三峡大坝上打死了一只蚂蚁，就会认为他避免了一场大坝崩溃的危险。在个人主义作为社会运行的基本原则的工业社会中，由于每个人都以自我为世界的中心，由于这个社会希望每个人都将自己放在突出的位置上，张扬个性和追求自我实现，从而使人获得了这种天生夸大自己的倾向。所以，我们在工业社会中看到的是：在一个企业的盈利中，资本家会倾向于夸大资本的作用；企业家则会夸大管理活动的贡献；企业的一般成员虽然没有话语能力，但其"代言人"则会夸大劳动的价值。这种情况不仅存在于企业里，在所有地方也都有着类似的表现。结果，就必然会引发各种各样的冲突。既然产生冲突是必然的，那么尽可能地避免冲突，就成了进行社会控制的理由。

在每个人都把自己的利益看得无比重要的工业社会中，的确探索出了一整套非常完备的利益分配机制,也表现出了能够对各自夸大自己贡献而引发冲突的情况作出有效控制。可以认为,控制机制在整个工业社会的发展过程中都发挥了非常重要的作用。从西方发达国家来看,很少发生"军事政变"等,更不用说类似于农业社会的王朝更替了。这说明,它们的社会控制是成功的。不过我们又看到,不仅在经济领域,而且在社会生活的各个领域,周期性的危机都是无法避免的。如果说社会控制是有效的,那么这些周期性的危机为什么会爆发呢?

工业社会是一个竞争的社会,它所拥有的竞争文化以及这个社会中竞争行为的普遍化,决定了它必然是一个控制导向的社会。因为,竞争如果得不到控制的话,就会带来这个社会无法承受的灾难。然而,控制只是社会治理以及管理的一种取向,并不像竞争文化那样能够持久地在人的行为选择中发挥作用,而是需要通过一定的机构、组织以及各种手段的应用来予以加强。

如我们已经指出的,尽管工业社会形成了和拥有了竞争文化,却不存在斯密所说的那种"完全竞争"。因而,无论在这个社会的什么地方,只要控制稍稍地减弱,就会从竞争中产生出社会风险。在竞争行为普遍化的情况下,为了自我利益的竞争不仅源源不断地生产出矛盾,而且在贫富分化中产生了结构性矛盾。这种矛盾在积累到一定程度的时候,就会突破规范和脱离控制,并以社会风险的形式出现。虽然工业社会的治理方式也时常得到调整,或者说,每过一个时期,人们就会发动一场调整社会治理方式的运动,但从来也没有在根本上取得缓解矛盾的成果,至多只在渡过某些危机时才显现出了某些积极表现。所以,各种各样的社会矛盾的积累以及复杂化,使得社会风险一直呈现加速增长的态势,最终把人类推入了风险社会。

工业社会也是一个资源稀缺的社会,几乎所有资源都会变得稀缺或必然稀缺。到了20世纪中期,人们发现空气、水等都开始显现出稀缺的迹象,而在今天,时间资源的稀缺也成了一个重要的问题。资源的稀缺性既是加强社会控制的理由,同时又可以用于实施社会控制。

一方面，因为资源是稀缺的，需要将资源的配置纳入控制过程中来；另一方面，可以利用资源的稀缺性来实现控制。无论是通过计划分配的方式，还是通过提供价格指导的方式，都可以达成控制的目的。

之所以可以利用资源的稀缺性来实施社会控制，是因为资源本身也是建构性的，是由人界定的。一方面，技术的发展可以将那些自然界的存在物转化为可以被人利用的资源，也可以把那些没有实际用处但呈现出了稀缺化的东西定义为资源；另一方面，人们长期加以利用却因为某些原因而显现出了稀缺化的东西，也会被人定义为资源。其实，所谓资源，就是指那些可以为人所利用并具有稀缺性的存在物。这些东西可以是自然界中的存在物，也可以是由人生产出的产品。就人生产出来的产品成为资源看，只是由于生产能力有限而不能实现充分供给，与人对它（们）的需求相比，具有差距。由此看来，资源是包含着人为建构的意义于其中的，正是其中所包含着的意义，构成了它们的价值；正是因为有了那些人为建构的意义，人们才珍惜它们。

凡是相对于人的需求具有稀缺性的因素，都会被人们定义为资源。比如，空气、水等在人类出现后的一个漫长历史时期中并不是资源，但到了20世纪后期，由于空气质量的下降、水体污染等对人们的生活质量产生了破坏性影响，引发了诸多疾病的大面积发生。在这种情况下，出于保护这些资源的目的，政府开始对企业的生产废弃物排放加以控制，并发明了"排污权"的概念，将排污权进行量化，允许企业在市场上对排污权进行交易。这实际上是通过一种市场的途径对空气、水等作出了定义，即对空气、水等作为一种资源的承认。这种对资源的定义就是控制的起点。因为有了这种定义，也就找到了如何控制的方式和方法。

如果说人的需求只构成了人的一个方面的话，那么一切被作为资源的因素都无非通过人的需求而被内化到了人之中，从而获得了意义。因为那些意义，哪怕是一些并不属于满足人的需求的因素，也会被认为是有价值的，并将承载了那些价值的东西看作资源。如果这个时候从人的需求的角度去作出解释的话，虽然能够成立，却只是一种解释而已。既然资源是稀缺的，就需要对资源的开发和利用加以控制，同时也可以利用资源的稀缺性来进行社会控制。考虑到资源的无序开发和利用会带来各种各样的社会问题，解决这个问题的既有方式就是强化控制，而利用资源的稀缺性来实施控制，也是常用的选项。将资源的稀缺性用于控制，不仅会在与资源相关的领域中实现有效的控制，而且能够把控制扩大到与经济运行相关的各个领域。

长期以来，人们总是把民主视为对权力进行有效控制的政治运行机制，似乎"票决"的方式也能够证明这一点。事实上，民主政治不仅能够在力量的运用上，而且也能够在思想上实现对公民的全面控制。民主政治本身就是一个制度化的控制体系和运行方式。民主政治在寻求合法性的名义下予公民以自由，但在这种合法性获得的过程中，却让公民自觉地戴上了枷锁，而且这个过程本身就是一个施行控制的过程。总之，民主是有着控制功能的，或者说，民主是一种比集权更为巧妙的社会控制方式。民主政治用表面上的自由压制了公民的实质性自由，并通过对公民自由的剥夺来实现社会控制。

在现代政治中，科学与民主是同构的，"科学往往被等同于科学知识和科学方法，但是它也是一套符号、隐喻、实践和观察方式。诚然，现代科学并未带来政治代议制特有概念的发展。然而，科学提供了一套概念工具，再结合其他社会文化因素，共同促进了自由民主思想和制度……科学思维和行为模式最终深深地嵌入到自由主义代议制政府理论中"。[①] 可是，从 20 世纪科学与政治的关系看，出现了两个相悖的现象。一方面，科学与政治间有着相互排斥的倾向，科学有着脱离政治的要求，以宣称价值中立而表明与政治的间隔；另一方面，民主政治放弃了原先对科学的谦卑姿态，越来越倾向于把科学当作政

[①] ［美］马克·B. 布朗：《专业知识、制度与代表》，李正风等译，上海交通大学出版社 2015 年版，第 87 页。

治的工具对待，希望控制科学、指导科学和规划科学的发展路线及其方向。特别是在冷战时期，这一点表现得更加显著。在冷战时期，东西方两大阵营都为了军事的需要而规划科学的发展。虽然诸多科学研究成果转化为技术后也促进了经济和社会发展，但社会的畸形化以及社会生活的片面化也越来越显现了出来，甚至加速了社会风险的生产。总体看来，科学与政治相分离的要求并未成为现实。具有讽刺意味的是，恰恰是出于某种政治需要而宣称了科学的价值中立。事实情况则是，政治对科学的控制和利用每日都在加码。不仅政治实现了对科学研究的控制，政治还运用科学研究者（专家）来实施对社会的控制。

　　人们在谈到民主的时候，习惯于将其与"制度"一词联系在一起。实际上，制度是多种多样的，民主制度只是制度的一种形式或模式。当制度发挥控制功能时，对于个人以及行动者来说，它就是一种客观性的存在，而不是蕴含于人心的。"制度就在那里，外在于人。不管人喜欢或不喜欢它，它都保持着现实性。人不能指望它消失，制度会抵制人们改变它或逃离它的企图。制度对人有强制力量，这不仅体现在制度事实的纯粹力量上，也体现在那些常见的、作为重要的制度附属品的控制机制上。人们不理解制度的目的和运作机制并不会影响到制度的客观现实性。社会世界的绝大部分对个人来说都是难以理解的。它们甚至模糊得让人难以忍受，但无论如何，它们是真实的。制度是一种外在的现实，个人不可能通过内省来理解它们。个人必须'走出去'来认识它们，就如同认识自然一样。即便社会世界是一种人造现实以致需要一种不同于自然世界的理解方式，上述说法也依然成立。"①

　　然而，在20世纪后期，制度的功能出现了某种新的变化。制度的控制功能呈现出弱化和消解的迹象，而它的不具有控制特征的规范功

---

① ［美］彼得·L. 伯格、［美］托马斯·卢克曼：《现实的社会建构：知识社会学论纲》，吴肃然译，北京大学出版社2019年版，第78—79页。

能却显现了出来，并越来越显现出根植于人以及行动者主观世界的状况。即使仍然具有外在性和客观性，也不构成强制性的力量，反而会表现为人以及行动者的自觉响应。这也许会被人们解读为法的精神的内在化，而实际上却应当作为社会出现变革并实现转型的迹象。或者说，是因为 20 世纪后期出现的社会复杂化和不确定化日益增强的局面，迫使制度的功能发生了变化。

杜威认为，一切控制都是对不确定性的控制，所有存在着的和表现在社会过程中的控制，都可以归结为寻求确定性的做法。但是，杜威也看到，"为着目的而行动并不一定能够达成目的"。"控制和调节绝不意味着结果是确定的，除非我们在生活的各个方面去试用实验的方法，否则，我们就不会知道这种控制和调节将会给我们多大的安全。在其他方面，我们的未知范围还更加广阔一些，因为这些其他的实践活动更为深入未来，其意义更为重大而更加不可控制"①。正因为控制并不能够达成确定性，所以杜威要求将视线放在知行合一上，即不让控制行动按照理论推断或其他设想的路径去实施。

考虑到杜威表达这一观点的语境还是工业社会的低度复杂性和低度不确定性状态，可以说他能够产生这种认识是难能可贵的。但是，当我们将语境切换到高度复杂性和高度不确定性的社会时，就会发现，不仅在思维所指向的未来这个维度上无法实现控制，即便是当下的复杂性和不确定性也是拒绝控制的。因为，高度复杂性和高度不确定性对控制构成的挑战就在于，控制不能带来所欲之结果，反而会带来更多消极效应。所以，不同于杜威并不否认控制，我们认为，风险社会及其高度复杂性和高度不确定性条件下的行动是不应以控制为导向的，而是应当表现为在"顺应"的意义上去解决问题。对复杂性和不确定性的顺应所反映的绝不是一种消极的心态，反而是一种讲求现实的积

---

① ［美］约翰·杜威：《确定性的寻求：关于知行关系的研究》，傅统先译，上海人民出版社 2005 年版，第 237 页。

极态度，能够在承担任务和解决问题时显现出更大的勇气和表现出更为坚韧的毅力。

二 权力控制与资本控制

有权力就有控制，但农业社会"权治"中的控制是简单的和粗糙的，在某种意义上，适合于历史描述而不值得进行理论探讨。也就是说，只有工业社会民主和法治条件下的控制才是值得分析的。吉登斯认为，"权力只是社会科学中几个基本性的概念之一，而所有这些基本概念都是以行动和结构的关系为核心的。权力是使人完成事务的手段，因此直接蕴含在人类行动之中。如果认为权力的本性就是导致分裂，就是一种错误的观念。但是，我们无疑可以准确地将社会生活中一些极为残酷的冲突认定为'权力斗争'，和瓜分资源有关，而资源的瓜分又导致了社会系统中各种控制模态的形成"。[①]

就权力在社会治理中所发挥的作用看，作为支持权威性分配的基础性条件的权力，在近代经历了"去功能化"的历史过程。虽然在20世纪的福利国家中重新建立了"分配主导型"的社会治理模式，但也没有真正恢复权力的分配性权威。当然，权力的"去功能化"过程是非常缓慢的，却又是非常稳定的，即一直走在"去功能化"的道路上。我们知道，在农业社会中，权力是一切社会资源分配的终极依据；在工业社会中，与权力并在的还有资本。或者说，工业社会中的资源分配可以依据权力作出，也可以依据资本进行。当然，在这个社会中，权力与资本更多的时候是混合在一起的，或者说，是相互勾结在一起的。在全球化、后工业化进程中，也许权力与资本相互勾结并主导社会资源分配的状况不会终结，但其功能式微的迹象却是非常明显的。所以，对于权力及其功能，是需要放在具体的历史背景中去认识的。

---

① ［英］安东尼·吉登斯：《社会的构成：结构化理论纲要》，李康等译，中国人民大学出版社2016年版，第267页。

福柯所谈论的权力是广义上的权力，他是将一切强制性的、强迫的力量都称为权力的。其实，关于权力的认识并不统一，许多理论家都有着自己对权力的定义。比如，达尔就是把"影响力"也归入政治权力范畴中的，而更多的人并不在权力与权威之间作出区分。在福柯那里，做决断、掌握资源和实施控制的能力以及由社会所赋予的特定地位，都被看作权力的标志。有的时候，福柯并不在严格的社会意义上使用"权力"一词，甚至将这种力量的范围扩展到了社会之外。福柯之所以要这样做，目的是要在更为广阔的背景下烘托社会性权力，以便更为清晰地展示社会性权力的强大和残忍。当福柯对权力概念的内涵进行扩容时，表明他对社会控制的领悟更加深刻了，以致认识到整个社会无非就是一个"圆形敞视监狱"，拥有的是监狱一样的控制。

通过权力而实施的社会控制必须维持一种静态的稳定模式。因为，权力本身无非是一种"社会力量"。除了权力之外，还会存在着其他形式的社会力量。通过权力去实施社会控制也就是力量上的较量。在权力所代表的社会力量处于绝对优势地位的时候，控制与被控制达成某种平衡状态。一旦其他社会力量积累壮大，这种平衡状态就会被打破，社会就会走向失序的状态。所以，控制导向的社会治理主要承担的是两项任务：其一，增强权力；其二，削弱其他社会力量。至于社会存在和发展目标，都被放到了较为次要的位置上。近代以来，社会治理为了控制的目的而不断地强化权力，而为了抑制权力的任性又必须建立起权力制衡机制，从而进入了循环升级的过程之中。

社会治理体系因为这样一种思路而变得非常庞大，以致更多的资源被社会治理活动消耗掉了。也就是说，当社会治理是一个控制过程时，往往会徒劳无益地为了控制而消耗大量资源。在工业社会中，考虑到社会状况的低度复杂性和低度不确定性，社会控制的消耗是可以承受的。而且，因为社会控制而获得的社会秩序也是一种社会运行收益，是一种"普惠性"的社会运行收益。在风险社会及其高度复杂性和高度不确定性条件下，如果通过社会控制去平衡种种社会力量，是根本不可能的。在社会控制不具有可能性即不可行的情况下，如果保留了工业社会的社会控制观念以及行为惯性，强行地去推行社会控制，就会导致社会运行成本的极大增长，以致整个社会都无法承受。

从进入21世纪后的情况看，特别是在一些施行强控制的国家，公共部门的机构和人员的增长都呈现出不可遏止的势态。这就意味着，在风险社会及其高度复杂性和高度不确定性条件下，施行控制的消耗成几何级数增长的时候，社会运行成本本身就会成为一个非常重要的问题。一方面，在风险社会及其高度复杂性和高度不确定性条件下施行社会控制变得不再可能；另一方面，强行地施行社会控制则会引发社会运行成本的无限增长。其实，在任何时候，社会运行的成本都不应过多地用在社会治理上，而是应当将那些社会运行成本用于人的生存与发展上。当然，这个问题也是需要由社会治理去加以解决的。所以，我们提出了建构"合作治理"模式的设想。合作治理被期许为在社会治理方面尽可能减少消耗，并通过社会治理成本的降低而实现社会总体运行成本的下降。既然社会控制是社会治理消耗的主要原因，而且随着社会的复杂性和不确定性程度的增长而增长，那么在合作治理的构想中对社会控制提出质疑，就是必要的了。

总的说来，在社会低度复杂性和低度不确定性条件下，控制与被控制的关系虽然也会经常性地遭遇力量对比失衡的问题，但往往需要多年的时间才会达到引发社会失序的危险。当社会失序的征兆出现时，一般说来，总能及时地发现，并通过某些方面的改革而把力量对比重新调整到某种平衡的状态，即重建起某种稳定的控制机制。当社会呈现出高度复杂性和高度不确定性时，社会治理的控制导向在既有的思维惯性中必然首先选择强化控制，从而对权力表现出更强烈的要求。这样一来，社会治理体系也就会呈现出爆炸式膨胀的状况，对资源的消耗也会非常巨大，甚至可能成为社会无法承受的负担。事实上，从20世纪后期的情况看，社会治理体系无限膨胀的趋势是非常明显的，尽管世界各国都尝试过各种各样的方式，做出了各个方面的改革，依然无法遏制社会治理体系迅速膨胀的势头。个中原因，就是社会治理的控制导向引发的后果。

所谓权力控制，也就是应用权力的社会控制，而资本控制则主要表现为资本对社会的控制。资本对社会的控制也属于社会控制的范畴，而且是工业社会中的社会控制最高形态。就资本为什么会控制社会的问题，贝尔的回答是，"从社会学的角度讲，现代市场经济的特点在于它是一个资产阶级的经济体系。它有两层意思：第一，生产的目的不是大众化的而是个人化的；第二，获得商品的动机不是需求而是欲求"。[①] 也就是说，在生产和消费两端，都是受欲求趋动的，生产一端受到了资本家的控制。在资本家的营利目的中，并无合理需求的考虑，资本家似乎是本能地追逐利润而不知道为了什么而营利。他可以声称是为了大众而投资和生产，但他自己都不相信那个托词。在消费的一端，随处可见的都是非理性的消费，消费者从来不关注自己的需求和欲求之分。只有当欲求的实现为自己带来了困扰的时候，才会放缓消费的节奏，稍稍休息一下，然后又开始新的一波放纵，投入疯狂的消费之中。

资本主义之所以在20世纪走到"消费社会"的阶段，是因为它一开始就把控制的思路放在了消费方面。曼海姆认为，"资本主义社会的来临往往引起用以控制消费者习惯的方法的改变。随着工业经济的扩展，以往的消费习惯变化了，从而欲望横流。个人竞争因新的渴望的人为刺激愈是变得无政府主义化，预见消费者选择的失控的波动和通过价格机制调节市场便愈加困难。自由的工业经济系统崩溃的原因之一，是消费者选择的绝对自由使协调生产与消费成为困难"。[②] 这种困难往往是以经济危机的形式出现的。所以，曼海姆主张引入计划。

[①] ［美］丹尼尔·贝尔：《资本主义文化矛盾》，赵一凡等译，生活·读书·新知三联书店1989年版，第279页。

[②] ［德］卡尔·曼海姆：《重建时代的人与社会：现代社会结构的研究》，张旅平译，生活·读书·新知三联书店2002年版，第290页。

不过，曼海姆并不主张计划的实施用于直接控制上，而是提出了一种间接控制的想法，即"实施计划但不管制"。

根据曼海姆的设想，"不是通过权威或反复灌输，而是靠巧妙的指导来诱导这样的遵从：其给予个人每一个自己决策的机会。一个有计划的社会总是指导投资，并通过有效的统计上控制的广告，尽全力指导消费者的选择，以有助于生产的协调"。[①] 其实，曼海姆的这一设想是可以归入我们所提出的"引导型政府职能模式"的。在这种政府职能模式中，虽然也会有控制的问题，但在总体上，它并不是控制导向的。

在整个全球化、后工业化进程中，社会治理如果有所作为的话，应当主要体现在政府引导职能的充分实现上，而且尽可能地运用新的技术手段去优化之。应当说，信息技术、网络技术以及包括组织的虚拟化或虚拟策略的应用，都是能够实现对社会的引导的。但是，需要注意的是，新技术的应用是不能从属于控制导向的。可以认为，因为风险社会的出现，控制导向在很大程度上已经成为一种过了时的思维和行为习惯。

资本对社会的控制是包含着自我否定的。如果说工业社会必然是与市场经济联系在一起的，那么市场经济的衰落是从"知识分子的商人化"和"智力成果的商品化"开始的。这是因为，知识分子的商人化和智力成果的商品化所增加的"新业态"改变了劳动的概念，也使那些成为商品的东西的价值变得不可衡量了。结果，使市场秩序中嵌入了更多复杂的和不确定的因素，以致市场的实际表现与市场的概念相脱离。当然，调节行为的介入，在一定程度上缓解了市场经济衰落的进程。

可是，无论是以计划的以及其他的控制方式对市场经济的运行所

---

① ［德］卡尔·曼海姆：《重建时代的人与社会：现代社会结构的研究》，张旅平译，生活·读书·新知三联书店2002年版，第290页。

做的调节，都无非将其强行地纳入人为控制之中。正是这种人为控制使市场经济在表面上得到了控制时，却将复杂性和不确定性的因素转移到了社会上。就如高压锅阻止了水的漫溢却不能阻止汽的喷射一样。这虽然是一个非常隐蔽的社会风险生产机制，但在人类滑入风险社会的过程中，可以说它肯定无疑地发挥了作用。鉴于此，我们认为，风险社会中虽然还有着市场经济，但智力成果的社会性将会得到确认，而不是任由其简单地和直接地进入市场。

资本对社会的控制并不会自动地退出历史舞台，而是会表现为一个逐渐弱化的过程。在人类陷入风险社会后，社会的转变肯定会有一个相对较长的过渡阶段。在这个阶段中，资本仍然是驱动社会的主要力量。但是，资本中的许多东西将不再与资本家联系在一起，而是会实现社会化。比如，从近些年来已经显示出来的迹象看，资本的收益也许仍然会为资本家所占有，但资本的运行，如何投资，以及向哪个方面投资，将会在很大程度上受到政府的引导。就中国来看，凡是没有得到政府引导的资本，其运行的状况都只能取决于企业家的良心，"华为"和"联想"两家企业就代表了两种极端类型。虽然我们不能指望所有企业都能像"华为"那样经营，但制止任何一家企业像"联想"那样经营，则是必要的。

政府在实施引导的时候，当然会以当下情境为根据，但风险社会中人的共生共在，则是必须贯注于其中的一个基本目的。这样的话，资本在以往所表现出来的对社会以及人类的生存和发展的破坏性影响，必须被削减到最小的程度。这丝毫不会减弱市场的自由与开放性，而是将无序的自由与开放转化为有序的自由与开放。因为，政府的引导不是控制也不包含着控制，它不以牺牲企业家投资的自主决策权为代价，而是帮助资本家优化投资方向。

三 科学技术应用于社会控制

利用科学技术来实现对社会的控制，是工业社会的典型特征，科学技术也的确能够成为社会控制的极其有效的手段。然而,哈耶克却对此悲叹,"我们这一代人的巨大不幸是,自然科学令人称奇的进步导致的对支配的兴趣,并没有帮助我们理解这个我们只是其中一部分的更大的过程,或使我们认识到在不支配这个过程也不服从别人命令的情况下,我们如何不断地为共同的努力做着贡献。要想理解这一点,需要做出一种与控制物质材料所必需的努力有着不同性质的认知努力,传统的'人文科学'在这种努力中至少有一定的实践作用,而如今盛行的教育形式所提供的这种教育似乎越来越少"。[1]

并不是自然科学的发展出了问题,而是人们在自然科学的发展中产生了某种以为能够对一切实施控制的自信。因为这种自信而假借了理性的名义,或者说滥用了理性,致使人类文化传统中的那些让人恪守谦逊的精神遭到了排斥甚或被忘却。所以,哈耶克感叹,"我们的技术文明越是进步,不同于对人及其观念的研究越是获得更为重要而有影响的地位,这两种类型的心智之间的分裂就变得越发严重:一种类型代表的是这样的人,他们最大的雄心是把自己周围的世界改造成一架庞大的机器,只要一按电钮,其中每一部分便会按照他们的设计运行;另一种类型则是以这样的人为代表,他们主要关心的是人类心智的全方位发展,他们从历史或文学、艺术或法律的研究中认识到,个人是一个过程的一部分,他在这个过程中做出的贡献不受支配,而是自发的,他协助创造了一些比他或其他任何单一的头脑所能筹划的东西更伟大的事物。可悲的是,单纯的科学或技术教育未能提供的,正是这种身为社会过程一分子的意识,这种个人的努力相互作用的意识。难怪许多受过这种教育的更为活跃的人,迟早会强烈反抗他们的教育所包含的缺陷,产生出在社会中贯彻一种秩序的热情,然而他们

---

[1] [英]弗里德里希·A. 哈耶克:《科学的反革命:理性滥用之研究》,冯克利译,译林出版社2019年版,第102页。

用自己所熟悉的手段，根本没有能力发现这种秩序"。①

近代以来的社会化分工、职业化、专业化等，一方面属于一种"时间窃取术"，因为偷窃了时间而在协作中获得了效率；另一方面，也因为行动事项的复杂性增长了，反映在教育中，就是知识体系的发育肿胀了起来，致使个人掌握全面知识的奢望像肥皂沫一样破灭了。所以，需要设置专业而进行分科教育。可是，这样做却将所造就出来的专业化人才变成了"单向度的人"。现代教育培养出来的专业化人才却无分专业地共同拥有着支配和控制的欲望，以致他们的知识和能力与那种欲望的实现之要求相差甚远，而社会性的协作机制又无法充分地补足这一点。所以，才出现了哈耶克所说的"我们这一代人的巨大不幸"的问题。之所以哈耶克认为这是一种"巨大的不幸"，是因为人们在利益实现的需要中产生的控制冲动又被科学技术加码了，甚至有的时候不是出于利益实现的要求，而是为了炫耀科学技术的力量去进行控制。

"技术治理"是一个非常流行的词语。所谓技术治理，无非是要满足社会控制的目的。但是，"假如社会能够得到控制，我们就必须自问我们怎样才能改进我们干预人类事务的技术，以及这种干预应当从哪里开始"。② 一旦陷入技术主义的思路中，对人类事务的干预本身也会成为一个技术问题。这样的话，技术就不仅是社会控制的手段了，而是会要求把社会打造成合乎技术标准的模式，即把社会变成一架机器。应当承认，社会治理中包含着社会技术，或者说需要得到社会技术的支持。不仅如此，得到工程技术的支持也是非常必要的。但是，就技术改变了社会治理而言，是宏观意义上的概观，而不是把社会治理体系改造成一个纯粹的技术体系，即把社会治理纳入某种技术模式

---

① ［英］弗里德里希·A.哈耶克：《科学的反革命：理性滥用之研究》，冯克利译，译林出版社2019年版，第102—103页。
② ［德］卡尔·曼海姆：《重建时代的人与社会：现代社会结构的研究》，张旅平译，生活·读书·新知三联书店2002年版，第248页。

之中。

　　人类历史上经历过这样一个时代，时间被作为支配和控制手段而得到了广泛应用。古尔维奇认为，"在中心化和多元化的集体主义之中，存在一种企图，就是使这一时间成为支配性的。在一种更技术主义的形态中，至少存在一种主张，也就是使这种时间为有组织的资本主义和法西斯主义发挥一种支持的作用"。① 应当承认，集体主义的社会存在形式表现为公开和明确地形塑了时间，使时间成了控制的工具和手段。通过形塑时间而实现了控制，即通过时间而实施控制并达成目标或服务于某种目的。不仅如此，在资本主义的其他社会存在形式中，也无一例外地运用了时间控制手段。可以说，人们时时处处都在利用时间达成控制的目的。只不过这种利用时间去加以控制的做法有时表现得较为隐蔽而已，不像集体主义那样显露无遗地公开运用时间控制手段和毫无遮掩地展示时间支配途径。无论是时间作为一种资源而被发现，还是利用时间去进行社会控制，都是科学技术发展的结果。所以，利用时间去进行社会控制所显示出来的是科学技术的力量。

　　许多人表达了一种担心：大数据、数字工具的广泛引用，将置人们于广泛的监控之中。事实上，这在今天已经成为一个非常现实的问题。"数字化控制的扩散意味着我们生活的世界受监控的程度越来越严重，因为发生过和正在发生的一切事情都有记录。机器成为变相的间谍。事实上，你的电脑（台式机、笔记本电脑、平板电脑、智能手机）已变成非常老练精准的间谍，记录着你的一举一动：你读了什么，你买了什么，你跟谁说话，你去哪里旅行。这一切信息就在你的硬盘里，很容易被法医专家检索获取。"② 如果我们的社会治理仍然是

---

① ［法］乔治·古尔维奇：《社会时间的频谱》，朱红文等译，北京师范大学出版社2010年版，第31—32页。
② ［美］皮埃罗·斯加鲁菲：《智能的本质：人工智能与机器人领域的64个大问题》，任莉等译，人民邮电出版社2017年版，第189页。

控制导向的，那么每一个人都会赤裸裸地展示在社会治理者面前。社会治理者如果利用某个数据于不道德的目的，就会造成轻易改变一个人的人生轨迹的后果。

有一种观点认为，"信息与通信技术能够'民主化'数据处理或控制政权，从某种意义上说，数据和处理程序倾向于通过多种存储和来源方式得到保留或增加。因而，信息与通信技术能够创造、提供和授权一系列潜在的非国家智能体，从个人到团体到群组，从大型机构（像跨国公司）到国际性、政府间的组织和非政府组织、机构和超民族体系。国家在政治领域不再是唯一的（有时甚至不再是主要的）智能体，尤其是个人和组织行使信息权力"。[①] 这是国家职能被逐步替代的状况，是因为信息与通信技术的发展造就了越来越多的社会治理因素，逐步地将国家的某些部门、机构替换了下来。

国家机构在表现上一直因为社会的复杂化和不确定化而不断膨胀，其属性和特征也在不断的变化之中。特别是政府，一步步地从统治向管理再向服务迈进，走在了告别国家原先形态的道路上。其实，政治体系在某种意义上就是一个信息体系，其目的的达成、职能的实现，都是建立在信息的基础上的，政治体系运行的整个过程都离不开信息的支持。当信息与通信技术在悄悄地"解构"国家时，实际上也就实现了对政治体系的重塑，也在改变着政治的性质。比如，我们可以根据民主的观念运用信息和通信技术，而在越来越多的应用中，不仅改变了民主的形式，而且也在诸多实质性的方面促成了变化，甚至会有一天走到人们抛弃民主观念的地步。因为，信息和通信技术从根本上改变了政治生活以及政治体系运行的空间和时间形态。这样一来，使得原先的设计以及观念、行动方式等发生变革，也就是不言而喻的事了。

---

① ［意］卢西亚诺·弗洛里迪：《第四次革命：人工智能如何重塑人类现实》，王文革译，浙江人民出版社2016年版，第205页。

技术可以用于社会控制，也可以用于消解社会控制。比如，网络技术就显现出了某种消解控制的一面。我们知道，在物理空间中，当人们被分隔成一个个单独存在的个体时，是没有群体的。只有当人们聚集在一起并有着共同的话语或共同关心的主题，而且需要有着实质性的交流时，才会以群体的形式出现，然后才能开展集体行动。因此，社会治理长期以来所经营的都是如何对人进行分隔或对人进行组织的艺术和技术，即控制技巧。为了避免有损于社会秩序和共同（公共）利益的群体出现，主要采用的也是对人进行分隔的方式，以阻止他们聚集而成为群体，或者说，防止人们以"消极群体"的形式出现；为了开展有利于社会稳定与社会发展的集体行动，又必须把人们组织起来，构成可控制的集体。所以，社会控制一直是利用物理空间对人进行隔离和再组织。网络技术改变了这一点，它使人可以突破物理空间的限制，从而在虚拟空间中聚散。

在虚拟空间中，人们可以根据自己的主观需求和偏好而在网络中聚集成为群体。在物理的意义上，人们不曾谋面，并不相识。在网络中，人们却能够成为相互交流的群体，会围绕某个话题展开深入交谈，用各种各样的表情符号传达只可意会不可言传的微妙情感。如果说在物理空间中，群体成员间相互影响和相互作用需要通过物质媒介才能产生实质性的效果，那么在虚拟空间中，群体成员则直接地将心灵向交往对象敞开。因而，虚拟空间中的群体，会拥有一种无须外在因素整合的聚合力。这是社会生活呈现出来的新样态，意味着传统的社会控制方式受到了挑战。

四　社会控制陷入了困境

社会控制的困境有多重含义，可以是一种客观的不可能性，也可以是人们不愿意再进行社会控制。风险社会及其高度复杂性和高度不确定性决定了控制的不可能性。我们知道，在低度复杂性和低度不确定性条件下，社会治理通过"简化"原则和"以不变应万变"原则的应用，有效地征服了复杂性和不确定性。然而，在高度复杂性和高度不确定性条件下，这两条原则都不可能在社会治理中得到有效应用。

这就像我们经常看到的，面对一些小土丘，房地产开发商可以高效地将其平整并盖出漂亮的建筑物。但是，我们可以相信，没有任何一位开发商会有"愚公"的勇气，更不会希望搬去传说中的那两座山而建出让他得到高额利润的房子。我们今天所遭遇的风险社会及其高度复杂性和高度不确定性，是无法控制、无法抵消和无法消除的。正如房地产开发商到了西藏不会试图把喜马拉雅山削平一样，我们只能适应高度复杂性和高度不确定性，只能在我们开展行动时将其设定为一个无法改变的前提而加以接受。也就是说，在高度复杂性和高度不确定性使得社会控制变得不再可能的情况下，强行地推行社会控制，就成了缺乏理智的表现。

如果说风险社会是不同于工业社会的一种新的社会形态，那么这种社会条件的变化意味着并不必然要继承工业社会的控制导向。曼海姆在谈到如何理解人的行动的问题时，希望人们给"情境"以特别关注。在曼海姆看来，情境使得从原子化的个人的角度理解行动的各种各样的困难都迎刃而解了。"虽然情境的运行与变化也是受一般力量指导的，但它们那意料之外的结合却在不断产生某种全新事物的创造性进化中发展。因此，种种真正的情境共同产生了逃避标准化指导形式的独立控制。"[1] 事实上，标准化的控制或依据标准的控制都会因为情境概念的引入而让人看到其不合理性。因为，任何一种情境都是处在变动中的，都是在人与环境以及其他存在之间的互动中发生着变化的。从情境的角度考虑问题，就只能形成一种互动的观念，而不是去寻找某个促使运动的力量源头。

如果说社会控制所体现的是主体作用于客体的过程，那么曼海姆

---

[1] [德]卡尔·曼海姆：《重建时代的人与社会：现代社会结构的研究》，张旅平译，生活·读书·新知三联书店2002年版，第278页。

的这一观点对于理解合作行动则是具有启发意义的。事实上，我们也只有坚持从情境的概念出发去认识合作行动和促进合作行动，才能够在风险社会及其高度复杂性和高度不确定性条件下建立起切实可行的行动方式。我们可以把曼海姆所说的"情境的变化"理解成社会结构的变动。如果说工业社会在结构上无论是"上下"还是"左右"都显现为线性结构的话，那么风险社会展现出来的则是"点面"结构，同时又具有网络结构的特征。在所有的线性结构中，都可以看到上下层级以及左右圈层。特别是左右圈层，是以中心—边缘结构的形式出现的。在上下层级以及中心—边缘结构中，都必然会产生控制的要求，而且现实也表明，几乎所有社会治理行动都是以上下和左右结构为依据而开展社会控制的。

一旦社会结构发生了变化，线性结构为网络结构所置换后，人类长期以来通过对人的控制而控制物、事的控制模式，也都会被废止。这个时候，如果还存在着控制的话，也主要集中在对物的控制方面，而不再是对人的控制了。从控制的方式和手段来看，是人通过网络技术而实现的对物的控制，而不是人借助于物化的手段（如制度、规则等）对人的控制。比如，有着强烈控制欲的人，在发现作为伴侣的人不接受控制时，就可以选择"机器人"做伴侣了。

既往的经验表明，失去了控制的状态往往被人们认为是危机状态，而风险则意味着尚未脱离控制的绳索。但是，风险在很大程度上已经意味着危机的到来，或者说，风险是危机的根源，而危机是从风险中演化出来的一种状态。一般说来，对危机事件的处理只能是被动的回应，而对风险问题的研究则包含着一种主动追求。那就是，尽可能地发现从风险向危机转化的机制，并寻找防范风险向危机转化的措施。在传统的思路中，防范风险向危机转化的方式、方法都被归结为控制了，而所有出于这种目的的控制，又都是针对个案进行的。

关于风险的研究显然需要关注个案，但从当下的情况看，我们需要认识到，几乎所有个别领域、区域、操作面上的风险都有着风险社会这一基本背景。也就是说，我们当前所面对的风险大都与系统性的风险有着一定的关联，而不应被看作孤立的个案意义上的风险。这种情况也可以理解成个案性的风险的消失。这样一来，传统的控制思路就失去了目的物，从而意味着我们无法再进行所谓针对个案的控制。一旦我们的视线从个案转向了系统，又会使控制思路的不可能性暴露出来。所以，在风险社会及其高度复杂性和高度不确定性条件下，需要在系统这个社会位面上去发现行动的前提、根据以及所要实现的目的。只有这样，才能发现一些对于处理具体操作层面上的风险具有支持意义的行动路径。

在过去、现在、未来的维度上，人们出于控制未来的要求，往往采取对与行动相关的各个方面进行预测的方式，似乎只有建立在预测前提下的行动才是理性的。在工业社会中，人们社会生活中的未来似乎也被默认为是可以预测的。如果缺乏对未来的预测或无法实现对未来的预测，人们就有可能陷入恐慌之中。然而，在风险社会及其高度复杂性和高度不确定性条件下，社会恰恰是不可预测的。在某种意义上，风险社会这个概念本身就意味着未来的不可预测，是因为未来不可预测而有了风险社会这个概念。

在管理的视角中，不可预测也就意味着不可控制。这一点是可以用来理解风险社会的。如果风险是可以控制的话，那么它就不构成风险，正是那些不可控制的因素，构成了风险。在量变引起质变的意义上，一旦不可控制的因素遍布于整个社会的每一处，社会的性质也就发生了改变，即成为风险社会。我们当前所面对的正是一个处处遍布不可控制因素的社会，所以人们才用"风险"这个词来界定社会，即称之为风险社会。

其实，在现代性的语境中，当我们谈到人的时候，总是默认了人的自觉性，我们说人的异化，就是指人丧失了自觉性的状态。不过，对于社会过程中的人的自觉性，是不应理解为社会控制的自觉性的。或者说，社会控制也许只是人的一种较为低劣的自觉性的体现，人的更为积极的和理性的自觉性，恰恰不以社会控制的形式出现，也不包含在社会控制之中。既有的社会控制实践的确让人们看到，社会运行和社会变化可以在人的自觉性中受到干预。但是，我们也必须承认，若将人的自觉性植入社会控制的野心之中，那就是一种无缘由的狂妄。这方面的历史史实例证不胜枚举。比如，法西斯"纯化人种"的追求演化成了针对犹太人的屠杀，就是一个典型事例。

在风险社会及其高度复杂性和高度不确定性条件下，哪怕是在微观的行动领域和具体的行动事项上，我们都不把人的自觉性与社会控制联系在一起，甚至还会把社会控制追求看作人缺乏自觉性的一种行为反应模式。总之，在风险社会及其高度复杂性和高度不确定性条件下，我们是反对控制追求的，特别是反对宏观社会过程的任何控制追求。虽然在工业社会的低度复杂性和低度不确定性条件下人们的自觉控制能够获得某种暂时的社会秩序，但那绝不意味着在风险社会及其高度复杂性和高度不确定性条件下仍然能够达成那样的目的。我们认为，风险社会中所应拥有的是一种不同于以往的合作秩序。

对于合作秩序，恰恰不是通过控制而加以实现的。合作秩序是合作行动中的秩序，是由所有行动者自主提供的秩序，而不是将人的内在追求付诸强制性手段获得的秩序。所以，在合作行动中，人的自觉性得到了升华，即转化为人的自主性了。也就是说，人的自觉性不仅没有任何减弱的迹象，反而得到了极大增强和转化为人的自主性了。合作行动本身就意味着人们自觉地开展合作，在合作行动中处理每一项所遇到的问题，自觉地将自己的行动合于人的共生共在的要求。由于这种自觉行动与他人的自觉行动的共在，即不把人的行动隔离成自觉的或使动的和受控制的，从而达到了普遍自主的境界。应当说社会过程也会在行动者的自觉性的合力中受到干预，但不会因为出现了自觉性间的冲突而提出控制的要求。

如上所述，在社会控制这个提法中包含着某种理性的狂妄。无论在社会控制的追求中做出了什么样的理性设计，也不管在实践中收获了什么样的效果，就提出了社会控制这种想法而言，本身就是以理性的疯狂去表现某种非理性的妄想。而且，一旦有了这种追求，也就必然会引发哈耶克所说的"理性滥用"的问题。其实，在工业社会的社会科学提出了社会控制的构想后，并未在实践中促进社会控制，可以说并无成功的案例能够证明社会控制的构想是积极的。因为，如果社会控制的构想是积极的，而且工业社会也已经被构造成了控制导向的社会，那么人类也就不会堕入风险社会了。就工业社会实践中的社会控制来看，要么使社会陷入死气沉沉、缺乏发展动力的局面，要么在表现出来的成功背后积聚了突破控制的力量，使社会陷入更大的不可控制的危机中。如果考虑到社会的高度复杂性和高度不确定性，就会看到，社会控制是根本不可能发生的。所以，我们倡导风险社会及其高度复杂性和高度不确定性条件下的合作行动的自觉性，但反对将人的自觉性应用于社会控制上。

控制的概念中包含着主客体的关系，一切控制都是有主体的，也同样有控制对象。在相对论的"光速不变"中，我们却深切地领会到相对性的"绝对性"，那就是光速相对于任何一个观察者都有着不变的速度。比如，假设一个观察者乘坐以光速运行的飞船来测定光速，而光速相对于他仍然是每秒30万千米，是与一位在静止位置的观察者所测定的速度一样的。也就是说，光速是绝对的，但这种相对于所有观察者的绝对性又恰恰是相对性。这就说明，用速度的提升去超越光速是不可能的，因为当你的速度提升到了每秒30万千米时，光速仍然有着相对于你的30万千米速度。

风险社会中的高度复杂性和高度不确定性就类似于光速，它相对于所有的行动者都是高度复杂性和高度不确定性，是一种恒定的高度复杂性和高度不确定性。因而，它不是任何一种控制能够化解和消除的。也就是说，施行社会控制的主体是无法把握也无法驾驭高度复杂性和高度不确定性的。由此可见，我们也许应当从爱因斯坦那里去寻求风险社会中的行动和生存策略。对于社会治理而言，我们今天可以排除的就是控制导向的追求和行动方式,即从相对论中解读出控制终结的隐喻。

第二节 强权终结后的承认与包容

提出强权终结的问题本身就透着一种乌托邦气息。"怯内"一词所说的可能是被老婆欺负怕了。你若在家中每日遭受妻子的奴役、欺凌,你就能够深切地体会到终结强权的渴望。倘若你是一个理性的人,你就会对自己这种渴望感到不安,你甚至会怀疑自己是否有了妄想症。因为,你认为那种从强权中走出来的想象是根本不可能实现的。也许人们会以为,离婚了就走出了强权。可是,你若再婚的话,岂不重新陷入强权的奴役之中。你可以发誓说,你绝不再婚。可是,你能保证每一个人都像你一样不结婚或不再婚吗。假如每一个家庭中都存在着女人对男人行使强权的话,那么只要有婚姻,就会有男人受到奴役、欺凌。所以,终结强权就是一个不可能实现的空想。不过,如果我给你讲一下人类婚姻制度的演进史的话,你豁然开朗了,就会说那不是乌托邦!是的,根据人类学的描述,人类的婚姻制度发生过几次重大变化,从早期的"一妻多夫制"演变成了"一夫多妻制",再到后来演变成了"一夫一妻制"。在我们所生活的这个时代,有许多迹象表明,人类正在走向一种"无夫无妻制"的时代。没有了妻子,还会受到妻子的奴役和欺凌吗?继而,存在于家庭中的这种强权还有吗?

世上一切事物的存在,社会中的一切现象的出现,都是有条件的。强权的存在如果是无条件的话,终结强权就是乌托邦,但强权的存在也是有条件的,那就意味着强权存在的条件一旦消失,人类也就不再有强权了。我们认为,在风险社会中,强权失去了存在的条件。风险社会是一个不可能允许强权存在的社会,人与人的关系将随着工业社会的终结而发生根本性的变化,人对人的控制、支配等都将成为历史遗迹。在强权消失后,取而代之的是人与人的关系中的承认和包容。

风险社会中的人是一个命运共同体，为了人的共生共在这一社会目的的实现，必然要采取合作行动，即建构起合作行动模式。对于合作行动来说，只有当人们之间的关系是承认和包容的关系，才具有现实性。

一 强权与风险社会

历史经验告诉我们，似乎有权力的地方就有强权，甚至可以作出更为激进的表述，有人的地方就有强权。但是，这仅限于已有的经验，而不是必然如此。在工业社会中，权力因为受到了规范而有了多种表现形态，运行在合理性、合法性范畴中的权力被视为正常也正当的权力，不具有合理性、合法性的权力则被称为"强权"。

强权作为权力运行中的一种现象，是广泛地存在于社会生活各个方面的。在"凭实力说话"的国际社会中，强权表现得尤其突出。如阿明所指出的，"资本主义主导力量采取的方法是公然操纵：根据具体情况，通过选择性的干涉来操纵种族（操纵宗教原教旨主义）和民主，这种制度似乎以'对富人一个规则，对穷人又是一个规则'为基础。它有时会代表人民进行干涉，有时会保持沉默，有时把'自由选举'强加于人，有时为残暴的独裁辩护。强权们希望通过教化媒体使干涉合法化，或者在面临更难堪的情形时保持完全沉默，从而达到他们的目的。为了达此目的，他们还诉诸政治上的天真：例如，'人道主义组织'允许自己被强权利用，就如同过去伴随殖民征服的传教士往往怀有最好的主观意图一样。现实再一次表明，无论西方发达国家干涉第三世界国家的动机如何，它们的作用总是消极的"。[①] 工业社会所拥有的是崇尚法治、崇尚理性的信仰，可是，来自世界体系中心国家和地区的政治家们，在处理一切国际事务的过程中，却无不把"权术"运用到极致。也许他们可以自我辩护说那是为了自己国家的利

---

① ［埃及］萨米尔·阿明：《全球化时代的资本主义——对当代社会的管理》，丁开杰等译，中国人民大学出版社2013年版，第65页。

益，而在实际上，他们是在对边缘国家和地区的一切都进行破坏中猎获个人乐趣的。

强权的具体表现往往是以各种各样的霸权形式出现的。话语霸权也是强权的一种表现形式。虽然我们更多地感受到了那是以实力霸权的形式出现的强权，而话语霸权往往比实力霸权有着更强的渗透力。我们甚至可以发现，在许多实力霸权无法达成满意效果的地方，话语霸权都能够有着优异的表现。在世界治理体系中，发达国家总是把其意志强加于发展中国家，它们把自己认为是所谓"好的"制度、政策推荐给发展中国家，甚至要求它们必须执行，否则，就会采取一些强制性措施。这就是话语霸权与实力霸权相结合后出现的一种现象。因为，这些被它们认为是"好的"制度、政策等是否适宜于发展中国家，却没有充分的理由予以支持。只是因为它们拥有话语霸权和实力霸权，才"指鹿为马"，要求发展中国家必须接受。

从实践来看，美国往往通过武力干预而推翻发展中国家的政府，帮助这些国家建立新的政府。这些新的政府按照美国的要求建立起了"好的"制度，实施了"好的"政策，却陷入了社会动荡、经济衰败、民不聊生的境地。尽管如此，西方发达国家从来也不愿意对其行动后果作出反思，反而不断地强调它们所推荐的"好的"制度、政策所包含的价值观，因为这些价值观被认为是不容怀疑的。在某种意义上，正是发达国家的这种独断专行，成了世界不安定的渊薮。

鉴于强权为世界带来了如此之多的灾难，意味着"世界治理"模式是存在着根本性问题的。所以，在全球化、后工业化运动正在将"世界"转变成"全球"的时候，我们应当探讨如何建立起"全球治理"，并以全球治理取代工业社会中的世界治理。与世界治理不同，全球治理是具有包容性的，它不允许任何国家扮演霸权的角色，而是要充分尊重每一个国家的自主选择，鼓励每一个国家独立地探索适合于自身的制度、政策和治理方式。

置身于风险社会回望历史，会感到20世纪"冷战"时期的人们为了意识形态的不同而相互指责甚至发生冲突是那样的无聊。在人类面对着共同威胁的时候，去证明自由民主体制的优越性，也同样让人不可理解。至少可以说，那是思维没有找准着力点。其实，所有的霸权主义者都会要求人们按照他的意志行事，而推荐自由民主体制无非是贯彻他的意志的一种做法，而不愿意接受霸权支配的人，又会表现出反其道而行之的情况。所以，无论是霸权主义者还是反霸权主义的人或国家，都陷入了脱离现实需要而去思考问题的陷阱。即使他们做了一些发展经济、提高社会成员的生活水平等方面的事情，也是从属于意识形态斗争的需要，或者说，只是一些附加产品。在风险社会中，如果人们还执着于意识形态斗争而不是直面共同遭遇的问题，所造成的后果将是不敢设想的。风险社会也会呈现出意识形态的多元化，但在不同意识形态的持有者之间，因为秉持了承认与包容的原则，也就不会出现意识形态斗争的问题，更何况多元化的意识形态之间共享着人的共生共在的观念。

也许人们从来也不会将民主与强权联系到一起，但民主政治中的"民主"一词，在整个工业社会中却有着无限的话语权，而且直到今天，依然在国际社会中发挥着话语霸权的地位。不过，根据曼海姆的意见，对民主加以神化的做法是幼稚的，因为"民主是一个既能以建设性方式也能以道德毁灭性方式起作用的、社会影响的手段"。① 所以，在社会治理的问题上，把民主作为标准和样板模式，都是理想主义的幼稚病。社会治理应有的追求就是基于现实去解决实际问题，而不是受到任何一种理想模式的绑架。如果人们真正确立起"实事求是"和"一切从实际出发"的观念，并将其作为一种主导性的意识形态，也就会免除许多关于是否民主的争论了，而是会作出更多的对解决实际问题有益的探索。对于讲求实际的社会治理而言，理性与民主

---

① ［德］卡尔·曼海姆：《重建时代的人与社会：现代社会结构的研究》，张旅平译，生活·读书·新知三联书店 2002 年版，第 58 页。

都必须被定位在手段的意义上,而不是目的。关键的问题是,社会治理要为了人的生存和发展开辟空间。对于社会治理而言,必须认识到人的生命存在是第一位的,所要解决的则是人的生命存在的实现能否得到不断优化的问题。这样的话,民主的强权属性也就会得到消解。

根据自由和平等的理念,任何东西都不应成为强权或拥有强权。然而,恰恰是作为自由平等之要义的权利,在工业社会因为与一种社会治理结构建立起了联系,从而成为霸权话语,也同时在某种程度上构成了强权的事实。对这一现象的揭示,意味着我们需要将近代早期反对一切强权的要求继承下来,并真正地贯彻到社会建构中。然而,当世界上存在强弱的时候,弱者顺从强者、依附强者似乎是天经地义的。实际上,真正值得尊重的,是那不屈从的灵魂。强者炫耀肌肉是无耻的,而弱者的不屈才是一种伟大的精神。不过,我们不得不说的是,如果产生强权的条件没有发生改变,单凭抗争是不可能达到终结强权的目的的。

就思想的历史演进来看,贝尔说递次经历了这样一个话语传递的过程:"哲学代替了宗教,科学取代了哲学;然而科学本身已卷入了对自然设计的抽象追求中,而不去理会人的目的,所以人类行为就没有方向可言。"[1] 从全球化、后工业化的实际情况看,这个进程还在持续,即表现为人们的一切理论兴趣的丧失,对技术的关注已经引发了人们对科学的厌恶。特别是在社会科学领域中,随着实证研究获得了话语霸权,"反科学"已经成为时尚,任何理论思考都会遭到无情的压制。

的确,技术进步给人类带来的甚多,"人的能力被技术扩大了,我们能够做越来越多的事。我们的确在改造自然。在社会结构(技术—经济秩序)中,存在着一种直线变化和积累的原则。它反映在生

---

[1] [美]丹尼尔·贝尔:《资本主义文化矛盾》,赵一凡等译,生活·读书·新知三联书店1989年版,第216页。

产、技术效率和功能理性的观念上——而这些规则在资源利用中、在社会的特定价值体系中引导着我们。在人越来越不依赖自然这层意义上，他已拥有建设他所向往的那种社会的手段"。[1] 但是，当技术让人们在每一项具体事务上都取得了非常满意的成果时，系统性的也是根本性的问题，其会不会成为一种超验体验而进入人的知觉之中？事实上，从20世纪后期以来的情况看，不用说技术对宗教、哲学的轻慢，其对科学的反叛，已经让人体尝到了风险社会、危机事件频发的苦果。而且，风险社会、危机事件频发还不是一种超验性的体验，而是十足的经验事实，是这个时代的人们的共同经验。

强权不仅存在于政治以及社会生活中，也同样存在于科学研究中。诚如哈耶克所说，"我们现在生活在一个日常生活中的思想观念与习惯深受科学思维方式影响的氛围中。然而我们切莫忘记，当初科学必须在这样一个世界为自己开辟道路，其中的大多数观念，是在我们同另一些人的关系中、在我们对其行为的解释中形成的。这场斗争获得的动力使科学走过了头，造成了一种相反的危险处境，即唯科学主义的霸道阻碍着理解社会方面的进步，这是再自然不过的事情"。[2]

工业社会的发展塑就了这样一个社会，不仅在社会科学研究中，而且在日常生活中，唯科学主义都获得了话语霸权，压制和排斥着多元价值，似乎要将整个世界涂抹上一层灰色调。在唯科学主义开拓出来的一种关于世界的解释路径中，似乎让人们理解了这个世界，并根据所做出的理解而开展行动。然而，作为行动的后果，所呈现给我们的，却总是非常可怜的一点点合目的性成果，更多的客观化了的事实则表现为人的异化，构成了反过来压迫人的力量。在今天，人们也将它们称作"社会风险"。

---

[1] ［美］丹尼尔·贝尔：《资本主义文化矛盾》，赵一凡等译，生活·读书·新知三联书店1989年版，第218页。

[2] ［英］弗里德里希·A. 哈耶克：《科学的反革命：理性滥用之研究》，冯克利译，译林出版社2019年版，第12页。

在科学研究中，实证主义以及建立在实证主义基础上的所谓实证研究在20世纪中后期窃取了话语霸权。列斐伏尔在谈到实证主义及其实证研究时试图用如下判断去描述其实质。列斐伏尔说，"科学至上论一般否定活生生的经验是一个事实，否认异化理论，否认人文主义的方案。新实证主义和它的马克思主义变体不难显示或'证明'，异化、人之类概念不具有认识论的性质。不具有认识论的性质似乎对异化、人之类概念是决定性的，而且，异化、人之类的概念不具有认识论的性质是完全属实的"。① 应当说，实证主义，特别是蜕变为过多地专注所谓方法的实证研究，将一切无法纳入认识论框架中的社会问题都排除在了研究对象之外。这就使研究者的眼界限制在某些问题上了，这些问题其实只是非常逼仄的某个社会层面的某些领域中的问题，而社会的整体性却不会在研究者的研究中得到考虑。

对于实证研究而言，往往不会考虑眼界之中的研究对象与眼界之外的社会存在的联系，甚至会对研究对象进行抽象，舍弃那些无法对研究假设形成支持的因素。这样做，所形成的认识（结论）显然是可疑的，也必然会对实践形成误导。如果实证研究仅仅定位于一种可能的研究方式，这种消极影响还在社会可接受的范围内。问题是，实证研究在披上了科学主义外衣后攫取了话语权，并在科学研究的领域中形成了话语霸权，排斥真正的科学研究。结果，其消极影响得到了无限放大。特别是社会行动中的决策，产生了对实证研究的某种智力依赖，然后将其消极影响放大，从而造成了对社会的种种危害，并把人类推入风险社会。

也许人们会提出这样的问题：为什么科学技术的发展已经取得了如此惊人的进步，而我们的社会却如此迅速地滑入风险社会？其答案再简单和明确不过了，那就是实证研究及其政策实践将人类推入了风

---

① ［法］亨利·列斐伏尔：《日常生活批判》，叶齐茂等译，社会科学文献出版社2018年版，第571页。

险社会。实证研究借助于人们对科学的信赖而赢得几乎所有决策者的信任,而且以一种文化形态的面目出现。当人类陷入风险社会后,不仅没放弃对实证研究的迷信,反而认为那是一根"救命稻草",以致在风险社会中越陷越深。当然,造成这种后果并不能全部归于实证研究,而是因为实证研究有了强权的性质,是以科学研究的形式出现的强权,实证研究者往往自认为代表了科学而持有一种强权心态。

在人类历史上,强权是一个客观的事实,你可以诅咒他,却必须正视它。在很多情况下,理性地审视强权,则是寻求强权之下生存之道的开始。这是一种生存法则,而不是单凭激愤就可以解决问题的。但是,强权也肯定是一种历史现象,在人类社会的发展进程中,总有一天会将一切强权都驱逐出去。全球化、后工业化运动的兴起以及风险社会的降临,都展现出了一种终结强权的趋势。可以认为,全球化、后工业化运动提供的是这样一种机遇:作为一场带来了历史性社会转型的运动,它应当终结工业社会从反对强权出发走到了自身演化为强权的历史,即完成工业社会兴起时的那种希望,从而将任何一种强权都驱逐出去。事实上,当我们拥有了承担社会转型的使命意识,当我们认识到风险社会中人的生存应当寄托于合作行动,也就能够在社会建构中去积极地防范任何一项主张及其行动朝着强权化的方向演化的可能性。

二 对强权构成了否定

因为国际社会中存在着强权,所以国家间的平等以及强国欺凌弱国的历史并不会在任何主观追求中终结,而是需要在客观的历史进程中去加以解决。随着全球化、后工业化时代的到来,强国在工业社会这一历史阶段中所奠立起来的比较优势呈现出了日益式微的状况。如果世界能够恪守和平的底线,相信要不了多久,国家间的强弱对比就会朝着日趋缩小的方向运动。在国际关系中,就会出现每一个国家都以独立自主的主体形式去与其他国家开展合作的局面。在这种合作中,自由与平等的原则将会在国际社会中得到张扬,每一个独立自主的国家都不需要去与其他国家结成联盟,更不需要依附某个强国。

我们认为,真正的合作是不需要以联盟的形式出现的。如果说在国际社会中存在着国家联盟体的话,那么在这种联盟体内部所存在的绝不是合作机制,而是一种国家间的协作。因为,联盟体中必然会生成一种中心—边缘结构,处在中心位置的强国必然是联盟体规则的制定者,必然扮演着联盟体"住持"的角色,而联盟体中那些寻求联盟对其保护的弱国,则必然处在一种依附强国的地位上,接受强国的驱使,听从强国的旨意而在国际社会中制造事端。所以,联盟体并不是一种国际合作的形式,反而是合作的障碍,联盟体的行动基本上都属于破坏合作的行动。因此,国际合作体系的建构不仅不能从联盟的建立开始,反而恰恰需要以废除当今存在的所有联盟为起点。

随着全球化中人的流动性的增强,种族间的边界将会消失,种族问题将得到根本性的解决。"种族问题会被某种行动取代,这种行动可以概括为:尊重多样性并统一起来。尊重多样性意味着抛弃空洞的强权说教。强权通常假装把民族国家的意识形态内在化,假装代表'国家利益'(强权经常背叛国家利益)。尊重多样性就要接受社会现实……对多样性的认可并不意味着无限分裂……相反,多样性应该是号召统一的起点。这是有利于民众力量发展的唯一途径。"[①]

我们不同意阿明所倡导的所谓"统一",我们认为,他所说的"统一"显然是对工业社会哲学"同一性"的另一种表述,代表了一种陈旧的观念。在全球化所造就的多样性的世界中,"统一"本身成了一个令人费解的词。尽管如此,阿明对"尊重多样性"的强调是正确的。因此,人的流动、种族边界的消失必然使差异扩大化和更加普

---

① [埃及] 萨米尔·阿明:《全球化时代的资本主义——对当代社会的管理》,丁开杰等译,中国人民大学出版社2013年版,第68—69页。

遍化。多样性将不限于宏大体系和巨型人群的多样性，而是微观单元意义上的多样性。在此条件下，唯有承认差异和尊重多样性，才能打破一切将人们隔离开来的"围墙"，才能将人们带入广泛的合作行动之中。

全球化使国家形态发生了变化，已经不再是韦伯所说的那种情况，"国家者，就是一个在某固定疆域内——注意：'疆域'乃是国家的特色之一——（在事实上）肯定了自身对武力之正当使用的垄断权力的人类共同体"。[①] 虽然疆域仍然承载着国家，但国家活动的范围不再囿于疆域之中，而是更多地在疆域之外开展政治、经济等活动。事实上，国家的诸多利益的实现，是在疆域之外的。在资本主义世界体系中，疆域之外的利益实现是通过掠夺、剥削等方式进行的，而全球化所追求的"和平发展"则要求国家间合作共赢。或者说，国家本位主义无论在观念上还是在行动上，都日益弱化，取而代之的是全球的共同发展。这就是20世纪后期开始呈现出来的新趋势，构建人类命运共同体的主张所反映的正是这一历史演进趋势。同时，也意味着国家治理并不完全是在疆域内展开的，而是扩大到了疆域之外，即开展全球治理。

这里所说的扩大到了疆域之外，并不是指疆域之内的国家治理向外伸展了，而是与原先世界治理的状况相比较而言的。如果说在世界治理模式中，霸权国家对世界的治理是其内部治理的延伸，是出于其霸权利益实现的需要而对世界的治理，那么在全球化、后工业化的背景下，全球治理则是国家治理的构成部分，而不再是国家治理向外部的延伸。其实，鲍曼对全球化作了更为激进的解读。他说，全球化"不可避免地导致日益严重的民族国家权力的丧失；由于不再能够聚集足够的资源来有效地平衡账目并实行独立的社会政策，政府除了寻求一种解除管制——就是把对经济与文化进程的控制权拱手让给'权

[①] ［德］马克斯·韦伯：《学术与政治》，冯克利译，生活·读书·新知三联书店2005年版，第199页。

力市场'，也就是让给实质上的超国家力量——的策略之外，几乎别无选择"。① 根据鲍曼的这一看法，全球化会导致民族国家权力的丧失。

不过，鲍曼却认为会出现"超国家"力量替代民族国家的权力，这可能是一个值得怀疑的设想。从经济全球化已经走过的历程看，所谓超国家力量也许就是跨国公司，或者一些国际化的所谓非政府组织。的确，一些强势的跨国公司在发展中国家那里总显得有着很多谈判筹码，甚至会在一些牵涉到主权的问题上迫使发展中国家让步。在俄罗斯与乌克兰战争期间，一个叫马斯克的富商也叫嚣要参与战争。但是，我们尚未看到致使民族国家丧失权力的案例。从社会运行的角度看，全球化进程伴随着非政府组织等各种社会力量的成长，而且这些社会力量也表现出了绕过民族国家的控制而建立起某些国际联系的情况，甚至出现了西方霸权国家利用这些社会力量颠覆民族国家政权的事例。对此，同样不能理解成是民族国家将其权力拱手让予超国家力量的案例。而且，霸权国家操纵社会力量开展"颜色革命"的事件长期以来一直存在，至少鼓动一个国家的内部势力去颠覆政权的事例是一直存在着的，因而不是全球化进程中的一种独特现象。

从政治的角度看，如果将类似于联合国之类的国际组织想象成可以在全球化进程中转变成超国家力量的话，也是不现实的。因为，那样做无非是把民族国家的一种联邦的或邦联的形式扩大化，实际上仍然是近代以来民族国家建构逻辑的延伸，是与全球化运动的"消除边界"和"去中心化"的内涵相冲突的。总之，不应在权力的转移或再分配的意义上去认识全球化，而是应当从权力的退场甚至消失的意义上去认识全球化。如果在权力转移和权力再分配方面去做文章的话，永远都不可能消除强权。虽然权力的历史与人类历史一样久远，但我

---

① ［英］齐格蒙特·鲍曼：《共同体》，欧阳景根译，江苏人民出版社2003年版，第120页。

们并不认为它将被带入全球化所开启的人类历史新行程中。我们相信，在全球化开启的走向后工业社会的行程中，虽然在微观社会层面上还会存在着权力，但在宏观社会层面上，并不存在着对权力提供支持的社会结构。

从国际社会看，世界的"多极化"意味着国际权力格局的复杂化、国际秩序的不确定性以及全球性问题得不到有效解决。比如，恐怖主义、全球发展不平衡、贫富两极分化、强权政治以及霸权主义思潮泛滥、地区冲突与局部动荡频繁发生等问题，都是在"世界治理"中无法再加以有效解决的问题。于此之中，显然包含着从世界秩序向全球秩序转变过程中出现的世界秩序解体和全球秩序重建的要求。这是真实的"百年未有之大变局"。在这种情况下，唯一可行的做法就是为全球治理确立起统领性的理念，而构建人类命运共同体恰恰是全球治理建构中最为适切的新理念，可以把全球治理整合到合作行动上来。

总之，全球治理所需要的是平等合作，而世界治理则坚持霸权主导。在世界治理与全球治理之间，存在着基本理念和价值上的冲突，而且这种冲突本身也是必须加以解决的问题。这就要求我们必须明确地将全球治理的理念和价值宣示出来。构建人类命运共同体的理念的提出，所代表的正是这种宣示，可以说，它是中国对人类社会的发展作出的一项伟大的思想贡献。

在一般的意义上，多元化意味着权力的平衡。虽然多元化尚不能构成否定强权的力量，但在其所营造的权力平衡中，却可以发挥削弱强权的效果。在语言地理学的观念应用于公共行政时，所反映出来的是由民族国家构成的世界。也就是说，没有任何一个国家可以声称它所拥有的公共行政模式是超越一切"方言"之上的"普通话"。事实上，每一个国家的公共行政模式都只能被视作一种特定的"方言"，它有自己独特的历史与现实。即使受到全球化的冲击，只要民族国家的框架尚存，所谓公共行政，也就仅仅属于它所在的国家。假设有一天民族国家从地球上消失了,在我们看来,它也是属于其所在地区的,依然是作为"方言"而存在的。如果说在资本主义世界化的过程中发现了"方言",那么在全球化的过程中,我们所面对的则是一个承认"方言"的问题。也就是说,诸如美国等发达国家试图将自己的"方言"推广为"普通话"的做法,不再为人们所接受。

从中世纪后期开始,关于非欧洲世界的想象性文学描述就不断出现,甚至一度成为风行的文学主题。这为欧洲人海外探险、发现新大陆和征服世界作了思想上的准备。随着世界上的每一个角落都被征服之后,非欧洲文明的各种类型都得到发现和认识,甚至都被作为科学研究的对象而得到解剖和准确描绘。然而,认识是一回事,承认则是另一回事。在资本主义世界化过程中,造就出的是一个拥有中心—边缘结构的世界。处在世界中心的人们自然而然地生成了某种霸权心态,妨碍了他们对边缘地带的承认。他们总想着将边缘地带改造成与他们相同的存在,穿着与他们同样的服装,操着与他们相同的语言,和他们拥有同样的思维方式……所有不一样的方面,都是他们希望扼杀的。

然而,在他们的这些努力收获了某些成效时,却发现其内部的多样性正在迅速成长。它们自己,深深地陷入多元化、多样化的海洋之中。当这种多元化、多样化在全球范围中扩散时,霸权心态和消除差异的行动越来越显示出保守的特征。它们固守资本主义世界化进程中生成的那种正在失去了历史合理性的旧秩序,却又总是感到力不从心。也正是由于力不从心,才会不断地选择过激的行为,从而对人类的生存构成了威胁。

开放性构成了对霸权的否定。就开放性的深层内涵而言,不仅会否定霸权这一形式,还会对所有的强权都作出否定。即使在工业社会这个历史阶段中,开放性也是系统活力的源泉。比如,美国的活力是源于它的"种族多样性"和"文化多元化"的,即来自它的开放性。但是,随着新兴国家的增多,美国对于移民的吸引力正在迅速下降,这将消解美国的活力。而且，这个消解美国活力的速度会变得越来越快。虽然美国在一个相当长的时期内依然会是最大的经济体，它的政治霸权也是不可挑战的，但是，如果有一天它发现了具有移民愿望的人开始减少的话，它事实上已经完全衰落了，它会不可逆转地陷入一种封闭状态。

当然，对于世界来说，这个时期将是最危险的时期，因为此时的美国人的非理性行为会被激发到最高程度，会出现凭借其既有的政治、经济、军事力量扰乱世界的行动，会把全球带入一个极其恐怖的境地。可以说，在这时，世界的安全将不是来自恐怖组织的威胁，而是来自美国。鉴于美国所拥有的实力和地位，它的开放性才是世界安全的保证，一旦美国开始变得封闭，全球就将陷入灾难之中。为了避免这种情况的发生，不仅世界各大国的领袖们需要从今天开始思考对策，而且美国的政治家们也需要对其未来作出相应的战略性安排，需要关注在今天还是以贸易保护的形式出现的封闭要求可能带来的影响，会不会形成路径依赖而把美国引向一条封闭自我的道路上。

构建人类命运共同体的客观要求决定了强权不再有价值，无论是对秩序的建构还是对治理效果的追求，都不再有意义。我们知道，在工业社会个人主义的语境下，如鲍曼所说，共同体主义属于"弱者的哲学"[1] 成功者会张扬自我的个体性，会将他所取得的成功归功于自己的天赋和努力；强者会感到自己高人一等，会争取一种霸权，希望支配、控制甚至压迫他人。但是，在风险社会中，人与人之间的关系被无处不在的社会风险排挤到了次要的地位。风险以及危机事件频发，迫使人们成为事实上的共同体，只是诸多根源于工业社会的旧观念，还妨碍着人们接受作为共同体的事实。

风险社会中的人们是确定无疑的命运共同体，在人们没有意识到他们已经成为命运共同体的时候，他们是以被动的命运共同体的形式

---

[1] ［英］齐格蒙特·鲍曼：《共同体》，欧阳景根译，江苏人民出版社2003年版，第70页。

出现的，一旦他们意识到了属于一个命运共同体时，就会转化为积极的命运共同体，并为了人的共生共在而开展行动。从人类进入21世纪以来的情况看，被工业社会个人主义观念格式化了的一代人，特别是西方国家的政治家们，依然囿于竞争性的思维和行为模式中，不仅不承认人类命运共同体的现实，而且时时处处用自己的行为破坏人的共生共在的机遇，即对共同体实施着另一重打击。这是目前人类所遭遇的最大威胁，所带来的也是风险社会中的最大风险。

　　人类社会的发展和历史的进步已经走到了这一步，那就是，任何形式的集权都不具有合理性和正当性，更不用说推广到全球而以集权的方式造就全球治理体系了。同时，西方近代以来所建构起的治理体系在全球化时代已经显现出疲态，特别是在面对风险和危机时，所表现出来的治理失灵也带来了诸多灾难性后果。所以，我们没有任何理由去按照西方既有的治理模式构建全球治理体系。全球治理并不需要某种终极性的权威，全球治理也不需要任何一种力量去主持全球利益分配，全球治理只能在平等的多边力量的合作中展开。全球合作治理是强权的净化器，一旦确立起全球合作治理模式，人类也就不再会受到任何强权的困扰。

三　让位于承认和包容

　　人们以为，只要能够平等地进行沟通、交流、协商，就不会产生强权。协商民主理论就认为，只要遵循"商谈伦理"的原则进行协商，就可以解决传统民主未能否定强权的问题。其实，就现实来看，平等沟通、交流、协商主要是出于两种目的：一种是讨价还价；另一种是协调行动。在工业社会中，出于协调行动的目的而进行的沟通、交流、协商远比出于谈判需要的沟通、交流、协商要少得多。运用语言的交流、沟通，往往体现在谈判的过程中，而协调行动的沟通、交流和协商往往是以文本的形式出现的。在作业面上，则有可能以默会的形式或肢体语言运用的方式进行。

在谈判中，似乎各方是平等的，但所有的谈判又都存在着或明或暗的要将自己的意志强加于对方或其他各方的问题。如果说沟通与交流的本义是一种信息传递，至于基于这种信息的决策自主权，则在交流和沟通中得到了尊重，而谈判往往会脱离沟通交流这一本义。虽然谈判也会打上平等的印戳，但参与谈判的各方都试图剥夺对手的自主权，试图将对手置于自己的意志之下。如果其中的一方在谈判中让步和屈从，就等于认可和接受了对手意志的压迫；如果各方都不退让，那么谈判就会破裂无果；如果各方都做出让步，那么所达成的就是一种妥协。所以，谈判中各方的自由和平等是根源于一种利益实现的要求，而且是经过了精确计算的。或者，是因为一种来自外部的规范性压力和程序公正的要求而迫使他们必须相互承认对方的平等。可是，在他们的内心中，则存在着一种压制对手的冲动。

在谈判中，运用语言来进行恐吓、威胁或诡辩、讲道理，都是常见的手法。但是，在承认和尊重的前提下，在各自都拥有决策自主权的情况下，进行交流和沟通的人们能够基于所传递的信息进行决策。这也就意味着交流和沟通中不存在恐吓和威胁的内容。在这种交流和沟通中，更容易唤起"共感"。总的说来，谈判并不是合作的必要前提，真正的合作甚至根本不会要求得到谈判的支持。我们认为，在风险社会及其高度复杂性和高度不确定性条件下的合作行动中，是不存在谈判活动的，所有的交流和沟通都不与谈判有关。因为，在合作行动者那里，没有专属于自己的特殊利益要求，有的只是为了人的共生共在这一共同目的。行动者之间的协调也会以语言的形式进行交流和沟通，但不会以谈判的形式出现。

学者们往往把民主政治的运行看作一种"同意原则"的体现，认为以法律的形式出现的契约是建立在广泛同意的基础上的，选举代表进入代议机构也是同意原则得到实现的过程。的确，根据"天赋人权"中的自由、平等的原则，现代政治生活中的同意原则除了通过选举而得到执行之外，还需要通过契约而成为普遍性的社会原则。契约的签订，无论是在社会生活的哪个领域和哪个层面上，都是基于同意原则进行的。不过，在政治生活中，同意的后果却意味着接受支配和控制；在广泛的社会生活中，同意则意味着约束和限制。支配、控制、约束和限制等都必然包含着强权。

与之不同，承认不会带来这样的后果。这是因为，承认并不意味着承诺，更不意味着要放弃自己的自主性。如果说同意意味着将我归并到了你那里，那么承认则仍然保留了自我。事实上，也只有在承认的过程中保留自主性，合作行动才是可能的。更为重要的是，在同意的实际落实过程中，有可能存在着"虚假同意"的问题。那就是，有些表面上可以被认为是同意的东西，实际上却是被迫做出的。承认则不同，任何施予压力而谋求承认的做法都会失败，因为它所获得的并不是承认。还有一种情况，那就是同意是可以收回的。一时同意了，时过境迁或自我权衡后认为那个同意是错误的，就会有着收回同意的冲动。

现代政治以及社会规范为了防止同意被随意性地收回，制定了规则和规范来加以限制。而且，从道义上讲，同意一经做出，也有着为了同意而尽义务的要求，除非被同意者已经远离了同意的状态。所以，对自己做出的同意加以坚守也是遵守承诺的表现。总之，承认与不承认是截然不同的两种状态，承认就是对不承认的否定。反之亦然。因而，承认了也就不是不承认，不承认也不是一种反悔，即不是收回承认。在同意与收回同意的问题上，可以制定规则，而为承认制定规则和规范，则变得没有必要。

当然，在现代社会的法治化过程中，同意原则已经显得不甚重要了，甚至经常性地受到忽视或破坏。这是因为，已经在同意的基础上建构起了完善的"社会契约"，从而使同意成为现代社会及其政治建构的初始条件。有了完善的"社会契约"，这个初始条件也就很少再被提起，或者，只在选举的时候被提起。在日常的社会以及政治运行中，遵守"社会契约"就已经可以满足民主制度的要求了。承认不会遭遇这种命运，因为它不会像同意那样被作为民主政治以及社会建构的基础看待，而是作为风险社会中的人们生活和生存内容对待的。在风险社会中，或者说在后工业社会中，承认将始终是人际关系的一种状态和社会生活的基本内容，因而不会在社会建构得以完成后遭受抛弃。

根据舍勒的看法，"可能存在的各种组织形式之诸最具有普遍性的差异以及按照重要程度的顺序来看头等重要的各种差异，却是那些恰恰与文化的世代相传所依赖的各种社会化类型联系在一起的差异：人类群集的各种基本形式，也就是说，转瞬即逝的大众的形式，稳定的生活共同体的形式，社会的形式以及存在于既对他们自己负责也相互负责的独立个体中间的人格主义团结系统所具有的形式……这些差异始终是与以思的形式和看的形式存在的各种差异同时出现的"。[①] 的确，在文化的意义上，群体间、民族间、国家间、地域间的差异只有在通过"思"和"看"而被意识到了之后，才能获得具有价值内涵的差异。否则，即使存在差异，而在人的交往和共处中，那些差异也不会发挥作用。因为人们在没有把握差异的内涵时，是不可能将差异转化成人们交往和共处的资源的。不仅不会在差异的基础上自主地选择有利于各方的行为和自觉地制定共同行动的方案，反而会任由差异转化为人们之间的矛盾和冲突。

关于人的行为选择以及做出了交往和共处的决定，是一个在意识到了差异之后怎么去做的问题。一般说来，具有三种可能性。其一，消除差异。即通过文化以及物理层面的融合，或者通过征服、压迫、排斥、话语转换等方式消除差异。其二，实施隔离。筑起"围墙"而将差异性的存在隔离在"围墙"之外。比如美国在特朗普总统任职期间对中国、对世界所采取的就是隔离的方式，即通过贸易战、修筑围墙、"退群"等方式而将中国、墨西哥、国际性组织隔离在他所构筑

---

① ［德］马克斯·舍勒：《知识社会学问题》，艾彦译，译林出版社2014年版，第25页。

的"围墙"之外。其三,尊重、承认和包容差异。努力谋求差异化条件下的共处,在更为积极的意义上,开展沟通,将差异打造成合作行动的资源。

前两种做法在工业社会的历史阶段中都是经常为人们所援用的,但从效果的角度看,总体而言,都是不成功的。不仅不能消除差异和隔绝差异,反而以历史进程中的差异化的持续扩大的形式对这种做法作出了否定。所以,我们认为第三种对待差异的方式和态度应当得到尝试。其实,从现实要求看,当人类进入风险社会时,在差异化的程度迅速增长的情况下,也只有尊重、承认和包容差异这样一条路可走。而且,风险社会的严峻现实也迫使我们必须借由差异而开展合作行动。或者说,在风险社会及其高度复杂性和高度不确定性条件下,没有对差异的承认和包容,就不可能有合作行动。

人们之间的相互尊重、承认和包容等,对于人的共生共在有着非常重要的意义,甚至可以将它们作为人的共生共在的前提来看待。海德格尔在阐释"共在"的概念时引入了"领会"一词,在某种意义上,它近似于我们所说的承认、尊重和包容等。海德格尔说,"他人的共同此在的展开属于共在;这展开等于说:因为此在的存在是共同存在,所以在此在的领会中已经有对他人的领会。这样的领会和一般的领会一样,都不是一种由认识源始的存在方式才使认识与识知成为可能"。[①] 当然,在"领会"能否担负起使"共同存在"成为真正的"共在"的职能这一问题上,是可以表达怀疑的。事实上,海德格尔的阐述也是留有余地的,即把"领会"作为"源始生存论"的起点,从而为认识和"识知"提供了一种可能性。

如果不是带有传统认识论的偏见,不是手持唯心主义、唯物主义的帽子,对于"生存"这样一种实践问题来说,是需要进行实事求是

[①] [德]马丁·海德格尔:《存在与时间》,陈嘉映等译,生活·读书·新知三联书店2014年版,第143页。

的分析的。这样一来,就可以看到,作为"此在"的"共在"不是泛泛之论的存在,它既是客观性的也是主观性的问题,或者说,因为其实践性而超出了客观性、主观性。没有领会以及源于领会的认识、识知,也就不可能赋予此在以共在的性质。所以,将领会作为共在的"源始存在",可以被看成一个具有合理性的判断。当我们对海德格尔关于"共在"的思考作出这一肯定性评价时,其实是包含着我们愿意参照海德格尔的思路去思考人的共生共在问题的意图的。显然,我们是在风险社会的背景下思考人的共生共在问题,而且强调指出,这个问题产生的条件是社会的高度复杂性和高度不确定性。这一条件下的共同在此本身,就意味着人们相互间的"领会"。有了这种"领会",才有了承认与包容的前提和基础。

虽然海德格尔并未预知风险社会及其高度复杂性和高度不确定性这一完全不同于 20 世纪前期的时代背景,但他对共在问题所作出的冷静分析和沉稳叙述仍然是有参照价值的。也就是说,海德格尔让我们认识到人在存在意义上的几乎所有方面。甚至那细小的微而不察的方面,都被他揭示了出来。但是,在如何生存、如何行动的问题上,还是需要我们在具体的历史背景、社会环境中去寻找出路。比如,在海德格尔的"存在"范畴中,我们所置身于其中的风险社会就没有得到揭示,而是一个仍然需要我们去研究、思考并寻求这种条件下的生存之道的问题。

在风险社会及其高度复杂性和高度不确定性条件下,在开放性、流动性的视角中去看人的共生共在的问题,我们并不去探讨所有对人的共生共在产生影响的因素谁在先谁在后的问题。无论是在时间上还是在逻辑上,都无须去对影响人的共生共在的因素进行排序,而是应当将着眼点放在现实上,基于风险社会的现实去发现人的共生共在的可能性。所谓基于现实,一方面,是根据现实的要求去开展合作行动;另一方面,则是根据现实状况的改变去随机性地选择合作行动的方式。进而,合作行动的目的就是使人的共生共在成为现实,即赋予人的共生共在以现实性。这样一来，就会涉及合作行动如何可能的问题。显然，只有人们之间的相互尊重、承认和包容，才能够为合作行动提供保障。所以，人们之间的相互尊重、承认、包容等，也是人的共生共在成为现实的根本性的出路。

需要指出的一点是，如果将人们之间的相互尊重、承认和包容转化为一个伦理学话题，则应反对任何模仿前人的所谓"道德本体论"叙事，而是应当从为了人的共生共在的全部实践要求出发。或者说，为了人的共生共在的承认和包容等，并不从属于认识论哲学范式中的本体论或认识论的规定，而是一个实践论的问题。也只有在实践论的意义上，才能真正把握道德之于人的共生共在的重要性，也才能够让风险社会中的人们确立起人的共生共在的意识，才能够走上相互尊重、承认和包容的道路上来。总之，风险社会及其高度复杂性和高度不确定性的客观现实意味着，人们之间只有在承认与包容中才能实现共生共在，而人的共生共在则赋予个人的生存以现实性。

霍耐特在论证自己的关于"承认相对于认识具有发生起源上和概念上的优先性"主张时指出，"人类行为的独特之处在于，人类的问题预设了认取他者观点的态度……理性地认取他者观点乃是根植于一种先在的互动，而此种互动有着存在之挂念这一特质"。[1] 考虑到世界并不是静止地立于人的面前的认识对象，而是存在于人的互动过程之中的。因而，人对世界的认识本身，就是人与世界间的沟通，是建立在人对世界的承认之前提下的。同样，世界之所以向人展示出那些可供人认识的方面，也意味着世界对人的承认，至少是对人的认识行动的承认。在这两个方面，都意味着承认是优位的。是首先有了承认，才使人与世界的互动成为可能。这就是霍耐特给我们提供的一个建立在承认基础上的人与世界关系的图式。

---

[1] [德] 阿克塞尔·霍耐特：《物化：承认理论探析》，罗名珍译，华东师范大学出版社2018年版，第59—60页。

第五章　社会控制、强权与规则

当然，在霍耐特那里，"世界"概念的含义是模糊的和不确定的，它肯定包含着卢卡奇所揭示的因物化而产生的"第二自然"。但是，可以认为，霍耐特的"世界"是排除了"原初自然"的世界。事实上，经历了工业社会这个历史阶段，在我们的地球上已经不存在什么"原初自然"了。我们满眼所见的和在我们的思维中已成定式的，都只能说是"第二自然"。这个"第二自然"构成了霍耐特"世界"概念的部分内容，更多的内容则是人与人之间的互动关系，甚至可以说，"第二自然"本身也是人与人之间关系的物化形态。

在霍耐特那里，世界无非是人与人之间互动关系的总体性存在形式。这样一来，把承认作为世界起源上的前提性存在，也就能够得到完美的逻辑证明了。不过，考虑到传统哲学的观念定势，应当就此止步。也就是说，不应再对承认进行追问，更不应作出"承认发乎于心"的判断。因为，如果那样做的话，就会陷入传统哲学的所谓主观主义还是客观主义的争议之中。或者说，如果不是在世界图式的基础之意义上看待承认，而是对我们的视野进行某些限制，集中观察人的合作行动，就可以看到，承认之于人的合作行动的现实性是应当得到肯认的，而不是将承认作为一种主观状态。在承认的意义上，在承认之于合作的重要性上，走出传统哲学的理解，即不再考虑主观性还是客观性的问题，也许是必要的。

对于合作行动而言，承认的优先性是确定无疑的。没有承认，合作行动就无从发生。可以认为，霍耐特并没有认识到人类社会走进了风险社会，而且这个社会所呈现出来的是高度复杂性和高度不确定性状态。因而，他并不知道合作行动是社会高度复杂性和高度不确定性条件下的基础性的、主导性的行动模式。但是，霍耐特关于承认之于世界的优先性主张是具有很高理论价值的，是可以被我们用来理解合作行动的。这可以视为我们对霍耐特承认理论的高度肯定。

第三节 规则与规范的辩证法

　　风险社会的生成是人的活动的结果。所有由人的造物引发的风险，在源头上都可以溯及人。正是人的"恶"的一面被注入了人造物中，才会源源不断地制造出风险，尽管人们并未意识到那是人的恶的一面。比如，在人工智能开始兴起的时候，人们担忧机器人将统治人、压迫人，但若人不是把自身恶的方面赋予机器人的话，也就不可能出现机器人作恶的问题。我们知道，在人这里，计算是思考的一种形式而不是思考的全部。也就是说，并不是人的全部思考都是通过计算进行的，人的许多思考是不需要由计算来提供支持的。目前看来，人工智能技术所谋求的仅仅是通过计算和建立在计算基础上的智能。虽然在计算所展现出来的计算能力方面，机器表现出了远比人更加优异的品行，而这种机器在非计算式思考能力方面却可能等于零。正是因为机器无法获得非计算性的思考能力，意味着人是不可能被机器替代的，更不用说机器所具有的那种表现为思考的能力也是人赋予它的。

　　就机器人只有计算式思考能力而言，不会有统治人、压迫人、奴役人的要求和意识，不会有意识地作恶。机器人的作恶或为善，肯定是要归结到人这里的。所以，即使机器人得到了广泛应用，也不会产生为机器人制定规则或对其行为加以规范的要求，所要规范的仍然是人的行为和行动。目前看来，机器人还是以工具的形式出现的。在人类的工具发展史上，可以说作为人工智能的这种创造物是所有工具中威力最为强大的工具，它可以被用来造福人类，也可以被用来毁灭地球和人的生存空间，甚至可以直接地用来毁灭人类。假如存在着这种风险的话，我们需要处理的依然是如何规范人的行为和调整社会关系的问题。如果不是这样，而是把视线盯着机器人，把未来将要出现的机器人当作潜在的或可能的敌人，无疑是找错了对象。即使"再生型"的人工智能一代又一代地发展下去，如果没有人为它注入"原恶",也不会在进化中产生反人类的恶。

认识到了这一点,我们也就消除了对人工智能技术发展的恐惧,就会渴望这项技术以更快的速度发展,更早地带来更多的造福人类的成果。归根结底,在人工智能兴起的今天,是需要首先对人的行为进行规范的,防止人将其恶的方面输入机器人那里。其切入点应当是,首先对机器人的应用加以规范,使机器人不被用来为恶。可见,机器人同人的所有造物都一样,不会作恶,因而也不是风险社会生成的原因。所以,防范机器人作恶,是不应作为一个问题来加以考虑的,我们所要规范的,仍然是人自身。一旦思考对人的规范的问题,就必须认识到,人类今天所走进的风险社会完全是由人一手造成的,正是人的行为和行动,源源不断地生产出了社会风险,并将社会风险积累起来而将人类社会形塑成了风险社会。我们在置身于风险社会中的时候指出这一点,是应当引起我们思考的问题,是应当在人工智能时代针对人工智能技术的广泛应用而思考如何规范人的行为的问题。在哲学的意义上反思历史,更应当思考的问题则是,工业社会建构起了完善的规则体系,实现了法治,为什么还会把人类领进风险社会呢?

一 规则的规范功能

在学术叙事中,人们往往不对"规则"与"规范"两个词语进行严格区分,似乎它们的所指是相同的。的确,这两个词是可以根据语境的不同而交替使用的,一般不会引起表达上的歧义。不过,如果对这两个词进行区分的话,也可以发现它们的不同之处。第一,规则是行为以及行动的标准,而规范则更多地具有"心约"的属性。第二,规则是刚性的,而规范则更多地显现出弹性。第三,规则是"本体",规范是功能,在规则发挥作用的时候,表现出对人的行为或行动的规范。第四,规则是理性设计的结果,是自觉生产的产品,反映了规范的要求,也能够发挥规范的作用,而规范则可以从属于某种自然主义的理解。第五,规则有着体系化的冲动,会不断地在一些基本规则的基础上衍生出更多的规则，直至形成规则体系，而规范则是直接根源于行为和行动的要求，不会因为规范自身的要求再度生产出规范，因而规范更具有针对性和具体性。第六，规则包含着法的精神，而规范更多地包含着伦理精神，尽管不是所有的规范都具有伦理特征和道德属性。

在工业社会的历史时期，市场经济是社会生活的主要内容，而市场经济也被看作契约经济。人们在市场经济中的交换和交往，都是依契约而行的。表面看来，人们履行契约是契约规范功能的实现，其实契约是没有规范功能的。人们之所以履行契约和遵守契约的规定，是因为有了规则为契约的履行提供支持和保证。因而，履行契约实际上正是遵守规则的表现。就工业社会是一个法治社会而言，是由规则形构而成的，而规则正是伴随着契约一道出现的。当然，追溯到法治的源头，我们会看到一幅纵横交错的立体画面。其中，社会化大生产、物品的私人占有、分工—协作、交换和规则等，代表了不同的线索。这些线索交织起来，就构成了法治社会的基本框架。正是因为契约与规则是不可分的，人们也认为契约意味着规则，甚至会把契约本身也当作规则看待了。当然，在"社会契约论"那里，以法的形式出现的规则也因为其生成过程是"众意"的抽象和"公意"的体现而被称为契约。

契约主要存在于交换过程中，甚至可以说契约在源头的意义上是因为交换的需要而产生的。就交换而言，是产生于物品的私人占有和人们在物品占有上的差异化的前提下的，而社会分工无疑促进了交换行为的普遍化。在交换行为普遍化的境况中，产生了使交换可持续展开的要求，因而产生了契约。但是，仅仅有了契约，仍然会有一个由什么来为契约的遵守提供保障的问题，因而出现了规则。如果规则仅仅以文本的形式出现的话，那么也同样有一个能否得到遵从的问题。所以，又产生了权威机构，甚至权威机构需要掌握一定的暴力。可见，就契约的生成来看，可以认为契约根源于交换。但是，当契约精神化并以一种文化的形式出现后,就超出了规范、调整和维护交换行为的要求,而是被推广应用于社会生活的各个领域。在几乎所有的社会交往互动过程中,都是可以用契约精神来加以诠释和建构的,尽管这在很大程度上包含着隐喻的成分。

在契约的社会功能中,我们尤其需要给予充分肯定的是:其一,包含着指向未来的维度,在每一份具体的契约的订立中,都包含涉事人对未来的期望、规划、目标和行动方案等;其二,使交往和互动行为获得某种确定性,化解可能遭遇的人为风险。后一个方面的意义可以说更为重要。因为,与普遍性的社会分工相伴随的是陌生人社会,陌生人的交往从概率上看包含着较大的不确定性。也就是说,与熟人社会中的交往比较起来,在陌生人的交往中是存在着不确定性的。对于陌生人交往中的这种不确定性,契约所提供的是一整套完整的防范和矫正机制。

在人类历史上,契约是一项伟大的社会发明,它解决了人类从熟人社会向陌生人社会转变过程中的交往难题,使人们未因向陌生人社会的转变而陷入交往恐惧之中。但是,我们也必须看到,只有在社会的低度复杂性和低度不确定性条件下,由契约来提供确定性才是可能的。当社会进入了高度复杂性和高度不确定性状态,契约的这一功能就会走向消失。可以认为,契约的功能去势意味着风险,甚至构成了风险社会的一个维度。我们知道,社会生活对规则产生了强烈要求也是与陌生人的出现相联系的。在熟人社会中,习俗、习惯、道德等都直接地发挥着规范作用。习俗、习惯、道德等本身就是规范,无论是在存在的意义上,还是在功能的意义上,它们都只能称为规范。或者说,是尚未转化为规则的规范力量。

陌生人与陌生人社会是两个既相关联又不相同的概念,陌生人在农业社会就出现了,但在人口比例上是较小的。工业化、城市化运动也可以看作社会陌生化的运动,使得陌生人普遍化了,并造就了陌生人社会。"陌生人"是一个社会范畴,却包含着自然主义视野中所看到的某些内容。比如,当一个人闯入一个陌生的环境中所看到的或不得不与之打交道的人,就是陌生人。相应的,对于一个熟人群体而言,这个新闯入者也是陌生人。在此意义上,陌生人是可以随着相互之间的认识、了解、信任关系的建立而一步一步地向熟人转化的。在某些情况下,也可以通过某种基于共同文化的仪式(如中国的"结义")而加速陌生人向熟人的转化过程。"陌生人社会"一词则有着不同的内涵,它是指一种社会形态。也就是说,这个社会拥有一种把人隔离开来的文化、规则和规范。这些文化、规则和规范表面看来是一些能够把人们联系起来的纽带,是把人们整合在一起的共有生活框架,而在实质上,却把人隔离了开来,使人成为孤立的个人。在这一社会中,每个人相对于每个人都是陌生的,不因人们交往的次数和频率而变。所以,这就是真正的陌生人社会,它拥有一个完整的有效消灭熟人的机制,足以保证所有人都作为陌生人而生活在同一个框架之中。

陌生人社会中的陌生人必须以集体的方式行动,也就是说,陌生人必须参与到组织之中,通过组织的形式开展行动。可是,陌生人社会又是建立在个人主义的前提下的,陌生人不同于熟人的方面,就在于它是以个体的形式出现的。在规则发挥着规范陌生人的行为和行动的作用时,也同时把陌生人隔离开来,使他们成为个体。所以,在个人主义的前提下,推导出利己和利他两种结论,都是合理的。集体主义认为人天生具有对他人的同情心和公平要求;个人主义无非是看到了人的自私自利的一面。如果把上述两种观点综合起来,所形成的结论就是,人既是道德的又是不道德的,或者说,人是道德的和不道德的混合物。为了削弱和抑制人的不道德的方面产生社会影响,就需要通过建构规则去约束人的行动。这样一来,就走上了规则进化的道路,最终以法治的形式出现。可是,人的道德的一面却在规则的不断强化中因为"去功能化"而逐渐地萎缩了。

工业社会的政治建构和社会关系形构都是以个人主义为前提的,所以道德的失落也就是个人主义的历史性后果。当我们在全球化、后工业化进程中思考社会重构的问题时，就不能不将理论反思指向个人主义；当我们立足于风险社会去思考人的行为和行动的规范问题时，就不能耽于对规则的依赖。然而，在20世纪，个人主义伦理与"角色伦理"间的冲突一度表现出了激化的状况。由于社会组织化程度的增强，致使人的一切社会活动都需要通过组织进行。这意味着，人只有在组织中扮演某个角色，才能参与和开展社会活动。然而，一旦在组织中扮演某个角色，根据角色伦理的要求，就必须忠于组织、遵守组织规则、摒弃个性、公事公办等。然而，个人主义伦理的要求则恰恰相反。所以，把整个社会中的每一个人都带入了心灵冲突和行为选择的困难之中。对于一个社会来说，伦理冲突是最根本的冲突。虽然这种冲突不会直接地在社会表象的层面以对立性的行动表现出来，却有可能构成一个社会中所有社会危机的总根源，甚至最终把整个社会拖入全面危机之中。

个人主义伦理也是工业社会中的社会伦理，这种社会伦理深植于每个人的心灵深入，并未因社会的全面组织化而发生改变。然而，社会的组织化又决定了人的虚幻化，即被角色所置换。人在进出不同的组织而扮演着不同的角色时，往往忘记了人作为人的应有存在形态。也就是说，在实际发生的人的社会活动中，每个人都因为角色扮演而以"组织人"的形式出现了。但是，人们却并未充分地意识到自己是"组织人"，而是误以为自己是"社会人"，他们在接受职业伦理、角色伦理的规定时，却以为自己已经接受了社会伦理的规范。所以，产生了社会伦理的观念和规范性原则与角色伦理的要求之间的冲突，这也构成了工业社会最为根本的冲突。然而，无论是伦理学的研究还是政治学的研究，都没有意识到这个问题。

"组织人"与"社会人"的冲突以隐而不察的形式转化为人的行为失范，以致对规则的要求也变得越来越强烈。除了正式规则，还会在组织以及其他群体中产生繁多的"戒律"。在思考"戒律""规则"这些词语时，我们会想到它们的所指是有所不同的。"戒律"这个词所指的那些东西有着明确的排斥性，甚至会列出诸多不可为的事项，用今天的话说叫"负面清单"。"规则"这个词所指的那些东西则包含了排斥性和包容性两个方面。也就是说，既有"不可为"之排斥性的方面，也有"容许去做"的方面。在某种意义上，我们可以作这样一种比喻：戒律是一堵墙，人被围在围墙之内；规则是一种尺度，你按照这个尺度去决定可以做什么。戒律所营造的是客观性禁止，从而达成规范的目的；规则让你发挥主观判断，或者说，允许你通过你的选择而达到规范的目的。

在我们这样一个规则至上的社会中，不守规则的人极有可能成为人生的输家。即使他一时获取了利益、荣誉等，但最终极有可能落个身败名裂的下场。然而，死守规则的人却极有可能成为平庸的人。只有那些把规则内化为规范的人，听从规范的要求，超越规则，才能表现出某种"从心所欲不逾矩"的状况，才能创造性地诠释自我的人生。不过，在社会及其规则的建构中，可以从完全相反的角度出发。比如，对"囚徒困境""搭便车""讨价还价"等现象的思考，可以提出完整的社会建构方案。相反，从人的德性、信任关系、友爱情感、知耻心出发，也可以提出一整套社会建构方案。其实，社会建构的出发点和路径有多条，只是由于近代以来所培育出的某一话语取得了霸权地位，从而压抑了人们寻找其他路径的努力，把人们的思维引向了一条唯一的通道上去了。

二　规则的规范功能不足问题

在讨论规则的问题时，斯通指出，规则的精确性亦即刚性有其不足之处，"精确的规则对于一些就个体和情景以及具有差异的情况来说是不敏感的，因而，不可避免地，不同的案例被当做同样的情况来处理。规则不可能完善地适于所有个别的情况。被忽略的不仅仅是那些微小和微妙的差异。任何规则都是基于一种分类计划，并将属于另外一项计划的特征忽略掉"。① 建立在分类基础上的规则，已经是通过缩小规则的作用范围、降低普适性而对差异性的回应了。然而，即便在较小的范围内，差异仍然是现实，制定规则并付诸实践，也就是在这个范围内用同一性抹除差异性。如果越过了这个范围的边界，就会看到，分类本身就是一种抽象，由分类造成的此一类与彼一类的区分，又是在差异之间划了一条界线。这无疑是一种为了获得较小范围的同一性而割裂整体的做法。

在工业社会差异化程度较低的情况下，同一性与差异性的矛盾尚能为社会所容纳。而且，通过分类制定规则并加以推行，还使社会治理以及各个领域的管理表现出了精细化的特征，并将法治的精神诠释到了一种完美的程度。随着社会差异化程度的不断提升，使得同一性追求与差异化现实之间的矛盾呈现出了激化的趋势，致使通过分类去限制规则适用范围的做法，也日益困难。在社会治理以及各种管理活动中，忽略差异或抹除差异的规则制定和推行的做法，不仅无法收获良好的效果，反而时常陷入冲突之中。不仅对规则的精确性造成了冲击，而且束缚了社会活力和发展动力。我们知道，社会差异化程度的提升是一个持续的历史进程，而且工业社会的建构理念及其逻辑，也助长了社会差异化。当社会差异化达到了某个临界点的时候，就不仅会对规则的精确性、分类制定和推行构成否定，而且对通过规则来进行治理和管理的做法本身构成了挑战。这就是我们在全球化、后工业化时代感受极为强烈的一点。

站在社会运行和社会发展的维度上看，还会发现，规则相对于变动着的社会，有着僵化一面。显然，在规则制定的过程中，需要考虑现实和未来两个方面。如果仅仅根据现实而不考虑未来去制定规则的话，肯定会存在着不经济的问题，而且规则在时间维度上的普遍性也

---

① ［美］德博拉·斯通：《政策悖论：政治决策中的艺术》，顾建光译，中国人民大学出版社 2006 年版，第 284 页。

是缺失的，会表现出"即立即废"的状况。所以，一切规则的制定都会包含着适用期限较长的期待和追求。可是，"我们绝不可能充分预见到未来的情况，因而也就不可能起草那些面向新事实、新技术和新环境的规则。此外，一旦新的环境变成了现实，人们也一定会修正乃至改变他们的目标。精确的规则只是对于短时期来说才是好的，它们常常会滞后于环境和目标的变化"。[①]

今天，我们在思考这个问题的时候，是置身于风险社会的，所面对的是社会的高度复杂性和高度不确定性，特别是未来给予我们的，完全是高度复杂性和高度不确定性，这就阻断了一切为未来立法的路。的确，通向未来的路是由我们开辟的，但在高度复杂性和高度不确定性条件下，却不能执着于这种论断。那是因为，也许我们走出了一条道路，但那不是未来的道路，而是在已经走过了之后，才发现那是我们走过的道路。在高度复杂性和高度不确定性条件下，我们在很大程度上丧失了规划未来的资格。同样，制定适应未来的哪怕较为短期的规则，也变得不可能了。总之，针对现实制定规则，会遇到差异性不可抹除、不应忽略的问题。同样，面向未来制定规则，也会撞到"不可能性"这个墙壁上。

20世纪后期开始，社会科学界中几乎所有关注规则问题的学者都提出要求规则模糊化的主张，反对"法条主义"，反对规则的精确化和刚性等。的确，"模糊的规则留下了随意解释的十分广泛的范畴和空间，可以具有灵活性，也允许差异。模糊的规则允许对新的情况作出创造性的回应。模糊的规则通过确定一般目标，但让个体具备有关具体事实的知识，了解当地的情况，以及根据为达到目标的手段来决策，可以提高效率"。[②] 模糊性规则的优点也许更多，甚至难以计数。

---

① ［美］德博拉·斯通：《政策悖论：政治决策中的艺术》，顾建光译，中国人民大学出版社2006年版，第285页。
② ［美］德博拉·斯通：《政策悖论：政治决策中的艺术》，顾建光译，中国人民大学出版社2006年版，第285页。

但是，它也意味着规则的规范功能减弱了，更多地取决于规范对象的理解和遵从等方面的自觉性。

对于规则模糊化的趋势，我们其实是无法在历史能动性的意义上来认识的，它反而恰恰是一个被动的历史过程，是从工业社会中的规则精确化、刚性化的追求向后退缩的一种表现。这种退缩是不得已而为之，是因为现实对规则精确化、刚性化作出了批判和否定，迫使其以模糊的方式或将其作为借口而向后退缩。不过，虽然这是无奈之举，却又是积极的。或者说，在治理以及管理模式变革中，它是作为过渡阶段的一种选择，是具有积极意义的。首先，它包含着一种隐喻，那就是对工业社会依规则治理和管理的追求作出了怀疑甚至否定。其次，它让人产生一种联想，那就是在高度复杂性和高度不确定性条件下，规则也许并不是必不可少的工具，就如今天的农民种地并不必然使用锄头、镰刀一样。最后，从逻辑上看，如果规则的模糊化构成了一种趋势的话，那么沿着这条路前行，这种规则的模糊化就会对规则本身作出扬弃，即规则的规范功能有可能丧失，所留下的空场将为其他能够发挥规范功能的因素所填补。

这也是我们提出社会治理伦理重构的根据之一。也就是说，规则的模糊化应当被理解成社会治理变革的一种过渡性现象，其前进的目的地必然是社会治理模式的重构。在风险社会中去思考社会治理时，也许我们需要设想，原先规则两端的存在都将消失，即不再有"制定规则"和"运用规则"的人，也不再有由规则去规范的对象。因而，作为工具的规则也许会被弃置不用。如果与现实的历史进程联系在一起去思考规范的问题，无论是从风险社会中的行动要求来看，还是基于全球化、后工业化的历史性社会转型去想象，都会倾向于形成这样一种看法，那就是原先处于规则两端的存在都将蜕变为行动者，即合作行动者。合作行动者是自主性的生物，能够把一切外在于他的规定都转化成内在性的规范，也就是实现自我规范。我们可以将这种规范看作行动者的"心约"。

考察了斯通这位政策研究者的观点，我们再看同样作为政策研究者的雷加诺的意见。雷加诺说，"自康德以来，我们都一直将规范与规则联系在一起，也就是说，我们试图通过一项具体的规则了解规范维度，若一项不够，那便通过一系列完整的规则。然而，我们却常常发现规则并不是一个足够完整的指导，在很多情况下，没有任何一套规则能完整抓住社会情形的复杂性"。[1] 也许人们会说，规范是一个抽象的概念，包含着原则、准则甚至价值理念等更多形式的行为、行动的引导性因素和约束条件，而规则只是其中的一个构成部分。而且，规则是人为制定的，是以更为具体的和更为明确的语义内容的形式出现的。其实不仅如此，规范本身可以构成与规则平行的关于行为、行动的约束条件，能够对行为、行动作出方向性的引导和限定。也就是说，我们可以认为存在着两种形式的规范。前述人们通常所理解的规范可以看作广义上的规范，而我们所指出的与规则平行地存在于行动之中和对行为产生约束、限定作用的规范，则是狭义的规范。

如果放在历史的纵向线索中，我们还会看到，作为一个概念性存在形态的抽象规范是在分析的逻辑中形成的，主要存在于工业社会这个历史阶段中，它应当看作认识论以及在基于认识论的实践中得到普遍执行的和应用的规范形式。我们所说的那种狭义的规范在认识论的思维中是无法得到承认的，它不是抽象的，而是具体的。从历史上看，具体的却又是模糊的和具有弹性的规范主要存在于农业社会的历史阶段中。在工业社会的日常生活领域中，也广泛存在着这类规范。可以相信，在风险社会乃至整个后工业社会的合作行动中，这种规范将发挥主要的行动调节功能，而规则将更多地表现为发挥了对这种规范提供辅助、支持等保障的功能。需要重点指出的是，这种规范是模糊的和具有弹性的，需要通过行动者的领悟而去把握并使之发挥作用。

---

[1] ［美］劳尔·雷加诺：《政策分析框架——融合文本与语境》，周靖婕等译，清华大学出版社2017年版，第114页。

其实，关于规范的模糊性和具体性已经在组织实践中得到了印证。虚拟组织的出现，证明了规范甚至规则都可以变得模糊和具有弹性，而且也是具体的。与传统组织相比，虚拟组织因为非实体化即液态化而表现出了更强的时间响应能力，能够在承担任务中迅速地作出反应。这种更强的时间响应能力，也使得虚拟组织似乎与时间没有了什么关系。所以，从空间与时间两个维度来看，虚拟组织所表现出来的都是"无物质的"、"无地理的"或者"无结构约束的"活动形式，虚拟组织的活动可以在任何时间、任何地点发生。从俄乌战争来看，虚拟组织这种形式已经登场，俄罗斯不仅需要与实体性的乌克兰军队作战，而且需要同虚拟性的反俄罗斯力量作战。即便是乌克兰的军队，也在来自西方国家的信息技术支持下变成了虚拟性的作战部队，表现了某种液态化的特征。正是乌克兰军队采取了这种虚拟组织的形式，使这场物质意义上的力量悬殊的战局一度出现前景不明的状况。

很多组织理论家认为，"既然时间的与地理的边界都与虚拟组织的机能没有关联，那么虚拟组织就是无边界的……虚拟组织包括瞬时的工作模式，该组织没有可以识别的物质形态与可以界定的边界，仅仅受到信息技术使用的限制，而没有受到任何规范、程序与设定前关系的限制"。[①] 不过，在虚拟组织与传统组织并存的条件下，它们之间本身就是存在着边界的，是不同组织类型之间的边界。可以认为，在与传统组织共存的条件下，"虚拟"一词本身就意味着某种边界。即便是在虚拟组织之间，在共存于网络空间之中的情况下，只要它们之间有着相关性、相邻性的关系，也是有边界的。有了边界，也就意味着规则和规范，因为边界所发挥的就是规范作用。

当然，虚拟组织的边界不同于传统组织的那种边界。所以，更多的虚拟组织研究者认为，面对虚拟组织，"把边界看作固定屏障或者

---

① [英]尼尔·保尔森、托·赫尼斯编：《组织边界管理：多元化观点》，佟博等译，经济管理出版社2004年版，第74页。

无法弯曲的隔离物的传统概念需要被一种有机的、生物化的观点替代掉,即边界应该是一种存在于有生命可进化的有机体中的可渗透的、有弹性的、可以移动的隔膜"。[1] 也就是说,虚拟组织由于其非物质性特征而不再拥有物理边界。但是,在既有的基本社会框架未发生改变的情况下,法律的、政治的、经济的与社会的因素依然会为虚拟组织划定边界。就边界的功能来看,如果说传统组织的社会边界(如规则、程序与控制检验)都被用于控制雇员的生产力的话,那么在虚拟组织中,强调输出而不是输入的不同的行为标准,则占据了优先地位。所以,虚拟组织不仅拥有边界,而且其边界也依然"是对人员、系统与资源进行组织的基本管理工具"。[2] 尽管如此,虚拟组织已经表现出了"弱规则,强规范"的特征。

对规则功能的去势产生最大影响的还是不确定性,而在风险社会中,我们更加清晰地感受到了不确定性。我们将风险社会与高度复杂性和高度不确定性联系在一起,也就是要指出风险社会的这一特征。风险社会是一种没有未来的状态,或者说,它的未来是可以改写为不确定性的。就不确定性而言,"如果指望法律能够预设风险,那么它只能以一种方式发生,那便是以是非判断将之去时间化。或换言之,诸如判决效力或法律效力这样的符号必须被'有约束力地'置入,而不用考虑未来是否会证明决定是对是错"。[3] 就工业社会的情况看,法律是从不考虑未来的不确定性的,法律只把未来假设为确定的,并将未来拉进现在的法律规定之中。

在风险社会及其高度复杂性和高度不确定性条件下,不仅法律规定所具有的把未来拉进现在的做法,而且所有强行把未来转化为现实

---

[1] [英]尼尔·保尔森、托·赫尼斯编:《组织边界管理:多元化观点》,佟博等译,经济管理出版社2004年版,第74—75页。

[2] [英]尼尔·保尔森、托·赫尼斯编:《组织边界管理:多元化观点》,佟博等译,经济管理出版社2004年版,第75页。

[3] [德]尼克拉斯·卢曼:《风险社会学》,孙一洲译,广西人民出版社2020年版,第92页。

的思维方式，都会显得格格不入。它不仅不能为风险社会中的行动提供规范，反而会在无视风险或根本没有去考虑风险问题时产生风险。当然，法律反映了立法者的理性自信，以为未来中的一切应当得到法律关照的因素都能够得到认识和已经得到了认识，从而被写入了法条之中。在社会低度复杂性和低度不确定性条件下，因为法律的规范功能本身就能实现对未来的建构和形塑，也就能够使立法者的理性自信得到证实，并给予这种自信以极大的激励。然而，在风险社会及其高度复杂性和高度不确定性条件下，这种理性自信将会显得滑稽可笑。这是因为，未来已经不可能被拉进现实之中，不确定性也无法实现向确定性转化。这就是我们所说的风险社会没有未来的状况。面对这种情况，作为一切规则中最为典型化的规则，法律的境遇也代表了一切规则的境遇。

三 人的共生共在理念的规范功能

在对规则的神化过程中，有人以为法具有"上帝"的功能，无所不能，甚至有的学者荒唐地认为法能够调整人与自然的关系。也许在哲学的层面上可以看到法通过规范人的行为而影响了自然，但在直接的意义上，法是不能达成对自然的规范的。无论你制定了什么样的法，甘肃上空的那团白云可能根本不愿理会你，不愿变成滋润戈壁的雨水。要想使它变成雨水，你还需要采取其他行动。虽然你的这个行动是依法而行的，但就雨水与法之间的关系来说，已经是间接的了。也就是说，我们不能说法可以使老天降雨，而是那种更为直接的手段使老天降雨了。而且，如果人们使天降雨的行动是依法而行的话，那么这个法在直接的意义上，也是关于人与人之间的关系的规定，是从属于规范人的行为的需要。

所以，法只限于调整人与人之间的关系，也仅对那一群具有个体意识的、利己主义的个人来说，法的调整功能才会显效。如果不在此意义上认识法，要么他是一个不懂法的法盲，要么他是一个关于法的功能的夸大狂。卢曼代表了当前流行的思路，即努力去从法律系统中找寻应对风险的方案，或者，试图通过法律的途径去应对风险。虽然法律系统也是处在运行变化中的，繁忙的立法机构也在源源不断地生产出新的法规和法条，但总体来说，依法治理意味着一种"以不变应万变"的思路。在社会低度复杂性和低度不确定性条件下，依法治理表现出了巨大的成功，即使在应对风险的问题上，也能够通过防范和规范行动等途径而取得有目共睹的成效。在风险社会及其高度复杂性和高度不确定性条件下，并不是依靠法律系统去应对风险不可行了，而是因为法所代表的那种思路出现了功能性障碍。

从社会建构的角度去看工业社会，如上所述，我们所看到的是，在工业社会中，人们给予了法的精神以至高无上的地位，因而社会治理也被要求以法治的形式出现。在法治模式中，关于道德的作用等并不会受到理论上的否定，即使在实践中出现了道德与法条相冲突的情况，也往往取决于涉事者的判断，甚至会引发人们的争论。同样，当我们说全球化、后工业化意味着一个伦理精神置换法的精神的时代的到来时，也不认为这个即将到来的时代会排斥法条的功能。在社会生活中，那些相对稳定的生活领域或事项仍然会表现出适应于法条规范的情况。我们所说的法的精神和伦理精神作为社会及其社会治理的标志和特征，是就整个社会的基本情况而言的。虽然这是社会基本特征方面的不同，但在以伦理精神实现了社会建构后，对道德、法律的存在形态和发挥作用的方式，则会提出进行相应改变的要求。

在以权力意志为基本特征的农业社会中是存在着法律的，甚至在一些地区发展出了宏博的法律体系，但与工业社会进行比较，则可以看到，无论是法律规范的重心、得以执行的方式还是与权力之间的关系，农业社会与工业社会都有着很大不同。比如，民法学可以在古罗马甚至更早的历史阶段中寻找其源头，但在整个农业社会中，民法规范的重心是放在人们间的分配关系上的，有着对权力的诸多认同，认为许多权力的行使是具有天然正当性的。在工业社会中，民法规范的重心则转移到了人们的平等交往、财产占有和交换关系上了,权力则消失了,代之以"权利"。可以认为,到了后工业社会,在一切需要法律发挥作用的地方,都会看到,人们会更加注重法律的原则而不是法条,规范的重心也将转移到人的行动上来。

应当承认,法条在操作上比较简便,但法条主要适用于常规事项上的判断,至于复杂的、容易引发争议的事项,就需要在法律原则而不是法条的层面上去寻求作出正确判断的依据。事实上,无论是关于法治的理论探讨还是实践,在20世纪后期都明显地存在着一种法律原则化的趋势。进入21世纪后,法律原则化已经展现出某种意识形态功能,即便一些法官,在面对一些复杂性案件时,也会在法条面前表现出犹豫,甚至会认为法条将误导他的正确判断。这种情况在全球化、后工业化进程中会得到越来越多的人接受。事实上,在风险社会及其高度复杂性和高度不确定性条件下,随着社会建构将伦理精神突出到了重要地位上,法律必然改变自身,而法律的原则化,就是一条重要路径。

在实践中,法律的原则化,显然会要求人们在作出法律判断时引入道德合理性的考量。在某种意义上,法律的原则化也可以看作法律实践的道德化。根据法律原则化所作出的判断,要求对事(案)件的具体情况作出充分了解,而不是把法律的逻辑放在首位。当然,即使基于法律的逻辑开展行动,也已经显示出法律原则相对于法律条文的优势。即便如此,我们认为,在法律原则与具体的现实之间,还是应当让法律原则处于从属的地位的。事实上,风险社会及其高度复杂性和高度不确定性的现实对法律实践所提出的恰恰是道德化的要求。正是基于这一现实的实践,把法律原则放到了高于法律条文的优势地位上了。进而,法律原则在道德功能的实现中,所发挥的将是支持、保障的作用。

当我们把视线放在了现实上,就会看到,无数的历史经验告诉我们,当一个共同体遭遇了突发性危机时,人的不屈的积极表现就是,生产出了大量的口号,用来激励人、凝聚共识和协调各方力量。这个时候,不仅法律,而且所有的规则,都有可能临时退场,直到渡过时艰,它们才会重新入席。这说明,口号曾经也发挥了规范作用。这样的话,也就向我们提出了一个问题:在风险社会中,危机事件频发,会不会出现口号遍地的状况?从人类进入21世纪后所遭遇的一些危机事件看,的确出现了口号震天裂地的状况,但我们不认为风险社会中的合作行动会形成对口号的依赖。在某种意义上,我们可以把口号比作"社会兴奋剂"。在历史上,无论是农业社会还是工业社会,使用口号这种"社会兴奋剂"都是有效的,而在风险社会中,面对危机事件频发的状态,使用这种"社会兴奋剂"的效果将会变得极弱。就像体育运动员一样,偶尔服用一次兴奋剂能够使其竞技能力超常发挥;如果天天服用兴奋剂的话,相信效果就不会那样。风险社会中的集体行动如果表现出对口号的依赖,就会使口号变得过多、过滥,致使人们形成对口号的脱敏。

我们认为,风险社会及其高度复杂性和高度不确定性条件下的行动者主要是合作制组织。这意味着我们仍然是在传统的组织视角上去看问题的。的确,在风险社会中的行动话语尚未建立起来之前,如果我们放弃使用组织的概念,会增添很多理解上的障碍。

就组织来看,工业社会中的官僚制组织是"以不变应万变"的典范式的行动模式。即便如此,官僚制组织操作层面上的业务内容依然显得复杂得多了,偶发性的、非常规性的事件不仅不可避免,反而会经常性地出现,以致需要通过业务协调去弥补程序协调的不足。这就是官僚制组织在协调方面的基本情况。显然,不同类型的组织在协调方面有着不同的表现,即便在官僚制组织的诸多具体类型之间,协调方面的表现也有着很大的差异。不过总的说来,工业社会中的组织都包含着"程序协调"和"业务协调"这两条协调线索。可是,当我们将视线转移到风险社会及其高度复杂性和高度不确定性条件下的行动者——合作制组织这里的时候,就会发现它不包含程序协调的机制。

即便在非常保守的意义上说，合作制组织的程序协调机制也是很弱的。

合作制组织中肯定存在着协调的问题，而且合作行动中的协调要远比官僚制组织更强。但是，合作制组织中的协调是非程序性的。或者说，不能用程序协调与业务协调的分类来分析合作制组织中的协调。合作制组织中的协调更多的是从合作理念中汲取力量的。出于合作的要求，行动者拥有似乎天生的配合他人行动的主观追求，甚至会经常性地实现行动上的默契。更为根本的是，所有行动者都持有人的共生共在的理念。所以，对于合作行动者来说，作为外在性设置的程序协调和业务协调即便被设计了出来和设立了起来，也不会发挥强制性的规范作用，合作行动者更多地依赖自身的配合他人行动的主观追求而行动。在风险社会及其高度复杂性和高度不确定性条件下，人的实践意识中最强的将是人的共生共在追求。也正是这一追求，能够在合作制组织这里表现出自动地对行动进行协调的功能。

在风险社会及其高度复杂性和高度不确定性条件下，人的共生共在的理念将主导着人的行动采取合作行动的方式，或者说，决定了人的行动以合作行动的形式出现。当然，为了人的共生共在的行动也不排除对其他行动方式的采用，只要不偏离合作精神，都是允许的。总的说来，无论行动采用什么样的方式，或者说，行动方式在外在形式上也可能是多样化的，但都必须具有合作行动的性质，是可以归类到合作行动中的。这是因为，只有合作行动，才能在风险社会及其高度复杂性和高度不确定性条件下增益于人的共生共在。

总之，人的共生共在的理念是能够对行动形成规范的。即便采用了其他行动方式，也都会成为在合作行动基本背景下的权宜性选择，而且贯穿了合作精神，从而能够得到合作场域的认可和支持。或者说，合作行动是具有包容性的。所有在工业社会中曾经出现过的行动方式，只要能够得到合作精神的重塑，而且能够增益于人的共生共在，就会得到非排斥性的援用。事实上，合作行动也绝不以形式上的差异而排斥其他的行动方式，反而时刻准备着把其他行动方式改造成为合作行动。

费希特说,"没有一个人喜欢恶,是因为恶不好;他在恶中喜欢的仅仅是好处与享受,恶向他预示这类东西,并且在人类现在的状况下也往往确实给他提供这类东西。只要这种状况继续存在,只要恶行有利可图,整个人类的根本改善就几乎没有希望"。[1] 基于某种历史经验,我们说人类历史上的现实所表明的是,善成了人类的每一个成员的共同敌人。但是,这不是指每一个人在主观上都明确地意识到了善是他的敌人,而是因为他总是关注着有利可图的事情,并为了这种事情而用行动去证明他站在了善的对立面。也许正是因为人们把善当作敌人这件事是非反思性的,致使走出这种状态的可能性总是显得很低,以致已经置身于风险社会中的人们,仍然带着这种从恶的惯性。也正是到了这个时候,历史上的一切把善寄托于人的主观追求的理论和做法,都暴露出了局限性。善与恶,如果是由人的主观评价建立起来的,就不可能发挥规范作用。所以,在合作行动中,并不计较善恶的问题,因为合作行动是朝向人的共生共在的目的的。但是,对于合作行动得以发生的社会来说,对善的追求会显得更为强烈,而善的标准正是人的共生共在。

在风险社会及其高度复杂性和高度不确定性条件下,人类已经被迫结成了命运共同体,但在人们还没有意识到这一点的时候,那还只是一个被动的命运共同体。这一事实表明,扬善抑恶是根源于人的共生共在的要求的。以往在个人与集体之间选边思考和论证的所有思想以及理论,都将因为没有能够使具有实践理性的德行获得可持续性而变得不再有价值;所有在集体与个人的基础上进行思考而构造出来的道德信条,也都必然会接受批判性的审视。风险社会中的人们也许不会表达和表现出对善的追求,但合作行动的体制和机制则会以一种规

---

[1] [德]费希特:《论学者的使命 人的使命》,梁志学等译,商务印书馆1984年版,第174页。

范的力量而把人的行为引导到善的方向。毋宁说，合作行动本身就是善行，是为了人的共生共在的善行。

人的偶然的善行也许是根源于人对善的追求，但整个社会所具有的普遍善行绝不是由个人对善的追求引起的，也不是社会全体成员善行的总和，而是客观条件使然。风险社会及其高度复杂性和高度不确定性就是一个无法逃避和必须正视的客观现实。在此条件下，只有人的共生共在才具有现实性，才赋予人类命运共同体成为积极的命运共同体并存在下去的可能性。所以，一切规范都必须从这一现实出发。从主观上说，我们并不排斥规则的规范功能，或者说，我们希望所有能够发挥规范功能的因素都能在场。但是，任何一种因素所具有的规范功能得以实现，都必须有益于人类命运共同体的存续，都应能够增益于人的共生共在。

第六章

"消极平等"与"积极自由"

在18世纪的启蒙运动中，自由和平等是被作为"天赋人权"的第一级权利确立起来的，它派生了人的政治生活以及社会生活中的一切权利。在整个工业社会的发展过程中，人们持续不懈地追求平等。我们把人类所向往、所追求的平等称为"积极平等"。它是社会目标，但又只能说是一种理想。因为，人们在现实中只能寻求和尝试实现平等的各种各样的方式，却无法达到那个目标。在人的所有平等追求都似乎不可实现的情况下，人们却被迫陷入了另一种"平等"状态。风险社会把所有人都平等地置于风险面前了，实现了"风险面前，人人平等"。我们将这种平等称为"消极平等"。在此情况下，人们必须抛弃近代从"一切人反对一切人的战争"中领悟出来的行动策略，应当共同行动，谋求人的共生共在。在风险社会中，如果人们依然沉湎于工业社会的传统政治行动模式中，就会使人类在风险社会中陷得越来越深。这是非常危险的。

同平等一样，自由也是天赋人权的基本内容。也同样是人类自始以来的追求，却又是一种想而不得的理想。从理论上看，自由的概念是包含着一种无法避免的悖论的；在实践中，人类从来也没有找到实现自由的途径，以致自由只能是一个激励人们前进的口号。对自由的追求是具有历史性的，需要在具体的时代以及具体的环境中来认识自由的价值。如果说自由的理念在工业社会中发挥了积极作用，那么在风险社会中，也许是有害的。在风险社会及其高度复杂性和高度不确定性条件下，对自由的追求应当为对自主的追求所置换。自由属于"超验世界"，而自主则属于"经验世界"。把自由从超验世界移植到了经验世界中来，引发了无尽的争论，也对实践形成了困扰。风险社会的现实将人的共生共在的问题推展了出来，要求人们通过合作行动达成人的共生共在的社会目的，因而实现了对自由追求的超越。

工业社会是建立在自由和平等的基石上的。这决定了工业社会的人们把对自由的追求看得高于一切。但是，在风险社会中，关于自由的主张以及对自由的追求都陷入了一种尴尬境地。无论是在理论上还是在实践上，我们都必须看到自由及其追求的历史性和具体性，不存在抽象的绝对性的自由。在工业社会中，自由的话语有着非常强势的地位，但在民主政治中，却陷入了进退维谷的境地。同样，自由追求还遭遇了社会控制的问题，即便是福利国家中的福利依赖，也对自由追求构成了否定。现在，对自由、平等追求的否定，已经不再是逻辑上的了，而是风险社会的现实对它们作出否定。风险社会意味着，工业社会的自由话语将为自主话语所取代。

第一节 平等了，却是"消极平等"

在人类迈过了21世纪的门槛时，首先遭遇的是一个风险社会。也许风险社会是人类全球化、后工业化运动所表现出来的一种社会特征，但就人类社会的发展所呈现出来的是一个走向高度复杂性和高度不确定性社会形态的历史趋势来看，似乎风险社会又不仅仅是全球化、后工业化这一社会转型时期所特有的特征，很有可能与人类的未来长期相伴。总的说来，风险社会的出现意味着人类社会的发展进入了一个新的历史阶段。在这个历史阶段中，风险突现为一种显著的社会现象。特别是危机事件频发，已经证明我们生活于其中的这个时代不同于工业社会了。

在工业社会中，或者说，在资本主义社会中，风险更多的是与个人、群体和阶级联系在一起的，尚未构成社会性的、系统性的风险。在某种意义上，资本主义的分配制度直接地在财富占有上或通过财富占有而制造了风险。正如贝克所说的，"风险分配的历史表明，像财富一样，风险是附着在阶级模式上的，只不过是以颠倒的方式：财富在上层聚集，而风险在下层聚集……贫困招致不幸等大量风险。相反（收入、权力和教育上的）财富可以购买安全和免除风险的特权。依阶级而定的风险分配'规律'，以及因之而来的通过在贫穷弱小的人那里集中风险而形成的阶级对抗加剧的'规律'，早已经被合法化，并且在今天仍适用于风险的某些核心的维度"。[①]

在今天，贫富的两极化等仍然是存在于世界各国的严重问题，而且贫困本身就意味着更多的风险和次生风险与之相伴。但是，这些风险是应当归入传统风险范畴之中的。就人类社会在全球化、后工业化进程中所遭遇的那种新生的风险来看，则是属于整个社会的。更为主要的是，这种风险是不可分配的，不会由权力机构，也不会由资本，去将风险分配给特定的人、群体、阶级去承担。也正是在此意义上，才能够将我们今天的社会称为"风险社会"。正如贝克所说，"风险在其范围内以及它所影响的那些人中间，表现为平等的影响。其非同寻常的政治力量恰恰就在于此。在这种意义上，风险社会确实不是阶级社会，其风险地位或者冲突不能理解为阶级地位或冲突"。[②]

一 近代社会的平等追求

吉登斯认为，在全球化所指向的未来，现代性的"解放政治"应

[①] [德] 乌尔里希·贝克：《风险社会》，何博闻译，译林出版社2004年版，第36—37页。
[②] [德] 乌尔里希·贝克：《风险社会》，何博闻译，译林出版社2004年版，第38页。

当被"生活政治"替代。尽管解放政治的问题都还存在,但人们不再通过解放政治去解决那些问题,而是会去求助于生活政治。"解放政治是生活机会的政治。随着生活政治的到来,解放政治的问题的重要性没有削弱。相反,生活政治的问题逐渐成了政治决定的新条件。生活政治不是一种生活机会的政治,而是一种生活决定的政治。随着传统和自然的终结,它也逐渐浮现出来。在许多解构传统的社会生活领域中,必须作出新的决定。这些决定几乎总是政治性的,并具有伦理和价值尺度。然而,关键的是,生活政治问题不能按照解放政治的标准解决。"[①] 这可以认为是政治的性质发生了变化,其表现形式也必将不同。

我们将人类的第三次启蒙称为"生活的启蒙",所指的就是要通过这场启蒙去改造"解放的政治"。这一点,在风险社会的视野中看得更清晰了。对于解放政治来说,解放是基本主题,政治以及由政治所激发和策划的所有活动,都致力于解放。但是,在风险社会中,我们面对的是生活和生存的问题。我们能从风险中解放出来吗?也许我们有这样的愿望,但更为现实的问题却是我们如何去生活。也许是为了生存而生活,或者,把生存作为生活的基本内容看待。

如果说现代性的政治是专业性的,也就是说,在我们的社会中有着一个专业性的政治领域,那么在生活政治出现后,政治将会变得普遍化,它是遍布于整个社会的每一个角落的,是属于每一个人的,是每一个人都必然参与其中的政治。这应当被看作政治平等得以实现的状态。生活政治显然不同于解放政治,生活政治是风险社会中的政治。与解放政治不同,生活政治不会设定某个不变的状态去让人们从那个不变的状态中走出来。我们认为,18 世纪的启蒙运动实际上就是一场解放的启蒙,它首先实现了政治解放。或者说,政治解放是 18 世纪这

---

① [英]安东尼·吉登斯:《失控的世界——全球化如何重塑我们的生活》,周红云译,江西人民出版社 2001 年版,第 115 页。

场启蒙运动的最大成就。在人与人的关系的维度中，政治解放要求实现人们在政治上的平等，即同样平等地成为公民，平等地拥有人权的全部内容。作为政治解放的进阶形态应当是"人的解放"，这是马克思在对启蒙思想的反思中提出来的课题。

马克思看到，人在政治上实现的平等并不是真正的平等，政治上的平等根本就没有解决人的社会不平等的问题。在人无法获得社会平等的情况下，所谓政治平等也是一种虚假的平等。或者说，当人在社会的意义上是不平等的时候，单单实现了政治平等也是没有什么实质性意义的。事实上，政治平等在实际的政治生活中并不能得到保障，社会不平等依然会反射到政治上来，从而使政治也变得不平等。正是这个原因，马克思提出了更为彻底的解放要求，那就是"人的解放"。然而，从工业社会及其资本主义的发展来看，人的解放的问题一直没有破题，反而是在人类进入了风险社会的时候，才让人的平等以另一种形式出现。这种平等不是人们积极追求的平等，而是一种"消极的平等"，是不得不接受的平等。

在高度复杂性和高度不确定性条件下，由于风险是平等地作用于每一个人的，也就决定了政治不应成为少数人去决定大多数人的命运的活动，更不应是服务于少数人的利益而对大多数人进行支配和剥夺的活动。因为，当风险平等地涉及了每一个人的时候，也就意味着政治不仅关涉每一个人的生活，而且决定了每一个人的生存。所以，人们也就必然会愿意参与也必须参与到政治活动中来。在我们依然用"参与"一词来描述这种政治活动、行动时，就必须看到，在参与方式上，必然采取合作的形式，或者说，这种参与实际上就是合作，是不同于工业社会那种政治体系中心—边缘结构中的参与的。当然，也许政治家于此之中发挥着引领的作用，但就在风险中寻求生存机遇和过一种生活而言，则是通过人们的广泛而积极的合作才能成为现实的。没有合作，任何一个方面的积极性都会被风险的浊水浇灭。

我们知道，在走出中世纪后，特别是在18世纪的启蒙运动中，依据社会契约论的"天赋人权"原则，应对人的平等给予格外关注。事实上，即使是在自由主义那里，也表现出了对人的平等的关注，而且显得极为关切。尽管一些追求平等的理论对自由主义往往是持批评意见的，认为"自由主义之所以拥有平等，并不是由于它重视平等，而是由于它格外关注政府所受到的制约，政府的权力被明确而又客观地限定了。对自由主义来说，权利主要就是授予个人用来对付国家的"。[①] 就自由主义也是在启蒙运动中成长起来的一支宗派而言，虽然没有对平等的问题作出充分诠释，但表现出了对平等的承认，也在申述自由的同时要求把平等作为自由的前提和保障看待。这说明，平等的问题是几乎所有具有现代性的理论和学说都绕不开的话题。

不过，在整个工业社会的几乎所有理论中，平等以及自由又都是被作为一种理想对待的，是抽象的、模糊的原则。所以，如果在观察现实和思考行动方案时，斤斤计较于这些原则，那么必须面对的就只能是一种一无所获或一无所成的状况，至多是形成一些令人心情沮丧的批判性意见，甚至会以愤世嫉俗的形式表现出来。如果说平等以及自由的理想有什么积极意义的话，那就是使制度等各种社会设置的安排有了终极性的目标和标准，从而不至于过于离谱。如果不是这样，而是带有书生气地一定要实现平等和自由的话，那就必然会在工业社会的现实面前碰得头破血流。也正因为如此，工业社会的几乎所有具有典范价值的理论和实践，都从未打算在实现平等和自由的问题上去做出认认真真的努力，而是更多地表现出一种敷衍行事的状况。这也说明，工业文明是有缺陷的文明。

总体看来，一方面，整个工业文明都是建立在人的权利设定的基础上的，把自由、平等的追求放在了至高无上的地位；另一方面，工业社会在每一个领域中都从未打算真正实现人的平等和自由。也就是

[①] ［美］阿瑟·奥肯：《平等与放弃——重大抉择》，王奔洲等译，华夏出版社2010年版，第12—13页。

说，在工业社会中，马克思所看到的那种由"人的解放"所带来的人的社会平等从来也未显现出能够得到实现的可能性。马克思是寄望于一场革命而对资本主义进行否定和扬弃，然后在无产阶级的主持下去实现社会平等。但是，20世纪的经验意味着，马克思所指出的那条道路显然要复杂得多。因为，即使无产阶级在某些地区夺取了"住持权"，也未能完全破解人的社会平等的主题。苏联的教训也就在于，虽然通过革命建立起了社会主义国家，却未将马克思的设想转化为现实，即未真正解决人的平等的问题。

有人认为，西方国家20世纪后半期所试行的福利制度或福利政策在很大程度上解决了人的社会平等的问题。但是，福利政策的执行是通过分配的手段去解决社会差别所导致的生存、生活问题的。既然有分配，就会有结构性的组织形式，就会于其中产生权力。分配者与分配的接受者之间，就不可能有平等。即使出现了平等的现象，也是暂时的，甚至可以认为是假象。另外，一切通过分配的手段展开的行动，都会要求按照某个标准进行。一旦求助于标准，就会使行动停留在形式上。这样的话，在表象的意义上营造出了某种相对平等，而在实质性的层面上也许恰恰是不平等。任何一个分配体系，都意味着一种制度化的不平等与之相伴。

当然，在分配的语境中，客观视野中的平等是被表述为公平、公正等主观评价的。在实现这种语词转换的时候，是否导致了平等的某些内涵的流失，也会成为一个问题。由福利政策构造出来的分配体系，可以将所有进行分配的事项都称为公共服务，即通过强调那些事项的公共性而淡化平等的问题，从而将人们的关注从启蒙思想的平等和自由追求中转移开来。这样的话，只不过是回避了平等的问题，并不意味着对这个问题的解决。单就公共服务而言，倡导竞争的社会达尔文主义对公共服务是持激烈反对态度的。他们认为，这些不用付费的公共服务实际上增加了那些享用者的收入，而一个社会中的成员却又不是平等地享用了公共服务。因而，公共服务本身造成了不平等。另外，任何一种形式的公共服务，都会因为享用者不需付费而不能受到应有的珍惜，因而会不可避免地导致浪费。从社会达尔文主义对公共服务的反对意见看，如果在实践中过多地关注平等的话，势必会引起另外一些问题。

从理论上看，公共服务的实践是建立在公共利益概念的基础上的。公共利益概念的提出，显然是对社会契约论的平等原则的否定，或者，也可以看作对平等原则的深化。总之，是朝着脱离启蒙思想的方向运行的。基于人的平等的原则，就会提出利益分配均等的要求，就会把共同体共有的利益理解成一种可以进行平均分配的"蛋糕"。可见，在公共利益的概念中，平等的理念得到了扬弃，从而成为一个抽象的范畴。同时，公共利益也仅仅是一个概念，或者说是一种抽象的观念。人们在实践中能够看到的，是并不均等的具体利益以及私人利益。如果说公共利益是包含在具体利益和私人利益之中的一种抽象性的存在，那么也就只有在维持这种抽象状态时，才能够平等地相对于其覆盖范围中的所有人。一旦公共利益需要以实物的形态出现，就不再可能平等地相对于所有人。比如，并不是一个社会中的所有人都能够平等地享用公共物品。当然，公共利益在自由主义体制中与在福利国家体制中的表现不同，福利国家把公共利益转化成了公共物品，使抽象的概念具象化了。但是，公共物品范围的扩大和形式的增多，又必然会引发一个由什么因素来对它提供支持的问题。为了解决这个问题，无论采取什么样的措施，都会触及到平等的问题。不仅牵涉到如何理解平等，而且会表现出为了一个方面的平等而牺牲了另一个方面的平等。

在发展的维度上，公共利益的概念应当说更有利于促进平等的实现，即把社会契约论静态的平等改造成了动态的不断得到实现却又永远无法实现的平等。当然，在理论叙事中，公共利益与平等似乎是两个关联度不高的概念。一般说来，运用公共利益的概念所展开的是一个方面的叙事，而在使用平等的概念时，所展开的往往是另一个方面的叙事。不过，就这两个概念作为理论叙事的基本原则和起点来看，在政治学及其相关学科的发展中,是有着用公共利益的概念去置换平等概念的理论取向的。

到了20世纪中后期,当学者们的关注重心转移到了公共利益上来的时候,平等的理念则游离出了理论视野的中心。也许正是由于理论的叙事中心转向了公共利益,在实践中,可以看到20世纪的中后期的社会发展所表现出来的情况是,社会达尔文主义关于公共服务的反对意见并未受到采纳。反而,公共服务的形式越来越多样化,所遍布的领域也得到了持续扩大。20世纪后期以来,社会治理的重心基本上转移到了公共服务上来,而且政府乃至整个社会治理体系的合法性,也在很大程度上取决于公共服务的状况。我们承认,公共服务是不可能为一个社会的全体成员平等地享用的,在某种意义上,公共服务在原则上应当更多地向低收入人群倾斜。虽然这在表面上看背离了平等原则,却又是合乎社会正义的。或者说,它是对经济不平等的某种纠正,因而合乎社会正义。

社会正义不能归结为平等,反而是需要通过一种不平等去纠正另一种不平等。而且,这种纠正也不可能达致平等,只是在一定程度上缓解了不平等的压力。由此看来,20世纪的实践是在追求平等的过程中而实现了对平等的超越,即把对平等的追求转化为对社会正义的向往。显然,这种对平等的超越是非常积极的,使平等不再囿于社会的某个局部或领域之中,不再停留在表面上,而是获得了某种实质性的内涵。所以,我们认为这是一种"积极平等"的状态。或者说,在社会正义的范畴中,包含着一种"积极平等"的内涵。

二 不平等的积累与风险社会

古代人向往自由而不追求平等,相反,他们都认同不平等,会把不平等看作固有的宇宙秩序。可以认为,是近代以来的人们,才把对平等与自由的追求看得同等重要。在启蒙思想家的人权构想中,自由与平等是被作为产生出一切其他权利的基本权利看待的,是权利之母。

然而，工业社会的资本主义性质又决定了，关于自由与平等的讨论只有被限制在政治领域中才是有意义的，一旦超出了政治领域的界线去观察和思考自由与平等的问题，就会陷入无比也无尽沮丧的境况中。

实际情况是，虽然我们认为启蒙运动通过政治解放而使人们获得了平等的政治权利，因而每个人在政治设定中是平等的，但在艾丽斯·杨看来，工业社会的现实却是，"结构性的社会与经济的不平等通常会导致政治不平等，使某些群体相对而言会被排除在富有影响力的政治讨论之外。所以，那些穷人和工人阶级成员通常不能使他们的利益和视角像那些富人与中产阶级成员那样得到良好代表"。[①] 这种现象在实质上就是一种政治不平等，但它又与农业社会等级结构中的那种不平等是不同的。而且，根据启蒙思想的设定，平等人权是得到了承认的。所以，我们是把这种不平等视作中心—边缘结构中的不平等，而不是等级秩序中的不平等。正是在这种中心—边缘结构中，一些群体在政治乃至社会的边缘而受到歧视、忽略甚至排斥，从而让我们看到，工业社会仍然是既不自由也不平等的社会。如果说自由受到限制所带来的仅仅是一些怨恨的话，那么不平等则直接地导致了各种各样的矛盾和冲突。

在工业社会的资本主义条件下，实现平等是非常困难的，甚至可以说，关于平等的追求，只能作为一种理想看待。根据德沃金的看法，在20世纪60年代之前，许多政治家自我标榜"自由主义"，他们有着明确的自由主义政治立场，诸如"赞成言论自由、反对新闻审查，赞成种族之间更大的平等，反对种族隔离政策，赞成宗教和国家明确分离，赞成给予被起诉的嫌疑人更大的程序保护，赞成对'道德规范'犯规者实施非刑事处理，尤其是对吸毒者和成人间自愿的性关系违规者实施非刑事

---

① ［美］艾丽斯·M. 杨：《包容与民主》，彭斌、刘明译，江苏人民出版社2013年版，第176—177页。

处理，赞成大胆运用中央政府权力以达到所有这些目标"。①

然而，"20世纪60年代和70年代的一系列发展产生了自由主义究竟是不是一个明确政治理论的疑问"。② 环境问题、经济增长问题、政治组织策略问题等，都对自由主义构成了挑战，以致政治家们不再愿意表明自己与自由主义之间有什么关系。比如："里根政府的经济委员会在一份报告中竟不隐讳地赞同了上述功利主义主张，它指出：里根的经济政策旨在避免特别关注极度贫困的人，即那些将承受永久损失的穷人！"③ 这显然违背了自由主义的基本原则，而且也是抛弃平等追求的一种公然宣示。也就是说，在政治家们发现平等无法实现的时候，还可以宣示自己是自由主义者。随着自由主义的原则在现实面前受到挑战的时候，不仅抛弃了对平等的关注，而且连同自由主义一道抛弃了。如果说自由主义者还承认有限平等的话，那么在自由主义不再被坚持的时候，有限平等也不见踪影了。

应当说，工业社会是由民主主张主导的社会，民主理论获得了至高无上的话语权。然而，"大多数民主都是资本当道，资本主义（与其他经济体制一样）产生了不平等，正是这种不平等，使得民主制度中的决策在程序上远非公平"。④ 反映在社会生活中，当社会差异扩大到富人喂养宠物的食物比穷人哺育后代的食物更昂贵、更精致的时候，就说明人的不平等已经达到了无以复加的地步，社会不安定的种子也就开始萌芽了。在此条件下，如果社会治理不是首先去清除贫富对立，而是将精力放在了增强社会控制方面，那就像是给社会这只高压锅持续加压，直到这只高压锅爆炸为止。

---

① ［美］罗纳德·德沃金：《原则问题》，张国清译，江苏人民出版社2012年版，第225页。
② ［美］罗纳德·德沃金：《原则问题》，张国清译，江苏人民出版社2012年版，第225页。
③ ［美］罗纳德·德沃金：《原则问题》，张国清译，江苏人民出版社2012年版，第262页。
④ ［美］塞拉·本哈比主编：《民主与差异：挑战政治的边界》，黄相怀、严海兵等译，中央编译出版社2009年版，第64页。

第六章 "消极平等"与"积极自由"

不仅不自由会引起怨恨,不平等也会引起怨恨,而且是更大的怨恨,甚至会直接地释放出来。舍勒认为,平等是弱者的呼喊声。因而,"现代的平等论显而易见是怨恨之作,无论平等论以验证一种事实的姿态出现,还是以提出道德'要求'的姿态出现,抑或以两者兼而有之的形象出现。无论涉及的是何种平等:道德平等,财产平等,社会的、政治的、宗教的平等,平等诉求表面看来都是无害的;然而,在这种平等诉求背后总隐蔽着一个愿望:处于价值标准高、占有更多价值者贬低下者的位置。这不是明摆着的吗?感到自己有力量或恩典的人,没有一个会在某种价值领域的力量竞赛中要求赢得平等!只有害怕输掉的人才会要求把平等作为普遍原则"。[①] 或者干脆说,在不平等的社会中才会产生平等要求,平等要求就是不平等的社会中弱者抒发怨恨的一种方式。

既然平等要求中包含着怨恨,或者说平等要求无非就是怨恨的直接表达,那么在行动上,就极有可能以采取破坏活动的形式出现。至少,会要求把位置高的、突出的人或事拉低以实现平等。就工业社会这个历史阶段的现实来看,平等要求所表现出的基本上就是把高出来的那部分拉低的行动。的确,平等是工业社会中的基础性价值,但这个社会的资本主义属性又时时处处制造不平等,从而使这个社会自始至终都处在关于平等的争议和斗争中。而且,这也构成了工业社会中的基本矛盾的一部分。

在全球化、后工业化进程中,当社会的高度复杂性和高度不确定性平等地施加于人的时候,在寻求风险社会中的生存之道的时候,对人们提出的要求应当是,每个人都应为了人的共生共在去把握和寻求行动的机会,应拒绝一切平等观念的羁绊。所以,就高度复杂性和高度不确定性条件下的合作而言,是对平等的超越。在合作行动中,行

[①] [德]马克斯·舍勒:《价值的颠覆》,罗悌伦等译,生活·读书·新知三联书店1997年版,第128页。

动者并不把平等作为铭记于心的价值观念，不会关注平等的问题。他们是平等的，因而不在意平等。或者说，人们已经在风险面前变得平等，因而不应再关注人与人之间是否平等，不应因为关注平等的问题而产生怨恨。

从社会结构的角度看，尽管资产阶级革命消除了封建等级制，但又建立起了一种新的等级。也许人们在理论上并不承认这个社会的等级，而且我们从来也不承认现代社会是一个等级社会。但是，如果我们在社会的中心—边缘结构中也读出了隐蔽的等级，也就明了，只要存在着等级，就会在等级中形成人与人之前的势差。即使我们不把社会的中心—边缘结构看作等级现象，也依然可以看到人与人之间的势差是客观存在的。这种势差在形式上也反映为人与人的不平等，而且是一种结构性的和相对稳定的不平等。这种不平等意味着，受压迫者往往会处在一种持续的受压迫状态。人们在改变受压迫状态这个问题上，表现出的是无力和无能。这种无力和无能一旦与不接受压迫甚至反抗压迫的心向耦合，就产生了怨恨，并进入一种怨恨持续增长和积累下来的通道中。个人如此，民族及其国家也有着相同的表现。但是，在民族及其国家中积累起来的怨恨，则是由个人承载的。当然，在把现代社会作为阶级社会看待时，所强调的是人们的群集状态，也就看不到怨恨的存在。但是，现代社会是建立在原子化个人的基础上的，在人以个人的形式出现的时候，人与人关系上的不平等又必然会引发怨恨。

在现代社会中，一般说来，是不可能以阶级、组织和国家体制的形式去承载怨恨的，至多是以某种意识形态的形式去承载怨恨。由于怨恨是由个人承载的，所以，也更为经常性地通过行动去加以表现和诠释。其中，也不乏表现与诠释怨恨的组织化行动。或者说，一旦需要发泄怨恨的时候，就可能不限于个人的行为，也会以组织化的方式去开展行动。21世纪初出现的恐怖主义基本上就属于这种表现和诠释怨恨的组织化行动。我们已经指出，是因为国际社会中存在着很长时期的对"中东"地区人民的压迫,使这个地区积累了无尽的怨恨,从而导致了恐怖主义行动。许多学者试图在伊斯兰教与恐怖行动之间寻找某种联系,其实是找错了方向。即使这一宗教中的某些极端教派参与到了恐怖主义行动的组织过程之中,也只能说它们在释放怨恨的时候是把宗教作为组织手段和途径加以利用了。或者说,是利用宗教去遮掩了他们的面目。所以,不应因此而把宗教理解成恐怖主义行动的根源。对于恐怖主义及其行动,必须与宗教区分开来,应当从压迫结构中去加以认识。

一方面是等级结构中的压迫培育出了怨恨;另一方面则是世界中心—边缘结构中的压迫制造出了地区性的怨恨。这两个方面的怨恨都需要得到发泄,因而以恐怖主义及其行动的形式出现了。重要的是,我们这里所说的两种类型的压迫和怨恨并不是孤立的,而是合二为一了。在北非、中东一带,来自西方国家的压迫与这一地区自身的等级结构是同构的,以致怨恨以及诠释怨恨的方式汇集为统一的恐怖主义行动。虽然引起怨恨的具体原因是非常多样的,但人的不平等以及在不平等结构中产生的压迫、剥削则是怨恨的根源,而怨恨的释放又往往是以过激的行动方式出现。当怨恨的发泄屡屡指向了无辜的人,招致了天怒人怨,对它进行谴责。

舍勒说,"从真正的道德来看,坏结为帮只能增加坏的程度……怨恨之人于是越聚越多,把他们的团伙意识看作取代起初被否定了的'客观之善'的替代品。在理论上,具体的善也被'人类意愿的一个普遍有效的法则(康德)置换,或者更糟,将'善'等同于'与族类相应的意愿'"。[①] 当怨恨群体达到了一定规模,从中产生出怨恨文化,也就是自然而然的事了。随着怨恨文化的强化和传播,就会把更多的人吸纳到怨恨人群体。怨恨文化是具有很强的征服力的,人们之间的

---

① [德]马克斯·舍勒:《价值的颠覆》,罗悌伦等译,生活·读书·新知三联书店1997年版,第131页。

不平等为怨恨文化的扩散提供了巨大的助推力。事实上，怨恨文化正是在人的不平等之中产生的，人的不平等就是怨恨文化的土壤。

在风险社会的生成问题上，我们并不认为由社会不平等所引起的怨恨是基本原因。事实上，也的确有更多的理论认为，人们之间的利益冲突、资本对自然以及社会关系的破坏等，导致了风险社会。不过，由上述所说的怨恨带来的影响，以及通过怨恨发泄所作出的诠释，在社会风险的增长中，肯定发挥了巨大的作用。怨恨的诸多社会效应也许是非常隐蔽的，人们也许很难把一些对社会、自然以及人的生活秩序构成破坏的因素与人的怨恨联系起来。可是，如果去认真观察的话，还是能够发现怨恨生成的根源。在许多情况下，民族主义、民粹主义往往正是由怨恨激发出来的。而且，在民主制度运行之中，许多政治家也恰恰擅长于运用怨恨去煽动民众，以便从怨恨所激发出来的民粹主义中获取自己所期望的利益和达成某些政治目的。

三　风险社会中的"人人平等"

工业社会的资本主义一面往往激发出强烈的平等追求，或者说，是这个社会中的形式多样的社会不平等对人造成了高烈度的刺激，使得人们渴望平等。然而，工业社会中的人们并不知道实质意义上的平等是什么样子，而是满足于形式上的平等。或者说，这个社会中的平等追求总是停留在历史以及社会的表象上，从来也未得实质性的实现。比如，资本主义的几乎所有核算机制都是通过货币进行的。然而，货币无非是一个标准，即尺度。用这个尺度去量社会生活中的一切，似乎立即就判定了平等的状况。人们因为拥有货币可计量的财产等因素，反映了社会平等的状况，至少反映了人们在经济平等方面的状况。

当货币成为一般等价物和普遍性社会尺度后，"货币面前人人平等"似乎成了最真实的一面。的确，无论你有着什么样的社会地位，一块钱在你手里都仍然是一块钱。可是，这种平等在经济生活乃至整个社会生活中只是一种假象或幻象。因为，一块钱相对所有人的平等却是撇开了物的时候才表现出来的一种状况。一旦与物结合了起来,一旦在具体的场境和时间中,平等的假象和幻象就破灭了。事实上,货币本身也是具有不确定性的。当我们说某种商品涨价了的时候,其实这个商品还是原来的商品,其价值并未发生变化,一块面包依然可以作为你的一顿早餐。所以,涨价只是一种假象,在实质的意义上,则是作为尺度的货币发生了变化。是这个尺度的刻度缩短了,即货币贬值了。不过,也许是因为人们已经相信了尺度的恒定性,才会妄断商品涨价。可见,货币在交换的过程中营造出的其实也是一种平等的假象。货币本身并不具有平等的功能,反而可以用来掩盖资本主义社会中的诸多不平等。在金融垄断的资本主义条件下,货币的不确定性正是人为制造出来的,而且这种不确定性也恰恰成了破坏平等的利器。

关于货币,人们将其理解成商品价值的符号,是因为货币能够标识商品价值而成了交换媒介,并在交换中发挥着平等的功能,尽管那只是一次性的或特定时间范围内的交换中的平等功能。不过,把货币首先定义为商品价值的符号,然后让其充当媒介而把交换者联系在一起,也许是一个逻辑顺序上的误植。如果对这个逻辑进行颠倒即还原其历史的话,就会看到,货币首先反映了物与物、人与人之间的关系,然后才被作为价值的符号。这个逻辑顺序决定了我们如何去认识货币的功能,从而回答货币是否有形塑和促进社会平等的功能这样一个问题。这就是马克思在写作《资本论》时所遵循的"研究逻辑"。

应当承认,在交换过程中,作为我们这里所说的逻辑末端的价值符号发挥了作用,以商品价值符号的形式出现而成为交换媒介,发挥了平等的功能。但是,这只是一种表面现象,是在对现实的静态分析中所看到的货币功能。如果看到了商品和货币的流动状态,货币的平等功能也就不存在了。总之,通过分析的方式把货币定义为商品价值的符号,理解了它的一般等价物的性质,在认识的意义上都是没有问题的。如果再向前走一步,以为货币具有了平等的社会功能,即认为货币面前人人平等了,那肯定是一种误解。之所以会产生这种误解,是因为没有看到货币的流动性和不确定性。也就是说，被作为平等尺度的货币自身都是不确定的，它如何能够担负起平等的功能呢？

如果去看货币发生史的话，就会看到，人们并不是通过分析而从商品中发现了价值，然后发明了货币去表征和标识商品的价值。货币史的事实是，在人们发现了价值之前很久远的年代，就已经发明了货币。所以，人们最初的时候是要在不同的物之间建立起联系，从而发明了货币去标识不同的物之间的关系，将不同的、原先没有关系的物品联系起来。就货币在物与物、人与人之间建立起来的联系看，是一种非常表面性的联系，而且具有随机性和偶然性，属于不稳固的联系，甚至具有"反稳固性"的功能。或者说，货币的发明和应用，恰恰是要打破人们之间原先稳固的社会关系，在某些方面和一定程度上，建立起随机性的、偶然性的和一次性的联系。至于物与物之间、人与人之间的平等或不平等的问题，在货币的发明和使用过程中，并未纳入考虑的范畴。把货币与平等放在一起进行诠释，可能属于近代以来的人们的一种穿凿附会。

只有当人与人之间的关系具有稳定性的时候，才会有着平等与不平等的问题。由于货币在根本上会对人与人的稳定性关系造成冲击，因而它与平等或不平等是没有什么关系的。至少，货币不会对社会平等的追求形成支持。如果强行地把货币与人的平等关系联系在一起的话，也只能说货币在很大程度上助长了社会不平等而不是平等。正是货币，使财富与贫穷在两极积累时变得更加方便。所以说，货币所助长和促进的是不平等，带来了部分人的过度消费，破坏了生态、环境，腐蚀了人际关系。最为恶劣的是，每日每时都生产着社会风险，并将社会风险积累了起来，以致把整个人类带入了风险社会中。可以说，在风险社会降临的过程中，是有着货币的一份"贡献"的。如果说"货币面前人人平等"是一种误解的话，那么在风险社会中，"风险面前人人平等"则成了现实。总之，货币面前的人人平等是一种"假平等"，实际上恰恰是一种不平等。这是因为，其一，货币作为标准的刻度是变化着的；其二，货币所代表的关系是变化着的；其三，货币促进了贫富差别。风险面前的平等才是"真平等"，而且其现实性也是最强的。在风险社会的条件下，面对风险，人的身份、地位以及占有上的差别全部都被抹平了。但是，这种平等却是消极的。

在现代思想史上，尼采因其特立独行而著名，他的哲学思想是被作为现代哲学史上的一个异例而常被人们提起的。尼采在对民主体制提出批评时，其理由是民主体制否定了精英制，而尼采则更希望为了社会的秩序而保留精英制。在尼采的眼里，民主体制"体现了对一切伟人和精英的怀疑。因为它代表'人人平等'，'质而言之，我们大家都是自私的畜生和庸众'"。[①] 我们不赞成对民主体制的这种辱骂，即便从道德的意义上审查民主制，也不应作出这种不理性的评价。就民主体制的实际运行来看，由于代表制的设立，其实从来也没有排斥过精英，反而恰恰不断地制造出精英，甚至生成了不少精英神话。如果扩大到整个社会治理体系的话，我们还会看到另一类精英的存在——技术精英。实践是真实的，在尼采生活的时代，精英民主已初露端倪。在20世纪，精英民主已经构成了一种稳定的民主模式。直到协商民主理论出现后，它才受到了质疑。

正是在精英民主与精英治理的无缝结合中，普通民众才成了"畜生和庸众"。但是，在全球化、后工业化进程中，当我们提出用合作体制来置换民主体制的时候，不仅不是对民主的拒绝，反而是对民主目标实现道路的新开拓。合作体制既不怀疑更不排斥精英，反而会在专业化的意义上为每个人成为"精英"提供更为自由的空间，鼓励每个人都获得成为精英的志向。从而彻底告别一些人命中注定成为"庸众"的历史。在合作体制中，每一个人都可以对在合作行动中作出自己独特的贡献。最为重要的是，我们所说的合作是具有必然性的。因

[①] ［德］尼采：《权力意志——重估一切价值的尝试》，张念东等译，商务印书馆1996年版，第136页。

为，人类已经进入了风险社会，在风险构成了对一切人的威胁的情况下，人们除了合作之外，别无选择。

近代早期的人们因为发现了"一切人反对一切人的战争"，从而设计出了"社会契约"，形成了法律制度及其治理，让人们在法律面前表现出人人平等，并且用民主去为法律制度及其治理提供保障。今天，因为处在风险社会之中，我们所遇到的不是"一切人反对一切人的战争"的问题，而是人的共生共在的问题。或者说，因为人类进入了风险社会，使人的共生共在的问题凸显了出来，从而对"一切人反对一切人的战争"形成了冲击。在风险社会中，如果人们还是坚持那种从"一切人反对一切人的战争"中领悟出来的行动策略的话，也许自己就会首先遭遇风险的威胁，即置身于危险之中。因为，风险相对于每一个人、每一个国家都是平等的，应对危机的挑战应当是共同行动的事项。面对人类的共同威胁，如果人们不愿意合作行动，而是继续在人与人之间制造冲突，就会使风险迅速增强。

在预言政治发展走向未来的趋势时，贝克认为，一种无中心的政治将会生成。"政治将自身在某种意义上一般化了，其变得'没有中心'。这一从行政政治向政治过程的转变之不可替代性——它同时失去了唯一性、对立物、概念和行动模式——这不是一个令人悲哀的状况，在其中，一种现代化的不同时代宣告着自身，它以反思性作为自己的特征，功能分化的'法则'因分化（风险冲突与合作、生产的道德化和亚政治的分化）而被颠覆和消除。"[①] 这也许是整个社会的所有方面都实现了充分分化的状态。因为这种分化，每一个行动单元都具有了政治的属性，都投身于政治活动之中，让处置任何一项风险的任务都成为政治行动。

在一个"无中心"的社会中，任何垄断都将不存在。"随着工业社会的出现并被构建进它的制度的垄断今天被打破了。垄断被打破

---

① [德] 乌尔里希·贝克：《风险社会》，何博闻译，译林出版社2004年版，第287页。

了——科学对理性的垄断，男性对工作的垄断，婚姻对性行为的垄断以及政治对政策的垄断——但世界并没有崩溃。因为各色各样的原因，所有这些开始崩溃了，并伴随着多样的不可预测的和暧昧的结果……风险社会带给痛苦的人类的不确定性另一面是此种机会：发现并促进现代性所允诺的平等、自由和个性表现的增加，反对工业社会中的限制、基本规则和进步的宿命论。"① 也许贝克因为看到风险社会的出现而变得情绪紧张并语无伦次，但他想要表达的则是，风险社会已经不同于此前的历史阶段了，一切都处在重新组合的过程中，需要建立起全新的观念并指导行动。

在风险社会中，我们深切地体会到，近代以来关于平等的追求过于天真了，因为它没有考虑到有两种性质的平等。或者说，风险社会让人类对平等的追求显现出了两种情况：一种是"积极平等"；另一种是"消极平等"。

积极平等是历史进步的目标，要求人们通过消除不平等的行动去实现它。但是，从工业社会的发展过程看，人的平等一直是一个遥远的目标，更多地以理想的形态存在着。消极平等则是今天的现实，是风险社会中的现实，是我们必须面对的和必须加以克服的一种状态，因为我们谁也不想要这种平等。但是，对消极平等的克服绝不是要创造出不平等，而是要求超越平等议题上的争执，即把人的共生共在作为新的主题。人的共生共在和相互依存必须建立在人的真实平等的基础上。这个问题是在社会的高度复杂性和高度不确定性的背景下提出的，与人类曾有的任何共生模式都不一样，人们不可能在统治、压迫、剥削等社会体制中实现共生共在。在简单的和确定的社会中，地主与佃农的共生；在低度复杂性和低度不确定性条件下，资本家和雇佣工人的共生，都是可以从容地容纳他们间的冲突和斗争的。然而，在高度复杂性和高度不确定性条件下，冲突和斗争的后果却是不堪承受的，

---

① [德] 乌尔里希·贝克：《风险社会》，何博闻译，译林出版社2004年版，第288页。

不可能有胜利者。即便是暂时的胜利，也不可能出现，唯一的结果就是共生关系受到威胁。

在揭示了人类社会当今所面临的诸多严峻问题后，阿伦特是寄托于奇迹出现的，而且她自信地宣称人类肯定能创造出这个奇迹，"因为人类历史进程源于人类的首创精神，同时又常常被新的首创精神所打断"。[①] 所以，阿伦特认为，人们在一切困境中，或者说，在历史形成的每一个节点上，所应做的选择就是"行动"。只要行动，就能够让人表现出创造奇迹的才能。阿伦特说，"我们的语言为这种才能提供了一个普遍而老套的词——'行动'。行动的独特之处在于，它嵌入在运动进程之中，而这个进程在其自动性方面酷似自然的进程。行动还标志着某种东西的开端，开启某种新的东西，掌握主动权，或者用康德的话来说，开启它自身的因果链条"。[②]

历史本无开端处，是人给了历史某个开端，福柯是把人的当下行进中的每一个点都作为历史的开端处的。在历史行进中的每一个新的开端处，人们都会把某种要求、愿望提出来，并付诸行动，从而生成一种由历史事件构成的因果链条。比如，在近代开始的这个属于我们的历史阶段中，人们提出了自由、平等的要求。因而，我们在整理这个历史阶段中所发生的各种历史事件时，就可以在某个因果链条中将那些事件排列起来，赋予这些事件以某种福柯所说的"次序"。而且，我们也在这些被赋予次序的事件中，解读出逻辑上的合理性和历史上的必然性。既然人拥有创造奇迹的"神秘才能"，既然人能通过行动创造奇迹，那么解决所有问题的出路，也都包含在了人的行动之中。所以，当我们在风险社会中陷入一种消极平等的状态时，并不意味着人类在整体上就失去了信心，而是需要把全部希望放置在我们的行动之中。

---

① ［美］汉娜·阿伦特：《政治的应许》，张琳译，上海人民出版社2016年版，第106页。
② ［美］汉娜·阿伦特：《政治的应许》，张琳译，上海人民出版社2016年版，第106页。

第二节 自由追求的现实困境

一想到自由，罗丹的作品就会浮现在眼前。伟大的作品可以作出似乎矛盾的命名。罗丹的一尊雕塑可以命名为"自由地思考"，因为那是一个裸体，意味着自由而没有任何束缚。同时，就作品中所呈现的是一种思考状而言，命名为"思考自由"也许更为贴切一些。在人们通常的理解中，自由就是不受束缚。有人认为那尊雕塑表现了一种沉静的思考，但在我们的直觉中，那种姿势所表现的却是一种深沉的痛苦。其实，那种愁眉苦脸的状态显然是要表明，思考是痛苦的。在世间，对什么问题的思考才能致人如此痛苦，显然是自由的问题，也许因为自由在世间的不可实现而使得思想者变得无比痛苦。如果那种赤身裸体的状态意味着自由的话，那么所思考的就是这种状态如何可能的问题。所以，对那尊雕像更准确的命名应当是"思考自由"。"自由地思考"与"思考自由"是两个不同的问题，也是两种不同状态，而罗丹的雕像却完整地包含了这两个方面，以至于每一个欣赏者都可以形成自己的认识和主张，即作出自己的理解和解释。也正是因为它有着广阔的向外延伸的空间，才被认为是一件伟大的作品。

伟大的作品中是包含着超验世界的。超验世界中的东西是不会存在于现实世界中的，但人们却向往着将超验世界的东西搬到现实世界中来。一些分不清超验世界与现实世界之区别的人，往往会将现实世界中的东西与超验世界的东西混淆了起来。自由是超验世界中的东西，只有在思想不受现实羁绊的时候，才能够想象自由，才会思考自由。还有一种情况，就是在受限制、被压迫的情况下，才会向往自由。后一种情况意味着，自由是存在于受限制、被压迫的对立面的。现实世界中的人恰恰是受限制和被压迫的，人们向往的自由从来也未降生到现实世界中来。

陶醉于自由的畅想中，忘情地向往自由，是非常美好的梦境。但是，人们往往会把梦境当作现实，试图在现实中实现在梦境中所看到的东西。所以，才有了对自由的追求，而且有了相关理论探讨，甚至这还成了一个持续讨论数百年的话题。当超验性的自由被移到了现实世界中来的时候，也是可以作为一种理想而激励人类前行的。但是，由于出现了诸多探讨自由问题的理论，使得那种美好的超验存在沾染了世俗性的烟火气，而且在理论的逻辑中也必然会陷入某种悖论之中。正是如此，对自由的思考是痛苦的。

一 自由是一种规定

自由是人权的基本内容，由于人权被说成是天赋的，所以自由具有神圣性。不过，在伯林对自由的概念进行分析并提出了"消极自由"与"积极自由"的区分之前，人们所理解的自由是含混的，只是指一种与受到束缚、限制和压迫相比较的状态。而且，在自由是从哪里来的问题上，人们也只记得启蒙思想所说的，是人的一项与生俱来的权利，往往不再追问为什么人会拥有这样一项权利。或者说，如果自由亦如人的肢体一样与生俱来，为什么还需要由启蒙思想家们指出这一点呢，而且还需要不断地申述。柏林的贡献在于面向未来而思考自由，即通过对自由状态的分析和描述，指出人们应当去争取什么样的自由。

针对启蒙思想把自由作为人的基本权利的问题，哈贝马斯指出，权利并不是一个"自然法"的范畴，而是来源于规定。"思想和信息自由，集会和结社自由，信仰、良心和信教自由，参加政治选举和投票的权利，参加政党或公民运动权利，等等。在一个对权利体系作有法律约束力之安排的制宪行动中，对由此以施为地自我指涉的方式而形成的政治自主作了一种原初的运用。因此，我们可以把历史上种种宪法的基本权利段落理解为对同一个权利体系的依赖于情境的解读。"[①] 的确，就权

---

① [德]尤尔根·哈贝马斯：《在事实与规范之间——关于法律和民主法治国的商谈伦理》，童世骏译，生活·读书·新知三联书店2003年版，第156页。

利是法的精神的实质性构成部分而言,正是通过法律而确立起来的。也就是说,"这些权利被人意识到,仅仅是在一个特定的宪法诠释的过程之中。事实上,当公民在以一种同其情境相一致的方式来诠释那个权利体系的时候,他们仅仅是在阐明,从他们决定用法律来合法地调节其共同生活那一刻起就已经开始了的那个事业,具有什么样的意义"。① 不过,我们需要看到的是,在工业社会这个历史阶段中,权利被置于话语中心了,因而有着某种神圣性。但是,这并不意味着在人类历史的每一个阶段都会给予权利这种地位。可以认为,在人类走出工业社会的历史阶段后,也许人们就会将权利作为一种知识而不是实践范畴对待,即不会在人们的交往关系以及社会生活中主张权利。

显然,权利是为"原子化"个人设置的一种规定,当社会不再建立在原子化个人的基础上的时候,这种设置也就失去了意义。在风险社会及其高度复杂性和高度不确定性条件下,当人的生存必须建立在"人的共生共在"的前提下的时候,也许权利的主张就变成了生存权。或者说,权利的其他内涵逐渐地丢失了,剩下的只有生存权这一项内容了。在人的生存权中,对自由的追求乃至向往即使还存在,也不可能被放在中心位置上,至少生存的要求要比对自由的追求更为迫切。由于个人的生存权又是以人的共生共在为前提的,个人对自己的生存权的主张,也需要付诸他为了人的共生共在的行动。因而,对自由的关注以及对自由的申述也许就会变得没有什么意义了。

在工业社会的历史阶段中,如哈贝马斯所说,理论论争主要存在于个人主义思路与集体主义思路之间。"强调个人优先和民族优先的个人主义思路和集体主义的思路,当然是从一开始就处于竞争之中的。但政治自由始终被理解为一个自我决定和自我实现之主体的自由。"②

---

① [德]尤尔根·哈贝马斯:《在事实与规范之间——关于法律和民主法治国的商谈伦理》,童世骏译,生活·读书·新知三联书店2003年版,第156—157页。
② [德]尤尔根·哈贝马斯:《在事实与规范之间——关于法律和民主法治国的商谈伦理》,童世骏译,生活·读书·新知三联书店2003年版,第626页。

也就是说，只有在个人主义的思路中，才有自由的问题。如果在集体主义的思路中去思考自由的问题，就会陷入一种理论泥淖之中。个人主义的思路与集体主义的思路意味着两种不同的社会建构方案。在个人主义的社会建构方案中，需要优先考虑个人的自由。个人主义的社会建构方案就是从人的权利出发的，而自由则是权利中的最为基础性的构成部分。集体主义的建构方案则没有这样一个终极性的出发点，所以不接受形而上学的证明，而是更多地表现为制定"箴言"和宣示"教义"。

当然，并不能说基于这两种思路的社会建构方案在实践上存在着优劣之分，只是因为理论证明上的差别而使得个人主义思路上的社会建构方案更能得到意识形态的支持，才在实践上表现得非常成功。不过我们需要指出的是，对于这两种思路及其社会建构，都只有放在工业社会这个特定的历史阶段中来加以审视才能把握其价值。当人类走出了工业社会的历史阶段后，就应当同时抛弃这两种思路。所以，当我们立足于风险社会提出了人的共生共在的问题时，既不能从集体主义也不能从个人主义的思路中去寻求理论上的依据。

在19世纪的人们对自由问题的思考中，启蒙思想关于个人自由的规定得到了继承，同时也考虑到了自由在人际间的表现，即如何避免自由追求导致的冲突。所以，密尔等要求个人的自由不能构成对他人自由的伤害，在积极的意义上，这也可以理解成个人的自由是建立在尊重他人自由的前提下的。然而，密尔关于"自由不在对他人构成伤害的范畴内"的规定却会遇到"能指"的问题。根据密尔的意见（也是启蒙以降的公认主张），自由是人的一项天赋权利，是与生俱来的，政府以及任何权力机构，包括其他个体和集体，都不应对社会成员的基于自由要求的行为进行干预，除非对他人构成了直接伤害。在密尔申述这种观点时，可以认为，所有没有对他人构成直接伤害的行为，都应当被承认拥有神圣的自由。也就是说，如果人的行为根本就没有确定的可伤害对象的话，那就应当是自由的，是需要得到保护的。

对于人以及其行为，是否赋予自由的规定性，可以说是一个理论上没有得到认真探讨的问题。其实，当把自由与原子化个人联系起来后，现代性的任何一种理论都是不可能解决这个问题的。所以，风险社会及其高度复杂性和高度不确定性所提出的是另一个问题，特别是在危机事件面前，将自由这一规定赋予个人不仅对于个人是无益的，反而有可能对事件影响到的所有人都构成伤害。如果我们从社会的角度看问题，说人立于社会中必然要被赋予某种规定性，那么在工业社会中赋予人的是平等的规定性，而在风险社会中，则应当在赋予人的规定性的问题上另寻他途。其中，寻求诸如伦理等其他的规定性就是一个值得考虑的方向。总之，在风险社会中，在危机事件面前，自由以及围绕着个人而确立起来的其他诸项权利，有可能带来的恰恰是危害，而且这类危害也是很难测定的。

也许人们在上述讨论中感受到的是，我们仍然在个人与社会的关系上去思考个人自由对社会的影响。实则不然。我们希望指出，个人与社会的关系作为一个分析视角，作为对现实的一种解释框架，随着风险社会的到来而应当从理论研究中退出去。我们认为，在自由的问题上，是不应在个人与社会的关系上去进行理论思考和实践方案设计的，而是需要在人类命运共同体的意义上去理解人的共生共在关系。这一点是非常重要的，即让人们意识到，在风险社会以及危机事件频发的条件下，关于个人自由的主张应当让位于人的共生共在的考量，而不是限于如何处理个人与社会的关系问题。

我们一再指出，是因为有了束缚、限制和压迫等，才会让人有自由的追求，自由无非是对自然的以及社会的束缚、限制和压迫等的回应。如果所有的束缚、限制和压迫等都没有了，也就不会产生对自由的憧憬。正是这个原因，几乎所有关于自由的研究都无法找到实现自由的途径。由于所有关于自由的研究都不可能想象到一切束缚、限制和压迫都远离人而去是一种什么样的状态，因而也就找不到离开了束缚、限制和压迫的自由。就此而言，对于追求自由的人，是希望逃离不自由的状态的，而对于理论家来说，则应当庆幸社会中存在着各种各样的束缚、限制和压迫。因为，这使他们有了理论工作可做，并有了一个饭碗或扬名立万的机会。假如这样的话，那就意味着理论家们是将自己的饭碗建立在社会灾难之上的。

其实，关于自由的研究除了为一定的意识形态服务之外，不可能带有科学的目的。在一些发展中国家，正是一些愿意和打算为西方国家"颜色革命"效力的人，才会以自由的名义去做各种各样的事。因为，所有关于自由的研究都没有打算为人类指出一条通向自由的道路。另外，所有关于自由的研究都仅仅考虑了人的自由，而不是站在人之外的立场上去思考自由的问题。这同样是研究者的一种局限性。因为，人与人的关系的处理即使达到了取缔一切人对人的束缚、限制和压迫的境界，也不能在终极的意义上使人获得自由。当人对人的束缚、限制和压迫被取缔后，来自人的内心的束缚、限制和压迫同样还会存在。事实上，人类在消除外在于人的束缚、限制和压迫方面，也都从来没有取得实足的进展。当一种束缚、限制和压迫被推翻后，另一种束缚、限制和压迫就降临了。就人类是在自由的追求中走向了风险社会来看，正是陷入了风险所予人的不自由的境地。

当然，我们并不是主张要站在人之外去研究自由的问题，而是认为围绕着自由的问题所进行的理论活动随着工业社会的结束而不再有价值。也就是说，在风险社会中，关于自由问题的研究应当为新的问题的探讨而取代。也许对自由的追求是与人类社会的出现一道出现的，也许在原始时代，人们就有了对自由的追求，至少我们从先秦列子以及庄子的言论中读出了对自由的向往。在工业社会中，自由追求更是成为一项神圣的事业。但是，人们从来也没有实现自由。在整个工业社会的历史阶段中，虽然政治上积极地倡导人的自由，但人的几乎所有生活都受到了资本、科学以及打着科学名义的各种社会理论的宰制。不用说政治的以及宏大的社会问题，即使在日常生活中，人们似乎也不再知道如何生活，而是听从各种各样的专家建议，诚惶诚恐地接受专家的建议去安排自己的生活。然而，专家的意见又总是变化着的，一个时期有一种主导性的专家意见，若干年后又有了专家出来说那种意见是错误的，并提出了新的建议。出现了这种情况，人们却不会想到这一专家意见只不过是一种替代性的欺骗。总之，人们一直是在各种各样的欺骗中去学习生活。这是生活自主性完全丧失的一种状态，更不用说人们在按照专家的建议生活时还有什么自由了。

在全球化、后工业化进程中，在风险社会中，我们首先需要恢复的就是人的生活的自主性。只有当人们能够自主地生活，才能真正地成为人，并体验到做人的自由。也就是说，自由应当归入为了人的共生共在的自主行动之中，追求自由的主题应当为追求自主的主题所置换。在自由缺失的地方，人们向往自由。然而，假如人们普遍获得自由和被置于一个充分自由的空间中，也许就不再会对自由追求表示刻意关注了。同样，当自由的追求对人的生活和生存已经不再有意义的时候，甚至追求自由会对人的生活和生存构成挑战或造成危害，也不应再盯住这个问题不放。

如果说全球化、后工业化意味着人类将告别工业社会而走向后工业社会，如果说后工业社会是在对工业社会的扬弃中得到发展的社会形态，如果说后工业社会将使工业社会的一些无法实现的追求付诸实现，那么后工业社会将是所有人都获得了一切所欲自由的社会，因而也就不再会关注自由了。但是，我们在全球化、后工业化中也看到了人类堕入风险社会的现实。在某种意义上，风险社会及其高度复杂性和高度不确定性条件下的人的充分自由也许会令人不安甚至恐惧。或许，人们是会有着逃离这种自由状态的冲动的。无论是上述两种情况中的哪一种，都意味着自由的问题将从人们的视野中隐退，即不再成为一个必有的信念，也不会在现实生活中申述自由的主张和追求自由。在风险社会中，取而代之的将是人们对自主的追求。而且，这种自主是为了人的共生共在的自主。

之所以人的共生共在将成为风险社会中的基本社会目的，是因为人的共生共在是一种根源于风险社会中人的生存需要之现实的直接感知,是一种无须进行理论证明的直觉。也许风险社会中的人依然渴望自由并希望争取自由,但在风险所施予人的不自由面前,如果采取简单的对抗性行动去争取自由的话,那可能是不明智的,而且也是不可能取得什么积极结果的。这就迫使人们必须转换话题,即将自由的话题转换为自主的话题。也就是说,在风险社会中,我们所应关注的是人的自主性问题。

客观地说,与工业社会不同,在风险社会中,自由既不可能成为人的生活原则,也不可能成为社会建构的起点。实际上,它在风险社会中已经失去了对于人和对于社会的价值。与之不同,自主既是人的生活原则也是人的行动原则,更是成了在人的共生共在这一社会目的实现中成了全部动力的来源。马克思曾经设想"人的自由自觉和全面发展"的社会。在马克思的这一设想中,"自由"与"自觉"是完整地统一在一起的,即不应把"自由"和"自觉"分开来。"自由""自觉"统一起来的状态就是人的自主的状态,是人在自己的生活和行动中张扬自主性和实现自主性的状态。

二 自由及其追求的历史性

任何一种思想,都必须在它得以产生的特定历史条件下才能看清其价值。一旦那种特定的历史条件不再存在,而那种思想却又被作为一种绝对性的教义,其价值就会逐渐消失,甚至会对历史、对社会造成消极影响。对于启蒙运动来说,出于反封建的要求,必须宣称自由、平等是人的"天赋权利"。因为只有这样,才能使自由、平等的口号成为向等级压迫发起冲锋的号角。实际上,即便是在其后的时间延续中,只要任何地方存在着等级压迫和束缚,对自由与平等的申述都会表现出其积极性。但是,就自由与平等作为一项前提性的社会设定而言,并不具有适应于一切历史条件的普遍性。这一点如果得不到承认,就会将社会治理推入进退维谷的境地,人们也就无法找到适应社会运行的生活和活动模式。

此外，作为政治术语与作为哲学概念的自由与平等又是不同的。那是因为，一旦进入哲学家的视野，自由和平等就会随着思考的深入而暴露出它们各自在根本性质上的悖论。所以，在启蒙思想从英法传播到了德国后，在同样希求致力于启蒙的哲学家那里，却回响着不同的声音。比如，费希特在谈论自由的问题时，虽然抱着向英法思想家妥协的愿望，却又不得不指出自由在思想中与在现实中的不同境遇。费希特说，"在直接的自我意识中，我觉得自己是自由的；通过对整个自然界的思考，我发现自由是根本不可能的。前者必定从属于后者，因为前者只能由后者加以解释"。[①] 今天，当我们陷入风险社会的时候，特别是面对危机事件的时候，费希特的这种带有学究气的论述却有着无比的现实性。

自由是启蒙思想家们的一项规定。虽然启蒙思想确立了工业社会的建构原则，甚至可以说设计了建构工业社会的方案，但启蒙思想所确立起来的原则和信念不应成为教条，它只能成为工业社会的建构原则。正如历史上的一些似乎有着永恒价值的信念也因时代的变迁而发生了变化一样，自由无论是作为一种信念，还是作为工业社会中的人的生活和活动原则，都有着具体的时代适应性，只能作为具有历史性的思想元素看待。我们在中国古代文献中就可以看到，在面对自然的压力时，列子、庄子等都给我们描绘了追求自由的情景。到了工业社会后期，自由变成了民粹主义的口号。此时，人们面对那些影响巨大的社会问题时，如果按照民粹主义对自由的要求而去进行各种社会事项的安排，所带来的就可能是令人痛心的灾难性后果。

曼海姆要求对自由的问题进行反思，他认为，"思考社会技术高

[①] ［德］费希特：《论学者的使命 人的使命》，梁志学等译，商务印书馆1984年版，第80页。

度发达时代的自由的可能性越发成为必要,因为仿效以往时代的自由观是任何真正理解我们问题的障碍,并妨碍了向新的行动类型的转变。普通人与有实践经验的政治家都有模模糊糊的自由观,因此对于对这一术语作出历史和社会学的解释并非无聊的思索,而是行动的前奏"。[1] 在对工业社会的反思中,曼海姆形成了一种看法,"半心半意的技术导致了对人类的奴役,而深思熟虑的技术则导致更高度的自由"。[2] 可是,为什么20世纪的社会技术发展会让人更多地感受到了不自由,而是受到了技术的控制?对此问题,曼海姆是将其归结为人们对那些社会技术的不当应用上的,即没有深入地理解那些社会技术应有的功能。

根据曼海姆的意见,人们需要根据所处的实际情境来调整自由的观念和争取更大的自由。因为,自由是根据这样一种可以说类似于"原理"的观念提出来的:"在某一种社会为可能的自由类型在另一种社会不可能合理地被要求,后者可以有自己可以支配的另外的自由形式。"[3] 按照曼海姆的这种说法,即便我们认为在风险社会中依然需要思考自由的问题,那么对自由应当作出什么样的理解?自由应当以什么样的形式出现和体现在哪些方面?在何种情况下应当争取自由?都是需要认真思考和加以积极建构的问题。比如,我们可以设想合作行动在表现形式上是自由的,但相对于突发性的危机事件,它又是最不自由的。

对于风险社会中的合作行动而言,尽管行动者因为走出了自我中心主义的状态而将自己从种种占有欲望中解放了出来,即不会受到自己的欲望的奴役,但风险以及危机事件却构成了对人的某些束缚、限

---

[1] [德] 卡尔·曼海姆:《重建时代的人与社会:现代社会结构的研究》,张旅平译,生活·读书·新知三联书店2002年版,第344页。
[2] [德] 卡尔·曼海姆:《重建时代的人与社会:现代社会结构的研究》,张旅平译,生活·读书·新知三联书店2002年版,第344页。
[3] [德] 卡尔·曼海姆:《重建时代的人与社会:现代社会结构的研究》,张旅平译,生活·读书·新知三联书店2002年版,第345页。

制和压迫。当然，就合作行动是以创新为特征的活动而言，行动者又是能够在创新中深切地感受到自由的。不过我们认为，风险社会中的行动者并不关注自由和追求自由，因为自由对于他们抗御风险和应对危机事件没有什么价值。相反，对自由的关注和追求，则会使他们陷入工业社会的个人主义、利己主义等思维桎梏中去。

柯林武德曾经指出，"对一个打算要行动的人，要加以思想的最重要的事就是他所处的局势。就这个局势而言，则他是一点也不自由的。这就是它的实际情况，无论是他，还是其他任何人，都永远不能改变这种情况。因为尽管局势完全是由思想——他自己的或别人的思想——所组成的；它却不能由于他自己的或别人方面的心灵的改变而改变。如果他们的心灵确实是改变了，这只不过是意味着随着时间的推移，已经出现了一种新局势。对一个要采取行动的人来说，这种局势就是人的主宰、他的神谕、他的上帝"。[①] 所以，思想的自由也是一种谵妄，因为思想必然受到所思之物的羁绊。

对于思想而言，是一个独立性的问题。思想的独立性是来自对所处行动场景的观察和思考的，一旦思想来自对所处场景的思考，并随着场景的变化而得到调整，那就是一种独立的思想。独立的思想不仅根源于自主性，也使得行动有了自主性。虽然柯林武德在这样说的时候不会想到我们今天所遭遇的风险社会及其高度复杂性和高度不确定性，但他对行动者如何因势而思想和行动的描述，却是有益的。它给予我们的启发是，在风险社会降临的时代，人们不应再背负着工业社会的包袱。工业社会中的思想、观念以及文化等，无论其价值在工业社会这个历史阶段中得到了多么高的评估，也不管曾经发挥过什么样的作用，都不应在风险社会中成为人们必须抱持的金科玉律。自由曾经是一个激动人心的字眼，自由曾经激励过无数人为之奋斗、为之牺

[①] [英] R.G. 柯林武德：《历史的观念》，何兆武等译，中国社会科学出版社 1986 年版，第 358 页。

性，但风险社会及其高度复杂性和高度不确定性的现实却无法让人自由地选择自由。

自由本来就是工业社会中的人们想而不得的理想。也许人们在从旧制度中解放出来的那一刻感受到了自由，但很快就发现，随着工业社会的社会结构、生产方式的稳固化，随着政治体制的定型化，自由除了作为口号之外，与现实生活是无缘的。我们知道，分工—协作是工业社会最为基本的社会体制，这种体制对所有社会生产和社会活动中的人造成了一种环境压力，使他们必须在分工—协作模式中开展行动，接受体制的约束、限制。因而，处于分工—协作体制中的人根本就没有什么自由可言。在谈到分工的问题时，曼海姆说，"由于劳动分工以及随之而来的个人对社会的依赖，在没有人发出命令时，仍然持续见效的新的种种压力便产生了。某些情境不断重现，施加很少有机会逃避的压力。这种'环境压力'明确允许个人作出自己的调整，但限制了大量可能存在的调整"。[①]

马克思从这种劳动分工中解读出了"异化劳动"。说穿了，异化劳动的实质还是人与人的关系的异化。是因为分工—协作造就了人与人的一种模式化的关系，致使一种来自他人的无形压力施加到了他身上。一切异化都可以被理解成对人的自由的侵害，是人的不自由状态。所以，在分工—协作体制中，人的所有关于自由的追求都罔然无功。或者说，在分工—协作体制中，是根本不承认人的自由的，也根本不会考虑人的自由问题。如果持有革命的立场，也许会将异化的消除以及对自由的追求看作从分工—协作体制中解放出来，认为这样才能实现自由。然而，就分工—协作是人的集体行动的一项文明成就来看，又很难想象终结和废止分工—协作。结果，人们面对分工—协作行动中的自由丧失的问题，也就只能采取避而不言

---

① [德]卡尔·曼海姆：《重建时代的人与社会：现代社会结构的研究》，张旅平译，生活·读书·新知三联书店 2002 年版，第 249 页。

的态度了。

其实，分工—协作也是一种具有历史性的集体行动模式。只有在社会低度复杂性和低度不确定性条件下，分工—协作才能够显现出其优势，在社会高度复杂性和高度不确定性条件下，则需要让位于合作行动模式。劳动异化是工业社会中特有的一种现象，同样具有历史性，异化的解除也必须寄托于人类走出这个历史阶段。也就是说，只要人类还耽于工业社会这个历史阶段中，异化以及人的自由的丧失，就是不可避免的。如果说全球化、后工业化是一场人类告别工业社会的运动，如果说风险社会已经脱离了工业社会的范畴，那么异化将与自由追求一道，都在人类走出工业社会的时候失去话语价值。

在风险社会及其高度复杂性和高度不确定性条件下的合作行动中，不会出现任何有形的或无形的来自他人的压力，行动者能够感受到的压力主要来自任务。可以认为，这是一种"对象压力"，而不是"环境压力"。也就是说，当行动模式从属于合作体制而不是分工—协作体制时，人际关系意义上的环境压力将会自然而然地消除，并使人们对自由的追求失去意义。自由是对环境的抗拒，自由追求无非是要逃离环境压力。当任务所构成的对象压力置换了环境压力，自由的理念得以生成的前提，自由追求得以产生的条件，都将消失了。正如把某个需要呼吸的生物放到了火星上，其存在因为氧气的稀薄而遭到了否定一样。

三　超验的自由与经验的自主

在天赋人权的意义上，自由被形塑成了一个先验范畴，但在认识论的概念体系中，则应当将自由归入"超验"概念的类别。与自由的概念不同，自主的概念则应当归入实践的范畴。也就是说，自主才是真正的经验范畴。根据胡塞尔的观点，对于超验的概念所指称的世界，是不应当发生争论的。胡塞尔认为，"一个世界的存在是由某些本质形成物加以突出的一些经验复多体的相关物"。① 这样一来，就排除了围绕着超验世界中的存在所展开的争论，也不会发生经验世界与超验世界间的诸种关系问题上的争论。人类社会中的所有争论，都只应限于经验世界。

之所以关于自由的概念存在着如此多的争论，之所以自由追求会出现如此严重的悖论，是因为自启蒙时期开始，人们就不当地将超验世界的东西强行地拉进了经验世界，而且试图抹除自由的超验性而使它转化为经验世界的构成要素。显然，是因为启蒙思想家将自由确立为经验世界中的一个先验范畴，才在政治学研究中引发了无数争论，如果哲学家们认识到了自由是一个超验范畴的时候，也就不再会围绕着自由的问题展开争论了。正是因为自由在哲学中是一个超验性的问题，所以我们很难看到可以称得上是哲学家的人去探讨或谈论自由的问题，至多只是在认识论的意义上讨论过自由与必然的关系问题，而且这种讨论的目的也只是判断主体性的状况，在很大程度上，是具有隐喻性质的，而不是作为科学判断对待的。

先验范畴是属于经验世界的，经验世界中包含着先验的和经验的两个部分。所有先验的都需要得到经验的证明，在能否证明的问题上，会产生争论。进而，在得到了证明的情况下，在经验中的表现是什么样子，又会引发争论。也许是因为启蒙思想家们没有直接地将自由的概念确认为经验范畴，而是让它以先验范畴的形式出现的，给人造成了错觉，以为它是非经验性的，进而将其归入超验范畴。或者说，几乎所有探讨自由问题的人，都没有意识到自由究竟属于经验世界还是超验世界，才会强行地去做一种徒费力气的研究。

在经验世界中，存在着争论是非常正常的。那是因为，"在我们的经验中拥塞着不只是对我们来说，而且在其自身上都不可调和的冲

---

① [德] 胡塞尔：《纯粹现象学通论——纯粹现象学和现象哲学的观念》第 1 卷，李幼蒸译，中国人民大学出版社 2014 年版，第 88 页。

突，如经验可能突然显示出对继续协调地维持物的设定这一要求的对抗；如经验关联体会失去由侧显、统握、显现等作用构成的固定的规则秩序；又如不再存在任何世界"。① 此外，还会产生某些经验幻象。即使一些不能视为幻象的经验，也可能因为未达到较深的真理性而成为幻象。所有这些，都构成了经验冲突，进而导致争论。经验世界中本应不包含着经验存在，但当自由被强行地纳入经验世界，当自由的超验性被经验性所置换后，或者说，当自由被误认为是一个经验范畴时，不仅在理论上使自由的问题陷入了无尽的争论之中，而且在试图提供自由、维护自由、保障自由等所有属于实践范畴的行动中，也都陷入了莫衷一是的境地。因为，你的自由如何能够与我的自由兼容？自由的个人能否构成自由的群体？在所有人都申述自由的主张时由谁来将之付诸实施……在所有这些问题上，都会陷入经验冲突之中。

在经验世界中，不可避免地存在着经验冲突。不过，如果不是囿于认识而是为了行动，其实是不会陷入无休止的争论中的。对于合作行动而言，行动系统的开放性能够有效地消解因为经验冲突而导致的争论。当然，胡塞尔并未从行动的视角出发去思考如何处理经验冲突的问题，而是认为关于经验世界的"一般体验流"能够消解经验冲突。胡塞尔认为，关于经验世界的"一般体验流"也就是意识，"意识连同其体验内容和历程实际具有这样的性质，意识主体在其经验的和经验思维的自由理论活动中可以完成所有这些关联体（因此我们将必须考虑与其他自我和其他体验流的相互理解的作用）……意识的适当调节作用实际上在运行着，在一般意识流程中不欠缺一个统一世界的显现和对此世界的理性化理论认识所必需的任何东西"。② 意识是否确如胡塞尔所说的这样，具有调节经验冲突和消解争论的功能，其实

---

① ［德］胡塞尔：《纯粹现象学通论——纯粹现象学和现象哲学的观念》第1卷，李幼蒸译，中国人民大学出版社2014年版，第88页。
② ［德］胡塞尔：《纯粹现象学通论——纯粹现象学和现象哲学的观念》第1卷，李幼蒸译，中国人民大学出版社2014年版，第89页。

也是一个需要经验和需要经验证明的问题。

从实践来看,在自由的问题上是不可能出现作为"一般体验流"的意识的。可以设想,如果三个人同时呼吁自由,我们如何能够在他们三个人所申述的自由中找到一般体验流呢?我们甚至不能够从他们的脑电波这种极具形式化的因素中找到他们对自由的共同理解——"一般体验流"。事实上,我们是不可能确认他们三个人的每一个人所说的自由究竟是指什么。所以,当自由通过获得了先验性的设定而被拉进了经验世界后,每个人张口闭口都谈论自由,却又没有人知道什么是自由,学者们也无法真正地提出一个可以迫使他人接受的关于自由的定义。如果我接受了你关于自由的定义,那么我在何种程度上是可以被定义为自由的呢?这样一来,整个社会在自由的问题上陷入了非常尴尬的境地。尽管持续的和全部的体验流具有对经验进行自动审查和选择的功能,类似于进化论的"天择"或民主政治的共识凝聚机制的功能,但体验流不可能是不受其他因素影响的纯粹的体验流。体验就如赫拉克利特的那条河流,每一次进入的时候都是不同的。不过,就胡塞尔提出了体验流的概念来看,他是要在意识的质的层面去探讨问题的,即不是像谋求共识等要求那样满足于形式上的一致性。即使胡塞尔的体验流能够解决经验上的纷争,但在自由这样一个"伪经验"问题上,可以认为,也仍然是无能为力的。

自由的超验性意味着它在人的现实生活中以及各种各样的行动中只能是一种主张,而不具有实践意义,即不能转化为人的行为选择。与之不同,自主意味着人在现实生活以及实践中的任何一个方面都可以做出行为选择。当然,"行为选择"这个词默认了行动背景的低度复杂性和低度不确定性。因为,在简单的、确定的环境中,行动的目标和影响行动的因素、条件等一目了然,无须去做出选择,更不会围绕怎样选择、选择什么而纠结。只是在复杂性和不确定性条件下,才会遇到需要进行选择的问题。

不过,一个非常有趣的现象是,在工业社会中,作为边缘人的自由与职业的自主性要求被佛家弟子所追求的"平常心"平衡了,并以人的独立性展现了出来,特别是愿意"躺平"的人,不再需要被选择的问题所困扰。不过,这只是一种纯粹精神性的自由、自主和独立性,只有一些特定的群体才能够获得的体验流。所以,自由的追求也许只有在佛家弟子那里才是可行的,但这也更加证明了自由是一个超验性的问题。因为,佛家子弟获得的关于自由的体验流不是由社会安排而确立起来的,不受制度的保护。与此不同,在风险社会及其高度复杂性和高度不确定性条件下,更多的行为是回应性的,是容许行动者去做出选择的。所以,当我们使用"行为选择"这个提法的时候,目的是要突出强调行动者的主动性、能动性等,而不是要夸大行动者在风险社会及其高度复杂性和高度不确定性条件下的所谓自由意志。

作为一个超验性的概念,现实生活中的自由以及自由追求都是一种感觉,甚至是一种想象,而不是真实状态。与农业社会中的统治者要求民众拥有认同相比,现代政府降低了姿态,仅仅谋求公民的同意。不过,这种同意是用选票来加以证明和加以表现的。通过选举,选出了一个依然是高高在上的政府,实施着对社会的管理和控制,让整个社会服从他们的意志。正如卢梭在其《社会契约论》中所说的那样,英国人以为他们是自由的,其实是莫大的自欺欺人。事实上,他们只是在选举议会议员的时候才是自由的。一旦议员被选举出来,他们就成了奴隶而不是其他什么东西。这就是一种讽刺:用自由去构造不自由。

当然,与统治型社会治理中的君主相比,现代政府是由多人构成的机构。虽然这只是表现形式上的不同,但现代政府所行使的则是管理权而不是统治权。权力的性质发生了变化,但对公众而言,仍然是处在受支配、被控制的地位上的。他们在这种支配和控制之下并无自由可言,更不用说其利益能够真正地得到实现。所以,与农业社会的君主要求拥有认同一样,这种同意也是被迫的,并不是真正的同意。不过,20世纪后期以来,霍耐特等提出的"承认"概念是具有积极意义的。但是，我们却更愿意赋予承认概念以终结从认同到同意等所有这些历史形态的意义，而不是像霍耐特等那样，赋予承认以社会体制的功能，更不主张"为了承认而斗争"。这是因为，首先，承认不是对权力（无论这种权力是统治权还是管理权）的承认，更不是让任何人通过承认而获得支配和控制我的权力；其次，承认是为了合作行动，并通过合作行动去实现人的共生共在；最后，承认是为了消除人际间的种种沟通和交往障碍，消除任何排斥行为和排斥性心理倾向。

我们认为，只要认识到自由与自主的根本性区别，即认识到自由是超验性的而自主则是经验性的，关于自由及其追求这个无比困难的问题也就得到了解决。如果我们根据黑格尔的逻辑（不是观点）而把自主理解成对自由的扬弃，那么在自主之中，也就包含了自由的内容。风险社会中的行动者在自主地行动时，就会表现出自由得到了实现的状况。不过，风险社会中的人们在获得了自主性的时候，就已经放弃了自由追求，是在不去追求的路上得到了自由。当人们在风险社会中放弃了对自由的追求而要求获得自主性时，就会思考自主性的来源问题。其实，人因为有道德而变得独立和自主。道德可以成为内在于人的规范，意味着人不受外在于他的规则的制约，所以能够独立。人的独立也就意味着做一切事都由自己做主，也必须由自己做主，无论是在自觉还是不自觉的意义上，都必然是自主的。有了这种自主，也就不会再关心"君主"还是"民主"的问题了。

工业社会在社会建构方面所使用的主要是"法的精神"的材料，而在人的社会生活方面却勤苦地思索个体的人的道德。在很多情况下，伦理学家往往戴着法的精神的有色眼镜去审查和解析道德，以致实践中的道德不同于理论中表述的道德。在理论上，如果不去考虑那些运用分析性思维构思出来的一些道德悖论的话，是可以获得一个具有逻辑严整性的伦理学体系的。在实践中，道德与法的冲突却又是非常明显的。当人在日常生活中感受到自由、自主的时候，往往是亲近道德和疏远法律的，但在公共领域和私人领域中开展活动时，当人小心翼翼地走在法律铺设的道路上时，往往忘记了道德与人还有什么关系。

法律与道德的分离，在某种意义上，可以看作工业社会处处产生裂隙的原因之一。对于人类社会而言，如果在今天还去争论法律和道德哪一个更重要、更必要的话，已经没有任何意义了。但是，谋求法律与道德的融合而不是分离，或者说，在社会建构的意义上不单使用法的精神的材料，也同时使用伦理精神的材料，则是一个富于挑战性的课题。如果再进一步地说，在全球化、后工业化的进程中，在与已经成功地基于法的精神而进行社会建构的工业社会相比较的意义上去构想在伦理精神的基础上进行社会建构的社会工程，必将把我们引入一个全新的境界中去。在这种新的境界中，人对自主性的追求超越了自由。

四 自由及其追求的退隐

现代性的自由理念是与市场经济的出现联系在一起的。近代早期，在"脱域化"的过程中，市场的扩大以及市场经济的形成，都需要打破绝对国家以及各种各样的封建势力所构成的限制、束缚和压迫。因而，自由的要求成了最锋锐的利刃。在市场经济的发展中，人们也发现市场主体的自由决定了市场关系的状况。而且，仅仅赋予市场主体以自由还不够，还需要自由得到平等的平衡。或者说，只有在自由与平等同时出现的时候，竞争才能够顺畅地进行，整个市场才能进入良序运行中。

随着自由要求的理论化，生成了自由主义。如上所述，自由主义就是建立在"完全竞争"的假设之上的。表面看来，是自由主义提出了完全竞争的主张，实际上，如果没有完全竞争的假设，自由主义在理论上就不成立。然而，从社会运行来看，不仅在广泛的社会领域，即便是在经济领域中，也不存在完全竞争。所以，虽然自由主义是工业社会得以建构的理论基础，但社会的实际运行却始终与自由主义的设定和要求不相一致。尽管人们在开展行动的时候总是基于那些源于自由主义的观念而作出行为选择,而在这些行为选择以社会实践的形式出现时,往往对自由主义形成了否定。

在工业社会的低度复杂性和低度不确定性条件下,理论与实践的冲突尚不致造成社会无法承受的恶果。也就是说,在社会运行节奏相对缓慢的情况下,是允许人们在某种程度上想一套、说一套、做一套的。随着社会呈现出高度复杂性和高度不确定性,社会实践与自由主义的冲突就会对社会造成极重的创伤。特别是对于被作为自由主义前提性假设的完全竞争的不可能性,如果不加以揭示的话,或者说,如果完全竞争的假定仍然成为人的行为选择时的支配性观念,所引发的有害性社会影响,就可能是无法估量的了。

同所有当代社会中的人们一样,曼海姆也是把西方国家看作"自由社会"的。在曼海姆描述这个社会的运行时,认为一种社会整合机制是发生在个人行为背后的,是个人无法看到也无法意识到的。这在某种意义上可能是对历史唯物主义观点的一种复述。曼海姆说,"在自由社会,各种目标在社会中相互补充时,对于它们的联系,个人只能在其从事日常事务时艰难地遵循。由于囿于自己的个人动机——寻求利润等等,个人在社会上只看到其他许多类似于自己的个人在各自扮演对抗他人的角色。这些个人的行动在社会上则被完全整合在他的视野之外。也就是说,在自由社会的秩序中,社会经济结构的整合发生在参与者的背后。个人仍旧无法识别正在形成的更大规模的社会,看不到他自己行动的后果,因为他只能看到自己的事业的范围,只想到自己的活动"。①

马克思主义之所以作出了社会运行中存在着客观规律的判断,是因为这个社会所遵循的是个人主义的建构逻辑,每一个人都只关心自己。即使打开了眼界,所看到的也只是自己周边的事。所以,基于个

---

① [德]卡尔·曼海姆:《重建时代的人与社会:现代社会结构的研究》,张旅平译,生活·读书·新知三联书店2002年版,第187页。

性与普遍性对立统一的原理,也就可以断定社会中存在着客观规律。从20世纪后期以来的情况看,许多人认为互联网时代扩大了人的视野。实际上,在资讯发达的时代,每一个人都只关心与自己相关的那些信息,依然是围绕着自我这个个人而去选择性地投放视线。在很多情况下,所看到的可能是幻象、假象等。

虽然曼海姆不是一位马克思主义者,但他对所谓"自由社会"的个人主义逻辑是持批评态度的。曼海姆认为,由个人主义所造成的社会状况需要得到改变,并认为能够发生改变。所以,他基于社会组织化程度越来越高的现实而提出了一种设想:"如果我在这种更为组织化的社会中行动,我行动的后果便是更为清晰可见的,因为该行动没有直接陷入压倒一切的、如同自由主义中的那样广大竞争网络,而是沿着充分协调的功能分配的旧有轨道运行。诚然,不可能从第一步直接看到最后一步,但我们的行动极少使我们模棱两可地进入整合的社会网络。"① 这也许是曼海姆所提出的一个对"计划经济"模式以及凯恩斯主义的修正方案。但是,他所表达的则是一个希望将社会整合机制表面化的愿望,而不是任其在隐蔽的地方发挥作用。

曼海姆确实想提出他自己的对个人主义社会建构的改造方案,认为引入计划之后,"个人不仅获得了其自身的知识,而且还能学会理解决定其行为的因素,因而甚至能够尝试调节该因素。在某种意义上讲,他的思维比以往任何时候都变得更加自发和绝对,因为他现在觉察到自我决定的可能性。另一方面,他永远不能独自地而只能通过分享那一方面的社会趋向来达到这一阶段"。② 曼海姆认为,对于这样的个人来说,"他的理解仍旧是独立于他之外而产生的历史过程的产物。但是,通过他对这种决定的理解,个人第一次把自己抬高到历史过程之上,而

---

① [德]卡尔·曼海姆:《重建时代的人与社会:现代社会结构的研究》,张旅平译,生活·读书·新知三联书店2002年版,第188页。
② [德]卡尔·曼海姆:《重建时代的人与社会:现代社会结构的研究》,张旅平译,生活·读书·新知三联书店2002年版,第189页。

历史过程现在则比以往任何时候都更加屈从于他自己的力量。在这个阶段上，情境决定思维被提高到自觉的程度，以致就情境是错误的源泉而言，它可以得到纠正。人们试图超越自己眼界的狭窄性，因为生活本身变得更加广泛。他们试图预期即将来临的事件，以便通过自己的努力来克服其局限性。此外，他们还矫正其狭窄的眼界，因为他们期望消除个人和群体中的行动与见解或理论与实践之间的脱节"。①

这样一来，自由被放在什么位置上？曼海姆认为这似乎已经不再是一个问题，或者说，他完全忽略了这个问题。就曼海姆的关于社会建构的思想看，在某种意义上，也许作了一个具有预见性的理论简述。显然，一个学者能够超前于社会而作出某种具有前瞻性的阐述是一种常见的理论现象，但曼海姆在20世纪的较早时期就能够在社会建构的逻辑中发现个人主义的弊端，并提出另一种设想，肯定不是现代性的批判意识赋予他这种前瞻性的能力，而是在一种对人类社会发展道路的关切中产生的灵感。也许在曼海姆致力于他的思想阐发时已经受到苏联"计划经济"的影响，但他所提出的是一种不同于"计划经济"模式的构想，在很大程度上，他考虑到了西方的现实。

不过，在曼海姆对社会建构的另一条道路的关切中，自由的问题不仅从思想的中心逃逸了出去，甚至根本就不在曼海姆的思考范围内。所以，"自由社会"似乎成了他希望加以否定的社会。我们知道，尼采虽然提出了"超人"的构想，但并未对"超人"的特征作出认真仔细的描述。如果把曼海姆对人的描述添加到尼采的思想中，可能是非常适切的。特别是当曼海姆引入了"计划"的方法以及把个人与集体放在互动的关系中，也似乎能够使人成为"超人"。但是，只要在工业社会的框架之中，这种构想就只能是空想，没有转化为现实的可能性，更不可能通过这种"超人"的获得而使社会发生改变和使历史有

---

① ［德］卡尔·曼海姆：《重建时代的人与社会：现代社会结构的研究》，张旅平译，生活·读书·新知三联书店2002年版，第189页。

所改观。

总之，在工业社会的语境下，试图在自由与计划、个人主义与集体主义之间寻求第三条道路，基本上都好景不长，更何况曼海姆并未提出进一步的可操作性方案。然而，风险社会将使这种状况得到改变。首先，由于风险社会已经推展出了人的共生共在的主题，从而把人从对自我的关注中解放了出来，自我个人的利益、权利等，将不再是人必须背负的包袱，即不再像患上"强迫症"一样，时时处处都要想着自我个人的利益、权利等，而是将关注重心投向了人的共生共在。其次，人的共生共在既是思维也是行动的出发点，而且必然要实现对人的行动以及社会角色扮演的整合，而且它作为一种整合因素是明显可见的，因而不存在隐藏在人的行动背后的整合力量。最后，风险社会及其高度复杂性和高度不确定性的社会条件意味着，无论是在人们的行动的相互补充关系中，还是在社会的整体运行中，都不一定存在着某种规律，或者说并不存在着人们可以发现和可以把握的规律，合作行动的任务主要是偶然的、突发性的事项。正是这三个方面，意味着个人的自由主张和诉求都不会得到现实的认可。风险社会中的人必然要实现对自由追求的超越，正如一个退休老人不再想着娶媳妇和传宗接代的问题一样，风险社会中的人会表现得非常务实地正视现实，即寻求风险社会中的生存方式和行动机遇。

第三节　追求自由，却无法实现

一个孩童发现了草地上一只从巢穴中不慎滑落的麻雀，这是他人生中第一次与麻雀的亲密接触。他将它带回家里精心呵护、照料，表现出了他对小动物生命的珍重，献出了他全部的爱，甚至忘记了自己的吃喝，只是因为太过疲劳而在鸟笼边睡着了。可是，当他醒来时，却发现那只麻雀死掉了。这让孩子无比痛心，并大哭了一场。文艺复兴乃至启蒙时期的思想家也许是从这里获得了启示，他们发现基督教就是那个孩童,因为对人的关心和对人的过分的爱而犯下了各种各样的罪行,因而希望让人获得自由。所谓获得自由,也就是从宗教(上帝)的爱中解放出来,并在自由中获得生存的机会以及做人的尊严。为了自由,附带地想到了平等,因为没有平等的话,自由也就没有了保障。

的确,如果那个孩童不是表现出对那只麻雀的过分的爱,而是给那只麻雀以自由的话,也许它就能够活下来。不过,前提是需要有一个不致威胁麻雀活下去的环境。在今天,我们也许需要考虑麻雀在布满风险的环境中能否活下来的问题,即需要思考它的自由是否有价值的问题。这是因为,我们今天所处的正是风险社会。在风险社会中,我们显然不能认为可以简单地恢复到近代之前的那种状态中去,即认为那个孩童的爱变得有价值了。相反,我们应当给予"人权"取代了"神权"的历史运动以充分的肯定,即肯定人权的历史价值。

但是,在风险社会中,我们却需要看到比人权更为重要的东西,那就是人的共生共在。如果说人权是属于个体的人的权利,那么风险社会则意味着工业社会中所建构起来的维护、保障人权的体系已经无法达成目的了,而是需要将个人的生存希望寄托于人的共生共在。为了使人的共生共在不只是一种理想,就需要在社会建构中将其确立为目的。对于社会建构来说,目的也就是前提。所以,当我们在风险社会中思考社会建构的问题时,是需要从人的共生共在出发的,其唯一可以通行的道路就是"构建人类命运共同体"。

一 自由之于身份和角色

如上所述,自由是一项现代性的身份规定。也就是说,"天赋人权"中的自由是一种身份自由,是以理想的形式而确立的身份规定,特别是在18—19世纪,主要是指公民身份所拥有的自由。虽然人权的范围(即外延)到了20世纪得到了极大的扩展,但拥有公民身份的人拥有自由权利仍然是自由概念的基本内涵。既然自由主要属于一种身份规定，那么在人们不以身份为基础或不是凭着身份而行事时，也就不再受到这项规定的规范了。也就是说，当人们以角色的形式参与各种各样的社会活动的时候，他的自由是不受关注也不受保护的。如果人们发现自己的自由受到侵害并申述自由的时候，他实际上是基于其身份而表达的一种主张。就他的角色扮演而言，自由是与他无关的。所以，当人们作为组织成员而在岗位上扮演角色的时候，并不会涉及自由的问题。也正是这一原因，组织中的官僚制体制对组织成员的自由的压制和剥夺，从来都没有被认为是不合理的现象，组织成员反而会以遵守纪律为荣耀。

在走出中世纪的进程中，在民族国家建构的过程中，因为公民概念与市民概念的分化而使市民间的差异被排除在了公民概念之外。从公民的视角出发，平等和自由等基本权利是与生俱来的，即公民天然地就应拥有这些权利。所以，在人们参与政治生活时，他们一旦以公民身份的形式出现，其作为市民的各种差异也就不再被考虑进来。可见，虽然人既是公民也是市民，但公民概念与市民概念却有着不同功用。公民使人齐一化，而市民则处于差异化的状态。如果说在前现代的社会中人的身份是有差别的，那么民族国家所确立的人的公民身份则是一种同一性的身份，是没有差别的。因为公民身份没有差别而使人平等，又因为人是平等的而意味着谁也无权约束、限制和压迫他人。既然谁都不受约束、限制和压迫，那岂不就是一种自由的境界，即每一个人都是自由的。

从逻辑上看，公民的确被赋予了自由的规定，但这种自由却是抽象的自由，是每个人都同样拥有的自由，谁也不比谁更自由一些，或不应更不自由一些。不用说这种无差别的自由在现实中能否看到，即便在思维中，也无法理解，即无法琢磨那是一种什么样的状态。这是因为，超验性的自由在经验中是不可能得到理解的。作为超验性的自由，是独立于人之外的，是超然于人之上的，因而没有相对于所有人的同一性的自由。同样，如果把自由作为人的规定，即在人与自由之间建立起了关系，那么自由也就被理解成人的具体性，在每一个人那里，自由应当是不同的，人只能在具体的条件下拥有具体的自由，因而没有什么普遍性的自由。如果自由是公民身份所具有的同一性的话，就会提出一种不分时间、不分地点的自由。一旦自由可以在任何场境中都因为其同一性而有着相同的表现，也就是一种绝对自由了。如果人们不分条件、不分场境地申述自由的主张，其实是突出地强调了自由的绝对性。在自由具有了绝对性的时候，人在社会生活和活动中的其他因素也就必然会受到排斥。在社会生活和活动中的所有除了人的自由的因素都被排斥出去后，自由也就失去了依据。

如果说存在着作为经验范畴的自由的话，那么在任何一个社会中，同一性的自由都不可能被所有人同等拥有，我们能够设想的是，只存在具体场境中为具体的人所拥有的自由。也许人们会说，不受压迫、束缚、限制等是自由中相对于所有人的同一性。可是，压迫、束缚、限制等如果不是在具体场境中来看的话，那也同样是不可理解的。比如，我们可以想象，在风险社会及其高度复杂性和高度不确定性条件下，如果社会结构以及人际关系出现了根本性的变革，不再有人对人的压迫、约束和限制了，但风险、复杂性、不确定性等所构成的对人的压迫、束缚和限制却处在日益增强的状态中。在这类压迫、束缚、限制中，人同样会感到自由的丧失。而且，就不确定性而言，任何压迫、束缚、限制在每一个人那里也都是不同的。这样一来，在思考风险社会中的人的生活和生存问题时，除了合作行动的构想之外，再无出路。所以，风险社会中的人们只能选择合作而不能不合作，因为他如果选择了不合作，也就会失去了现实性，即在"此在"中退隐了。这也就意味着，人只有合作的自由而没有不合作的自由，更不会有抽象的自由。在只有一种自由的时候，那又如何是自由呢？

人们的日常经验显示，自由会为社会带来不确定性。反观之，确定性又似乎成了自由的枷锁。因为，确定性的社会构成方式、文化模式以及秩序等就意味着对人的约束，使人失去自由。所以，人们往往会以为不确定性为人提供的是得到自由的机会。事实上，根据鲍曼的看法，在低度不确定性条件下，存在着"确定性"与"自由"之间的一种辩证关系。鲍曼说，"确定性总是要求牺牲自由，而自由又只有以确定性为代价才能扩大。但没有自由的确定性与奴役无异（此外，如果确定性中没有注入自由，最终将证明是很不确定的确定性）；而没有确定性的自由也与被抛弃和被丢失无异（如果自由中没有确定性的注入，最终证明只能是极不自由的自由）"。① 可见，确定性与自由是两个既对立又统一的概念，相互包含着对方和以对方为自己的内容。更为重要的是，确定性定义了自由和为自由提供支持。这就是一个矛盾，是以悖论的形式出现的矛盾。

从历史上看，在农业社会，是不存在确定性与自由间的关系问题的。那个历史时期中的人们很难说有着理性化的自由追求，尽管那个时期的世界是确定性的世界。只是到了工业社会这个历史时期，有了确定性与不确定性的问题，才同时有了确定性与自由的关系问题。不过，从鲍曼所描述的这种确定性与自由的关系来看，到了风险社会也就完全解扣了。在风险社会及其高度不确定性的条件下，为自由提供支持的确定性不再能够在现实中得到发现，甚至不会出现在人们的想象之中。虽然鲍曼并未说不确定性意味着不自由，但高度不确定性的确意味着人的不自由。特别是这种高度不确定性以风险社会的一项基本特征出现的时候，使得人们对自由的追求不仅在客观上变得不可能了，而且在主观上也是有害的。因为，人们在持有自由的观念和抱着追求自由的愿望时，却发现高度不确定性使得所有努力都会落空，进而在心理上承受着欲而不得的痛苦。可见，在高度不确定性面前，自由及其追求是没有社会价值的。

在社会形态的意义上，不确定性也表现为流动性，或者说，流动性带来了不确定性和表现为不确定性。人的流动是一种自由状态，但

---

① ［英］齐格蒙特·鲍曼：《共同体》，欧阳景根译，江苏人民出版社2003年版，第19页。

人如果是被迫流动——"流放",还是自由的吗?如果我们进行历史比较的话,就会看到,游牧群体与工业社会"驴友"之间的共同特征都在于人的流动,但两者的实质却是不同的。游牧的流动是不自由的流动,是逐水草而居;工业社会"驴友"的流动则是自由的流动。但是,若要成为"驴友",还是因为有点钱又舍不得花钱,而不是像徐霞客那样胸中有着诗意的世界。在工业社会中,工人甚至"自由"到一无所有、无牵无挂地随意迁移,甚至资本家四处周游寻找投资机遇时也不背着钱袋。这就是流动的一种境界,但工人与资本家是否在这种流动性中体验到了自由,却是难以评定的。

　　流动性意味着每一个居留地都是暂时的,不会在居留地营造出属于他(它)自己的"场"(如拥有私有住房而成为"房奴"),无法在行动中得到"场"的支持,也同样不会有一个制约着他(它)的行动的"场"。因而,这种行动是独立自主的,体现了自由意志。可是,工人为了获得工作机遇,资本为了增殖,驱使着工人和资本家四处流动。他们的流动不像休闲旅游那样漫无目的,而是受到某种动机的驱使,这又在何种程度上是自由的呢?即便是"驴友",在荒漠中看到了一艘外星人飞船降临,由于他并不知道那是"海市蜃楼"而大声呼喊道,请给予我自由吧。他说的自由又是什么呢?

　　在启蒙思想中,自由不仅是人的权利,也需要反映在人的行为选择上。一般说来,人在社会生活中的随机性行为选择也被称作"变通",它可以看作自由得到了实现的状态。也许是因为中国文化中有着"易学"传统,所以人们往往极为注重"变通"。在公务活动中,特别是在授权性的公务活动中,"变通"则被命名为"自由裁量"。比如,执法过程中的执法者以及行政管理人员,都会被授予一定的自由裁量权。但是,自由裁量权也许成了他们背负的包袱,致使他们在是否援用这项权利(力)时,小心翼翼。随着人工智能技术的发展和得到应用,要求"机器人"在执法和行政管理活动中做到"铁面无私"和达致公正选择显然是不成问题的,因为机器人没有被授予自由裁量权。但是，假如机器人被授予自由裁量权，会不会出现自由裁量权受到滥用的问题呢？也就是说，人工智能所获得的自由裁量权在何种意义上是增益于公正而不是破坏了公正？如果人工智能滥用了自由裁量权，受其影响的人如果提出申诉的话，应当面对"机器人"还是应当面对"人"？应当面对授权者还是面对技术人员？

卡普兰说，"在人工智能时代，我们的制度很快就必须面临一个问题，即如何用全新的方式去平衡个人的需求和更广泛的社会利益"。[①] 需要发出疑问的是，机器人被授予自由裁量权是否意味着它在执法以及行政管理过程中有了自由？如果有了自由，那是人的自由还是机器人的自由？按照认识论的解释框架，机器人在执法和行政管理活动中是主体，如果没有自由，它就不能成为主体。这样一来，就会引发理论上的诸多解释困难。可见，自由的问题在理论上也将置几乎所有现代性学说于一种困境之中。也许"自由裁量"这个说法中的"自由"一词的准确含义应当是自主，或者说是自主的形式的一面。也就是说，所谓"自由裁量"，实际上是指一种自主行动的状态，是在法治的条件下对社会治理中的行动者的一项特别授权，即授予他们自己去决定如何采取和采取什么行动的权利（力）。因而，应当说成"自主裁量"。

在风险社会中，或者说在后工业社会中，许多人们经常使用的具有现代性色彩的概念也许还都会得到使用，但概念的内涵将会发生变化。这是因为，一个概念被提出来之后，既能用于解释历史上的某种现象，也可以用来指称现实中的某种现象。比如，"自由裁量权"这个概念显然是在法律语境中产生的，所指的是执法者基于对法的精神的理解又根据具体情境而对"法条"作出灵活性解释的权利。在这里，"权"所指的是权利，是特殊社会位置上的人所拥有的一种特殊的权利，即不同于一般性的公民权利。但是，当人们说君主有着无限

[①] ［美］杰瑞·卡普兰：《人工智能时代》，李盼译，浙江人民出版社2016年版，第2页。

的自由裁量权的时候，所指的就不再是权利，而是权力。

所谓君主的无限自由裁量权只是从法的视角出发而对君主权力的一种解读，在君主拥有权力的时代，实际上并无什么自由裁量的意识，更不用说会出现这个概念。君主的确可以自由裁决，而且这也是他基于权力而有的行为。倘若不是从法的角度去看的话，那就仅仅是自由裁决行为，而不是什么"自由裁量权"。所以，话语中的概念是有着时代标识的，是一个时代中的人们的共识，也反映了这个时代中的人们所拥有的独特视角和对世界的理解。这就说明，如果我们在风险社会中还使用"自由裁量"一词来进行学术叙事的话，其中的"自由"也就不再是自由了，而是另外一种状态。也就是说，人们也许还使用"自由"一词，却不再具有工业社会语境下的那种含义了。

历史经验表明，自由是要付出代价的，不用说无数先烈为了追求自由而付出了生命的代价，就我们今天在网络平台上自由发言来看，也是需要付出代价的。虽然那是微不足道的代价，但毕竟也是一种付出。也就是说，在言论自由的设定中，说话、发表意见是无须付费的，你可以面对所有听得到你的声音的人群表达你的想法，甚至带着能够得到回应的期望。然而，当聊天的场所从胡同口搬到了"微信圈"，当发表演讲的地方从公园搬到了"博客"，你会感到更强烈的言论自由。因此，你心中无比畅快，甚至制造一些谣言来证明你的自由。但是，网络上的某一处，却悄悄地计下了你所用的流量，并对你收费。这个时候，你若考虑到自己为之付费了，关于言论自由的感受会不会有了另一种体验？因为，你在胡同口的聊天，你的公园里的演讲，都没有人向你收过费。也许你会说那些收费微不足道，根本不会影响你的生活状况，因而你继续发表那些对人对己都毫无意义的意见，说一大堆废话。果若如此，是不是意味着你是一个极其无聊的人呢？你花费了时间，也同时花费了金钱，却做着一些毫无意义的事情，甚至是在做着非常消极的事情，即让他人和自己的心情都变坏。

就你是自由的而言，你可以把大量的时间用在无聊的事情上，浪费你的人生，但你花费了金钱，这本身意味着你占用了社会资源。尽管那是微乎其微的，不致受到任何基于社会规范而进行的审查。但是，你自己如果意识不到道德上的不应当的话，那只能说你是一个缺乏道德意识的人，是一个在道德上非常麻木的人。也许你通过流量挣了不少钱，因为你总是发表奇奇怪怪的言论，而且你也为了流量而每天挖空心思地编造谣言。突然有一天，网络管理员约请你"喝茶"了。你才觉醒，回顾了自己所为，不再是做了没有道德的事，而是触犯了法律。可见，社会条件发生了变化，你的观念和行为如果不作出相应的调整，仍然按照某个旧的原则行事，就会走向不道德的方向。哪怕你的行为所产生的消极影响是极小的，也是有害的。总之，在你感受到了自由的时候，却为自由付出了代价，更重要的是，你为了造谣的自由而付出了道德上的代价，还有可能付出了法律意义上的代价。

二 自由与民主政治

作为一种理想，自由可以被确立为一种社会目的，也可以成为人的生活和行动的目的。在任何情况下，自由都不应被作为手段看待。然而，在工业社会中，自由恰恰是被作为手段对待的。我们看到，虽然关于自由的意识形态在工业社会中具有神圣性和权威性，而在具体的制度安排和社会生活结构重建中，则突出了自由的工具价值。在政治运作中，不仅自由，而且整个"人权"，都成了手段。或者，成了挑起冲突并在冲突中实现某种利益的手段。当然，由于自由的理念或意识形态具有神圣性，以自由的名义向集权开战，往往轻而易举地占据了道德制高点，并能有效地集结力量，尽管在此过程中自由完全是被作为手段而加以利用的。就自由是一种超验性的存在而言，这种将自由作为手段而加以利用的做法，显然是不具有合理性的。但是，一些拥有话语权或争取话语权的政治群体、国家等，却非常乐意于这样做。结果就是，徒增了诸多人为的冲突。

阿伦特是一位对政治的思考非常深入的政治哲学家，她可以说远远地超越了她同时代的其他政治思想家。比如，当哈耶克等极力为自由进行申辩的时候，阿伦特却指出，对政治的这一认识"既非不证自明，也非直接可信的。很明显的一个事实是，如今这个问题不再是像从前那样简单地探向政治的意义，那时的政治刚刚从本质上非政治甚至反政治的经验中产生出来"。[1] 在阿伦特看来，如果希望把握政治的意义的话，就需要从20世纪的现实及其经验出发。这些经验不仅存在于她所在的时代，而且也是她个人的切肤之痛。所以，她甚至非常激进地发出"政治到底还有意义吗"的质疑。阿伦特说，为什么政治的意义问题会被提出来，是因为"激发这个问题的是政治在我们20世纪所造成的灾难以及可能从政治中产生的更大灾难。因此我们的问题更激进、更有冲击力，也更绝望：政治到底还有意义吗？"[2]

阿伦特循着她自己的这一提问所作出的思考是，"现代毁灭性工具的惊人发展。国家拥有这些手段的垄断权，而如果没有国家的垄断，就不可能发展出这些毁灭性工具，而且也只有在政治舞台之内，它们才有用武之地。这里的论题不只是自由，而且是生命本身——人类以及地球上所有生物的存续。这里产生的问题使所有的政治变得令人生疑，它让人怀疑现代状态下政治与生命的存续究竟能否相容，它暗自希望人们变得足够睿智，在政治摧毁我们所有人之前，屏蔽政治。即便如此，人们还是可以反驳说：寄希望于所有国家自行消亡或是政治的某种其他的方式突然消灭，这本身就是乌托邦的想法，尽管可以想见大多数人会同意上述反驳，但这并不能改变这种妄想或者问题本身。如果政治带来灾难，如果人们无法丢开政治，那么剩下的就是绝望"。[3] 如果这样去看待政治，的确会对政治无比失望，会认为政治把人类本应有的一切希望都击碎了。所以，阿伦特会在这里表现出一种激进的摒弃政治的态度。

---

[1] ［美］汉娜·阿伦特：《政治的应许》，张琳译，上海人民出版社2016年版，第103页。
[2] ［美］汉娜·阿伦特：《政治的应许》，张琳译，上海人民出版社2016年版，第103页。
[3] ［美］汉娜·阿伦特：《政治的应许》，张琳译，上海人民出版社2016年版，第104页。

阿伦特认为，如果说近代以来人们一直寄托于政治的是"对于所有人来说最基本的生存可能性"，"如果说政治确实不过是维持人们生存的一种必要的恶，那么政治的确已经开始将自己从世界中驱逐出来，并将自己的意义变成了无意义"。① 也就是说，政治正在做的就是否定自己的事情。而且，在阿伦特看来，政治的表现已经是一个无法逆转的事实："这种无意义并非某种人为制造的障碍……如果依据这些因素的内在逻辑而行，假定仅仅是我们现在了解的这些条件决定了我们的世界的现在与未来进程，那么我们或许会说，要想获得决定性的好转，唯有借助奇迹。"②

阿伦特关于政治的激进观点说明，人们认为民主政治是自由的保障的看法是可疑的。本来，有了"天赋人权"的设定，并以人权为基石而开始了社会建构，形成了自由主义的社会建构方案。其中，民主政治成了使人权得到行使、得到展现和得到实现的日常性机制，因而为人权提供了保障。但是，当自由的追求转化为自由主义理论后，并基于自由主义而进行社会建构时，却出现了"自反"的问题。特别是基于自由追求而构建起来的制度，在保障自由和提供自由的同时，也压制了自由。在民主政治走到了其极端状态时，还出现了法西斯现象，全面地扼杀了自由。所以，工业社会的政治生活历史，也是一部如何处理制度与自由间关系的历史。

如果说工业社会的政治在 19 世纪以及 20 世纪的前半期主要关注的是如何保障自由和提供自由的问题，那么"二战"后的基本关注点转向了如何处理制度压制自由和破坏自由的问题了。在这一时期，西方国家传统的自由主义向多元主义的转变本身就是对制度压制自由的一种反抗。但是，多元主义很快就受到了制度主义的压制。直到 20 世纪后期，才在与制度主义的论争中占了上风。这是因为，多元主义得

---

① ［美］汉娜·阿伦特：《政治的应许》，张琳译，上海人民出版社 2016 年版，第 105 页。
② ［美］汉娜·阿伦特：《政治的应许》，张琳译，上海人民出版社 2016 年版，第 105 页。

到了非政府的等社会组织中兴的实践支持。是因为社会呈现出了多元化的趋势，才使得制度主义的规范模式遭遇了操作上的困难，以致多元主义在理论上给人以反映了现实状况的感知。但是，多元主义除了引发协商民主的设计之外，并未提供切实可行的社会治理方案。而且，协商民主理论提出后所做的第一件事，就是表达对多元主义的批判。

进入 21 世纪后，风险社会及其高度复杂性和高度不确定性的现实也使多元主义陷入了困境。因此，一种新的构想就不能不被提出，而合作治理恰恰反映了这一要求。合作治理是适应于风险社会及其高度复杂性和高度不确定性条件下社会治理要求的一种新构想，它所要解决的问题不再是如何完善民主政治以及提供公平、正义，而是要解决人的生存的问题。或者说，人的生存问题在风险社会中跃升为首要问题了，因而需要一种新的构想去解决这个问题。当然，其他在工业社会中得到了认识并长期致力于解决而未能解决的问题，仍然会困扰着我们，但大都因为风险社会的降临而退居到了次要的位置。

在评价多元主义时，哈贝马斯说，"社会科学的有关多元主义的理论通过一个简单的代换而得以同自由主义的规范模式建立起联系：它用团体和有组织的利益来代替单个公民和他们的个人利益。它假定，所有集体行动者都有可能拥有对与他们有关的决策过程的大致平等的影响机会；决定团体和政党的政策的是组织的成员，而这些团体和政党又通过多重成员身份而被迫愿意达成妥协、揉和利益。这样，竞争性民主制度在政治权力分配层面上构成了一种社会权力平衡，使国家政策平等地考虑范围广泛的各种利益"。① 在风险社会及其高度复杂性和高度不确定性条件下，我们所面对的不只是社会是否由多元力量构成的问题，而是多元力量的行动和行为方式的性质问题。

就多元化来看，风险社会不仅是多元化的社会，而且作为社会构

---

① [德] 尤尔根·哈贝马斯：《在事实与规范之间——关于法律和民主法治国的商谈伦理》，童世骏译，生活·读书·新知三联书店 2003 年版，第 413 页。

成上的多元化并不是确定的，是处在不停歇的变动中的。由于行动的主题是要解决人的生存问题，致使多元化的社会力量不能够为所在团体和政党的利益开展竞争，而是需要通过合作去实现人的共生共在。多元主义理论的积极意义在于，它不像古典自由主义那样把个人设定为行动者，而是重点关注个人的集成、聚合形态的行动者。所以，这种理论更多地将视线放在了团体、政党等组织上了。这一点要比其后出现的协商民主理论更具有积极意义，因为协商民主依然是将叙事重心放在了作为个人的参与者的交往和商谈上的。

在某种意义上，多元主义理论更贴近于把握了行动者演化的趋势。这一点，在进入21世纪后显得更为清晰了。也就是说，风险社会中的行动者不再是以个体的形式出现的，只不过行动者不再是利益团体。如果也用"团体"这个概念来描述合作行动者的话，可以使用"目的团体"的概念，是为了实现人的共生共在这一目的而组织起来的，但合作行动者的非实体性和液态化却意味着，使用"团体"这个概念是不合适的。对于作为合作行动者的"目的团体"，在为了人的共生共在而行动的时候，会将行动的效用看得无比重要，至于行动中的自由，可能并不在关注之列。

关于多元主义与制度主义的冲突，从民主的立场还是从合作的立场去看，会生成两种不同的认识和观点。

根据民主的理念，"一个国家并不打算要消灭冲突，而是创造方式允许冲突得到表达而且保持冲突是可以协商的，那么它就是民主的。在这个意义上，法治国家就是可以有组织地进行自由讨论的国家。正是就这个自由讨论的理想来说，政党的多元化得到辩护。至少，对于发达工业社会来说，政党多元化就是最适合解决冲突的工具。为了这种自由讨论是可行的，还应该不忽视这一点，即正义的话语不是一种科学（这一点正好与科学社会主义的企图相反），至多就是公平的观点。因此，在这个定义里，要强调的是：自由公共舆论在其表述中得以形成"。①

比起"非民主"的所谓集权政治,这种不消除冲突的做法使政治显得文明多了。但是,对于合作行动而言,冲突所带来的能量损耗可能是致命的破坏因素。应当说,合作并不打算消除冲突,而且认为冲突是客观事实,不可能加以消除,也没有必要为了消除冲突损耗资源和能量。但是,合作行动开始的地方,也就是冲突终止之处,所有的冲突都被保留在合作行动之外而不被带入合作行动之中。事实上,合作行动体系的开放性也决定了冲突的各方可以不处于同一个合作行动体系之中。

昂格尔认为,西方国家的所谓自由的、民主的秩序是自由主义社会的标志,这种秩序是建立在社会集团数目的大量增长的基础上的。在这个社会中,每一个集团控制个人生活的领域都缩小了,而不是像君主制条件下那样由一个人或一个集团实施着对全社会的控制。同时,每一个集团在社会控制中所扮演的角色也实现了专业化,从而使得集团以专业化组织的形式出现。但是,以此所获得的"社会秩序变成了利益的联盟,它为了彼此同意而玩弄人们的需要"。② 所以,整个社会虽然表面上给人以自由的印象,实际上则是受到控制和操纵的。即便在选举的时候,个人以为自己自主地投出了那张他行使公民权的选票,而他没有意识到的真相却是,他在整个选举过程中一直受到了某个集团或多个集团的合伙操纵。

究竟这种操纵是怎样发生的,其背后的奥秘是什么?昂格尔揭示到,"自由主义社会的普遍性主要在于,它趋向于扩充社会集团的数量,同时减少人们生活于其中的个别集团的重要性。一个传统的例子就是,把一度集中于家庭的某些任务划分出来。在人们相遇的每一个

---

① [法]保罗·利科:《从文本到行动》,夏小燕译,华东师范大学出版社2015年版,第447页。
② [美]昂格尔:《现代社会中的法律》,吴玉章等译,中国政法大学出版社1994年版,第156页。

狭窄的生活领域中，个人向其伙伴展示的都只是其丰富人性的有限部分"。① 这种情况也被称为社会的多元化。正是社会的多元化，将所有的个人都打碎成了碎片，使人在每一个维度和每一个领域中的生活，都只展示他作为人的某个碎片。由于人不是以整体的形式存在的，也就使得对他的控制和操纵变得轻而易举。不仅如此，当人不再以整体的形式存在时，他也不会兴起反抗的念头，因为他已经不再有属于自己的意志。所以，"尽管人们可以有着共同的目的和利益，但他们不能将各自所属的群体结合成一个社会共同体"。② 这样的话，也就更不可能像马克思所设想的那样组织起阶级斗争，更不用说还有什么为了争取自由的行动了。

总之，自由主义的社会秩序是通过消解一切反对力量而获得的，这种秩序表面上看给人以自由、散漫的感觉，而其内核却无比坚硬，是一种非常稳固的秩序。当一种秩序变得非常稳固的时候，就会再度反过来压抑人性。本来这种秩序就是反人性的，因为它是通过将完整的人拆解成碎片而获得的，但在这种秩序已经成立的时候，更加压抑人性，并在这种对人性的压抑中不断地强化它自身。其结果也就会以稳固的秩序阻碍社会发展，或者，通过营造社会的某个方面（比如经济、科学技术）的发展，而把社会变成非人的社会。事实上，这种刻意营造出来的社会片面发展，恰恰源源不断地生产出了相对于人的社会风险，并最终将风险社会呈现给了人类。所以，与某个集团独自统治整个社会相比，自由主义的多元集团的统治，以及所营造出来的秩序，生产出了更多的社会风险。

三 自由与社会控制的悖论

习惯上，我们更多地为民主制度注入了自由的内涵，所以人们也

---

① ［美］昂格尔：《现代社会中的法律》，吴玉章等译，中国政法大学出版社1994年版，第157页。
② ［美］昂格尔：《现代社会中的法律》，吴玉章等译，中国政法大学出版社1994年版，第157页。

经常在谈到了民主政治的时候将其表述为"自由民主制度"。不过，在《马克思的幽灵》一书中，德里达把那些申述自由民主制度的作品称作"福音书"。① 也就是说，他把带着这样一种追求的学说看作宗教。作为宗教，就必然要复制历史上的那种排斥异端的做法，并无处不表现出霸权。

在德里达看来，自由民主制度的确是现实的"此在"，但它却是作为观念在场的。显而易见的事实是，就自由民主制度的观念时时处处孕育出了霸权而言，不仅仅代表了"一种纯粹的理想"②，而且包含着"专制暴政与独裁现象的存在"③。之所以从民主制度中会产生出霸权，是因为民主制度也无非是为了社会控制而建立起来的。在民主制度有了社会控制的职能时，在民主制度的运行从属于或表现出了社会控制时，自由如果被提起的话，也就只是一个幌子了。

在工业社会中，自由与社会控制是一个解不开的死结，也是对自由进行社会建构时不可避免的悖论。哈耶克认为，提出对社会过程自觉控制的要求是一种"狂妄的想法，是理性成功征服外部自然界所带来的最极端的后果。它已经成为当代思想一个最突出的特征，在乍一看完全不同甚至截然相反的思想体系中都有表现"。④ 哈耶克列举了如下思想家及其理论："不管是霍布豪斯——他执意让我们相信'这样的理想：集体的人类自主决定自身的进步，是人类活动的最高目标和批判行为规则的最终标准'；还是李约瑟——他认为'对人类事务的自觉控制越多，人类就能变得越真实、就像超人；不管是步步紧随黑格尔的——黑格尔预见到主子的理性观正在变得具有自我意识并开始

---

① ［法］雅克·德里达：《马克思的幽灵：债务国家、哀悼活动和新国际》，何一译，中国人民大学出版社1999年版，第83页。
② ［法］雅克·德里达：《马克思的幽灵：债务国家、哀悼活动和新国际》，何一译，中国人民大学出版社1999年版，第90页。
③ ［法］雅克·德里达：《马克思的幽灵：债务国家、哀悼活动和新国际》，何一译，中国人民大学出版社1999年版，第91页。
④ ［英］弗里德里希·A.哈耶克：《科学的反革命：理性滥用之研究》，冯克利译，译林出版社2019年版，第87页。

支配自身的命运；还是曼海姆——他认为'人的思维已经变得比过去更有自主性和绝对性，因为它现在认识到了支配自身的可能'，他们的基本态度都是一样的。"①

哈耶克将这几种似乎是毫无关联的理论并列地列举了出来，认为这些理论中包含着某种共同的要求控制社会过程的信念。在哈耶克看来，"这些信念分别来自黑格尔主义或实证主义的观点，所以坚持这种观点的人形成了不同的团体，他们认为彼此截然不同而且大大优于对方，然而他们共同的观点，即人类心智确实能够提着自己的鞋带不断上升，却是来自同一种普遍信念：从外部研究作为一个整体的人类'理性'，而不是从内部耐心地开发它的潜力，实际追寻个人心智相互作用的过程，我们能更完整、更全面地掌握它的运动规律"。② 就哈耶克作为一个在理论上较为彻底的个人主义者而言，作出上述批判性的阐述对他而言是非常必要的。这是因为，理论上的任何控制社会过程的要求，哪怕是一种隐伏在理论深层的或潜在的要求，落实到实践中，无论在微观的还是宏观的领域中，都极易成为集体主义的思想来源。一旦控制社会过程的行动者以集体的形式出现，就会通向"奴役"。所以，为了捍卫个人及其自由，哈耶克反对任何形式的控制社会过程的追求。

不过，需要指出的是，虽然哈耶克的理论出发点是错误的，但他对社会控制的批判和否定却是正确的。或者说，在风险社会及其高度复杂性和高度不确定性条件下，哈耶克的这一观点显示出了某种价值。应当承认，在20世纪50年代，哈耶克在作出上述论述的时候，虽然刚刚经历过世界大战，社会尚未显现出高度复杂性和高度不确定性。即便战争对人类造成了巨大伤害，但单单就战争这个

---

① ［英］弗里德里希·A. 哈耶克：《科学的反革命：理性滥用之研究》，冯克利译，译林出版社2019年版，第87—88页。
② ［英］弗里德里希·A. 哈耶克：《科学的反革命：理性滥用之研究》，冯克利译，译林出版社2019年版，第88页。

单一事件来看，总会分出胜负。因而，也不能将人类社会定义为平等地针对每一个人的风险社会。所以，哈耶克在那个时候并不是针对风险社会及其高度复杂性和高度不确定性去批判和否定社会控制追求的。然而，风险社会及其高度复杂性和高度不确定性却证明了哈耶克的观点，即用现实否定了任何理性的狂妄。有趣的是，在风险社会降临后，我们却发现，它一方面否定了社会控制的做法；另一方面，却未能如哈耶克所期望的那样，在对社会控制的否定中予人以自由。

在具体地分析社会控制的问题时，哈耶克对技术控制做了大篇幅的描述。在哈耶克看来，技术控制造成了人们普遍的自由丧失的感觉。根据哈耶克的观察，工程师往往热衷于"普遍有效性的纯技术的最优方案"，"他很少认识到，他对这些特殊的方法有所偏爱，完全是他经常解决的那类问题所造成的结果，这种偏爱只有在特定的社会条件下才是正确的"。① 这种"特定的社会条件"其实就是非常微观的和非常简单的而且是封闭的社会系统。

根据哈耶克的意见，对于宏观的、复杂的和开放的社会过程，无法施行控制，因而会让"工程师"所崇尚的普遍有效的方法变得无效，并呈现出处处碰壁的状况。如果强行地推行技术控制的话，遭殃的就是这个社会。即便在那些人们通常认为技术控制最为成功的领域（事实上，唯科学主义的量化研究方法也是最先在经济学中受到了滥用），"工程师的'最优技术方案'，经常被证明仅仅是在资本供应不受限制或利率等于零时才能采用的方法，在这种条件下，我们当然可以致力于使当前的投入最大限度地转化为当前的产出。但是，以此作为直接目标，等于忘记了只有把为当前需要服务的资源长期转移到设备的生产上，才能达到这种状态。换言之，工程师的理想是以不考虑

---

① [英]弗里德里希·A.哈耶克：《科学的反革命：理性滥用之研究》，冯克利译，译林出版社2019年版，第96页。

最基本的经济事实为基础的,而这种事实,即资本的匮乏,却决定着我们当下的处境"。①

经济是基础,正如一切花样繁多的建筑物都是建立在简明牢固的基础之上一样,作为一个社会之基础的经济领域显然是社会中最简单的部分。所以,在社会低度复杂性和低度不确定性条件下,社会治理最坚实的抓手就是针对经济领域做文章。即便如此,在哈耶克看来,"工程师"的任何最优方案也不可能在经济领域中产生积极效应,更不用说用于社会了。如果说对社会进行技术化治理是那些有着"工程师"情结的人的理想,那只能说这种理想是一种非常幼稚的理想。哈耶克尖刻地指出,"把工程学的技术运用于全社会,这当然要求那个领导者具备有关社会的全部知识,就像工程师具备其微观世界的全部知识一样。集中的经济计划不过是把这种工程学原理运用于整个社会,它所依据的假设是,所有相关知识的全面集中是可以办到的"。②

关于哈耶克的这一论述,是不能视为对20世纪60年代开始的世界各国纷纷效仿社会主义国家制订发展计划的批评。虽然对于崇尚自由秩序的哈耶克来说,显然是希望表达对制订发展计划的做法的批评,但是,如果制订国家发展计划只是出于某种原则性的引导,即实现政府的引导型职能,却不能视作对技术主义路线的展示,所反映的也不一定是工程师的思维方式。当然,在社会治理中,警惕任何形式的所谓技术治理的蛊惑则是必要的,尽管这种技术治理追求在现实中显得幼稚甚至荒唐。其实,任何一种形式的所谓技术治理,在拉低社会治理者的智商方面,都是能够产生一定影响的,更不用说还能给社会治理者的智慧的应用留下什么空间了。在社会治理中,对技术的应用无论达到了何种程度,都依然是将技术作为工具对待的,技术永远不能

---

① [英]弗里德里希·A. 哈耶克:《科学的反革命:理性滥用之研究》,冯克利译,译林出版社2019年版,第97页。
② [英]弗里德里希·A. 哈耶克:《科学的反革命:理性滥用之研究》,冯克利译,译林出版社2019年版,第98页。

决定社会治理的性质,因而也永远不可能有获得了正当性的技术治理。就技术治理的概念而言,鼓吹者在学术水准上,可能还要经历幼儿园阶段的学习、训练之后才能成为学者。

　　受到了哈耶克批评的曼海姆也在其研究中发现,在大众暴虐的情况下,往往会产生技术治理的要求。"大众社会阶段的社会力量的专横暴虐,即无约束的自由主义,并不导致自由,却在首次真正的震荡中导致混乱。在大众社会,正是这种为统治权而全力斗争的群体的胡乱折腾,才引起了反动、对社会技术极权控制和垄断的愿望,以及计划就意味着标准化和压迫自发性这样一种信念。"① 在全球化、后工业化的社会转型运动中,互联网等言论平台的出现,以及自媒体的爆炸性增长,社会的多样化、全球化对经济运行和社会秩序的冲击,都极大地助长了某些在方向上显得非常混乱的力量,并以"大众暴虐"的形式出现。根据曼海姆的看法,在类似情况下,产生技术治理的要求是可以理解的。如果说技术治理能够在抑制"大众暴虐"方面发挥作用的话,那么对自由的伤害也就更不用说了。

　　虽然民主制度本身就是一种社会控制机制,但在民主制度下,却是利用官僚制组织去进行日常性的社会控制的。官僚制组织无疑是最为典型的控制体系。因而,在官僚制组织中,组织成员的自由是受到约束和限制的。如上所述,组织成员在角色扮演的意义上是与自由无涉的,但当组织成员在角色扮演中同时想起了自己的公民身份时,又会有着对自由的关注,从而使组织中是否应当有自由的问题变得复杂化了。客观上讲,所有的组织都存在着某种不确定性空间,因为存在着不确定性而使组织中的行为具有多样性,至少无法完全纳入模式化的行为和行动中。

　　在组织中作出一定的不确定性空间安排,是能够取得多重效应的。

---

① [德]卡尔·曼海姆:《重建时代的人与社会:现代社会结构的研究》,张旅平译,生活·读书·新知三联书店2002年版,第244页。

这是因为，有了这个不确定性空间，第一，组织的领导者就可以去利用这种不确定性给组织成员造成压力，使组织成员对组织领导者的依赖感增强，进而实现集权；第二，有了这个不确定性空间，组织分工一协作体制不致变得僵化，因为有限的不确定性使得组织成员处于必须相互竞争的局面之中，从而用这种竞争赋予组织以活力；第三，有了不确定性空间，组织成员可以获得一定的独立自主的感受，从而冲淡他作为组织这架机器上的一个确定的部件之感受；第四，这个不确定性空间其实也是组织成员与组织领导者以及管理者进行协商谈判的空间。

从流传的"段子"可以看到，当书记的秘诀就是"动干部"。书记一上任，就宣布干部轮岗、调整等，让每一个人都感到自己的位置不稳，纷纷给书记送礼。因而，书记这个没有"油水"的职位立马就"肥"了起来。这就是不确定性的力量。显然，如果组织中的一切都是确定的，那么组织运行中的一切也都是确定的了，无须任何协商谈判，也不可能产生出任何需要协商谈判的事项。一个不确定性空间的存在，则有效地激发出组织成员与组织领导者和管理者开展协商谈判的冲动。比如，大学里如果取缔了职称评定，没有了竞争，那么这个大学就有了一个可以确定的前景，每一位教师似乎命定地在某个时间点上当上了教授。在这种命定面前，他就没有了选择的自由。

组织并不一定是其生态的缩影，在某种意义上，组织恰恰有着与其生态之间相反的特征。可以说，组织有着一种"反生态征候"。我们知道，人类社会的组织化是在近代开始的，是因为社会化大生产而把社会推入组织化进程之中。与此同时，政治民主化、经济自由化都被视为社会发展的主流趋势，民主政治可以看作组织的基本政治生态。另外，我们也同样看到，市场经济的发展冲破了一切不平等的系统结构，交易的自由是市场必须遵循的"铁律"，因而市场经济也构成了组织的基本社会生态。可是，组织却是一个集权体系，具有明显的反生态征候。

在20世纪中，有许多学者试图把组织的政治和社会生态中的内容引入组织之中，却又一直无法向我们呈现出成功的可能性。对于组织的管理而言，民主、参与以及组织成员的自由等，至多只是作为一些策略而加以利用的。在实现结构化方面，几乎为零。即使在组织扁平化的设计中，也不可能为组织建立起结构性的民主、自由。所以，"组织内部形成的具体权力关系，从来都不仅仅是对权力均衡以及可在周围社会结构之中找到的控制模式的精确复制，也不仅仅反映诸种生产关系以及由此产生的劳动的技术分工和社会分工"。[①]

组织的生态和环境决定了组织存在的价值，为组织提供了任务。但是，如果按照组织的生态和环境关系的性质去构造组织，显然是一种错误的专断。在某种意义上，恰恰需要在组织与其生态和环境的非同质性的意义上去思考组织建构的问题。比如，市场是竞争的舞台，而组织却恰恰需要在其内部限制竞争。只有成功地在组织内部限制了竞争，或者说，使组织内部的所有竞争都得到良好的控制，才能使组织在竞争的环境中成为强有力的竞争者。组织中的不确定性空间为其成员的竞争提供了基础性的条件，但其成员的竞争如果失控的话，就会将组织引向某种困境。再比如，政治是民主的，而组织如果没有集权，就无法在捍卫民主和参与政治生活中发挥作用。在宏观的意义上，如果一切组织都建构起了民主体制的话，就会使政治民主失序，甚至使启蒙时期所确立起来的民主的文化和理念也荡然无存。更不用说组织中的民主会带来各种各样的冲突，使组织无法正常的运行。

我们已经提到过，福利国家的出现是20世纪中的重要事件，但从福利国家的运行来看，却生成了"福利依赖"的问题。就人的社会生活而言，任何一种依赖的产生都意味着自由的丧失，福利依赖也是一种丧失了自由的状态，尽管这种依赖并不必然是接受了控制和支配的

[①] [法]克罗齐耶、费埃德伯格：《行动者与系统——集体行动的政治学》，张月等译，上海人民出版社2007年版，第64页。

状态。事实上，福利政策的实施是以分配的方式出现的。在一切分配过程中都存在着强制性，是建立在有效控制的基础上的。一切强制都是排斥自由的，有强制的地方就必须免谈自由。所以，福利国家其实并未对人的自由追求作出什么贡献。其实，不仅福利国家造成了一种福利依赖，在工业社会中，本来就存在着各种各样的依赖，却是广泛地分布在每一处的。根据弗雷泽的考察，"随着工业资本主义的兴起，依赖的语境发生了很大变化。在18—19世纪，'独立'而非'依赖'成为政治和经济话语的核心；其含义完全民主化了。但如果认真解读'独立'这一话语，我们发现，对依赖存在着一种深切的担心"。[①] 既然有这种担心，也就意味着依赖是现实，而且一直没有找到加以祛除的路径。

总的说来，在革命的时代，人们追求的是独立，而到了福利国家生成后，人们对独立的热情日渐削减，转而生成了依赖感。即便对独立的追求，也是以依赖为参照系的，是相对于依赖而确立起了独立追求。在全球化、后工业化进程中，由于社会呈现出了高度复杂性和高度不确定性，人对人的依赖已经不再可能存在，人对制度的依赖也同样失去了发生的基础。在风险社会及其高度复杂性和高度不确定性条件下，独立将是一种无可选择的选择，而且不是相对于任何依赖的独立。同时，独立也是在告别了平等与自由的话语中重新作出规定的人的存在的范畴。这种独立在自我这里以自尊的形式出现，而在与他人的关系中，则表现为对他人的承认和尊重。

人只有是独立的，才是自主的。或者说，独立是自主选择的前提。在我们对风险社会中的人的存在以及行动之现实的领会中，自由有可能沉没了、退隐了，因而也就不再会有自由话语与社会控制以及依赖等话语间的冲突了。与此同时，人的自主以及对自主的追求，将在话

[①] ［美］南茜·弗雷泽：《正义的中断——对"后社会主义"状况的批判性反思》，于海青译，上海人民出版社2009年版，第134页。

语舞台上强势登场。自主是对自由的超越,这种超越又是以扬弃的形式出现的。因而,在自主中包含了自由。自主是自治的,有了自主也就意味着外在于人的控制失去了意义。人因为有了目的而变得自主,在目的性的活动中,自主将积极性诠释得非常充分。

第七章

命运共同体与人的共生共在

"人类命运共同体"理念正在被全球化、后工业化进程和风险社会的现实所证明，也使得"构建人类命运共同体"的任务显得更为迫切。在历史纵向维度中，我们发现，与农业社会相对应的是"家园共同体"，与工业社会相对应的是"族阈共同体"，而在全球化、后工业化进程中，基于风险社会的现实要求，需要建构的则是"合作共同体"。合作共同体是风险社会条件下的人类命运共同体的另一种表述，合作的概念所指示的是人类命运共同体如何得以实现的方式和路径。风险社会是合作共同体建构的前提，但从现实来看，由于西方文化以及意识形态的惯性，人们在风险社会中更加显现出了竞争、斗争的品性，致使我们不得不思考合作共同体建构的出发点和驱动力量的问题。对这一问题的回答应当是，实现文化转型和确立合作意识形态是首当其冲的任务。

人类命运共同体的理念包含着对风险社会客观现实的认识，也包含着对人类命运的关切和加以积极建构的设想。如果共同体是人的存在方式，是在人对社会一体化的追求中建构起来的，那么每一种共同体都有着获得"一体性"的某种决定性因素。家园共同体是发生在血缘关系的前提下的,但其维系所凭借的是权力的力量;族阈共同体是建立在社会契约的基础上的,以族群、民族国家和组织等形式出现,是处理利益关系的平台和框架。合作共同体将人的共生共在作为根本目的,通过合作行动而实现这一目的。合作共同体的社会形态是差异性的,行动者是在承认和包容差异中获得合作动力的。合作治理是合作共同体中的基本的社会治理方式,合作既构成了社会治理的形式,也规定了其性质,还是使构建人类命运共同体的要求转化为现实的路径。

风险社会及其高度复杂性和高度不确定性改变了世界的格局,以无所不在的风险压力将人类变成了命运共同体,但这还只是一种客观必然性。工业社会的运行惯性和资本主义的竞争文化妨碍了人们把这种客观性的命运共同体转化为具有自觉性的命运共同体。具有自觉性的人类命运共同体需要建立在人的共生共在理念的前提下。人的共生共在,既是风险社会中的"共同善",也是全球化、后工业化运动所指向的后工业社会建构的起点和基本原则,更是人们在风险社会中必须加以追求的社会形态。在对人的共生共在的追求中,合作行动是一种必须首先加以建构的行动模式。与工业社会中的人们往往在行动相关事项上区分出目标、目的和手段等不同,人的共生共在是存在于和包含在行动之中的目的,同时也是为合作行动指引方向的手段。对于合作行动而言,目标、目的、手段等都需要在融合为一的意义上来加以理解。

第一节 共同体的历史形态及其嬗递

当你拿着一只竹棍去逗那只静卧的蟾蜍时,它立即跳了起来。与青蛙相比,尽管蟾蜍并不擅长跳跃,但有了你用竹棍去挑拨它的刺激,它就会跳跃。在20世纪80年代全球化、后工业化运动兴起后,原先存在于民族国家中的民族主义发生了变化,转化成了民粹主义。就如那根竹棍刺激了蟾蜍一样,全球化、后工业化运动中也似乎有着某种因素激发出了民粹主义。我们看到,民粹主义在全球的几乎每一个角落都变得越来越活跃了。无论原先那个地区的政治属于什么模式和具有什么性质,也不管那个地区拥有的是什么样的主流政治观念,都从中产生了民粹主义。这说明,肯定存在着某种因素造成了刺激。也许是因为环境的突变,使那些"生物"变得不适应,从而变成了民粹主义。民粹主义是由民族国家中健康的民族主义转化而来的,或者说,民族主义是民族国家的健康细胞,而民粹主义则是民族主义细胞的"癌变"。之所以会发生这种变化,是因为民族国家的生命力的下降所致。

民族国家是一种共同体形式,我们将其称作"族阈共同体",全球化、后工业化运动则呼唤着合作共同体。合作共同体对族阈共同体的置换过程是人类历史的一次巨大变动,而全球化、后工业化运动就是这场历史变动的表现形式。所以,在全球化、后工业化进程中出现了民粹主义,以极端的方式表达"反全球化"要求和开展"逆全球化"行动,所以,它所构成的是一种不愿意社会变革的疯狂力量。如果我们把全球化、后工业化运动比作一场"历史地震"的话,就像地震将来时"癞蛤蟆"纷纷跳上路面一样,民粹主义的登场也就不是什么奇怪的现象了。如果说地壳运动产生的巨大突变有可能导致某些物种的产生和某些物种的灭绝,那么在全球化、后工业化运动中,民粹主义这个物种是有可能灭绝的。民粹主义今天所展现出来的躁动和疯狂,也许就是它灭绝的前兆。

在我们把民粹主义比喻成民族国家的癌细胞时,是包含着这样一种判断的,那就是,癌细胞会在生命体死亡后而死亡。也许民粹主义会在民族国家消亡后仍然存在一段时期,但它最终会消失在全球化、后工业化运动中。那个时候,整个人类社会才会完全以命运共同体的形式出现。因为,随着民粹主义的消失,全球化、后工业化所面对的所有来自民族国家的政治阻力,都将消失。这个时候,虽然人类社会是由无数差异性的"地方"构成的，但所有成员都将在人的共生共在的理念下去开展行动和处理各种关系。

一　合作共同体即命运共同体

在对风险无处不在以及危机事件频发的现实的反思中，出现了中国声音，那就是唤醒"人类命运共同体"意识。然而，从西方国家的意识形态、政治以及行为模式来看，仍然运行在旧的轨道上，不仅拒绝把人类当作命运共同体看待，而且无所不用其极地做着背离人类共同命运的事情，致使整个人类在风险社会中越陷越深。显然，从族阈共同体向合作共同体的转变不只是共同体形式的变化，也是一场根本性的文化转型。只有当人们建立起合作文化及其意识形态，才有可能终止那种在族阈共同体中形成的思维和行为惯性。

文化转型是艰巨的任务。我们看到，马尔库塞作为总体革命的"大拒绝"被中国的"文化大革命"证明是不可行的。同样，中国自共和国成立之后的历次运动也证明了葛兰西的"阵地战"同样无法达致文化转型的目标。就中国实践来看，"三反""五反"和"社会主义革命"运动以及在农村中从"互助组"到"合作社"再到"人民公社"的大步跨越，显然是要在人们心中确立起"公有"观念。在这些运动无法达到目标的时候，甚至在农村开始取消家庭生活，搞集体食堂（即"大锅饭"）的试验，直至"四清运动"，都旨在遏制人的私有意识。但是，当所有这些类似于葛兰西"阵地战"的运动都未取得成功时，才意识到新观念的建立是一场综合性的运动，从而发动了"文化大革命"。

虽然"文化大革命"出于操作的需要而将行动目标简化为"破四旧、立四新"，但从其全面展开的过程看，是包含着一个完整的思想体系的。可以认为，它是一项非常完整而全面的文化转型方案。关键的问题是，发动者当时未能意识到文化转型任务的艰巨性，表现出某种急于求成的心态，以致这场运动陷入失控的局面。当然，就"文化大革命"以及此前各场以"阵地战"形式出现的运动而言，也是不可能取得成功的，因为其思想背后的逻辑依然是近代以来一直纷争不断的"公""私"关系问题。在"一大二公""大公无私"的追求中，以行动的方式表现了争论中的极端意见。其实，在近代以来的私有制与共同体并存的背景下，"公"与"私"的争论永远都不可能有一个合适的答案，通过捍卫一极而排斥另一极的实践去作出回答，其破坏性影响是难以评估的。

如果说"文化大革命"在对"公"的追求中把一个国家拖入了一场灾难之中，那么"新自由主义"在20世纪后期对"私"的再申述，则把人类领进了风险社会和危机事件频发的状态。这个方面的极端案例证明，在近代以来这个社会所拥有的思维框架中，是不可能找到促进文化转型的道路的。也就是说，根本性的文化转型是与社会转型同步展开的。全球化、后工业化运动意味着人类历史的一次伟大的社会转型，与之相伴的文化转型也必然会发生。工业社会所拥有的文化类型可以称为竞争文化，而全球化、后工业化运动则指向了合作文化的建构。从竞争文化向合作文化的转型是与从工业社会向后工业社会的社会转型相一致的。或者说，它们是同一场运动的两个方面。

在全球化、后工业化运动兴起后，如我们上述所指出的，在人类走进21世纪的时候，出现了风险社会，即社会呈现出了高度复杂性和高度不确定性的特征。在风险社会中，人们也许会对历史进步产生怀疑，但我们相信，社会的发展总是朝向历史进步的方向前行的。同时，如果我们不是持有"欧洲中心论"或"西方中心论"的观念，就不会认为历史进步只有一种模式，反而会将欧洲（西方）社会的发展看作一种具有分支属性的道路。这条道路的伸展在时间的维度上越长，在空间的意义上也就与历史进步方向偏离得越远，以致需要做一次重大的方向矫正。

总体看来，西方世界在近代以来几百年的社会发展中对历史进步作出了巨大贡献，它在知识生产、物质生活水平的提升等诸多方面所取得的成就，都可以汇入历史进步的长河之中。不过，对于人类历史而言，西方世界在社会发展中所取得的一切成就都不应被视为标准，不能用它来衡量其他地区的社会发展状况。因为历史进步的道路是选择性的，并不能说某一条道路是具有唯一性的，所以，我们不能断定人类走向未来的路径只有西方所走过的这一条。特别是考虑到人类已经走进了风险社会这一事实，恰恰需要将西方世界的社会发展方向的校准问题提出来。

在社会变革和文化转型的意义上，正是全球化、后工业化运动把一种全球性观念给予我们，让我们认识到风险社会的降临意味着西方所走的那条道路已经走到了尽头，而全球化、后工业化则开辟出了一条新的道路。在这条道路上，人们不是原子化的个人，人们不是为了自我的利益而与他人开展竞争，社会不是"一切人反对一切人"的战争状态，社会治理也不完全是为了规范人们的竞争行为，契约并不在人们之间构成了共同体的纽带。相反，个人是与共同体合而为一的，人们乃至整个人类构成了一个命运共同体，共同体间所拥有的是一种合作关系，人们通过合作去诠释共同命运。所以，我们也将这一共同体形态称作合作共同体。

走向未来的道路是永远都在探索之中的，而积极的探索则是建立在对过去和现实进行反思的基础上的。当人类已经走进了风险社会的时候，如果放弃对已经走过的道路的批判性反思，甚至摆出一副捍卫西方世界在近代以来这个历史阶段中所创造的一切，无异于走上了邪路后还要一条道走到黑。在这个问题上，舍勒的思考是比较成熟的，从而让我们能够清晰地看到，"绝大多数西方历史理论家共同具有这种偏见：即他们的历史理论，它所论述的各种法则和发展方向——例如，经济以及它同时存在的科学和技术向资本主义阶段的发展——都应当运用到人类的全部发展上去"。[1]

---

[1] ［德］马克斯·舍勒：《知识社会学问题》，艾彦译，译林出版社2014年版，第196页。

第七章 命运共同体与人的共生共在

舍勒认为，事实情况不应是这样的。在历史的纵向维度中，"经济主义和阶级斗争理论也只是对于西方历史的一个晚近的和非常有限的阶段来说才是令人信服的"。[1] 同样，在横向比较中也可以看到，"人类知识在西方文化和伟大的亚洲文化（尽管这两种文化有着广泛的内在差异）中采取的各不相同的——的确，甚至可以说是对立的——基本发展方向所具有的、同样的独创性……将来有一天会使当初相互分离的、走向'人类'的缓慢整合的诸文化单位之汇聚成为可能的调整所具有的重大意义"。[2] 在一种文化中，我们看到的是斗争和争斗，在另一种文化中我们看到的则是"和合"。这两种文化有着方向上的不同。但是，在风险社会中，在为了人的共生共在的主题下，我们无可选择地必须走向合作。

退一步说，我们对西方世界在近代以来的社会发展中所取得的成就是给予充分肯定的，但我们也认为，无论这些成就有多么辉煌和伟大，都不能证明所走的道路就是历史进步道路的中轴，更不是唯一性的。比如，当我们在风险社会中发现了人类命运共同体和提出了人的共生共在的价值理念时，就会发现，近代以来的社会建构在原点上诞生出来的那些原则，都是可以质疑的。像人性的自私自利设定、人与人的关系"像狼"一样的比喻、由神秘莫测的"天"赋予人权的信念等，都与那些在东方世界中产生的基本观念形成了巨大反差。

正是因为存在着这些反差，意味着我们可以在它们都能够发挥矫正作用的意义上来评估其价值。如果就西方近代那些在原点上提出的基本原则和假定的社会建构功能在历史上逐渐释放而将人类领进了风险社会来看，则可能极大地贬低其价值。但是，就其在整个工业社会的历史阶段中为人类做出了在风险社会中开展行动的物质上的、技术上的准备来看，又是应当充分地肯定其价值的。同样，被舍勒称作

---

[1] ［德］马克斯·舍勒：《知识社会学问题》，艾彦译，译林出版社2014年版，第196页。
[2] ［德］马克斯·舍勒：《知识社会学问题》，艾彦译，译林出版社2014年版，第196—197页。

"伟大的亚洲文化",在工业社会这一历史阶段中并未显现出缔造人类文明和推动社会发展的积极作用。所以,在构建人类命运共同体的问题上,是不能简单地在东西方文化之间作出选择的,而是需要在全球化、后工业化运动中基于风险社会的现实去进行创造性的探索。

舍勒在阐述如何理解基督教的"爱敌人"的教义时作了如下论述,"在历史上,斗争和争斗的种种形式不断变换;芸芸众生以及人类社会通过这些斗争不断演进。终极福祉的宁静应从上而下察照这些斗争和争斗,使人类追求的目标永远不会被看作终极目标,使所有人的内心深处永远葆有一个神圣的位置——和平、仁爱、宽恕能在斗争和争斗中支配局势的位置"。① 这是一种终极性的追求,即完全终结斗争和争斗。然而,其实现的路径却是以"神格"的力量俯视众生,为其提供训诫和规范。舍勒是不同意基督教的这种做法的,他认为终结斗争和争斗的努力是没有必要的,也是不可能的。

如果从人类已经走过的路径来看,全部历史经验都证明了舍勒的意见,事实上,这也是绝大多数人的看法,只不过舍勒宣布基督教的努力失败了。但是,如果我们从人的生存要求来看,在风险社会中,在高度复杂性和高度不确定性条件下,终结斗争和争斗也许应当成为必须追求的目标,应当成为面向后工业社会的启蒙运动必须承担起来的一项任务。的确,在历史上,借助于"神格"力量的努力失败了,但在人类命运共同体的意义上,通过确立人的共生共在的理念,是能够找到最大程度地抑制斗争和争斗的道路的。具体地说,就是通过合作行动去争取人的共生共在,而不是相互之间进行斗争和争斗。

我们也承认舍勒所说情况,在人与人之间,"敌意是存在的;在人的天性之中,在一定情况下必然产生敌意关系的本质性理论是存在

---

① [德]马克斯·舍勒:《价值的颠覆》,罗悌伦等译,生活·读书·新知三联书店1997年版,第86页。

的，历史地看根本无法改变——这在对敌仁爱的说教中成了前提"。①至少在历史表象上，所表现出来的是这种状况。这也就意味着基督教做了不可能做到的事，所以失败了。但是，如果说全球化、后工业化意味着人类社会的一次根本性的社会转型的话，那么历史经验就不一定是构想未来的依据。未来是由我们建构的，而且我们所面对的，也是以往从未显像的人的共生共在的主题。也就是说，正是在今天的全球化、后工业化进程中，社会显现出了高度复杂性和高度不确定性，并以风险社会的形式出现，从而推展出了人的共生共在的主题。这是历史上从未有过的状况，意味着人类斗争和争斗的历史必须得到终结。即便仍然存在着斗争和争斗，也会得到规范甚至抑制，需要被限制在不对合作行动构成破坏的范围内。

风险社会意味着人类共同体的形式不同于以往，这是一个人类命运共同体。这种共同体存在的合理性和现实性根源于合作，所以它也是合作共同体。合作共同体是内在于人的，人在内心中包容了这个共同体。这一点既不同于工业社会的族阈共同体，也不同于农业社会的家园共同体。原生性的家园共同体因为存在着血缘纽带而使人们天然地将自己的命运与共同体联系在一起。在家园共同体中，如果说我们在理论上设想存在着个人，那么个人也是消融于共同体之中的。这种共同体中的人们并未经历过在工业社会历史阶段中才有的理性洗礼，他们的那种与共同体的"同呼吸，共命运"，还不能看作将共同体加以内化的状态，反而是共同体融化了它的一切成员。也就是说，他们是把自己融入共同体之中而将自身作为共同体的一部分来看待的，他们在共同体中寻找归属感，也确实找到了某种归属感。所以，他们天然地把自己的一切都看作属于共同体的。家园共同体是封闭的，也是排外的，共同体内部的争斗、斗争会受到习俗以及道德规范的约束和

---

① ［德］马克斯·舍勒：《价值的颠覆》，罗悌伦等译，生活·读书·新知三联书店1997年版，第86页。

节制，但在共同体之间出现的争斗和斗争，则是不可避免的。

在族阈共同体中，人们与共同体间的关系变得复杂多了，需要在辩证的理解中去加以把握。无论是在"族"还是在"阈"的意义上，共同体都可以成为人的生活、生存和利益实现、自我发展的空间，但就人已经生成了自我意识而言，在个人与社会的关系的中心—边缘结构中，或者说，在一切以自我为中心的"心向"之中，个人是目的，共同体无非是个人诸多可利用的工具中的一种。即使共同体是必需的工具，也不妨碍对其他工具的同时使用，但显而易见的是，共同体是外在于个人的。

也许正是这个原因，族阈共同体往往需要求助于某些建构性的意识形态去号召人们对共同体的热爱，并形成了诸多以"主义"为名的标识性称谓。而且，这些理论以及意识形态也确实在模糊共同体的工具性方面发挥着较为有效的作用。但是，就族阈共同体的成员将共同体作为工具而言，却没有因为那些迷惑人心的理论以及意识形态而发生改变。因为，个人就是族阈共同体的原点，个人对其权利的关注，对利益的追求，都决定了共同体必然被作为工具对待。

总之，家园共同体缺乏理性目的，是一种混沌的无意识状态。所以，基督教的训诫不足以从根本上使人们放弃斗争和争斗，特别是在地域的边界上，发生斗争和争斗是经常性的事。族阈共同体一方面沿袭了家园共同体的地域性；另一方面又割断了共同体中的血缘关系，使个人与共同体之间处于既统一又矛盾的状态。因而，亦如舍勒所揭示的，"敌意是存在的"，人们在每一处都为了自我的利益而开展斗争和进行争斗。族阈共同体中的个人与共同体构成了一种对立统一的矛盾关系。所以，工业社会的治理经常需要处理个人与共同体间的这种关系，使之能够处在某种平衡状态。事实上，在民族国家以及其他各种类型的组织中，这往往是社会治理和组织管理的主要事务。

对于共同体演进高级形态的合作共同体来说，一方面，经历了工业社会的理性洗礼，人们获得了在高度复杂性和高度不确定性条件下直观共同体基准价值的能力；另一方面，人的共生共在的观念转化成了人的道德意识，事实上，也重塑了人们之间的伦理关系。由于这两个方面的原因，人们并不满足于人自己对共同体的从属性状态，而是将共同体内化于心。也许这种状态在表现形式上会与家园共同体的状况有所相似，但在实质上，则是不同的。

二　共同体的历史嬗变

在熟人社会中，我们其实是看不到人的。即使我们可以指认出人，他也是共同体的缩影，整个共同体的特性都完整地体现在了个人身上。所以，与其说我们看到了人，还不如说我们看到的是他所在的共同体。在陌生人社会中，我们是能够发现人的。事实上，陌生人社会呈现出分裂的状态，一方面是实存的人；另一方面是作为人的异化形态即外在于人的共同体。我们把农业社会等同于熟人社会，相应的，也把工业社会称为陌生人社会。在整个工业社会的历史阶段中，人与共同体之间既是对立的又是统一的，相互都是对方获得存在和发展的依据，又相互都受到对方的制约。全球化、后工业化运动正在构造出匿名社会，它是一场从陌生人社会向匿名社会转变的运动。

在陌生人社会向匿名社会转变的过程中，也许作为主体的人将游离出人的视线之外，由人所创制的外在性因素也都不再是制约人的力量，反而是人的自主的支撑物，即为人提供支持，并使人感受到自己真正是人，是具有主动性和能动性的行动者。此时，每一个人在共同体中都是以匿名的方式开展行动，但作为人，却是自由、自立和自主的。这样一来，我们在历史上也就看到了这样一条人的成长轨迹：在家园共同体中，人被消融于共同体之中，缺乏自我意识，或者说未能自觉为人；在族阈共同体中，人因为有了自我意识而得以发现，但得以自觉的人却受到外在因素的压迫，不仅受到自然因素施加于他的压迫，而且更多地受到人所创制的社会因素的压迫。随着族阈共同体为合作共同体所取代，人才真正成长了起来。合作共同体中的人的匿名化并不是抹杀了人，反而是人成熟的标志，让人显得低调并使人能够务实地开展活动。

在农业社会，当地理因素为地域确立了边界的时候，地域中生成了同质性的家园共同体。对于共同体成员来说，是融合于共同体的，在你我之间，并无明确的边界。然而，在脱域化的过程中，当人们突破了地理边界的时候，却建立起了心理边界。因为心理边界的生成，致使人与人之间都有了明确的边界，而且法律及其制度也为护卫这种边界提供了强有力的支持。与此同时，原先由地理因素划定的边界被打破后又以民族国家的形式重新划定了边界，并以国家主权的形式出现。卢卡奇将这种情况称作"物化"，即指那是一种心理边界。也许人们在地图上看到了民族国家的物（地）理边界，实际上，那种边界更多的是存在于国民的心理中的。

全球化又对民族国家的边界形成冲击，由社会的高度复杂性和高度不确定性推展出来的人的共生共在的主题也向人的心理边界发出质疑。这说明，在未来一段时间，边界问题将会成为人们普遍关注的重要问题。可以认为，全球化、后工业化所指向的社会重构任务，在很大程度上，取决于人们对边界问题的态度。应当说，在工业社会的行进中，人们所从事的主要工作就是划定边界的工作。在国家与社会之间，在不同领域之间，在组织之间，在一切组织形式中的各部门之间，在人与人之间，都一直在不厌其烦地去划定边界和调整边界，希望通过划定边界去解决几乎所有的社会问题。不过，在全球化、后工业化进程中，人们猛然发现，人类的相互依存性并未因为划定清晰、明确的边界而减弱，反而变得日益增强了。划定边界的做法可以解决一些社会问题，却不能解决所有社会问题。相反，划界的做法还会带来或引发一些社会问题。事实上，那些关系到人类命运的根本性问题，是不可能通过划界的做法去加以解决的。所以，在全球化、后工业化进程中，人类也许应当换一种"玩法"，即把划定边界的做法转变为拆除边界的行动。

家园共同体的解体是与血缘关系的松弛相关的。时至今日，这一点可以看得更加清晰了。不仅同性婚姻家庭，而且"丁克"家庭也同样动摇了血缘关系的基础。"单亲"家庭表面上看来是巩固血缘关系的家庭形式，而实际上，它使血缘关系变得不完整，也对血缘关系造成了同样的冲击。在漫长的农业社会历史阶段中，家庭与社会、与共同体没有分化，家庭也就是社会，是共同体的一种形式或具体存在形态，社会、共同体是家庭的扩大和延伸。所以，我们把农业社会的生活和活动空间称作"家园共同体"。

在工业化的进程中，由于社会化大生产要求把工作场所与生活场所区隔开来，造成了家庭与社会相分离的事实。进而，当整个社会分化为公共领域、私人领域和日常生活领域后，家庭被安置在了日常生活领域中。也正是因为家庭被安置在了日常生活领域中，才较少受到社会生产、交往等的直接冲击，才能够在维系血缘关系方面发挥其应有的作用。工业社会的家庭不属于共同体的构成要素，因为这个社会的人们走出了家庭，并以个人的形式出现。正是个人，成为共同体的成员。在工业社会后期，随着同性婚姻家庭、丁克家庭、单亲家庭的出现，发挥着维系血缘关系功能的家庭彻底瓦解。尽管这个过程在相当长的历史时期中都不意味着血缘关系的消失，即使人工生殖得到了推广，血缘关系也仍然会得到一定程度上的保留。但是，家庭的瓦解会带来整个社会构图上的变化，今天看来，这似乎是不可避免的。

从农业社会向工业社会的转变，家庭的形式也发生了巨大变化，家庭的规模缩小了，而且家庭所承担的生产职能也被转移给了社会。但是，在这一过程中，主要是社会发生了变化。因为，社会与家庭相分离，使得社会与家庭相重合的状态消失了，从而把家庭转变成社会的日常生活领域中的一种构成要素，而日常生活领域也只是社会的一个组成部分。也就是说，家庭被安置在了社会结构中的次级结构的某个环节上了。然而，在整个工业社会的历史阶段中，家庭作为日常生活领域中的存在物，除了担负着维系血缘关系的职能，也在面向社会的维度上输送"人力"等资源。在承担这些职能时，家庭的完整性是必要的保障。现在，家庭的形式多样化了，家庭的完整性受到冲击，以致家庭相对于社会的诸多职能都将出现萎缩的趋势。

在近代早期，在家庭与社会分化的滥觞期，"空想社会主义"者就曾经设想过取缔家庭，把家庭所承担的职能全部转移给社会。现在看来，同性婚姻家庭、"丁克"家庭、单亲家庭实际上是不得不把家庭的部分职能转移给社会，甚至这部分转移给社会的恰恰是家庭的基本职能。当然，这绝不意味着空想社会主义在今天有了得以实现的历史机遇，而是说我们的社会正在发生变化，说明家庭与社会的关系正在发生变化，社会的结构和构成因素也在发生变化。特别是公共领域、私人领域和日常生活领域分化的历史，将会转轨到另一方向上去。相应的，社会交往以及社会生产方式，都会获得新的形式。如果人类未来的婚姻制度转化为"无夫无妻制"的话，那么家庭也许只具有象征意义了，血缘关系将彻底隐藏到其他社会关系的背后。如果说还存在着家庭的话，也许这种家庭并不一定与血缘关系有关。

与建立在血缘关系基础上的家园共同体不同，族阈共同体是建立在契约之上的。在族阈共同体中，即便是组建家庭，如结婚，也需要有着契约的约束，比如，所领取的结婚证，就是一份合同，而且是由政府见证并提供保证的合同。虽然族阈共同体的形式是多样的，但民族国家则是族阈共同体的代表形态。阿明认为，"为了建立国家，人们订立'社会契约'以建立民族国家——作为一个国家，作为一个民族国家，因而没有'社会契约'，国家也就不会存在"。[①] 这是否意味着人类对契约的永恒依赖呢？答案显然不是的。应当说，社会契约不仅是启蒙时期的伟大发现，也是人类的一项伟大发明。基于社会契约而建立起来的民族国家，在工业社会除了导致无穷无尽的冲突，也带

---

① ［埃及］萨米尔·阿明：《全球化时代的资本主义——对当代社会的管理》，丁开杰等译，中国人民大学出版社2013年版，第71页。

来了无限辉煌的伟大成就。事实上，契约造就了一种文明类型。

　　契约意味着，在包含着政治、经济等在内的所有社会生活中，人们都可以呼唤并实践着理性和科学。然而，后工业化进程的开启意味着人类将不满足于既有的发明，而是要用一项新的发明去推动人类的进步。显然，人类在今天所遇到的诸种问题是启蒙运动时期未曾发现的，而且不是启蒙思想家们能够想象到的，我们没有理由认为启蒙思想一劳永逸地解决了所有问题。事实上，我们今天遭遇的问题，恰恰与启蒙思想的社会建构和行为模式建构相关，是基于这些社会建构的行动带来的或引发的。既然如此，我们又怎能相信启蒙思想能够继续指导我们解决这些问题呢？即便是那些对启蒙思想加以修订和改装后的思想，也不能在解决我们所遇到的问题时发挥切实有效的指导作用。所以，我们必须根据我们所遇到的问题，必须依靠我们今天所拥有的资源，去对未来做出规划。在这个过程中，试图沿着近代以来的思想演进逻辑而进行所谓创新，是远远不够的。在某种意义上，那应当视为懒惰的表现。总之，社会契约以及基于它的全部建构，都应当受到否定。甚至可以设想，应当到它的对立面去寻找通向未来的道路。当然，这个"对立面"应该是新设立或新发现的对立面，而不是被启蒙思想已经否定的对立面。

　　阿明说，"民族国家是历史的产物，它仅仅在一定时期和空间内存在。19世纪的欧洲一直是现代历史的中心。恰恰是在这几十年的历程中，决定性的斗争以各种方式奠立了资产阶级民族国家的基础，也确定了当代世界的框架"。[①] 我们不应该期望民族国家会永远存在下去。从现实来看，在全球化、后工业化浪潮一遍遍的冲刷下，民族国家的边界开始变得越来越模糊，以民族国家这种形式出现的族阈共同体也正在为合作共同体所取代。

[①] ［埃及］萨米尔·阿明：《全球化时代的资本主义——对当代社会的管理》，丁开杰等译，中国人民大学出版社2013年版，第58页。

阿明在分析民族国家时指出，意识形态、英国和法国的政治智慧及其语言，构成了民族国家形成和存在的基础。首先，对于民族国家而言，"意识形态会相应地给它一个自主空间，把先在性赋予国家……这种先在性似乎是可以争议的。然而在这种情况下，国家确实就是资本主义的产物，马克思主义和正统的社会学都意识到了这一点"。① 其次，"在欧洲民族国家中，语言这一维度赢得了特殊力量，甚至作为一个新的社会成就而构成了国家的本质。教育和现代民主已经把民族语言当做一种工具，它通过民族国家本身的界定而终结了国家的边界及其大众文化"。② 再次，现代民族国家是首先在英国和法国创建出来的，这里也是18世纪启蒙的发源地，孕育出了创建民族国家的政治智慧，并成为其他地区纷纷效仿的样板。"国家早期模式的力量激发了随后的国家模式。既然有了英国和法国，德国和意大利也就把他们作为创建自己国家的模板。创建者的智慧是认识到如何形成联合并造成社会妥协，从而能够动员各种各样的支持力量。"③

然而，就世界范围看，"在第二次世界大战之后，世界上所有国家都取得了独立，形成了民族国家体系，也正是在这个时候，民族国家陷入了至今也没有结束的危机之中，即使在它起源的核心区域也是如此"。④ 也许正是这种危机，演化出了全球化的力量，给予人们去结束这个被民族国家割裂的世界之希望。一旦全球化取得了积极进展，一旦全球化对民族国家政治作出了最后的致命一击，那么我们今天津津乐道的那些在民族国家框架下所开展的政治游戏，都将结束。

利益的观念是与原子化的个人联系在一起的。我们知道，在工业

---

① ［埃及］萨米尔·阿明：《全球化时代的资本主义——对当代社会的管理》，丁开杰等译，中国人民大学出版社2013年版，第59页。
② ［埃及］萨米尔·阿明：《全球化时代的资本主义——对当代社会的管理》，丁开杰等译，中国人民大学出版社2013年版，第59页。
③ ［埃及］萨米尔·阿明：《全球化时代的资本主义——对当代社会的管理》，丁开杰等译，中国人民大学出版社2013年版，第59页。
④ ［埃及］萨米尔·阿明：《全球化时代的资本主义——对当代社会的管理》，丁开杰等译，中国人民大学出版社2013年版，第60页。

化、城市化过程中，农业社会的家园共同体在解体中产生了原子化的个人。对此，我们也可以认为是家园共同体坍塌而成了原子化个人，正如恒星坍缩为黑洞一样。在此过程中，家园共同体的排他性被原子化个人所继承，从而表现在利益要求和利益主张上了。族阈共同体的原型是现代组织。由于共同体的排他性转化为了利益排他性，使得现代组织具有了封闭性的特征。所以，我们说工业社会组织的封闭性是承袭于农业社会的。与之不同，那些真正具有工业社会属性的组织，则应当具有开放性，只不过这种开放性再度被组织的自我中心主义所钳制而已。同样，在全球化、后工业化进程中产生的组织，将有望彻底消除农业社会遗迹的影响，因而也就不再会具有封闭性。

正是在此意义上，我们说合作制组织是具有充分开放性的组织。总的说来，族阈共同体其实是一种想象的共同体，而不是真实的共同体。在某种意义上，它只是从家园共同体到合作共同体这一发展过程中的过渡形态。因为，族阈共同体是建立在原子化个人的基础上的，它包含着某种类似于天然的离心力，因为利益的排他性而有了这种离心力，以致它不得不求助于强制性的规则以及其他设置来保证它具有共同体的形式。虽然它也会用各种各样的意识形态控制技巧而把共同体成员整合到一起，但在利益冲突面前，个人至上就会在逻辑上被要求得到优先考虑，以致忠诚与团结等因素立马就像泄了气的皮球。

利益观念是自我的社会表现形式，是因为有了自我，才会有利益的问题。自我在何种意义上能够成为自我而不是一个生物性的自然生命个体，是由自我意识决定的。从历史上看，自我意识生成于家园共同体的解体过程，而这又是社会发展和历史进步的过程，至少近代的几乎所有思想家们都是这样认为的。所以，自我意识是被作为社会发展的一项成果看待的。当自我意识决定了人成为自我的时候，其实意味着自我就是一种社会性的存在。事实上，自我也首先是在与他人相对应的意义上而得到确认的。

自我与他人之间所建立起来的已经是一种社会关系。在表述上，这种关系看似简单，却包含了诸多社会规范于其中。所以，离开了社会，也就无法理解自我。我们说农业社会的人是融合在共同体之中的，也是要指出这种条件下的人并不是利他主义的存在物，更不能被看成利己主义的存在物。在许多现代作品中，学者们认为家园共同体中的人是利他主义的，那其实是非常错误的看法。就家园共同体是同质性社会而言，人既无自我意识也无利他意识。学术上所说的利益，是一个现代范畴；自利与利他是共生的，是一对辩证范畴。在自我意识尚未生成、自利意识未被知觉的条件下，并不存在利他的观念和行为。只有在现代性的意义上，才能对利己主义和利他主义作出厘定。谈到自利与利他的问题，我们不得不说，一些学者认为儒家思想是区别于近代西方个人本位主义的社会本位主义，这同样是严重的误读。因为，儒家思想产生于启蒙农业社会的运动中，这个时期所要建构的是家园共同体。在其后儒家思想的发展中，一直走在护卫和完善家园共同体的道路上。在这种家园共同体中，家就是基本的社会单元，撇开自然意义上的个体不言，严格的社会意义上的个人是不存在的，因而也就无所谓个人本位或社会本位的问题。

从社会治理的角度看，家园共同体中的社会动员作为一种集体行动的方式，一般而言，是在共同体处于危机状态时才加以动用的，而族阈共同体却不只在共同体处于危机的时刻才启动社会动员。在一些关系到共同体发展的重大事项上，也会启用社会动员的议程。而且，族阈共同体中的微观组织也会经常性地启用对组织成员的动员议程。或者说，在族阈共同体中，社会动员以及组织动员已经成为一项经常性使用的手段。比如，每一次总统选举活动都是一场几乎遍布全民的动员。通过动员，可以把原子化的个人凝结到一起，形成目标明确的临时性集合体并采取集体行动。

一般说来，需要采用动员的方式去应对的事项，往往是一些非常规性的任务，而且这些任务往往在管理上可以加以粗放式地对待。对于常规性的或解决起来技术性要求较高的事项，采取动员的方式加以解决，是不可能取得好的效果的，而且在消耗方面也是非常不经济的。这是因为，动员本身就是一种非制度化的行为，它所激发出来的是共同体成员的精神力量或道德力量，不仅不会引发技术水平的提高和技术条件的改善，反而会在一定程度上抛弃既有的技术。即便如总统选举所采取的动员似乎是制度化、模式化的，实际上也只是时间节点呈现的一种方式。总统任期是制度化的，但选举总统所采用的社会动员，并未在制度的设计中列出，制度确认的只是时间切点，而不是明确地确认总统选举以社会动员的方式出现。总的说来，动员的方式在族阈共同体中受到了滥用，并使社会为之付出了较大的运行成本。

三 合作共同体中的意识形态

在20世纪中期，"欧共体"的出现无疑是一个显著的社会现象，它表面看上去是对作为族阈共同体的民族国家的一种否定。特别是后来的"欧盟"，扩展到了更多的领域，从而架空了民族国家。可以认为，欧洲一体化是先于全球化、后工业化运动的，在一定程度上，甚至可以把欧洲共同体的建立看作对全球化做出了某种政治示范。但是，我们却不能就此而认为欧洲能够成为全球化的推手。因为，在欧共体成立时并未生成全球意识，即使是欧盟，也只是一种区域性联盟，并不包含全球视野和全球观念。

从欧盟的表现看，反全球化的行为迄今都是占主导性的。正如阿明所指出的，"由于缺少政治远景，所以，在社会视角中补充政治愿景，就将反作用于欧洲共同体已经建成的经济基础。在世界经济政治体系中，欧洲及其成员如何确定他们的计划（或诸多计划），仍然是一个无结论的问题"。[①] 阿明接着指出，"欧洲一体化的前景仍然非常不确定。只有当欧洲成为新的政治和社会主体时，一体化才能更加深

---

① ［埃及］萨米尔·阿明：《全球化时代的资本主义——对当代社会的管理》，丁开杰等译，中国人民大学出版社2013年版，第104页。

入，但欧洲共同体同样很可能陷入停滞，变成边缘化的主体，甚至发生倒退，失去它现在已具有的重要性。欧洲仍然没有把自己变成一种不可逆的历史现实"。① 阿明的这一看法，在欧盟这里也得到了证明。因为欧盟迄今都没有明确的适应全球化的目标，更不用说采取了什么积极措施。当英国"脱欧"时，也证明了阿明所说的欧洲"没有把自己变成一种不可逆的历史现实"。

就欧盟来看，是基于自由贸易原则而作出的设计，全球化是在它的关注之外的。欧洲各国与欧盟之外的国家仅仅建立起了贸易关系和开展经济交往，它们无意于推动全球化，甚至没有意识到全球化为它们带来了什么样的机遇和挑战。所以说，"欧洲并不是建立在某个塑造社会的共同计划基础之上的……欧共体的共同目标并没有涵盖所有社会目标，毕竟受到控制的工作环境和贸易联盟的权利是主要成员国在很久以前就达成的共识。无论是社会所有权（不仅是对私人和公共所有权进行有限讨论）的核心问题，还是工作的未来状况及其社会地位（这不是与工人'磋商'的陈词滥调），都没有写入欧共体的行动日程"。②

既然作为欧盟前身的欧共体自身都没有重塑社会的计划和追求，就更不用说还会有什么全球目标了。虽然欧共体后来转型为欧盟，但其眼界仍然限制在了贸易以及生产上了，只不过扩展到了更多的领域而已。可以认为，无论是欧共体还是后来的欧盟，都存在着全球化意识形态的缺失问题，更不可能意识到人类已经确定无疑地成为命运共同体，以致它没有一种意识形态的凝聚力量，而仅仅是利益权衡和交易的产物。如果考虑到欧盟与"北约"军事组织间的关系，它在很大程度上是以美国附庸的形式出现的，经常性地成为美国支配和控制世界的"打手"。既不是独立的，更没有自主，从而决定了欧盟不可能

---

① ［埃及］萨米尔·阿明：《全球化时代的资本主义——对当代社会的管理》，丁开杰等译，中国人民大学出版社2013年版，第104—105页。
② ［埃及］萨米尔·阿明：《全球化时代的资本主义——对当代社会的管理》，丁开杰等译，中国人民大学出版社2013年版，第107页。

在全球化、后工业化这样一场人类社会转型的运动中有所作为,更不可能为人类命运共同体的建构作出贡献。

我们举欧盟的例子是要说明,虽然社会发展进程受到客观因素的规定,但自主的设计和追求则可以规划出一条道路,而自主的规划又必然要落实到意识形态上来。客观上讲,欧盟的发展在一个很长时期都将受到两种力量的牵制:一种力量要求把欧盟塑造成一个更大的国家,用来代替分散的民族国家所构成的欧洲。在这种要求中其实是包含着一种隐喻的,那就是在国际舞台上与美国等强大国家开展竞争。也就是说,是以国家规模的扩大和统一的国家实力(通过整合的途径)而求得国际舞台上的优势地位,进而通过在政治上、经济上(也可能将来会在军事上)战胜其他所有国家而获得更大的永恒利益。同时,欧盟也可能受到另一种力量的牵引,那就是把欧盟塑造成一种(非国家)的新型共同体,即致力于合作体制的建构,并一步步地走向建构合作共同体的方向。究竟会走上哪一条路,则是一个意识形态的问题。如果民族国家的意识形态主导了欧盟的行动,就会将欧盟建设成一个更大的国家。相反,如果顺应全球化、后工业化的潮流,就有可能建构起不同于民族国家的新型共同体。从实际情况看,当欧盟接受了美国的控制,接受了美国为其确立的东方对手的角色,就只能走在前一条道路上。最好的情况也只能是,当欧盟成为一个国家(不管它是不是以国家的名称出现)的时候,就会提出一个要求,那就是摆脱做美国附庸的地位。这样的话,显然是复制了"二战"后民族国家兴起的道路,或者说,是那场民族解放运动的复现。

客观上说,在欧盟之外尚存民族国家的情况下,欧盟对外关系必然是竞争与合作并存的状况。在民粹主义兴起的条件下,原先民族国家的幻相就会成为阻碍欧洲一体化的力量。比如,英国"脱欧"就是一个典型事例。但是,如果欧盟的领导力量能够确立起与全球化相适应的观念,就会表现出某种意识形态驱动的状况。那样的话,就可能走在合乎全球化历史趋势的道路上。不过,历史前进的道路往往是曲折的。欧盟发展中的这两种力量的较量，必然会使它在两个方向的前进道路上徘徊，以致有可能出现这样一种情况：在世界上的其他地区出现了顺应全球化历史趋势的合作共同体建构示范事例后，把欧盟抛在了后面。从"俄乌战争"期间欧盟的表现看，它站在十字路口犹豫彷徨，不知道如何选择自己的道路，也不知道应当选择哪一条道路。

虽然我们在讨论合作共同体的时候想到了欧盟，却并不认为它与合作共同体有什么关联。事实上，从欧盟当前的表现来看，它似乎是在更大范围内重建了民族国家，其领导人仍然受到了某种隐蔽的民族国家观念的支配。我们在思考合作共同体的时候，更多的是把风险社会作为前提对待的，认为合作共同体也就是一种命运共同体。命运共同体会反映出人的相互依存关系，但又不能归结为人的相互依存。消极的命运共同体来自某种系统性的外在压力，而积极的命运共同体则是合作建构的结果。因为合作建构，使得命运共同体不同于作为一种人际关系状态的相互依存。

从人的相互依存的角度去认识合作，就会认为，"人们应该投资于他们所依赖的社会资源……这些社会资源不仅包括他们与他人的个人关系，还包括与他人协调以及将群体里的社会控制保持在合理水平所必需的文化习俗、规范和制度。要很好地了解道德，我们需要超越个体理性。我们需要合作理性……个体与他人合作性的互动，不仅因为这样做是策略性的，虽然通常就是如此，还因为这样做是正确的。这样做之所以正确，是因为人们的群体伙伴在所有重要的方面都与人们自己等同，所以他们值得人们合作"。[1] 但是，即便是建立在人的相互依存前提下的合作理性已经转化成了合作文化，也无法避免人们把合作当作从属于个人需要的策略，仍然会包含着不愿意合作和破坏合作的可能性。这对于风险社会及其高度复杂性和高度不确定性条件下

---

[1] ［美］迈克尔·托马塞洛：《人类道德自然史》，王锐俊译，新华出版社2017年版，第183—184页。

的人的生存来说，或者干脆说对于人的共生共在而言，就是一种潜在的危险。所以，基于人的相互依存去构想合作，难免会受到工具理性的纠缠，甚至会误以为工具理性就是合作理性，从而把合作当作工具而加以利用。为了人的共生共在的合作，在任何情况下，都应消除"工具—目的"的理解。这种合作本身就是一种生活形态，任何出于自我的需要而把合作当作策略的做法，都不可能在作为共同体的合作体系中产生出来。

上述可见，合作共同体的建构需要意识形态先行。第一步，在全球化、后工业化运动中需要确立起全球意识；第二步，需要理性地（而不是像民粹主义者那样）对待人类当前所遭遇的风险社会，从而确立起人类命运共同体的观念；第三步，需要建立起合作文化及其意识形态。

在谈及意识形态的问题时，我们是把意识形态理解成图式化的社会意识的。在社会意识图式化的过程中，构成了社会意识的各个部分会表现为不同的图式。同一种社会意识，在图式化的过程中也会以不同的图式出现。所以，意识形态并不是单色的图像，并不存在一种完整自洽的唯一性的意识形态体系。无论在历史的轴线上还是在某个作为历史截面的时代中，意识形态都具有多样性。利科认为，"所有的意识形态都是简化的和图式化的。它是一种框架，一种编码，以便扮演一种不仅是集团的而且是历史的，最终，就是世界的整体看法。意识形态的这种编码特征内在于它的辩护功能；它的转变能力可以被保存的条件是：它所承载的那些观念变成了公论，思想为了提高其社会效率而失去了严谨，好像意识形态独自就不仅仅能成为对奠基行为的记忆的媒介而且可以成为思想系统本身的媒介；正是这样，一切都可以是意识形态的：伦理、宗教、哲学"。[①] 应当说，还包括科学。在我们无限崇尚科学的时代，科学成了占主导地位的意识形态，或者说，

---

① ［法］保罗·利科：《从文本到行动》，夏小燕译，华东师范大学出版社2015年版，第340页。

是一种拥有了更高话语权的意识形态。

利科关于意识形态的这一看法也适应于我们理解风险社会及其高度复杂性和高度不确定性条件下的社会构图。也就是说，在风险社会中，在高度复杂性和高度不确定性条件下，当人的共生共在的理念简单化和图式化为合作的意识形态后，所有关于人文的和科学的理解，都将归属到合作意识形态中，成为人们关于人类命运共同体的整体意识。而且，还是一种不可置疑的公论，是人们自愿接受而不是强迫认同的公论。作为一种公论，无论在合作场域的建构还是合作行动的展开中，都发挥着引导、协调和整合的作用。虽然我们不能说合作意识形态会像工业社会的民主、法治一样以信仰的形式出现，但在人们拥有了这种合作意识形态的时候，却能够激发出合作动力，能够通过想象去从合作那里体悟到自身的价值，会认为这是一种伟大的价值。因而，也就会更加愿意通过合作行动去证明这种价值。

在以往的每一个世代，意识形态都会"表现为箴言、口号等各种简体的格式。这也是为什么没有什么比意识形态更接近修辞格式的——一种或然但又使人信服的艺术"。[①] 合作意识形态必然会继承这类艺术，并使其发扬光大。但是，这种艺术将不再掌握在专业人士手中，更不会用于对人的精神控制和灵魂操纵，而是表现为人们在合作场域建构和合作行动展开过程中的自然流露，是每个行动者在为自我鼓劲和激励他人的时候都会自然而然地加以应用的手段。就像一些我们无比欣赏的某种古代艺术那样，在它们得以创造的时代，其实只是一种直观地展现了远古人生活的一种表现形式。也就是说，在它们得到创造的时代，并不是艺术作品。我们今天作为瑰宝的文物，大都出于工匠而不是艺术家之手。合作意识形态也是这样，它并不是由伟大的思想家建构起来的，而是在合作行动中自然而然地生成的，是合作

[①] [法]保罗·利科：《从文本到行动》，夏小燕译，华东师范大学出版社2015年版，第340页。

图式的一种显现。虽然是一种图式，但不是模式化和结构化的，而是随着行动者的体验而具有具体性。

就意识形态是一个框架而言，可能会让人感到有些与理论范式、思维模式交缠不清。或者说，理论范式、思维模式与意识形态是一种更高、更根本性的存在的三个方面，只是我们尚未发明一个概念来指称它。在许多情况下，为了概括地表达它们共在的情况，人们使用了"精神世界"这样一个较为模糊的词语。也就是说，人们是把理论范式、思维模式和意识形态归入精神世界的范畴中的。其实，理论范式、思维方式和意识形态都可以单独构成独立的框架，尽管它们之间又是相互交叉和相互渗透于对方的。就意识形态作为一种思维方式的框架而言，人们是可以在这个框架中确定主题、发现问题和进行思考的。如果说合作意识形态与工业社会中的意识形态有什么区别的话，主要反映在是否具有开放性方面。同样是作为一种框架，在工业社会中，往往具有封闭性和排斥性，而在后工业社会中，合作意识形态则具有开放性和包容性。

一切封闭性的存在都会受到生命周期的规定，其生命也就是它无法突破、无法驾驭的命运。意识形态亦如此。工业社会中的任何一种具体的意识形态都会遇到衰退的问题，包括与民主、法治等联系在一起的有着很强生命力的意识形态，也经常性地遭遇衰退危机，以至于人们不得不通过为这种意识形态注入新的活力而使其延续下来。从民主和法治理论的发展来看，之所以不断地推陈出新，就是因为与民主、法治相联系的意识形态总是感受到存续的危机，从而需要在理论探索中去发现维系自身的营养。为了捍卫标榜为民主、法治的意识形态，西方国家还经常性地运用武力或开展"颜色革命"。与这种意识形态相比，其他许多意识形态也许在某个时期掀起了激荡人心的思想运动，但大都如昙花一现而走向萎缩。所以，意识形态的生命力是由它是否具有开放性和包容性来决定的。由此也可以提出一个判断，在作为人类历史的一个全新阶段的后工业社会中，产生了合作意识形态，在合作意识形态确立起来后,并不需要刻意地去维护它,因为它是开放的和包容的,它的生命力因为开放性和包容性而不会枯竭。

承认是合作意识形态的具象化的表现形式。如果说风险社会将人类置于一种被动的命运共同体状态了,那么积极的命运共同体则是建立在人们之间相互承认的前提下的。其中,也包含着共同体的全体成员对共同体的承认。而且,这后一种承认在某种意义上也可以理解成认同。霍耐特所讲的承认,是不限于个体的人之间的,而是一种普遍性的承认,是作为一种世界模式提出来的。霍耐特认为,"在人类对自我以及对世界的关系中,肯认的、承认的态度与其他所有的预设态度相较,同时有着发生起源上的与思想范畴上的优先性"。[1] 也就是说,承认范畴是一种理解世界的路径,代表了一种取向,或者说是一个视角,意味着对世界的认识和把握需要从承认出发。所以,霍耐特才会说,"我将把这种联系自我与世界的原初形式,称之为'承认';先于这个概念,暂时我只先强调一点,就是当我们在行动中建立起自身与世界的联系时,最初并不是采取情感中立的认识态度。相反地,伴随我们的行动的是一种肯认的、具有存在意义的关心挂念;我们自始就必须时时承认接受周遭世界有其自身内蕴的价值,也正因其自由价值,才会使我们对自己与世界的关系感到挂念担忧"。[2]

根据霍耐特对承认概念的这一解释,承认成了一种原初性的赋予,即赋予世界以价值。或者说,人在承认的那一刻将自己的价值转移到了世界之中,使世界也获得和拥有了相对于人的价值。因为承认,人与世界建立起了联系,人与人之间亦如此。霍耐特认为他的这一主张是与卢卡奇、海德格尔、杜威等伟大哲人一致的。因为,杜威的"实践之投入",海德格尔的"领会",卢卡奇的"共感参与",等等,都

---

[1] [德] 阿克塞尔·霍耐特:《物化:承认理论探析》,罗名珍译,华东师范大学出版社2018年版,第47页。
[2] [德] 阿克塞尔·霍耐特:《物化:承认理论探析》,罗名珍译,华东师范大学出版社2018年版,第50页。

表述了基本相同的主张，那就是，"人类对周遭世界所把持的存在之关注具有一种先在性，并在我们对万物自身意义与价值之经验中得到滋养"。① 显然，霍耐特认为他们在思路上是一致的，但他又显然不同意卢卡奇、海德格尔、杜威等的那种替人与世界的关系所找到的那个（些）起源。所以，他提出了承认优先性的主张。对此，霍耐特解释到，"所谓承认的态度，就是肯认其他人或事物在我们生命开展过程中所具有之意义"。②

可是，在霍耐特这里，承认者仍然是个体的人，而且在承认关系中，仍然可以看到由主体与客体构成的承认关系。这样的话，由承认赋予价值的过程，就会陷入某种逻辑困境中，即遇到能否经得起康德的"普遍立法"检验的问题。当然，在哈贝马斯所说的"后形而上学"时代，人们往往不愿意作出这种形而上学的还原论思考。但是，这绝不意味着可以不考虑形而上学的诘问。出于这种考虑，我们认为，承认赋予价值还只是次一级的价值，它必须建立在一个更高的优先价值之下。这个优先价值就是人的共生共在。不过，承认是第一步。有了承认，或沿着承认所指示的方向前进，就能走到作为目的的人的共生共在理念得以确立的那一步，人们也就能够真正地投身于合作共同体建构的行动中。所以，当我们把承认作为合作意识形态的构成部分或具体表现形式的时候，是希望将承认关系的确立作为合作共同体建构的先行事项对待的。

第二节　合作共同体建构之路

当人类堕入风险社会和面对着危机事件频发的问题时，许多人想

---

① ［德］阿克塞尔·霍耐特：《物化：承认理论探析》，罗名珍译，华东师范大学出版社2018年版，第51页。
② ［德］阿克塞尔·霍耐特：《物化：承认理论探析》，罗名珍译，华东师范大学出版社2018年版，第51页。

起了佛教的"末法时期说"和基督教的"末世论"。也就是说，人们从风险社会和危机事件频发中联想到了"世界末日"，这至少说明人们有着"世界末日"是否到来的疑惑。不过我们认为，在地球上的所有生物种类中，人的适应能力也许是最强的。风险社会的确对人的生存构成了巨大挑战，但可以相信，只要给予人类一定的时间，就能找到在风险社会及其高度复杂性和高度不确定性条件下的生存方式，并展现人的强大适应能力。但是，我们没有理由等待人的适应能力的自然生成，而是需要积极探索，自觉地建构这种适应能力。

当构建人类命运共同体的主张得以提出时，其意涵不仅包含了对风险社会中的人类生存状况的认识，而且也包含着一种建设性的构想：其一，风险社会并不是自然过程的结果，而是人类活动的后果，是人类以往世代所制造出的社会风险的积累，正是风险的积累而以风险社会的形式出现了；其二，人是有着自主性的生物，人能够反省自身和改变错误，既然人类是在为了自我的利益而进行竞争、斗争，并在这种竞争和斗争中走进了风险社会，那么在人们认识到人类已经被动地结成了命运共同体的情况下，也就会去谋求人的共生共在。我们相信，人类命运共同体的认识必将把我们引向合作，并真正地将人类建构成一个合作共同体。所以，风险社会是不可能将人类打回到农业社会的，更不会打回到原始社会中去，人类也不会毁灭。因为我们认识到人类是一个命运共同体，所以会积极探求使这个共同体存续的方式和方法，会努力去将一切可能性变成现实性。

我们的信念是建立在构建人类命运共同体的主张为全球所响应的前提下的。然而，从西方国家的表现来看，仍然囿于工业社会这个历史阶段中所形成的思维方式、行为模式和价值观念，在一切交往活动中都习惯性地采取竞争、斗争的方式，甚至将其意识形态宣称为"普世性"的价值观，极力加以推广和推行。如果这种情况延续下去，人类在风险社会中就会越陷越深，更多的灾难也许就会降临，致使大规模的人口减少事件发生。可见，人类正处在转折点上，如果接受了人类命运共同体的理念，就会积极地探索如何建构全球合作共同体的方式和路径；如果坚持工业社会的竞争行为模式和社会治理观念，就有可能必须面对更为严峻的风险状态。

人类命运共同体是对客观现实的认识，即对人类社会现状的揭示。在某种意义上，是风险社会使得人类被动地成了命运共同体，但这种被动的命运共同体却可以在得到了认识之后而转化为积极行动。积极的行动就是主动地、自觉地构建人类命运共同体的行动。如果是以合作行动的形式出现的话，相信也能够达成构建人类命运共同体的目的。所以，为了人类命运共同体的积极行动是合作行动。通过合作行动，可以赋予人类命运共同体以合作的属性，从而使其转化为合作共同体。如果说人类命运共同体有多种表现形式的话，那么风险社会中的命运共同体也就是合作共同体。

一 "一体化"追求与共同体

当神学家们宣布臣民服从君主，君主服从教皇，王权服从神权，世俗国家服从罗马教廷的主张时，实际上包含着世界"一体化"的愿望，即将一切都归结为神在世上的代言机构。这种情况是发生在西欧的农业社会历史阶段中的，是那个时代社会一体化的追求。其实，这种社会一体化的追求不仅反映了神学体系的结构和表现在了神权关系上，同时也反映在、表现在社会生活的几乎所有方面。

同样的情况也发生在中国古代社会。在某种意义上，中国农业社会的一体化追求更具有典型性。比如，学者们也将中国农业社会的总体格局称作"家国一体化""大一统"等。实际上，中国古代是将国比附于家的，认为"治国"的道理包含于"治家"之中。理论上的逻辑就是从格物、致知、诚意、正心、修身、齐家到治国、平天下。虽然齐家与治国、平天下层次不同，但其中的"道"是相通的，都需要建立在人（主体）的认识和修养身心的基础上。归之于道，是出于解释的需要，但道也被视为"一"，在形的意义上，道可以理解成一体性。正是一体化追求，造就了农业社会的共同体形态，即家园共同体。家园共同体的原初形态是建立在血缘关系的基础上的，但又贯穿着权力。权力是维系共同体的基础性力量，道德等其他因素所发挥的是辅助性的作用。

工业化、城市化开启了人类历史的一个新阶段。随着人们流入城市和进入陌生人社会，血缘关系松动了；随着自我意识的生成和人的原子化，权力的功能弱化了。这意味着建立在原先那种一体性追求之上的基础发生了动摇。事实上，家园共同体因为工业化、城市化的冲击而衰颓。但是，工业社会用新的共同体替代了家园共同体，即建立起了族阈共同体。在自由主义的设定中，工业社会是一个原子化的社会，是不存在使这个社会成为共同体的一体性因素的。的确，工业社会是不存在自然的一体性因素的，但人们发明了契约，因为有了"社会契约"而成为共同体。在这个共同体中，家在社会活动中受到排斥，也得到了排除。活跃在社会活动中的则是族，这个族可以是一定的人群，可以是民族、组织，也可以是国家。事实上，为了与古代社会的国家相区别，人们也把现代国家称为民族国家，是民族与国家一体化的状态。此外，绝大多数可以称为族的社会存在物，也都是与地域或领域联系在一起的。所以，工业社会历史阶段中的这种共同体也被我们命名为族阈共同体。当然，新出现的"朋克族""蚁族""月光族"等，并无明显的地域性特征。

20世纪后期的全球化、后工业化是类似于工业化、城市化的一场社会运动，它也是一场为历史划界的运动。如果说工业化、城市化把农业社会与工业社会划分开了，那么全球化、后工业化则把工业社会与后工业社会区分为两个不同的历史阶段。一个新的历史阶段中必然有着新型的共同体，新型共同体必然既不同于族阈共同体也不同于家园共同体。家园共同体是建立在血缘和权力的基础上的，族阈共同体是建立在社会契约的基础上的，而新型共同体的建构，则是由风险社会的现实所决定的。首先，在全球化、后工业化进程中，人类走进了风险社会，风险社会给予人类的是共同命运；其次，人类的共同命运意味着人的共生共在；最后，唯有合作才能实现人的共生共在之目的。合作意味着需要寻找新的基础，而在今天，我们能够想象到的是，这个基础应当是道德。

在全球化、后工业化进程中，需要建构的新型共同体在实质上是合作共同体。在这里，如果还有一体性的观念的话，那么合作就是合作共同体中的一体性因素。合作具有消除族阈边界的功能，同时又对任何人与人之间的不平等作出否定。如果说全球化、后工业化意味着世界一体化的前景，那么这个一体化的世界绝不会成为任何等级结构的再造，而是在持续的和不断扩大的差异化条件下走向平等合作，是由合作驱动的一体化，是在合作理念下去实现包容了差异的一体化，所要建构起来的是一个合作共同体。在这个合作共同体中，每一个国家以及每一个合作体系都是平等的，没有主导和附庸的区别。

当我们在全球化、后工业化进程中回顾工业社会所走过的历程，不禁想到，如果说在18世纪的启蒙思想家那里拥有一个人类一体的梦想，那么他们为通向这个梦想的实现所找到的，正是一条用社会契约的绳索将整个人类捆绑在一起的道路。因为有了契约，人类在形式上似乎成为一体，然而，由于把人捆绑在了一起，引起的摩擦却更多了、更广泛了。所以，黑格尔所说的"矛盾普遍性"在人们之间得到了淋漓尽致的体现。族阈共同体虽然因为有了社会契约而成为共同体，却又因为每一个人都为了自我的利益而与他人竞争、斗争，因而也就不断地对共同体造成破坏，腐蚀着共同体。可以认为，在族阈共同体中存在着某种社会风险的生产机制，正是其所生产的社会风险的积累，造成了我们今天不得不面对的风险社会的现实。

在风险社会中，社会呈现出了高度复杂性和高度不确定性，但许多人仍然陶醉于启蒙思想的让人类成为一体的梦想之中，极力去强化社会契约机制，总要求维护那些在社会契约机制中生成的社会设置，结果却是使得风险社会的色彩每日都在加深。如我们上述指出的，风险社会把人类变成了一个不同于族阈共同体的命运共同体，赋予这个共同体一体性的因素不再是社会契约，而是生发于人的内心的对人的共生共在的自觉。正是这种自觉，让人们体验到了已经结成了一个命运共同体的现实，进而，需要去寻求人的共生共在实现的路径——合作。在这里，社会契约原理将被合作原理所置换。因此，合作共同体的建构在几乎所有方面，都不同于族阈共同体了。

哈贝马斯在共同体中看到的是交往，所以，他也把共同体称为"交往共同体"。显然，哈贝马斯想要突出的是共同体的交往属性。这实际上是没有必要的。任何一种形式的共同体都具有交往属性。如果说人们忽视了共同体的交往属性，那么再在"共同体"之前加上"交往"的定语才有必要。可是，从来也没有人忽视共同体的交往属性，甚至人们是将此作为一个默认的事实对待的。这说明，哈贝马斯提出"交往共同体"这个概念是没有必要的，即使我们承认它具有某种学术价值，也必须指出，它只有在特定的语境中才是一个有意义的概念。如果将其泛化到所有关于共同体的叙事中，就会让人感到费解。如果我们考虑到共同体有着不同类型，那么为所有共同体寻求"交往"这一共同因素，将其作为一体性的终极尺度，也是不能让人接受的。

吉登斯在转述哈贝马斯的观点时说，"在互动主要由面对面互动所主导的社会或共同体，提供身体在场的各种技术充当了媒介的工具。书写以及其他沟通工具（电话、电视、机械模式的交通）则将更大距离的时间和空间束集在一起"。[①] 然而，这种专注于场景的"在场"与"缺席"随着互联网的出现而遭遇了大片盲区，甚至可以说陷入几近失明的状态。因为网络不仅让时间和空间失去量度的功能，而且使得在场与缺席也变得复杂和不确定。比如，网络社区中的人是匿名人。

---

① ［英］安东尼·吉登斯：《社会理论的核心问题》，郭忠华等译，上海译文出版社2015年版，第114页。

匿名人在场本身，就是一个含义无法确定的问题。但是，当匿名人对不在网络中的"实名人"发起攻击时，而且这种攻击的目的是要使那个不在场的人声名狼藉，后果确实能够如攻击者所愿，即使得那个"实名人"受到了致命的伤害。对此，如何判断那个"实名人"在场与不在场呢？在原有的时空中，不在场，就不可能受到伤害。如果受到了伤害的话，就可以判定他是在场的。在网络化的社会中，物理意义上的不在场也同样会受到伤害。所以，就无法做出在场与缺席的区分了。再以"俄乌战争"为例，"北约"组织以信息化的手段参与了战事，但它却可以说自己没有投入兵力到战场上。这种情况究竟属于在场还是不在场，根据传统的观念，显然无法判断。

对于合作共同体来说，所有对于合作有利的因素都不会因为物理意义上的在场或缺席而被排斥在合作行动之外。事实上，风险社会中的合作行动不会出现因为在场或缺席而独立于合作共同体之外的情况，至少在合作行动者的心向上，包容了所有有利于合作的因素。比如，一个人可以通过网络等现代通信技术参与到合作行动之中，他在物理的意义上是不在场的，而且是匿名的。当然，哈贝马斯并不计较物理意义上的在场，他也是把通过网络等现代通信技术参与行动的人视为在场的。我们同意这种看法，但我们所要指出的是，在合作共同体中，只存在着"合作者"和"不合作者"两类人，却不存在愿意合作却无法在场的情况。也就是说，对于合作行动而言，并不会考虑在场与缺席的问题。特别是在新的技术条件的支持下，一切愿意合作的人都可以进入合作行动之中，即不会缺席。就此而言，可以认为，亦如其他类型的共同体一样，合作共同体也存在着交往行为，但"交往"却不是描述合作共同体时必须使用的向量，更不是证明合作共同体一体性的必要解释原则。

对于家园共同体，可以不运用合理性的标准来加以衡量，但族阈共同体是存在着合理性问题的，而且其合理性还需要转化为合法性。在这个问题上，合作共同体也是需要接受和应当接受合理性审查的。

一般说来,"当行动遇到被建立在某种语言和价值共同体里的可接受性条件时,行动一直是合理的。这些可接受性条件就是必须使我们的回答满足以下问题的条件:您在做什么?为什么,由于什么您做这件事?一种可接受的回答是那种在穷尽了一系列'因为'的同时也终结了询问的回答,至少在提出这些问题的问询和对话的处境中是如此"。[①] 这显然是适用于对合作行动的理解的。在合作行动中,人们所做和为什么做,在行动者这里都是自觉的,是基于人的共生共在的目的而采取的行动。

一旦人们处在合作共同体中,就会看到,社会的高度复杂性和高度不确定性决定了一切非合作性的行动都是没有意义的,一切与合作相背离的行动都是与人的共生共在相背离的,是对共同体的一种破坏。在风险社会及其高度复杂性和高度不确定性为所有行动者所意识到、所认同的情况下,行动是否具有合作的性质、是否合乎合作的要求?不仅是一个是否具有合理性的问题,而且是一个必须经得起正当性检验的问题。不过我们也认为,在合作共同体中,一切强制都是不允许的,合理性也不应成为行动者必须接受的规定和要求,更不应成为来自行动者之外的约束力量。准确地说,在合作共同体中,合作行动的合理性可能是一个不再需要受到追问、质疑的问题。或者说,合作行动既是自觉的也是自然的,充分反映了行动者的自主性。这是一种以行动者的自主性代替了合理性的状况。

家园共同体、族阈共同体和合作共同体代表了三种典型的共同体历史类型,与人类历史的农业社会、工业社会和后工业社会三个历史阶段相对应。这说明,共同体是有着历史的具体性的。虽然我们这里所列的三种共同体类型在其所在的历史阶段中都是基础性的共同体,它们都会在社会生活和活动中以更多具体的形式出现,但从近代以来

---

① [法] 保罗·利科:《从文本到行动》,夏小燕译,华东师范大学出版社2015年版,第261页。

的哲学理论看，形而上学的普遍主义是无视时间、场境的，其各种学说总是将自己的主张制作成在任何历史时期都适用的原理，认为是可以对一切存在都作出合理解释的框架。结果，却制造出了一些假象或幻觉，即认为整个人类不分历史、不分地区地都只能拥有一种价值。如果有了不信奉这种价值的人，就会受到制裁。西方国家政治上的和话语上的霸权，概由此出。

对这种情况，舍勒表达了批评意见。根据舍勒的看法，那种共同认可的价值不是在历史上某个时刻出现的，也从来没有成为"普世性"的价值，反而需要在对未来的瞻望中去寻找多样价值合流的可能性。舍勒说，"只有由所有各个时期和民族——包括未来历史上的那些时期和民族在内——进行的普遍的和团结一致的合作，才有可能详尽无遗地展示这样一种价值世界，并且以'原始存在'的形式共同得到实现；只要这种实现一般说来已经被指派给人了，情况就是如此。任何一个时期的价值形而上学，都系统表述它自己的历史性道德心、个别性道德心以及'公共舆论'，并且通过那些已经使自己与他们周围的人类生活的完满牢固联系在一起的个人展示自身；它同时也是一种绝对的但是又个别有效的认识"。[①] 在合作共同体中，处处布满了差异性的存在。与这些差异并存的，是行动者之间的相互承认和相互包容。也因为承认与包容，使差异成为合作行动得以优化的动力。

当然，在舍勒从事写作的20世纪前期，族阈共同体正显现出旺盛的生命力，西方社会的工业和资本的繁荣，决定了他不可能想到风险社会的问题。然而在今天，当我们置身于风险社会的时候，无疑是深切地感受到，人类密切的和牢固的关系并不是在某种积极建构中形成的，反而是因为风险社会的到来，把人类变成了命运共同体。尽管很多人不愿承认、不愿接受，但风险社会的压力将使一切拒绝承认人类命运共同体的力量瓦解。在某种意义上，人类命运共同体正是由风险

[①] ［德］马克斯·舍勒：《知识社会学问题》，艾彦译，译林出版社2014年版，第210页。

社会的压力造就出来的，它作为一个事实，并不取决于人们是否承认和是否接受。面对这一事实，人们也许只有在人类"历史的终结"与合作行动两者之间进行选择。或者说，如果希望人类还有未来的话，就只能走合作的道路。

我们说风险社会有着高度复杂性和高度不确定性的属性和特征，但在行动模式的选择问题上，却又是那么简单，那就是必须合作和只能合作。这就是人获得了充分自由和全面自主的时候所面对的唯一一项不自由和不自主的压力。在风险社会中，合作具有绝对性的价值，也是一种相对于一切人、群体的"绝对命令"。人类历史上曾经存在的宗教、道德、科学等所有价值，都将汇流到合作文化之中，对人的合作行动提供支持。

站在合作的角度看，工业社会即族阈共同体中的个人主义、本位主义、组织中心主义和民族主义等，都是自我中心主义的表现形式。如果说它们在工业社会即族阈共同体中还是积极性与消极性并存的观念，那么在风险社会及其高度复杂性和高度不确定性条件下，其积极性的一面完全丧失了，剩下的都是消极性，对人类命运共同体所构成的唯有破坏，对人们的合作行动所形成的只是阻碍。所以，只有合作共同体中的合作，才对人类共同命运作了完整的诠释。

二 超越个人与集体的视角

我们把人类命运共同体看作人的共生共在的外显形态，也就意味着我们认为人类命运共同体是包容差异的。人类命运共同体中的差异每时每刻都在生成和消失，差异本身也具有流动性的特征。人们对差异的承认和包容，决定了人类命运共同体不会走向同质化的方向。人类将带着人类命运共同体的观念开展合作，却不会在精神上和血缘上追求同一性。诚如舍勒所想到的那样，"也许所有种族的精神上的统一和血缘亲属关系，就是全部历史的终结——而且，全部历史实际上也就是血缘关系不断达到同等水平的历史，但是，它既不是各种事件的出发点，也不是社会学的预设前提,这是理所当然的。毋宁说,任何一种社会学的出发点都必须是各种群体和各种文化形式的多元状态"。[①]

关于全球化同时伴随着"地方化"的判断,不是纯然主观性的臆测,而是对全球化现实的反映。在某种意义上,我们倾向于认为,全球化运动中出现的民粹主义等反全球化的力量,既是工业社会传统在全球化中表现出来的一种疯狂状态,也会在消解后转化为地方化的积极因素。为了推进全球化进程,也许需要对民粹主义加以挞伐,但全球化运动的深入和稳步前行,又需要在对民粹主义的改造和扬弃中获得地方化的积极力量。全球化与地方化是同一场运动的两个方面,这两个方面的平衡推进,才是全球化的康庄大道。

合作共同体在意识形态上将超越个人主义与集体主义,从而避免某种理性的自反。哈耶克从个人心智的角度揭示了理性的自反,指出"理性应当支配自身的成长这种狂妄野心,在实践中只会起到限制理性自身成长的作用,它将把自己限制在受控制的个人心智所能预见的结果上。这种野心虽是某种理性主义的直接产物,其实却是一种被误解或使用不当的理性主义的结果,它没有认识到个人的理性是个人相互关系的产物。其实,要求一切事物,包括人类心智的成长在内,应当受到自觉的控制,这本身就标志着对构成人类精神生活和人类社会的各种要素之一般特征的错误认识。这是我们的现代'科学'文明中自我毁灭的力量,是滥用理性的极端表现……"[②]

也就是说,哈耶克不仅认为社会过程不可控制,而且个人的以及人类的心智成长也是不可控制的。如果以理性的名义对此加以控制,"科学"就会走到邪路上去。如果说非理性无法实现向理性的转化,那么理性如果不守住自己的边界,则轻而易举地就转化成了非理性。事实上,当理性给予人自信和让人生成野心的时候,就已经超出了它

[①] [德]马克斯·舍勒:《知识社会学问题》,艾彦译,译林出版社2014年版,第15页。
[②] [英]弗里德里希·A.哈耶克:《科学的反革命:理性滥用之研究》,冯克利译,译林出版社2019年版,第90页。

自己的边界而变成了非理性。在如何对待理性的问题上，哈耶克是从人类心智成长史中去发掘可以证明个人主义理性观的证据的。他说，"人类心智的成长，就其最普遍的形式而言，是一切社会科学的共同问题，因此在这里也产生了最尖锐的思想分化，存在着两种有本质区别的、势不两立的态度：一方是谦虚为本的个人主义立场，它致力于尽可能理解使个人的努力实际结合在一起创造了我们的文明的原理，它根据这种理解，希望获得创造有益于进一步成长的条件的能力；另一方是傲慢的集体主义，它的目标是自觉控制一切社会力量"。[1]

不过，由资产阶级学者发起的个人主义与集体主义之争，是近代以来理论上的一件最无聊的事，虽然长达几个世纪，却是不可能有结果的。这是因为，个人主义与集体主义在理论上的任何彻底性的追求，都必然会走到自己的反面。所以，哈耶克在自己的全部理论著述中都不敢公开宣称自己是个人主义者，而且在每一处阐发个人主义主张的地方，都谨慎地处理行文，表现出极大的节制。遗憾的是，个人主义与集体主义的争论不仅仅发生在理论领域，而且反映到了实践之中，转化成了社会建构方案。就工业社会这个历史阶段的政治以及其他社会实践来看，无论是个人主义的还是集体主义的方案，在社会建构中都引发了各种各样的灾祸。直到风险社会降临，人们才意识到人类是超越了个人与集体的命运共同体。

在哈耶克著述的时候，发生在个人主义与集体主义之间的争论正处在非常炽热的状态中。与许多思想家一样，哈耶克也挖空心思地试图为这种争论画上句号。可是，这个问题在理论上的悖论以及在实践上的虚假性，决定了哈耶克同近代以来的所有参与到这场争论中的思想家一样，也是一个过客。应当承认，与近代早期那些粗陋的个人主义思想相比，哈耶克的个人主义观点在每个方面都制作得较为精致。

---

[1] ［英］弗里德里希·A. 哈耶克：《科学的反革命：理性滥用之研究》，冯克利译，译林出版社2019年版，第90页。

第七章　命运共同体与人的共生共在

尽管如此，他在贬抑集体主义和阐释个人主义思想时，也未能提供经得起推敲的证明。

哈耶克说，"个人主义的态度明白个人心智的结构性限制，只想揭示社会中的人如何通过利用社会过程的不同结果，在包含于这些结果之中但他们从不知晓的知识的帮助下提高自己的能力；它使我们认识到，离开了个人之间的交往过程，不可能存在任何被视为优于个人理性的唯一'理性'。在利用非个人的媒介的这一过程中，代代相传的或同代人的知识结合在一起并相互调整，而且这一过程是作为整体的人类知识的存在所能采取的唯一形式"。[1] 如果接着哈耶克的话说，我们就会看到，个人主义必然合乎逻辑地提出"超越自我""自我实现"等追求。因为，人类的知识通过"非个人的媒介"、"代代相传"和"同代人的知识结合与相互调整"皆备于我，从而使我能够自我实现和自我超越。这样的话，个人主义岂不是走到了张狂的地步，还有理性可言吗？所以，哈耶克尽管在理论陈述中表现得非常谨慎，却没有找到防范个人主义的个人理性滑向非理性的措施。同样，哈耶克对集体主义的贬低和谴责，也是苍白无力的。

在心智成长这个问题上，哈耶克认为，"集体主义的态度不满足于在这个过程中所有个人能够获得的局部知识，它把自觉控制的要求，建立在自以为能够从整体上理解这个过程并以系统的方式利用全部知识的假设上。由此直接导致了政治上的集体主义；虽然从逻辑上说，方法论的集体主义有别于政治上的集体主义，但不难理解前者如何导致后者，而且如果没有方法论的集体主义，政治集体主义其实也失去了它的思想基础：假如不是虚妄地认为自觉的个人理性能够掌握'社会'或'人类'的一切目标和一切知识，那么相信自觉的集中控制能够最好地达到这些目标的想法，也就失去了根据。坚持不懈地追求这

---

[1] ［英］弗里德里希·A. 哈耶克：《科学的反革命：理性滥用之研究》，冯克利译，译林出版社 2019 年版，第 90 页。

种目标，必然导致这样一种制度：全体社会成员变成仅仅是一个从事控制的头脑的工具，对心智的成长有益的一切自发社会力量都会归于毁灭"。①

考虑到哈耶克写下这段论述的时间，也许人们会惊叹于他在"斯大林主义"这个名称出现在西方学术作品中之前就对它作了如此精准的描述。其实，运用理论的逻辑去预言一种社会现象的发生，往往是缺乏理论素养的畅销书作家所做的事。那些为自己的学术定位较高的思想家和理论研究者，从来都不会提出什么预言，而是要揭示理论自身的逻辑走向，致力于思想的完美建构和理论的彻底性。就集体主义而言，在理论的彻底性意义上，完全是个人主义的变种。也就是说，现实中的被命名为集体主义的现象，完全是一种误植，在理论上是经不起推敲和检验的。

非常荒唐的是，许多学者把集体主义归入马克思的思想中，这是与马克思的理论本质不相符的。事实上，如果人们理解了马克思的"人是社会关系的总和"这样一个经典论断的话，就会明白，马克思与任何意义上的集体主义主张都毫无关系，更不能因为马克思从根本上否定了个人主义而断言他是集体主义者。马克思的思想是深刻的，在他对个人主义的思想及其理论作出否定的时候，提出的是"人是社会关系的总和"这一论断，这已经杜绝了集体主义。或者说，马克思根本就不认为存在着什么集体主义。对于这一点，无论是在马克思对黑格尔的深刻反思中，还是在恩格斯对空想社会主义的深刻批判中，都表达得再明确不过了。

就哈耶克对集体主义的描述和批判而言，虽然切中了作为一种社会现象的集体主义的要害，但他是停留在这种现象的表面的，没有看到这种现象的历史性。恩格斯在解释黑格尔"凡是现实的都是合理

---

① ［英］弗里德里希·A. 哈耶克：《科学的反革命：理性滥用之研究》，冯克利译，译林出版社2019年版，第91页。

的"这个判断时，要求人们去把握其背后的隐喻，这也适用于我们对马克思的思想的理解。可是，许多人并未这样做。所以，我们认为，哈耶克对集体主义的批判是有力的，却是无的放矢的，因为集体主义与马克思的思想并无关联，只是一种由斯大林主义推出的话语而已。其实，当我们在思考社会控制以及个人和人类心智成长过程中的控制问题时，所应看到的都是理性自反的问题，无关乎个人或集体，更不应首先设定集体主义"是奴役之路"这样一个前提性判断，然后在谈到所有问题时都从属于论证这个判断的需要，即根据这个判断的需要去展开论证。这是因为，那样做的话，无论将论证制作得多么严谨精妙，在思想上和在理论建构上，都仍然是不严肃的。

虽然关于个人主义与集体主义的讨论涉及的是共同体的立足之本的问题，但我们在破解共同体的论题时，是把视线收敛在形式方面的。这样一来，在观察族阈共同体这个样本时，就会看到它在形式上的领域分离，即在"社会"的意义上存在着公共领域、私人领域和日常生活领域所组成的社会结构。这三个领域意味着三种生活样态，公共生活也就是公共领域中的生活。就公共生活的发生来看，显然需要有两个前提：其一，在社会层面上是公共领域与私人领域的分化，只有当社会中出现了一个相对独立的公共领域，才会有公共生活的问题，才会有公共生活需要得到必要支持的问题；其二，在人的存在形态的意义上，是个体的觉醒，即出现了拥有自我意识的个人，这个人是独立的、自由的和与他人之间有着平等关系的，他能够在进入公共生活之中的时候不失去自我，能够在公共生活之中表达自己的意见和影响他人。也许人们会说，这两个前提本身就是公共生活的内容。的确如此。一方面，它们是公共生活的内容；另一方面，它们又是公共生活发生的前提。从历史上看，作为前提，是在走出中世纪的过程中出现的。正是在现代化的行程中，独立的、具有自我意识的人与公共领域和私人领域的分化同时出现了，从而使公共生活得以展开。

公共生活有一个发生和发展的过程，整个近代以来的历史进程都可以看作公共生活发生和发展的过程，或者说，是在公共生活的平衡下所实现的历史进步。随着民族国家的建立以及现代社会治理体系的出现，正是通过公共生活而使整个社会处于一个有序的状态。有了公共生活，来自私人领域甚至日常生活领域的要求和意见都能够得以表达，社会治理体系也获得了不断完善的动力。然而，在风险社会及其高度复杂性和高度不确定性的条件下，人类命运共同体的特性凸显了出来，公共领域与私人领域的分离开始出现了逆转的状况，即朝着领域融合的方向演进。领域融合在表象的意义上造就了社会的整体化，似乎也只有当社会以整体的形式出现，才能有效地应对偶发事件的挑战，才能降低社会风险。

但是，风险社会对工业社会的延续性却让我们看到，正在成为历史的那个与领域分化过程中所造成的后果是人的生活的碎片化。也就是说，在个体的人生成的过程中，因为社会的领域分化，致使个体的人的生活变得无法按照某种节奏展开，而是被割裂成了不同的碎片。或者说，人在公共领域中的生活与在私人领域中的生活不仅被割裂了，而且是相互冲突的。同样，一个人的生活在时间的维度中也会处在不停息的中断、接续、转变之中，因而不具有某种稳定的形态，更不可能预先进行设计和做出规划。事实上，在社会时间多元化的意义上，人的生活被割裂成了不同的时间维度。反过来，不同的时间维度又汇聚在人这里。或者说，在人这里，有着一个时间分化、分裂、断裂的发源地。因而，人又构成了社会时间网络的节点。无论社会时间有多少个维度，都是从人这里发散出去的。人既然是社会时间的节点，也同样是社会风险的节点。作为社会风险节点的人，并不是独立自存状态的人，即不再是个体，而是具有了社会的总体性属性。

就人类是一个具有总体性的人类命运共同体而言，人的存在必须放在命运共同体之中去加以理解。也只有这样，人才能够获得现实性。否则，人就是不具有现实性的存在，也就不存在什么个体性的问题了。

所以，是因为风险社会在结构上的领域融合和网络化，使得个人与集体都成了泡影。这也就意味着，无论是个人还是集体，都不构成合作共同体的前提和基础。关于合作共同体的所有积极建构的设想，都必须实现对个人主义和集体主义的超越。其实，这种超越并不困难，只要意识到了人的共生共在，并为了人的共生共在而开展行动，也就实现了对个人主义和集体主义的超越。

关于如何处理人际关系的问题，基督教所提供的是"爱他人"的箴言。根据舍勒的看法，在基督教的发展史上，路德是从"爱他人"到"自爱"的转变过程的分水岭。"宗教伦理基础上的休戚与共原则随着路德而消失。爱他人从属于自爱，而且是不自觉的……路德的'唯'信（每一灵魂独自与自己的上帝沟通时获得的信仰）使爱他人以已获得的称义为基础，不再认为爱他人是通往称义的必由之路；但这种称义的努力，事实上源于自爱；于是，爱他人就完全从属于自爱了；最后，'他爱'甚至被局限于人的单纯感性冲动的同情。结果，真正的获拯救过程不过更多地在每一灵魂上与'其'上帝之间发生而已；现实生活中有共同信仰和爱的共同体（包括作为救赎机构的教会观念之基础）是同样重要并必不可少的拯救过程的发生地，但被路德从原则上否定了。这样，法律和伦理上的共同体秩序必然完全落到国家（掌权阶层）或自然本能因素上，完全排除了一种精神道义的、原则上拒绝世俗权力的权威。"[①]

因为路德，宗教伦理实现了基点的转变，即从"爱他人"转变为"自爱"。反映在世俗生活中，就是自利追求正当性的确立。这种在基点上实现的根本性转变，必然意味着完全不同的社会秩序，并需要通过完全不同的方式去获得和维护秩序。所以，当笛卡尔根据路德的思路而重点关注了"我"的时候，宗教的语言也就转化为世俗哲学了。

---

① ［德］马克斯·舍勒：《价值的颠覆》，罗悌伦等译，生活·读书·新知三联书店1997年版，第112—113页。

既然世俗生活中是以自利追求为全部社会生活和行动的出发点的，那么其结果就是，因为每个人的自利追求而产生冲突。这样一来，就需要外在于人的生活和行为规则去加以规范。进而，就需要维护规则和使规则具有权威性。因而，产生了国家。

舍勒认为，我们从世俗生活的逻辑中或需要中，获得了关于现代民族国家得以产生的一种伦理上的理解路径。而且，这是一种类似于福柯的知识考古学的揭秘路径。如果上述这条关于现代国家产生之秘的理解是可靠的话，那么在全球化、后工业化进程中去构想未来时，出于人的共生共在的既不属于个人也不属于集体的要求，或者说基于人类共同命运的要求，也就意味着共同体建构的逻辑以及其起点，都发生了变化。这个共同体建构出发点上的变化，意味着社会秩序的基点再一次实现了转变。

从人类共同命运出发，个人、集体的影像都逐渐地淡化了，因而个人利益、集体利益、公共利益等概念也都会逐渐地模糊起来。这也就意味着社会秩序以及获得和维护社会秩序的方式、方法都将完全不同。对于这种在全球化、后工业化进程中诞生的新型社会秩序，我们是用"合作秩序"来加以命名的。进一步地说，我们认为获得和维护合作秩序的方式将是合作行动。至于共同体的建构，在每一个方面，都将围绕着和从属于人的共生共在展开，而且是通过合作行动展开的。

三　合作共同体中的治理

即便从利益的角度看，在高度复杂性和高度不确定性条件下，人的共生共在也可以被说成人们最根本的共同利益。正是这种共同利益，决定了人们更愿意合作，更愿意主动地去相互配合和协调行动。

在低度复杂性和低度不确定性条件下，人们在思考行动中的协调问题时，着重考虑的是具体利益上的一致性。如果人们在那些微观的、具体的利益方面有了共同利益的话，他们就较为容易结成群体，并在行动中相互配合，从而产生某种协调效果。在高度复杂性和高度不确定性条件下，几乎所有可以在人们之间达成一致的具体利益都被消解了。即便存在着某些具体利益，也不可能构成影响人的行动的根本性因素。这个时候，人们是以命运共同体的形式出现的，以至于人们所拥有的就仅仅是人的共生共在这一根本利益。在这一根本利益上，人们是一致的。建立在这一根本利益一致性前提下的合作行动，必然会激发行动者自觉地相互配合的主动性和积极性，从而使行动中的协调表现为默契。当然，这是在近代以来的解释框架中所做出的推理，实际上，在风险社会中，我们是不主张从利益的角度去看问题的，不会要求从利益的角度去理解合作共同体，也不会把合作行动看作处理利益关系的行动。

不过，近代以来的历史所展现出来的是整个社会都围绕着利益的核心转动，可以认为，利益的问题一直是近代以来的全部社会治理致力于解决的根本问题。或者说，社会治理无非是处理各种各样的利益关系，尽可能地实现利益平衡。在工业社会的历史阶段中，人们围绕着个人利益、集体利益、公共利益等诸多利益形态展开了无休止的争论，并衍生出各种各样的理论。总的说来，20世纪后期出现的协商民主理论所指示的一条路径是可以作为一种较为典型的在理论上追求理想社会治理的利益处理方式。但是，根据艾丽斯·杨的看法，有些持有协商民主主张的理论家并不是把"共同善"作为协商对话的前提对待的，而是把共同善作为协商对话的目标。

根据这种主张，参与到协商对话过程中来的人，"通过将他们的各种特殊利益搁置起来并且追求那种整体的利益，那些参与者会在各项政治议题上超越他们所具有的主观的、利己主义的观点。虽然各位处于某种民主对话中的参与者通常是以那些文化、观点与利益方面的差异作为起点开始讨论的，但是，那种讨论的目标是确定或者创造出所有人都能够共享的共同利益。尽管为了实现共同善，经由各种差异为媒介来发挥作用可能是必不可少的，然而，差异本身则是应当被超越的，因为它是偏颇的和引起分歧的"。① 在这里可以看到，艾丽斯·M. 杨并不拒绝对共同善这一道德维度的引入，只是她不同意将共同善作为协商的前提，而是希望将其改作协商的结果，认为它应当是通过协商去加以实现的目标。

应当承认，把共同善作为目标而不是前提是合理的，它能够说明协商民主的价值。也就是说，协商对话是超越个人特殊利益而指向共同利益或公共利益的过程。如果将视野扩大的话，就会看到，工业社会中绝大多数具有合法性、合理性、正当性的集体行动，可能都是以共同善为目标的。甚至在农业社会的家园共同体中，几乎所有组织起来的行动，也都是为了实现共同善的目标。这样一来，实现共同善就不单是协商民主的期许，而是与任何一种社会治理模式联系在一起的，甚至整个人类的绝大多数集体行动所追求的，都是共同善。如此看来，协商民主对共同善的追求也就不再是值得刻意称道的事了。

当然，就共同善作为目标而言，并不是所有的社会治理和集体行动过程都能够达致的境界。事实上，人类迄今为止很少达致共同善的目标，甚至可以说，根本就没有过达致共同善的目标的社会治理事例。协商民主理论在此问题上进行探索，对协商对话过程作出这种期许，是可以理解的，至于协商对话能否承担起这项任务，那是另一回事。也许在一些关于具体事项的决策方面，对于相对封闭的群体而言，协商对话是包含着能够实现共同善之目标的可能性的，但在涉及宏观层面的决策问题时，也许成效就不那么显著了。如果真正希望实现共同善的话，就只能在对以往所有社会治理模式的超越中去作出构想。

就民主理论的演变来看，与权利民主不同，协商民主看到人们间的差异，而且这种差异决定了人是不能被代表的，人所需要的只是在协商中同他人达成共识。在此之中，包含着逃离形式民主的倾向。如

---

① ［美］艾丽斯·M. 杨：《包容与民主》，彭斌、刘明译，江苏人民出版社2013年版，第52页。

果能够付诸实践的话，是可以带来实质民主生成之希望的。然而，协商民主恰恰永远也无法开拓出来一条从愿景向现实转化的道路。一个非常现实的原因就是，社会生活毕竟不同于家庭生活，也不同于三五人小组的共同行动。对于一个巨型的共同体而言，即便有了诸如互联网的发明给予人们极其方便的讨论和协商空间，要在一些重大的、对于共同体具有全局性意义的问题上去达成共识，也是不可能的。

根据民主的行动逻辑，在达不成共识的情况下就开展行动，必然导致反民主的结果。因而，在无法达成共识的情况下，又如何去开展行动呢？如果协商民主并不指向行动，这些问题当然可以不予考虑，但一种不准备指向行动的理论构想又有什么意义呢？也就是说，只有在行动的基点上去考虑问题，才会赋予理论思考以价值。当然，协商民主理论毕竟是在对"权利民主"的反思中提出的，是一种在权利民主失败中寻求出路的做法。就此而言，它作为民主理论发展的新成果是值得肯定的。这项成果对于合作治理理论的建构，其实是有着一定积极意义的。不过，合作治理理论由于把基本的关注点放在合作行动及其行动者上，而不是沉湎于对民主的改进策略的思考上，也就实现了对包括协商民主在内的所有民主理论的超越。但是，合作行动本身无论是否斤斤计较于达成共识，总会把商谈放在首位。正是在此意义上，协商民主理论的许多主张是可以为合作治理理论所采纳的。

人们也在理论源头上把罗尔斯与协商民主联系在了一起。实际上，罗尔斯是试图从人们的"一致同意"出发提出建构正义制度的方案。那同样是不可能的。如果说罗尔斯充分考虑到了近代以来民主政治的共识追求只不过是对共识的强暴这样一种令人对民主失望的问题，那么他提出"一致同意"，无疑表达了一种改进民主制度的愿望。我们知道，在近代以来的社会运行中，发生在政治生活中的共识追求确实是民主政治获得合法性的基本途径，而且在一定程度上发挥着优化共同体结构和社会治理的作用。但是，这种作用仅仅是在表象的层面上所表现出来的一种现象，是通过投票等方式去加以表现共识的。如果我们仔细去辨识的话，就会发现，"多数决"原则本身就是在共识难以达成的情况下所做出的一种不得已的选择。这个时候，是多数强行代表了共识，是把多数宣布为共识，而被掩盖了的那一部分意见，则被忽略了。

在民主的实际运行中，我们还会发现，并不是每一个人都一定会参与到其过程之中。比如，在选举的时候，如果参与投票的选民在具有选民资格的人中只占不到一半的比例的话，那么在这只有不到一半的选民中再行使多数决，这个多数其实只是真实的少数。在这种情况下，这个所谓多数的意愿却被作为共识而接受了，但它在何种意义上能够成为共识呢？显然是值得疑问的。也许罗尔斯正是看到了这一点，才提出了"一致同意"的主张。可是，我们怎样才能让全体社会成员达成一致同意呢？显然，人们的一致同意本身就不是无缘无故达成的，而是有条件的。

一般说来，人们的一致同意往往是发生在极小的社会群体中的，也可能是在一个较大的共同体中短暂存在的现象。所以，关于社会制度的理解，需要从这种制度产生的社会背景出发。有什么样的社会结构，就会有与之相适应的制度，至于从传统中获得的制度遗产，以及人们的自觉设计方案，都会因社会结构的适应性程度的不同而受到取舍。一致同意不可能成为社会建构中应当追求的目标，人们也无法从一致同意出发进行社会建构。社会建构必须基于既有的现实进行，社会治理的一切方案的制定，都必须实事求是地面对现实。

现实是一个持续差异化的历史进程。从农业社会发展到今天的全部历史进程，都表现出了社会的差异化。即便是在工业社会建构起了拥有普遍性的和同一性属性的社会治理，也没有在它的作用下改变社会差异化的趋势，反而使差异化的进程不断地加速。所以，社会建构必须在差异化的前提下进行，一切制度安排和社会治理方案的选择，都需要充分考虑到差异化的现实和未来走向。风险社会及其高度复杂性和高度不确定性本身，就意味着社会的差异化，而且这种差异化导致了一切在社会治理上寻求普遍性和同一性的做法都会碰壁,致使我们必须寻求能够直面差异化的合作治理。合作治理是合作共同体中的治理,是与合作共同体的属性相一致的。这就是我们在举出20世纪后期较有代表性的社会治理修正意见并加以批判性分析后形成的结论。

总的说来,如果说合作共同体也是渐进生成的,那么它肯定要经历一个初级阶段。在其初级阶段中,从人的相互依存的角度去寻求认识和理解的原则,将利己主义颠倒过来去寻求合作行动的方案,应当是合理的。虽然这仍然是从个人主义的前提出发的,但就认识到人的相互依存而言,与利己主义相比,毕竟是一大进步。不过,我们仅仅将对这种人的相互依存的认识看作关于合作共同体初级形态的理论取向。一旦合作共同体告别了自身的初级形态,就需要超越关于人的相互依存的认识和追求,即将对人的相互依存的认识完全让位于对人的共生共在的认识。虽然人的共生共在之中包含了人的相互依存的内容,却不能归结为人的相互依存。

如果人们接受了人的相互依存的认识,这也意味着作为近代以来一切理论——考虑到集体主义在实质上也应归入个人主义之列——的前提和原型的个人主义,必然要被封存到思想史之中。在某种意义上,当人的共生共在的现实性为所有人都认识到之后,所有以"主义"形式出现的理论和学说,都将不再有存在下去的意义。所以,个人主义的终结将是一个没有替代者的终结。这个时候,从人的相互依存的角度去思考合作和构建合作行动的方案,就不再具有合理性,取而代之的,将是在人的共生共在的意义上去认识合作和构建合作共同体。

第三节　人的共生共在与命运共同体

在历史的轴线上可以看到,人类社会不同历史阶段中的风险在量的意义上是有着极大差别的。在农业社会的简单的和确定的状态中,风险在量的意义上是较少的。而且,这个历史阶段中的风险基本上是来自人未及涉入的地带，包含在某种非社会性因素对社会、对人的侵犯过程中，是由于生产力水平较低以及人的各个方面的能力发育尚不健全，才显得遭遇了风险，并总是任由风险转化为危机事件。在工业社会低度复杂性和低度不确定性状态中，风险在量的意义上要比农业社会多得多，特别是由人的行为引发的社会风险，迅速增长。但是，工业社会中的生产力水平的提升速度也是极高的，特别是科学技术的发展，增强了人的各个方面的能力，很好地诠释了培根的"知识就是力量"的论断。因而，人们能够通过预测、预断的方式形成对未来的认知并开展行动，从而消弭诸多风险，获得安全、平衡甚至舒适的生活。然而，在全球化、后工业化运动将人类引入高度复杂性和高度不确定性的状态时，所遭遇的则是无处不在的风险。这种状态也就被宣布为风险社会了。

总体看来，从农业社会到工业社会，风险都处于量的增长的阶段。就风险的影响而言，更多的是属于特定的个人、群体或地域，而不是风险普遍存在的状态。比如，有可能冻饿而死属于"卖火柴的小女孩"那个阶层或阶级的风险，而不是整个社会的风险。可是，风险社会中的诸多风险却是平等地施加于人的。就"全球风险社会"这个提法而言，也表达了风险跨地域的特性，成为全球共赴的风险。这种情况可以被理解成风险性质的变化，意味着我们在风险社会中需要从量和质两个方面去认识风险。

从量和质两个方面认识风险，就可以形成这样一种看法：风险在量上的爆炸性增长并不意味着一个危险的未来，因为人们是可以在各个方面的调整以及科学技术进步中去找到适应这种状态的生活方式和人际交往方式的。从质的方面看，则看到了风险社会中的风险的两面性：一方面，风险的全球普遍性和无差异地施加于人，从而对整个人类构成了极大的压力；另一方面，风险社会的压力能够激发出人的命运共同体意识，从而使人们认识到人的共生共在的价值。除此之外，当人们承认和接受风险社会中的风险是由人的活动引发的这样一个事实时，还会对传承于以往的生活方式、行为模式和人际关系模式进行反思性省察，并在这些方面进行改革。那样的话，关于未来就不一定是悲观的了。比方说，不应成为年青一代畏惧风险而不敢生育甚至不愿意结婚的理由。

一 "共同善"：人的共生共在

舍勒希望弄清楚这样一个问题："如果各种由传统推进的精神结构具有某种起源，那么一般说来，它们怎样才可能而且必须来源于某种没有固定界限和明确目标的精神……"[①] 一种文化的生成并构成传统，在起源上是否具有必然性？这个问题的答案应当是：对于大众而言，往往是在模仿中习得文化的。大众可以成为文化的传承者，而且他们因为承载了文化而感受到自己在拥有那种文化的时候走出了传统，并在传统中留下了他们的足迹。然而，作为文化源头的那个精神，却不可能归结为大众，不是由他们所创造的。

舍勒对这个问题的思考是这样展开的："虽然任何一个伟大的文化单位、任何一个文化时期所具有的精神装备和理性装备都具有多重性和多样性，但是，这些装备也可能是部分真实或者说可能是不完全真实的，并且从本体的角度看是有效的（当然，尽管它们都不一定必然如此）。因为它们全都来源于人们对这个'偶然的'现实世界所经历的、一个由各种观念和价值观组成的、从本体论角度来看井然有序的王国的把握。"[②] 就某种文化的源头而言，一位或一群思想家的深刻领悟——把人与人的关系比喻成狼一样，认为存在着"一切人反对一切人的战争"，规定每个人都拥有"天赋人权"——发展出了现代性的资本主义文化，并在知识精英的不断阐释和大众的模仿中形成了传统。如果说这个传统的形成是文化选择的产物，那么其源头肯定具有

[①] ［德］马克斯·舍勒：《知识社会学问题》，艾彦译，译林出版社2014年版，第15页。
[②] ［德］马克斯·舍勒：《知识社会学问题》，艾彦译，译林出版社2014年版，第15—16页。

偶然性。虽然提出某种主张并被选定为文化精神的核心要素具有偶然性,而一旦作出了选择并流经了一个历史时期,也就构成了传统。特别是作为这个传统源头的精神是此非彼,则被人们确认为必然性。

关于这个问题,福柯也表达了类似的主张。福柯认为,在康德的时代,不仅存在着分析性科学,还存在着一种"类型学",但由于康德确立起了分析性思维模式,提供了一套完整的分析性思维操作方式,科学的发展也就走上了后来所呈现给我们的这样一条道路。虽然福柯没有挑明,但言下之意显然是,如果科学的发展选择了"类型学"的源头,也许会走向另一条道路。所以,我们说福柯在这方面与舍勒的意见是非常相似的。

当然,舍勒以及福柯的意见并不能构成否认历史客观性和必然性的理由。无论是文化还是科学传统的形成,虽然在源头上可以归于一种选择,是具有偶然性的,但我们却可以这样设想:正确的选择开辟出了一个传统,而错误的选择也许意味着历史停滞在某个时间点上,因而没有形塑出一个传统。所以,在全球化、后工业化进程中,当我们再次遇到了面向未来开辟新传统的问题时,这一点显然是需要考虑的。从历史的经验和教训看,在工业化、城市化进程中,那些坚守农业社会旧传统的地区,都在某种程度上遭遇了发展停滞的问题,而开辟了新传统的地区,都走上了现代化的发展道路。而今,在全球化、后工业化进程中,同样的问题再度出现。

如果把全球化、后工业化运动作为开辟新传统的机遇,我们认为存在着二阶选择的问题。一阶选择是发生在对工业社会传统的坚守和对未来新传统的开辟之间的。虽然这在理论上是一个无须思考就能作出回答的问题,而在实践中,却是极其艰难的选择;二阶选择是一个新传统的开辟以什么为源头的问题。全球化、后工业化时代表现出了社会高度复杂性和高度不确定性的特征,而且风险社会也是人类遭遇到的最大现实,最为重要的是,人类被迫而成为命运共同体。在这种情况下,也许把作为工业社会传统源头的"一切人反对一切人的战争"改写成"人的共生共在",才是最为合适的。这是因为,只有人的共生共在,才意味着人类的历史可以向未来延伸,并形成新的传统。如果走在以"一切人反对一切人的战争"为起点的道路上,也许人类末日就不只是基督教的一种诫勉了。

在关于开辟新传统的理论建构中,人的共生共在并不像"人权"那样可以归于"天赋",而是需要我们去争取的。只有把人的共生共在作为贯穿于人一切行动之中的目的,才能赢得人的共生共在。所以,新传统的起点是人的共生共在,而展开的路径则是为了人的共生共在而开展的行动。在对行动模式的思考中,则把我们的视线引向了合作。所以,我们所推荐的是合作行动这种行动方式。这样一来,关于新传统的规划要点也就基本展示了出来,至于这个传统能否被开辟出来,则可以转换成历史会不会终结的问题。

什么东西可以保证人类历史不会终结于风险社会?答案又回到了人的共生共在上了,即取决于人们对人的共生共在的追求。这是一个现实,而不是逻辑上的循环论证。如果说从古希腊到20世纪末,哲学以及伦理学的社会观察和思考都提出了确立"共同善"的主张的话,那么可以断定,风险社会中的"共同善"就是人的共生共在。

在工业社会这个历史阶段中,当人们从共同体的角度去思考问题时,往往是把对"共同善"的追求当作政治以及一切社会活动的终极性目标和用来检验一切行为的标准来看待的。比如,在协商民主理论中,在对协商对话的合理性和合法性作出证明的时候,就引入了共同善的概念。其实,协商对话过程包含着出现两种结果的可能性,其一,追求某种共同利益的"共同善"。在对这个目标的追求中,个人的身份、文化、利益、社会地位或者特权都将被超越。其二,在公共辩论中使原先没有被认识到或知觉到的身份、文化、利益、社会地位、特权等清晰化。那样的话,就会使人们对立并陷入冲突之中,也就没有什么共同善可言了。

如果是囿于既定的民主模式,在存在着这两种可能性的情况下,就不能仅仅把共同善作为目标对待。因为，在前一种可能性中，是可以走向共同善的目标的，而在后一种可能性中，恰恰会远离共同善的目标。为了使后一种可能性不致成为现实，就需要把共同善作为前提而不是目标。但是，一旦把共同善作为前提，就会出现艾丽斯·杨所分析的逻辑悖论，即作为前提的共同善是不需要通过协商去形成共识的。不过，在风险社会中，共同善应当成为共同体一切政治活动的前提，同时也是人的所有社会活动的目的。在具体的行动中，又是可以作为目标对待的。但是，这个目标应当是模糊而不是清晰的。这是因为，社会的高度复杂性和高度不确定性意味着任何一个清晰的目标都不可能具有行动价值。

从现实的需要来看，在社会的高度复杂性和高度不确定性的条件下，对共同善的追求将比人类历史上的任何一个时期都更加迫切，而这种共同善就是人的共生共在。事实上，我们并不将人的共生共在作为一个目标，而是将其视为包含在合作行动中的目的。虽然在落实到具体的行动中时，人的共生共在这一根本性的目的可以转化为具体的目标，但那个目标是随机变化的，也是模糊的。如果说工业社会中的每一个行动系统都需要确立明确的目标，甚至会将目标作为管理的手段，即开展目标管理，那么在风险社会中，让行动从属于目标是极有可能造成机会主义行动的。所以，风险社会中的合作行动是直接地根据目的而行动，让每一项具体的行动都包含着为了人的共生共在的目的。

我们当前遭遇的风险社会是在人类走向后工业社会的过程中呈现出来的社会特征，它在很多方面都表现出了一种迹象，即意味着后工业社会在生活和行动的形式上会显现出向农业社会回归的情况。比如，就人与人的关系的直接性看，后工业社会似乎表现出某种向农业社会回归的状况，而不是像在工业社会中那样必然要通过某种中介或被置于某种社会框架之中。也就是说，人与人的关系将更多地显现为直接性的关系。但是，这里所说的回归是仅就形式而言的，就人的关系的性质来看，则是完全不同的。虽然后工业社会同农业社会一样，人与人的关系不需要诸多社会设置作为中介和被置于社会框架之中，但农业社会的人的关系是由自然或类自然的因素连接起来的，而后工业社会的人的关系，则是出于人的共生共在的目的而建立起来的。也就是说，社会的总目的决定了人的这种无须中介的直接关系是理性建构的结果，也可以说是因为人的这种直接性关系而使人们结成了命运共同体，并需要通过人的共生共在而使人的这种直接关系成为真实的而不是虚幻的关系。

人与人的关系的性质决定了行动采取什么样的方式。对于合作行动而言，可以把共同善理解成社会行动的总的目的。但是，对于每一项具体的行动来说，作为目的的人的共生共在也不能视为目标。如果说每一项行动都有目标的话，那么人的共生共在这一目的可以理解成包含在所有行动目标之中的目的。显然，在高度复杂性和高度不确定性条件下，行动是不可能拥有预设目标的，行动者期望达成的结果因为是模糊的而不能成为目标，它只能是一种模糊的目的。如果行动者为其行动预设了某个弹性化的目标，也是需要在行动之中去加以调整的。这种情况可以表述为目标的不确定性。既然目标是不确定的，也就不可能以目标为管理的依据。虽然行动会产生某一结果，但行动的结果有可能既不是行动本身也不是对行动进行管理的目标。这样一来，行动及其管理只能说拥有了一个努力追求的方向，而不是拥有了某个预先确定的目标。

既然没有预先确定的目标，那么行动也就会变得更加自由了，因为行动不需要背负着目标的负担。在不受目标限制的条件下，行动者的创新能力也许能够发挥到很高的水平。作为共同善的人的共生共在，是一种确定的目的而不是明确的目标。作为目的，人的共生共在是存在于行动之中的，却又因为没有明确的目标而意味着行动的指向只是一个大概的方向。这说明，风险社会及其高度复杂性和高度不确定性条件下的共同善不同于人们在工业社会中所理解的那种状况。所以，虽然我们认为人的共生共在是风险社会及其高度复杂性和高度不确定性条件下的共同善，但也要看到它们之间还存在着区别：共同善可以作为社会目标，而人的共生共在则是行动的目的。

在我们提到人的共生共在时，也许会有人将其领会为人的共生关系。可以认为，在任何一个社会中，人们之间都有着共生关系，剥削者与被剥削者、压迫者与被压迫者之间就是典型的共生关系。当然，人们对人的共生关系的理解往往是从生态学的角度去加以解释的，即将人的共生关系比喻成生物多样性的必要性。这一理解无疑是积极的，却不能视为有力的和科学的论证。因为，人类社会的发展已如此远离自然界，用自然现象来比喻人的共生共在关系显然是不合适的。而且，在生态学的视角中，达尔文的物种竞争仍然是必须承认的，这对人的合作关系形成了否定性的结论。事实上，从生态学的角度去理解人的共生共在关系还是包含着某种自然主义痕迹的。所以，我们认为，对于人的共生共在而言，从生态学的视角出发，并不能为我们提供科学的观念。这是因为，高度复杂性和高度不确定性条件下的人的共生共在问题是包含在人的追求和行动之中的，而不是一个自然过程。所以，不应受到生态学的观念影响而走向"无为而治"的方向上去。

另外，如果全球化、后工业化取得了积极进展的话，波普所描述的工业社会的认识和实践的所谓"框架的神话"将会为交流所突破，从而拆除那些妨碍人们取得基本共识的障碍。也许文化冲突还会存在很长时间，但这种冲突不会朝着恶化的方向发展，而是会让人们在文化冲突中领悟到相互理解和承认的重要性。因而，不会对人们的合作行动产生消极影响。其实，一旦人们拥有了人的共生共在的理念，而且人的共生共在的理念表现为整个社会所共享和共同拥有，文化上的冲突就只能促使人们去反思不同的传统，让人们通过这种反思而从传统中走出来，直面现实而开展行动。

在高度复杂性和高度不确定性条件下开展合作行动，原则上是反对一切"框架"的。至少，是不遵从任何框架的，而是直接地基于现实进行思考和开展行动。那样的话，以往那些由"支配性理论"确立的认识和思维框架，或者，在传统中生成的文化框架，都不再对人的思维和行动产生现实性的约束力。以往那种不绝于耳的对同一框架的理解不同或在不同框架中生成的主张和意见等原因造成的争论，也都会销声匿迹。所以，在风险社会中，在高度复杂性和高度不确定性条件下，一切存在都具有相对性，唯有人的共生共在是绝对的。也正是人的共生共在的这种绝对性，决定了它作为共同善的确定性。

所有从道德出发而思考社会以及人的行为的人，都会提出这样的要求：共同善既是社会目标也是个人目标。个人的行动应当从属于对共同善的追求，或者说，共同善引领着所有社会成员的行为，并汇聚出走向共同善的社会行动。在人与社会的关系问题上，辩证法对我们提出的要求则是，应当看到人与社会关系的二重性。其一，人存在于社会之中；其二，社会内在于人，人是社会关系的总和。看到了这两个方面，也就把握了人与社会关系的完整性。

就人存在于社会之中而言，受到社会的约束、规范，即需要遵从社会规范，从而让自己的行为选择和行动合乎具体的社会情境；就社会内在于人而言，意味着"人为世界立法"，人需要听从内心的指令。辩证法要求将这两种情况统一起来，从而使人与社会的关系走向和谐。但是，所有这些思考以及已经展开了的讨论，都是在抽象的层面上进行的，因而，作为思维对象的人与社会都是非常模糊的。所以，关于人与社会的相互嵌入以及互动的理解，都基本上是在把人与社会都设定为静态的存在物的情况下展开的。或者说，人们是在一个静置的坐标中去观察人与社会的发展轨迹的。

在全球化、后工业化进程中，对人与社会及其关系的抽象把握已经失去了意义。而且，社会的高度复杂性和高度不确定性也决定了人与社会都无法被放在一个静置的坐标中观察。特别是人的共生共在的要求，会变得越来越强烈，以致我们不应在人与社会的区分中再去思考它们之间的关系。我们认为，关于人与社会的区分正在丧失理论价值。也就是说，后工业社会的认识以及实践不能再在人与社会分立的框架中展开，而是需要在人的共生共在的主题下作出新的思考，开启新的理论行程。只有这样，才称得上是在风险社会及其高度复杂性和高度不确定性条件下面向后工业社会去把握共同善时所应有的思维路径。

二　社会建构的起点和原则

我们当前面对着三个重要概念，它们分别是"全球化、后工业化""风险社会""高度复杂性和高度不确定性"。这三个概念虽然是相关的，但在内涵上有所区别。全球化、后工业化是一场运动，是人类从工业社会向后工业社会转型的运动；风险社会是在社会转型过程中显现出来的一种社会形态，也是未来社会的一种常态；高度复杂性和高度不确定性则代表了风险社会的一种属性、特征。如果说人们在工业社会中所拥有的是一种"世界观念"的话，那么在这场社会转型运动中将获得一种"全球观念"。从世界观念向全球观念的转变是革命性的，因为"世界"与"全球"所具有的是不同的维度。

世界是平铺地展开在人的视野和想象中的，世界存在于认识者、掌控者周遭，无论有多么大，都肯定是有边界的。此外，世界还是有主的，尽管我们可以将"世界之主"隐藏起来，或者有意识地将世界之主模糊化，或者在陈述的时候省略了那个主语，但"世界之主"的存在是毋庸置疑的。全球不同，尽管它可以成为认识对象、活动平台，却不归属于任何可以作出区分的人、人群、民族、国家等。当我们说"我们的地球"时，这个"我们"包含着现时和历时态中的所有人，不将任何一个人排除在外。全球没有边界、没有中心、没有起点和终点，或者说，任何一处都可以成为起点或终点。全球是人们共有的，属于整个人类，每个人都因为拥有它而担负着保护它和改善它的责任。正是这种责任将人们联结起来，构成了人类命运共同体，必须为了人的共生共在而行动。

当我们回顾近代思想的源头时，首先想到的就是笛卡尔，他著名的"我思故我在"的论断是尽人皆知的。事实上，这个论断也是一种贯穿于近代以来社会发展路径中的逻辑。就人的行为规范来看，如果说"我思"只能证明"我在"，而不能对自我的思想和行为达致完全理解的话，那么人在行为以及行动上的自律就会出现不足的问题，甚至会出现非常严重的不足。也就是说，"我思"只能成为在一定程度上理解自我的思想和行为。在对更好、更深的理解的追求中，也许能够实现更好的自律，但并不确定。

由于"我思"的能力是有限的，从而导致了自律也是有限的，因而需要谋求他律的支援。这样一来，对于他律的基础，就需要有一种信念，即相信他律是因为建立在社会理性的基础上而有着优于"我思"的理性。在这种信念所开拓出来的思路中，就会去审查他律的基础。如果他律是建立在权力意志的基础上的，就不能认为是合乎理性的，甚至有可能会被认为是反理性的，而且在逻辑上是不彻底的。如果做出了这种诊断，那些成为"他律"的权力意志就会被认为是不可靠的，在性质上可能是恶的，不能担负起支援自律的功能。所以，需要改变他律的基础，即把权力意志从他律的基础中剔除出去。正是在这样一条道路上，人们发现了民主与法治的选项。

从实践来看，建立在具有普遍性的社会理性基础上的民主和法治成了他律的全部内容，在防范人的恶的同时也对人的自律做了否定，排斥了自律。从逻辑上看，还否定了作为全部思想之起点的"我思"。因为，作为他律的民主和法治不认为"我思"还有什么意义，从而抛弃了"我思"。当"我思"遭到了抛弃的时候，自我也就失去了存在的基础。这种情况在官僚制组织中得到了典型化的表现。可见，作为思想建构的过程，经历了这一轮循环后，回到了那个社会建构起点尚未出现时的状态，将整个近代历史在思想上归零了。所以说，不只是全球化、后工业化运动对工业社会的建构作了否定，而是工业社会建构逻辑的自反对它自己作出了否定。如果说是因为笛卡尔的"我思"

没有成为工业社会建构进程的逻辑起点，使得这个社会走向了民主和法治的道路，那么也正是因为这样一种对人的自律的排斥，把整个人类带进了风险社会。在风险社会中，回顾近代以来的社会建构历史与逻辑，重新让我们想到和看到了人的自律之于人类的价值。

工业社会在实践上的自我否定以及在建构逻辑上的自反，意味着人类历史必然走进一个新的历史阶段，而全球化、后工业化运动所指向的正是这个新的阶段。在新的历史阶段开启时，在人类再度举足前行时，显然是需要为社会建构确立一个新的起点的。同样，思想也需要有一个新的起点。如果不想陷入近代思想的循环和最终归零的话，在这个起点上所应证明的就不再是"我在"，即不是用"我思"去证明"我在"，而是应当证明"人的共生共在"。在思想展开的行程中，就不应围绕着"自律"与"他律"去进行反复推演，而是应当放在行动如何在人的共生共在中是有效的和积极的问题上。

其实，人的共生共在不是需要通过自我去证明的思想前提，而是根源于外在压力，而且是相对于所有人的外在压力。作为思想的起点，在通过行动去加以实现时，并不必然要求合乎逻辑地打开思想行程。当我们的视线转移到了行动之上，思想的"合逻辑性"和"去逻辑化"都将变得不再重要。对于我们来说，重要的问题是如何去保证一切行动都在伦理实践的范畴中展开。

需要指出，笛卡尔的"自我"主要是以个人的形式出现的，所以他的哲学思想也是可以归入后来出现的个人主义思维范式的，只不过个人主义这个概念更多地为政治学、伦理学等所使用而已。在个人主义的视野中，组织、国家都无非是扩大了的个人，在行动上，它们都是可以作为个人看待的，是放大了的个人。这就是雷加诺在决策过程中所看到的，"决策模型在其功利主义公式中潜藏着近乎神话的假设——国家的人格化。将个体决策者扩大至整个社会，假设了可以作为决策核心的国家个体的存在。这进一步推进了国家作为归一的、整合的、有代表性的、权威的、全知的个体的概念"。①

对此，雷加诺批评到，"问题在于这冲击了我们实际上对国家的认识——一个复杂的，被不同群体的声音、势力和动机围困的整体。再者，将国家假设为认知的核心本身就有问题，因为它将群体生活、经济贸易、个人追求等日常情境中真正的行为执行者排除了"。② 这就是社会的个人主义建构逻辑必然导致的结果。然而，它却构成了整个工业社会集体行动模式的灵魂，而且也是对群体、组织、国家进行整合的目标，即把群体、组织、国家等整合成一个像个体一样的整体。因为有了这样一种整合目标，也就派生出各种各样的制度、措施和理念、意识形态等。在整合中，真正的个人都消失了。所以，个人主义在经历了这样一个大轮回后，实现了对自我的否定。更为重要的是，个人主义的这种自我否定并不只是逻辑上的，而是历史性的。

全球化、后工业化运动的兴起，社会高度复杂性和高度不确定性状态的出现，都在用非常实际的现实要求表达了对个人主义的否定，意味着社会建构不再从个人主义所设定的原子化个人这个原点开始，而是从人的共生共在开始。事实上，个人主义在风险社会中坍塌了，那是因为人们平等地面对风险和不知道危机何时降临到何人身上。在风险社会中，无论是恐惧还是积极的生存追求，都迫使他们必须超越自我这个个人，与他人一道合作应对风险。此时，他们深深地体会到，个人存在的机遇是包含在人的共生共在之中的，只有为了人的共生共在而开展行动，才能最大程度地获取个人存在的可能性。所以，不是在观念变革的努力中对个人主义造成了冲击，而是风险社会的现实，对个人主义作出了致命一击。

在工业社会的政治建构逻辑中，党派是民主政治的前提。在近代

---

① ［美］劳尔·雷加诺：《政策分析框架——融合文本与语境》，周靖婕等译，清华大学出版社 2017 年版，第 28 页。
② ［美］劳尔·雷加诺：《政策分析框架——融合文本与语境》，周靖婕等译，清华大学出版社 2017 年版，第 28 页。

民主政治的发展中，党派的发明是一个重要的转折点，标志着民主政治开始走向成熟。今天看来，如果没有党派的话，民主政治也就无法开展。既然民主政治需要以党派为前提，也就意味着这种政治属于一种竞争的政治，需要通过竞选的方式去选择政治生活以及社会治理的领导人。应当承认，人们也一直在探索某种非竞争性的民主政治，但未显现出成功的迹象。或者说，人们并不承认任何形式的非竞争性民主政治。在人们的观念中，只有包含着竞争的政治，才被认为是民主政治。

竞争政治是人们为了利益而展开博弈的场所以及活动。我们看到，党派代表着不同的利益诉求，通过政治活动去表达政治利益均衡，使各方的利益诉求都能在某个合理的水平或最低限度上得到满足。这说明，民主政治无非是党派所代表的利益得以实现的途径，而不同党派所代表的利益又是相互冲突的。所以，需要通过民主政治的方式展开博弈。如果对党派所代表的利益进行追问的话，那无非是一个社会的特定阶级、群体的利益诉求；再进一步，则可以追溯到个人。然而，在社会的高度复杂性和高度不确定性条件下，人的共生共在的主题被突出了出来，党派所代表的利益诉求在合理性的问题上开始变得可疑了。这样一来，从逻辑上看，党派的存在价值也必将受到质疑。即使仍然存在着党派，它也不应代表群体、阶级，而是为了人类命运共同体而开展行动的组织方式。

就近代以来的民主政治生活中的党派来看，人们会在风险社会中发现，它们所代表的利益诉求已经不只在它们之间相互冲突了，而是与人的共生共在相冲突。也就是说，某个党派在民主政治中的活动不只是与其他党派的博弈活动，也不只是通过博弈而为了实现利益均衡，而是对人的共生共在构成了冲击和破坏。这样一来，也许就会引出一个问题，即提出终结党派这一政治形式的要求。的确，没有党派，也就没有了"党争"。果若如此，那么民主政治中也就失去了竞争者，其唯一的方向就只能是改变竞争政治的属性，即从竞争政治转型为合作政治。

对于合作政治而言，是否需要党派这一政治形式？也许人们会作出肯定的回答，其实不然。因为，合作本身会以直接行动的形式出现，并不需要某种政治实体去集结合作的力量和代表合作的诉求，更不需要通过代理行动而去开展合作。所以，与竞争政治不同，合作政治将是全民的政治，每一个人都将参与其中。也就是说，合作政治是向全体社会成员开放的，它意味着任何体制上的、技术上的对任何人的排斥，都将完全消失。一切社会力量，无论以什么样的形式出现，都将进入合作行动的过程中，通过合作行动而赢得人的共生共在。当然，在朝着这个方向行动的过程中，也许还需要得到党派的引领。但是，能够担负起这个使命的党派，必然对人类命运共同体有着高度自觉的认识。

当人以个体的形式出现的时候，也许马尔萨斯的解释是正确的，那就是人口的增长造成了食物的短缺，进而导致残酷的竞争。即使食物短缺的问题没有如马尔萨斯所预料的那样出现，或者，以自然个体的形式而进行竞争的问题不再是一种普遍现象时，作为社会个体的人的逐利动机仍然会把人圈进竞争场中，而且让竞争时常表现出某种残酷性。我们看到，到了20世纪后期，随着生产力水平的提高，虽然人口增长也是引人关注的问题，但食物短缺的问题则大大地缓解了，至少在竞争最为激烈的那些发达国家中是这样。同样，在社会组织化已经达到了非常充分的地步时，以个体的人的形式开展竞争更多地为组织这个行动体所替代，而个体的人的竞争也是在组织控制之下展开的，是由组织通过制度化的方式而呼唤出来的竞争，而且也是得到了制度规范和调整的竞争。这两个方面都远远地超出了马尔萨斯的视野，但竞争却变得更为激烈了。可见，对于竞争是不能够从自然意义上的个体的角度去看的，而是需要把竞争者看作社会的人。自然的人在进化史上已经显现出了越来越迟缓的迹象，或者说，人的进化史主要反映在其社会性方面的进化。所以，存在于人类社会之中的竞争应当被作为由人的社会性的方面引起的竞争。

在人的社会性而不是自然性的维度上去看人的竞争,就会发现,人的演变,人的时代性特征,决定了人的竞争状况,甚至决定了人们之间是不是必然有着竞争关系。现在,我们所遇到的问题是,如果个体的人的存在失去了现实性,那么竞争是否还具有合理性?事实情况是,在高度复杂性和高度不确定性条件下,在风险社会中和在危机事件前,人的个体性——无论是作为自然个体还是社会个体——被抹杀了,给人留下的唯一可能性,就是人的共生共在。这个时候,如果人们能够认识到人的共生共在的可能性的话,也就有可能把这种可能性转化为现实性。相反,如果人们在竞争惯性中开展行动,人的共生共在的可能性就会在人的个体意识的冲击下幻灭。

在人是不是个体的问题上,也许人们会以为它具有毋庸置疑的客观性。但是,当我们看到人能否真实地以个体的形式存在是一个受到条件限定的问题时,也就会明白,许许多多在历史上由人的个体性引发出来的似乎是客观的社会现象,都将因为人的个体性失去了现实性而丧失合理性。也就是说,由于风险社会把人们形塑成了命运共同体而使个体消融于这个共同体之中了,使得历史上从个人出发而做出的解释和建立在个人前提下的实践,都丧失了合理性。在工业社会中,如舍勒所说,"集体、概念上的'人类'取代了人之存在的位格深度只在其中显现的'个体'和'邻人';而且,对'人类'的某一部分如民族、家庭、个体的爱之任何形式都表现为一种非法收回,即收回应该给予作为整体的东西"。[①] 当我们领会到人的共生共在已经成为必须认真对待的社会主题时,关于集体与个体的分类就必须得到超越。集体与个体不再是认识的主体,也不是伦理主体。

在行动者的意义上,风险社会及其高度复杂性和高度不确定性意

[①] [德]马克斯·舍勒:《价值的颠覆》,罗悌伦等译,生活·读书·新知三联书店 1997年版,第93页。

味着，将会因为流动性和不确定性而让人无法识别集体或个体。所以，我们提出用人的共生共在的视角代替个体或集体。人的共生共在是一种目的性的存在形态，超出了在实体性意义上去加以理解的范畴。对人的共生共在的理解，既不从属于个体的人也不从属于集体，它实际上是一种非实体意义上的社会形态。就它作为一种社会形态而言，所具有的是目的性，是需要通过行动去加以实现的。也正是在此意义上，人的共生共在又成了社会建构的出发点，既是出发点也是目的地。在某种意义上，我们应当把人的共生共在理解成一个过程，是与风险社会相伴随的，或者说，是行进在风险社会之中的行动过程。

总的说来，在风险社会中，我们的努力方向并不着重于克服和避免风险，而是应当将行动的重心放在应对风险上，即在风险的海洋中捕捉任何一种有可能转化为危机事件的风险，从而采取即时行动。在对历史的不同阶段进行比较研究中可以看到，"从时间受到社会成本、不公正与不平等的束缚这一点来看，人们能够既从历史也从现实来比较社会系统的结构组成。相比常见的并不在历史中更多被回溯到的时间约束之结构形式，出现了一种新的、无法被归类的并因此——也许仅仅因此才——受到理性怀疑的新形式：风险接受形式"。[①] 不再厌恶风险，不是力求克服和避免一切风险，而是学会在风险中冲浪，去把握风险中的机遇。这既是行动的追求，也是社会建构的原则。

在近代早期，理性的成长与"大航海"等冒险行动也是同时发生的。在工业社会、资本主义社会的竞争文化及其行为模式中，从风险中去捕捉成功的机遇，一直是得到鼓励的资本主义精神的一部分，只不过它长期以来是以个人行为的形式出现的，是资本家和想成为资本家的那群人乐意尝试的行为。所以，当卢曼把风险社会中的行动说成"风险接受的新形式"时，是有某些夸大之嫌的。不过，在风险社会

[①] ［德］尼克拉斯·卢曼：《风险社会学》，孙一洲译，广西人民出版社2020年版，第109页。

中,对风险采取从中发现机遇而不是表达厌恶的态度,应当成为全社会所持有的一种观念,而不是将更多的精力用在克服风险和避免风险上,尽管在风险转化为危机事件时应集中精力应对之。

具体说来,在风险社会中,一旦将人的共生共在确立为基准性社会价值后,克服和避免风险的追求也就显得不重要了。事实上,也无法克服和避免风险,而是要承认风险普遍存在的事实,接受风险并在风险中为了人的共生共在而行动。我们相信,也只有在接受风险的情况下,人的创造激情和创新能力才能被激发出来,才能表现出积极进取的勇气,才会无比珍惜自己在行动上的自主性。那样的话,整个社会就会释放出巨大的为了人的共生共在的行动力量。

三 为了人的共生共在的合作

如上所述,在文艺复兴运动中就已经确立起了"解放"的主题,在工业社会的发展行程中,解放主题的"子课题"遍布于这个社会的所有领域。在对解放主题进行反思之初,面对现实中无处不在的异化现象,列斐伏尔作了这样的描述和提出了这样一些问题:"在解放的热情下,人们希望生活会很快得到改变,世界也会很快得到转变。不止于此:生活已经改变了;人在发展,大众处在骚动之中。他们的运动正在让新的价值'浮出水面'。分析资产阶级的日常生活,分析统治阶级推行的生活方式(或没有的生活方式),意义何在?哲学的或社会学批判的意义何在?"[①]

显然,在解放的追求中,包含着某些普遍性的理想,而所有的理想都最终指向了日常生活。现实情况也的确是,解放追求带来了社会的改变,并反映到了日常生活的各个方面。然而,如果我们不是耽于表象,而是对意义发出追问,就会看到,在解放的主题展开的过程中,

---

① [法]亨利·列斐伏尔:《日常生活批判》,叶齐茂等译,社会科学文献出版社 2018 年版,第 4 页。

并未带来"人的自由自觉和全面发展"。特别是在人类社会进入了 21 世纪后，遭遇了系统性的风险——风险社会，使得人的共生共在的问题凸现了出来，让人们不得不从解放的理想中走出来，去关注人类命运共同体的可能性和现实性问题。

根据舍勒的看法，18 世纪的思想家们的共同信念是，不认为基督教所指出的通向天堂的道路是唯一的道路。一些激进的思想家甚至认为，那是一条杜撰出来的虚假的道路，科学和理性才是通向人间天堂的道路。然而，几个世纪后，人们却发现，科学和理性并未为人们创造出人间天堂，而是把一个全球风险社会加予人类。所以，并无一条可以把人带入天堂的道路，人只能活在当下，也只能通过行动去创造活着的条件。

在每一个时代，人所面对的活着的条件是不同的，致使人们必须根据既有的条件去开展行动，并赢得活着的可能性。在风险社会及其高度复杂性和高度不确定性条件下，人的共生共在就是标明人活着的基本形式，也是每一个人能够活着的条件。所以，人的一切行动都必须从人的共生共在出发，所要实现的也是人的共生共在之目的。至于行动方式的选择，我们根据高度复杂性和高度不确定性的现实条件所推荐的，就是合作行动。

显而易见，在工业社会中，文化差异是导致群体冲突的重要原因之一。"各种文化群体之间通常会发生政治冲突的状况。各种局外人会谴责或者诋毁某个群体的习俗或者价值观念，坚持认为他们自己的习俗或价值观念具有优越性，有时候甚至会企图压制那些受到诋毁的群体的习俗或价值观念，将自己所居群体的习俗或者价值观念强加给后者。"[①] 在这种情况下，要求承认文化多元化和尊重异质文化是有积极意义的，因为这种承认和尊重对于缓和甚至防止文化冲突以及文化

---

① [美]艾丽斯·M. 杨：《包容与民主》，彭斌、刘明译，江苏人民出版社 2013 年版，第 115 页。

导致的冲突，是能够发挥一定作用的。但是，文化上的承认、包容和相互尊重并不是解决问题的根本途径。只有在文化差异不构成群体区别的界碑时，才能从根本上消除文化冲突。对此，全球化运动用行动给出了答案。

全球化呼唤出来的高流动性正在消解每一个文化群体。特别是风险社会及其高度复杂性和高度不确定性，施予人们的是共同压力，把人的共生共在推到了前沿地带，使所有群体的文化标识都变得模糊，甚至宗教信仰也会出现融合与分化。一方面，各种宗教拥有的共同的或者相似的价值观念将被人们发现和发掘出来，从而得到更多的人的信奉和遵循；另一方面，原先信众规模巨大的宗教则因人的迁徙和流动而后受到地方观念、习俗等的影响，并发生变化。而且，也会因为社会发展和生活内容、生存方式、人际交往模式的变化而在戒律上作出调整，从而分化出更多的教派，甚至会产生出诸多新的宗教。

宗教上的这种融合与分化也会呈现出高度复杂性和高度不确定性，而且会助推社会的高度复杂性和高度不确定性。更重要的是，宗教与文化原先具有的密切联系解扣了，宗教原先的地域性文化内涵或色彩将会褪尽，从而变成纯粹的信仰。同时，教众作为一种信仰群体，也会呈现出不稳定的状况，很难识别出明晰的群体边界，也会在人的流动中不断地发生变化。所以，再也没有什么因素可以用来将人划分为不同的人群，以至于所有人都将被集结到人的共生共在这一社会主题之下。

谈到人的共生共在，人们可能会首先想到"存在"的概念。然而，"存在"的概念无论是在海德格尔还是萨特那里，都或多或少地隐喻、暗示着原子化的个人，只不过这个个人不再是分析性思维所创造的主体或客体，而是一个不可切割的硬核。这在现代哲学的发展中无疑是一个进步，即不再对人进行分析、分解，而是在存在的意义上去把人作为一个整体对待。由于这个存在不可避免地被置于世界、社会之中，又必然会受到将其区分"此在"与"他在"的困扰。那样的话，作为此在的存在，在何种意义上能够使自己的自主得到保证，就成了一个难以处理的问题。

由此看来，从个人出发去思考人与社会的关系、人的生存状态、人的命运等几乎所有与人相关的问题，都会为人引来无尽的烦恼。这就是工业社会中主要的思想烦恼所在。在全球化、后工业化进程中，因为风险社会及其高度复杂性和高度不确定性将人的共生共在的主题推展了出来，从而让一切出于个人、服务于个人、理解个人和从个人出发的思想都显得像是一种无病呻吟，成了需要祛除的资产阶级情调。人的共生共在的主题所呼唤的是共同行动方案，一切思想活动都应围绕着共同行动的科学性和有效性展开，无论行动者是以个人的还是群体的形式出现，都无非是要在谋求人的共生共在的行动中使得自己的自然生命得以保障和使得自己的社会生命得以实现。

在工业社会的资本主义条件下，就工人阶级来看，属于这个阶级的个人与社会的关系就是，必须出卖自己的劳动力。因为，这个社会营造出的是，作为个人的工人如果不出卖劳动力，就无法生存。吉登斯通过复述马克思的观点而描述了这幅图景，"工人'必须'向雇主'出卖自身'，或者更准确地说，是出卖自己的劳动力。这里的'必须'，体现出来自工人所面对的现代资本主义企业这一制度秩序的某种约束。一无所有的工人只能有一种行动路线，那就是将自己的劳动力出卖给资本家。也就是说，由于工人想要维持生存，在这种动机的驱使下，只能有一种行得通的选择。此处的所谓'选择'可视为单个或多重的可能性，即一个工人在劳动市场上可能有机会选择不止一种工作。但马克思所说的关键在于，这些选择实际上没有什么差别。就雇主提供给工人的报酬及工人—雇主关系的其他方面属性而言，所有雇佣劳动关系其实都是一样的，而且，随着资本主义的进一步发展，这种趋势会日渐强化"。[①] 这就是一些学者津津乐道的所谓"劳资共

---

① ［英］安东尼·吉登斯：《社会的构成：结构化理论纲要》，李康等译，中国人民大学出版社2016年版，第167—168页。

生"关系。我们同意这是一种"共生"关系，但它却是异化了的共生关系，绝不是人应有的共生共在的状态。

当前，虽然全球化、后工业化意味着工业社会进入了一个被替代的过程，但资本主义结构尚处在稳定存在的状态中，也许人类要在走进后工业社会的一段时间后，才会开始实质性的解构资本主义社会的行动。不过，社会的高度复杂性和高度不确定性却意味着压迫人的力量正在发生变化，工业社会中的由资本家阶级所营造出来的对工人阶级的生存压力，正在转变为面向所有人的作为人的共生共在何以可能的压力。面对这种压力，我们并不主张在理论上关注个人的选择问题。但是，全部个人又都必须在是否做出有益于人的共生共在的行为选择方面去作出选择。这就是后工业社会与工业社会的不同之处。也正是这一点，有可能成为人类告别资本主义社会的契机。

当然，必须指出的是，合作行动是为了解决风险社会中的问题，而不是为了证明什么。其实，20世纪的"冷战"时期，东西方为了证明各自的制度优越性，做了很多荒唐的事情。这种动辄希望证明某种制度优越性的做法，只不过是近代科学思维的一种表现。科学思维本身就表现在证明上（或者如波普所说的"证伪"上，波普的这个带有调皮性质的提法是没有什么意义的，因为证明本身就包含着证实和证伪两个方面）。所以，人们在实践上总是为了证明什么。比如，新教伦理所要求的就是通过人的活动去证明上帝的能力。我们认为，合作行动绝不去证明什么，而是仅仅从属于为了人的共生共在要求，所要解决的是一切妨碍人的共生共在的问题。随着合作行动成为风险社会中的一种主导性的行动模式，一切希望证明任何已经存在的观念、假设、猜想的做法，都会显得非常荒诞。

在高度复杂性和高度不确定性条件下，虽然每一个人都可能拥有属于自己的善的观念，并有着不同于他人的道德偏好和道德主张，但在人的共生共在的问题上，人们是一致的。因而，人们不仅会对他人的道德偏好、道德主张作出承认和表示尊重，而且也愿意并积极地投身于合作行动之中。也就是说，在风险社会及其高度复杂性和高度不确定性条件下，人的共生共在并不只是一种外在于人的压力，也是一种内在于人的要求，是融入人的道德存在之中的一种力量，并以道德冲动的形式指向人的合作行动，希望通过合作行动去表现自我。

当人的共生共在作为一种理念存在时，是被人们认识和接受的客观精神，人们从中能够感受到的是那种相互之间命运相连的压力。但是，一旦融入人的道德存在之中，这种压力也就消失了，而是在人胸中激荡起一种化人类为"大我"的良心，并包含着通过合作行动去展现人具有一种"良能"的冲动。在历史上，经常有人说人天然地拥有对善的偏爱，那其实是一种自我对他人所提供的善的偏爱，至于自己，却很难从善行中感受到快乐。相反，往往在自己的善行中感受到痛苦、无奈和冤屈等。然而，当人的共生共在的理念融入了人的道德存在后，人之为善，将是自然而然的事情，而不是个人的偏好或对他人的寄托，亦与"善""恶"无涉，即不去作善恶的评价。

主要参考文献

佟德志编:《宪政与民主》,江苏人民出版社2008年版。

周辅成:《西方伦理学名著选辑》下卷,商务印书馆1987年版。

［埃及］萨米尔·阿明:《全球化时代的资本主义——对当代社会的管理》,丁开杰等译,中国人民大学出版社2013年版。

［德］阿克塞尔·霍耐特:《物化:承认理论探析》,罗名珍译,华东师范大学出版社2018年版。

［德］彼得·斯洛特戴克:《资本的内部:全球化的哲学理论》,常晅译,社会科学文献出版社2014年版。

［德］费希特:《论学者的使命 人的使命》,梁志学等译,商务印书馆1984年版。

［德］哈尔特穆特·罗萨:《加速:现代社会中时间结构的改变》,董璐译,北京大学出版社2015年版。

［德］哈特穆特·罗萨:《新异化的诞生:社会加速批判理论大纲》,郑作彧译,上海人民出版社2018年版。

［德］胡塞尔:《纯粹现象学通论——纯粹现象学和现象哲学的观念》第1卷,李幼蒸译,中国人民大学出版社2014年版。

［德］卡尔-奥托·阿佩尔:《对话与责任:向后传统道德过渡的问题》,钟汉川、安靖译,浙江大学出版社2018年版。

［德］卡尔·曼海姆：《重建时代的人与社会：现代社会结构的研究》，张旅平译，生活·读书·新知三联书店2002年版。

［德］吕迪格尔·萨弗兰斯基：《时间——它对我们做什么和我们用它做什么》，卫茂平译，社会科学文献出版社2018年版。

［德］马丁·海德格尔：《存在与时间》，陈嘉映等译，生活·读书·新知三联书店2014年版。

［德］马克斯·舍勒：《价值的颠覆》，罗悌伦等译，生活·读书·新知三联书店1997年版。

［德］马克斯·舍勒：《知识社会学问题》，艾彦译，译林出版社2014年版。

［德］马克斯·韦伯：《学术与政治》，冯克利译，生活·读书·新知三联书店2005年版。

［德］尼采：《权力意志——重估一切价值的尝试》，张念东等译，商务印书馆1996年版。

［德］尼克拉斯·卢曼：《风险社会学》，孙一洲译，广西人民出版社2020年版。

［德］乌尔里希·贝克：《风险社会》，何博闻译，译林出版社2004年版。

［德］尤尔根·哈贝马斯：《现代性的地平线——哈贝马斯访谈录》，李安东等译，上海人民出版社1997年版。

［德］尤尔根·哈贝马斯：《在事实与规范之间——关于法律和民主法治国的商谈伦理》，童世骏译，生活·读书·新知三联书店2003年版。

［法］保罗·利科：《从文本到行动》，夏小燕译，华东师范大学出版社2015年版。

［法］亨利·列斐伏尔：《日常生活批判》，叶齐茂等译，社会科学文献出版社2018年版。

［法］克罗齐耶、费埃德伯格：《行动者与系统——集体行动的政治

学》，张月等译，上海人民出版社 2007 年版。

［法］乔治·古尔维奇：《社会时间的频谱》，朱红文等译，北京师范大学出版社 2010 年版。

［法］雅克·德里达：《马克思的幽灵：债务国家、哀悼活动和新国际》，何一译，中国人民大学出版社 1999 年版。

［古希腊］亚里士多德：《尼各马科伦理学》，苗力田译，中国社会科学出版社 1999 年版。

［美］阿瑟·奥肯：《平等与放弃——重大抉择》，王奔洲等译，华夏出版社 2010 年版。

［美］艾丽斯·M. 杨：《包容与民主》，彭斌、刘明译，江苏人民出版社 2013 年版。

［美］昂格尔：《现代社会中的法律》，吴玉章等译，中国政法大学出版社 1994 年版。

［美］昂格尔：《知识与政治》，支振锋译，中国政法大学出版社 2009 年版。

［美］鲍威尔、迪马吉奥主编：《组织分析的新制度主义》，姚伟译，上海人民出版社 2008 年版。

［美］彼得·L. 伯格、［美］托马斯·卢克曼：《现实的社会建构：知识社会学论纲》，吴肃然译，北京大学出版社 2019 年版。

［美］达尔：《谁统治——一个美国城市的民主和权力》，范春辉、张宇译，江苏人民出版社 2011 年版。

［美］丹尼尔·贝尔：《资本主义文化矛盾》，赵一凡等译，生活·读书·新知三联书店 1989 年版。

［美］德博拉·斯通：《政策悖论：政治决策中的艺术》，顾建光译，中国人民大学出版社 2006 年版。

［美］弗兰克·奈特：《风险、不确定性与利润》，郭武军、刘亮译，华夏出版社 2011 年版。

［美］弗兰克·梯利：《伦理学导论》，何意译，广西师范大学出版社

2002年版。

[美]汉娜·阿伦特:《政治的应许》,张琳译,上海人民出版社2016年版。

[美]杰·D. 怀特:《公共行政研究的叙事基础》,胡辉华译,中央编译出版社2011年版。

[美]杰弗瑞·爱德华·格林:《人民之眼——观众时代的民主》,孙仲等译,华夏出版社2018年版。

[美]杰瑞·卡普兰:《人工智能时代》,李盼译,浙江人民出版社2016年版。

[美]劳尔·雷加诺:《政策分析框架——融合文本与语境》,周靖婕等译,清华大学出版社2017年版。

[美]罗伯特·阿克塞尔罗德:《合作的复杂性:基于参与者竞争与合作的模型》,梁捷等译,上海世纪出版集团2008年版。

[美]罗纳德·德沃金:《原则问题》,张国清译,江苏人民出版社2012年版。

[美]马克·B. 布朗:《专业知识、制度与代表》,李正风等译,上海交通大学出版社2015年版。

[美]迈克尔·克尔伯格:《超越竞争文化——在相互依存的时代从针锋相对到互利共赢》,成群、雷雨田译,上海社会科学院出版社2015年版。

[美]迈克尔·桑德尔:《公共哲学》,朱东华等译,中国人民大学出版社2013年版。

[美]迈克尔·托马塞洛:《人类道德自然史》,王锐俊译,新华出版社2017年版。

[美]南茜·弗雷泽:《正义的中断——对"后社会主义"状况的批判性反思》,于海青译,上海人民出版社2009年版。

[美]皮埃罗·斯加鲁菲:《智能的本质:人工智能与机器人领域的64个大问题》,任莉等译,人民邮电出版社2017年版。

[美] 塞拉·本哈比主编：《民主与差异：挑战政治的边界》，黄相怀、严海兵等译，中央编译出版社 2009 年版。

[美] 西摩·马丁·李普塞特：《共识与冲突》，张华青等译，上海人民出版社 2013 年版。

[美] 约翰·杜威：《确定性的寻求：关于知行关系的研究》，傅统先译，上海人民出版社 2005 年版。

[瑞典] 马茨·阿尔维森、[英] 休·维尔莫特：《理解管理：一种批判性的导论》，戴棻译，中央编译出版社 2012 年版。

[意] 卢西亚诺·弗洛里迪：《第四次革命：人工智能如何重塑人类现实》，王文革译，浙江人民出版社 2016 年版。

[印度] 阿马蒂亚·森：《以自由看待发展》，中国人民大学出版社 2002 年版。

[英] R.G. 柯林武德：《历史的观念》，何兆武等译，中国社会科学出版社 1986 年版。

[英] 安东尼·吉登斯：《社会的构成：结构化理论纲要》，李康等译，中国人民大学出版社 2016 年版。

[英] 安东尼·吉登斯：《社会理论的核心问题》，郭忠华等译，上海译文出版社 2015 年版。

[英] 安东尼·吉登斯：《失控的世界——全球化如何重塑我们的生活》，周红云译，江西人民出版社 2001 年版。

[英] 波特兰·罗素：《西方的智慧》，马家驹等译，世界知识出版社 1992 年版。

[英] 弗里德里希·A. 哈耶克：《科学的反革命：理性滥用之研究》，冯克利译，译林出版社 2019 年版。

[英] 吉登斯：《社会学：批判的导论》，郭忠华译，上海译文出版社 2013 年版。

[英] 卡尔·波普尔：《通过知识获得解放》，范景中等译，中国美术学院出版社 1996 年版。

［英］尼尔·保尔森、托·赫尼斯编：《组织边界管理：多元化观点》，佟博等译，经济管理出版社 2004 年版。

［英］齐格蒙特·鲍曼：《共同体》，欧阳景根译，江苏人民出版社 2003 年版。